Nomos Universitätsschriften

Recht

Band 977

Julian Erfurth

Der Bußgeldregress im Kapitalgesellschaftsrecht

Eine Untersuchung zur gesellschaftsrechtlichen Innenhaftung für Verbandsgeldbußen unter besonderer Berücksichtigung der Sanktionszwecke

Nomos

Onlineversion
Nomos eLibrary

Die Deutsche Nationalbibliothek verzeichnet diese Publikation in der Deutschen Nationalbibliografie; detaillierte bibliografische Daten sind im Internet über http://dnb.d-nb.de abrufbar.

Zugl.: Berlin, Freie Univ., Diss., 2020

ISBN 978-3-8487-6782-3 (Print)
ISBN 978-3-7489-0886-9 (ePDF)

1. Auflage 2020

Vorwort

Die vorliegende Arbeit entstand in den Jahren 2016 bis 2018 und wurde im Wintersemester 2019/2020 vom Fachbereich Rechtswissenschaft der Freien Universität Berlin als Dissertation angenommen. Das Promotionsvorhaben wurde durch das Elsa-Neumann-Stipendium des Landes Berlin gefördert.

Mein besonderer Dank gilt Herrn Univ.-Prof. Dr. Christian Armbrüster, der mir mit seiner freundlichen, professionellen und stets positiven Art immer als Ansprechpartner zur Verfügung stand und der die Arbeit durch hilfreiche Anregungen gefördert hat. Die promotionsbegleitenden Doktorandenkolloquien an seinem Lehrstuhl boten ebenfalls gute Gelegenheit zum regelmäßigen fachlichen Austausch. Auch für die sehr zügige Erstellung des Erstgutachtens möchte ich mich bedanken. Mein weiterer Dank gilt Herrn Univ.-Prof. Dr. Andreas Engert für die Erstellung des Zweitgutachtens.

Berlin, im Juni 2020 *Julian Erfurth*

Inhaltsverzeichnis

Abkürzungsverzeichnis

ABl. EG	Amtsblatt der Europäischen Gemeinschaften
ABl. EU	Amtsblatt der Europäischen Union
All ER	All England Law Reports
BKartA	Bundeskartellamt
BKR	Zeitschrift für Bank- und Kapitalmarktrecht
BRAK	Bundesrechtsanwaltskammer
BR-Drs.	Drucksache des Deutschen Bundesrates
BT-Drs.	Drucksache des Deutschen Bundestages
Cal. L. Rev.	California Law Review
CAS	Court of Arbitration for Sport
DAX	Deutscher Aktienindex
DCGK	Deutscher Corporate Governance Kodex
DRB	Deutscher Richterbund
ECLA	European Competition Law Annual
Einl.	Einleitung
EUV	Vertrag über die Europäische Union (Konsolidierte Fassung), ABl. EU 2016, C 202/1
FAZ	Frankfurter Allgemeine Zeitung
FD-ArbR	Fachdienst Arbeitsrecht
FD-StrVR	Fachdienst Straßenverkehrsrecht
Harv. L. Rev.	Harvard Law Review
HRRS	Höchstrichterliche Rechtsprechung im Strafrecht
J. Bus. & Tech. L.	Journal of Business and Technology Law
J. Bus. Ethics	Journal of Business Ethics
jm	juris Monatszeitschrift
jurisPR-Compl	juris Praxis-Report Compliance & Investigations
Melb. U. L. Rev.	Melbourne University Law Review
Mich. L. Rev.	Michigan Law Review
n.v.	Nicht veröffentlicht
NZKart	Neue Zeitschrift für Kartellrecht

NZWiSt	Neue Zeitschrift für Wirtschafts-, Steuer- und Unternehmensstrafrecht
Pitt. L. Rev.	Pittsburg Law Review
RegBegr.	Begründung Regierungsentwurf
Rev. Financ. Stud.	Review of Financial Studies
Slg.	Sammlung der Rechtsprechung des Gerichtshofs und des Gerichts
Vor §	Vorbemerkungen zu §
VP	Versicherungspraxis (Zeitschrift)
WiJ	Journal der wirtschaftsstrafrechtlichen Vereinigung e.V.
ZfPW	Zeitschrift für die gesamte Privatrechtswissenschaft
ZIS	Zeitschrift für internationale Strafrechtsdogmatik
ZWeR	Zeitschrift für Wettbewerbsrecht

Alle übrigen Abkürzungen sind allgemein bekannt oder ergeben sich aus: Kirchner, Hildebert/Butz, Cornelie: Abkürzungsverzeichnis der Rechtssprache, 9. Aufl., Berlin 2018, und Duden, Die Deutsche Rechtschreibung, 27. Aufl., Mannheim u.a. 2017.

§ 1 Einführung

A. *Hintergrund der Thematik*

Die Innenhaftung von Managern zählt zu den meist diskutierten Themenfeldern im Gesellschaftsrecht.[1] Obwohl eine Innenhaftung für organschaftliche Pflichtverletzungen bereits in den Vorgängerregelungen zum heutigen Aktiengesetz vorhanden war und zu den Grundlagen der gesellschaftsrechtlichen Verfassung gehört, spielten die Haftungstatbestände in der unternehmerischen Praxis lange eine nur untergeordnete Rolle. Die geringe Bedeutung der Innenhaftung spiegelte sich sowohl in der spärlichen Rechtsprechung zur Thematik als auch in Verlautbarungen aus dem Schrifttum wieder, dass die Organhaftungsvorschriften „kein lebendes Recht“ verkörperten.[2] Die Ursachen für eine nur zurückhaltende Inanspruchnahme von Leitungsorganen sind vielfältig. Ein Grund mag darin liegen, dass die Haftung mitunter als „Verhandlungsmasse“ bzw. als Druckmittel zur Begrenzung von Abfindungen beim Ausscheiden der Leitungsorgane verwendet wird, sodass es in solchen Fällen nur beim Scheitern der Verhandlungen zu einer Geltendmachung von Ansprüchen kommt.[3] Auch die bei einem öffentlichen Schadenersatzprozess drohende Offenbarung von Unternehmensinterna vermag in manchem Fall Unternehmen von einer gerichtlichen Durchsetzung ihrer Ersatzansprüche abhalten.[4] Speziell bei der Aktiengesellschaft kommt hinzu, dass zwischen dem Vorstand und dem für die Anspruchsdurchsetzung zuständigen Aufsichtsrat häufig enge persönliche Beziehungen bestehen, die einer gericht-

1 Auf dem 70. Deutschen Juristentag wurde die Organhaftung kürzlich als eigenständiger Themenkomplex eingehend behandelt, siehe *Bachmann*, Gutachten E zum 70. DJT; siehe auch *Thomas*, Haftungsfreistellung, S. 17.

2 *Wiedemann*, GesR, S. 624; ähnlich *Vetter*, AG 2000, 453; siehe auch *Fleischer*, in: Spindler/Stilz, AktG, § 93 Rn. 5a.

3 *Horn*, ZIP 1997, 1129, 1131.

4 Streitigkeiten dieser Art werden aus diesem Grund vermehrt vor nichtöffentlichen Schiedsgerichten ausgetragen, siehe hierzu *Loritz/Wagner*, DStR 2012, 2189, 2195; eingehend zum Schiedsverfahren bei Organhaftungsfällen *Schumacher*, NZG 2016, 969.

lichen Auseinandersetzung entgegenstehen.[5] Von Bedeutung dürfte zudem sein, dass sich der Aufsichtsrat infolge einer Anspruchsverfolgung unter Umständen dem Vorwurf eines eigenen Überwachungsverschuldens ausgesetzt sieht.[6]

Ohne die Grundlagen der Haftung anzutasten, haben Gesetzgeber und Rechtsprechung dieser Entwicklung durch verbesserte Durchsetzungsmöglichkeiten und eine verdichtete Durchsetzungspflicht der gesellschaftsrechtlichen Verwaltungsorgane entgegen gesteuert.[7] Maßgeblicher Einfluss auf die mittlerweile deutlich gesteigerte Verfolgungsbereitschaft ist der sog. ARAG/Garmenbeck-Rechtsprechung des BGH zuzurechnen, die eine Pflicht des Aufsichtsrats zur Durchsetzung erfolgversprechender Ansprüche gegen die Organmitglieder formuliert hat.[8] Daneben trägt auch die zunehmende Verbreitung der Geschäftsleiter-Haftpflichtversicherung, kurz D&O-Versicherung, zur vermehrten Anspruchsverfolgung bei, da sie dem Organwalter Deckung bei persönlicher Inanspruchnahme und der geschädigten Gesellschaft reflexartig einen leistungsfähigen Schuldner für den Fall des Innenregresses bietet. Darüber hinaus verringert die D&O-Versicherung gerade auch die unternehmerische Brisanz einer konfrontatorischen Inanspruchnahme von Leitungsorganen.[9]

In der Unternehmenswirklichkeit hat sich auf diesem Wege, gefördert auch durch zunehmenden öffentlichen Druck zur Haftungsdurchsetzung, ein gesteigertes Bewusstsein dafür entwickelt, Leitungsorgane und andere Führungspersonen für Schäden, die dem Unternehmen aus pflichtwidrigem Verhalten entstanden sind, in die Verantwortung zu nehmen. Als Nachweise dieser Entwicklung dienen öffentlich bekannt gewordene Haftungsfälle aus der jüngeren Vergangenheit, etwa der Korruptionsskandal beim Elektronikkonzern Siemens oder die Inanspruchnahme von Managern am Flughafen BER und beim Baukonzern Bilfinger Berger. Auch der sog. Abgasskandal in der Automobilindustrie konfrontiert die betroffenen Hersteller mit Ersatzansprüchen in neuer Dimension und dürfte nach derzeitigem Erkenntnisstand ebenfalls eine interne Inanspruchnahme der verantwortlichen Leitungspersonen nach sich ziehen.

---

5 *Bayer*, in: FS K. Schmidt, S. 85, 86; *Fabisch*, ZWeR 2013, 91, 93; *Koch*, in: Hüffer/Koch, AktG, § 93 Rn. 1.

6 *Habersack*, in: Karlsruher Forum, S. 5, 35; *Rack*, CB 2017, 59, 62.

7 *Thomas*, Haftungsfreistellung, S. 17 f; siehe auch *Wilsing*, in: Krieger/Schneider, Hdb. Managerhaftung, § 31 Rn. 2 f.

8 BGH, Urt. v. 21.4.1997 – II ZR 175/95, BGHZ 135, 244, 253 = NJW 1997, 1926, 1927 f.

9 *Lange*, r+s 2010, 92, 95; *v. Schenck*, NZG 2015, 494, 495.

Neben Schäden, die der Gesellschaft aus wirtschaftlichen Fehlentscheidungen der Leitungsorgane entstehen oder aus einer Inanspruchnahme Dritter, die durch rechtswidriges Verhalten aus dem Unternehmen heraus geschädigt wurden, können sich finanzielle Einbußen auch aus einer gegen das Unternehmen verhängten Geldbuße ergeben. Auch insoweit stellt sich die Frage der Innenhaftung der für den Rechtsverstoß verantwortlichen Leitungsorgane. Geldbußen gegen juristische Personen können insbesondere in Bereichen mit Sonderbußgeldrahmen, etwa dem Kartellrecht oder dem Wertpapierrecht, beträchtliche Summen erreichen. Doch auch der Regelbußgeldrahmen lässt bereits Geldbußen in Millionenhöhe zu und kann insbesondere für kleinere Unternehmen eine erhebliche Belastung darstellen. Materiell-rechtliche Verschärfungen der unternehmerischen Bußgeldhaftung in verschiedenen Bereichen dürften das Bedürfnis nach Regressmöglichkeiten der Unternehmen zukünftig zusätzlich verstärken. Gleiches würde bei Einführung einer in Rechtswissenschaft und Politik seit Langem diskutierten kriminalstrafrechtlichen Verbandssanktion gelten, die sich nach wie vor auf der rechtspolitischen Agenda befindet.[10] Während auf Gesellschaftsseite ein originäres wirtschaftliches Interesse an einem Rückgriff zur „Wiederauffüllung“ des Gesellschaftsvermögens besteht, fürchten Organwalter eine erhebliche Ausweitung ihrer Haftungsrisiken mit potentiell existenzbedrohendem Ausmaß.[11]

Die Möglichkeit einer Weiterreichung finanzieller Schäden aus straf- oder ordnungsrechtlichen Geldsanktionen an Dritte beschäftigt Rechtsprechung und Schrifttum schon lange. Die Debatte drehte sich zunächst jedoch nicht um den gesellschaftsrechtlichen Innenregress für Unternehmensgeldbußen, sondern vielmehr um die Frage, ob natürliche Personen gegen sie selbst verhängte persönliche Geldsanktionen im Wege des Schadenersatzes auf einen anderen abwälzen können. Anspruchsgläubiger waren Arbeitnehmer oder Organmitglieder, die eine persönliche Geldbuße oder Geldstrafe auf ihr Unternehmen abzuwälzen suchten, oder Personen, die ihre eigene Sanktionierung auf die fehlerhafte Beratung Dritter zurück-

10 Siehe hierzu auch die Absichtserklärungen im Koalitionsvertrag 2018 zwischen CDU, CSU und SPD für die 19. Legislaturperiode, S. 126, abrufbar unter: https://www.bundesregierung.de/resource/blob/656734/847984/5b8bc23590d4cb2892b31c987ad672b7/2018-03-14-koalitionsvertrag-data.pdf?download=1 (zuletzt besucht am 31.5.2020).

11 Eingehend zur Diskussion um die Existenzbedrohung durch Innenhaftung *Scholz*, Existenzvernichtende Haftung, S. 35 ff.; hierzu auch *Bachmann*, Gutachten E zum 70. DJT, S. E 3.

führten und sich bei diesen schadlos halten wollten.[12] Der gesellschaftsrechtliche Bußgeldregress gegenüber Leitungsorganen gerät dagegen erst in jüngerer Zeit verstärkt in den Fokus. Im Schrifttum werden von einer uneingeschränkten Regressmöglichkeit über eine höhenmäßige Begrenzung bis hin zu einem vollständigen Regressausschluss verschiedene Lösungsansetze vertreten, die sich scheinbar unvereinbar gegenüberstehehen.[13] Die Diskussion hat mittlerweile deutlich an Fahrt aufgenommen. Maßgeblich ursächlich hierfür ist eine Entscheidung des Landesarbeitsgerichts Düsseldorf (nachfolgend: LAG Düsseldorf) aus dem Jahr 2015, das sich als erstes deutsches Obergericht mit der Frage eines solchen Verbandsbußgeldregresses befasst hat.[14] Die im Schrifttum hoch umstrittene Entscheidung führte nicht zu einer Erledigung der Streitfrage, sondern hat die Diskussion vielmehr neu entfacht.

B. Zielsetzung der Untersuchung

Die Untersuchung befasst sich vor diesem Hintergrund mit der Frage, ob die Anspruchsnormen der gesellschaftsrechtlichen Innenhaftung auch zum Ersatz von solchen finanziellen Einbußen dienen können, die der Gesellschaft durch die Festsetzung einer Geldbuße entstanden sind, oder ob die Organhaftung insoweit einer Einschränkung unterliegen muss. Auch nach der genannten Entscheidung des LAG Düsseldorf bleibt die Thematik der schadensrechtlichen Abwälzbarkeit von gegenüber einem Unternehmen verhängten Geldbußen im Wege der Innenhaftung weiterhin kontrovers. Eine rechtssichere Beantwortung der Regressfrage erscheint auf dieser Grundlage bislang nicht möglich. Soweit die Thematik Eingang in monographische Darstellungen gefunden hat, bleibt festzustellen, dass die Möglichkeit einer Innenhaftung hierbei entweder vorausgesetzt zu werden scheint[15] oder trotz eingehender Erörterung der Problematik ent-

---

12 Zur Abwälzung durch Arbeitnehmer oder Organwalter siehe die Nachweise unter § 4 D.V.3.b)aa). Zur Abwälzung in Beratungsverhältnissen siehe die Nachweise unter § 4 D.V.3.b)bb).

13 Zur Entwicklung der Debatte und dem aktuellen Meinungsbild siehe die Nachweise unter § 4 B.II.

14 LAG Düsseldorf, Urt. v. 20.1.2015 – 16 Sa 459/14, juris.

15 So offenbar *Altemeier*, Verantwortlichkeit, S. 89 ff.; siehe auch die Darstellung bei *Eden*, Persönliche Schadensersatzhaftung, S. 135 f.

scheidende Aspekte unberücksichtigt bleiben.[16] Letzteres gilt insbesondere für die Frage, welches Rechtssubjekt von der Verbandsgeldbuße gesteuert werden soll.[17] Auch eine Auseinandersetzung mit der speziellen regelungstechnischen Konzeption der Verbandsbußgeldnorm des § 30 OWiG und den Auswirkungen auf die Regressfrage erfolgt kaum.[18] Eine höchstrichterliche Klärung der Frage ist trotz revisionsrechtlicher Befassung des BAG allenfalls mittelfristig zu erwarten. Das BAG hat den Rechtsstreit unter Zuständigkeitsgesichtspunkten zurückverwiesen. Das Verfahren hat auf dem ordentlichen Rechtsweg von neuem begonnen.[19]

Für einen Teilbereich der gesellschaftsrechtlichen Organhaftung mit erheblicher praktischer Relevanz besteht damit eine große Rechtsunsicherheit. Ziel dieser Untersuchung ist es, einen Diskussionsbeitrag für eine sachgerechte und mit den gesetzlichen Voraussetzungen zu vereinbarende Lösung zu leisten. Eine Klärung ist dabei nicht bloß für die haftungsbedrohten Leitungsorgane und die mit der Geldbuße belasteten Gesellschaften von enormer Bedeutung. Bei der Aktiengesellschaft etwa kommt der Frage auch für den Aufsichtsrat große Tragweite zu. Dieser ist – wie erwähnt – bei Erfolgsaussichten grundsätzlich zur Geltendmachung von Ersatzansprüchen gegen den Vorstand verpflichtet, um der Gefahr einer eigenen Schadenersatzhaftung zu entgehen. Darüber hinaus dürften auch die beteiligten D&O-Versicherer an einer Klärung der Rechtslage in diesem Punkt interessiert sein.

Die Thematik des Bußgeldregresses fügt sich teilweise in grundlegende Fragen der Organhaftung ein, wie etwa die Diskussion zu einer höhenmäßigen Haftungsbegrenzung. Darüber hinaus eröffnen sich aber eine Reihe spezifischer Problemfelder. Dies gilt insbesondere für das Verhältnis zwischen hoheitlichen Sanktionen und privatrechtlichem Schadensausgleich sowie die Bedeutung beider Ebenen für eine Verhaltenssteuerung

---

16 So etwa *Kaulich*, Haftung, S. 288 ff.; *Kröger*, Korruptionsschäden, S. 215 ff.; *Möller*, Vorteilsanrechnung, S. 101 ff., insbes. S. 108 ff.; *Ruttmann*, Versicherbarkeit, S. 154 ff.; Wacker, Persönliche Schadensersatzhaftung, S. 43 ff. Eine ausführliche Erörterung liefert dagegen die jüngst erschienene Arbeit von *Hauff*, Der Regress von Verbandsgeldbußen im Kapitalgesellschaftsrecht (2019), die jedoch die Zulässigkeit des Bußgeldregresses abweichend von der vorliegenden Arbeit bewertet.

17 Hierzu eingehend unten, § 4 D.V.2.

18 Zur normativen Konzeption siehe unten, § 3 B, zur Bedeutung für die Beurteilung des Bußgeldregresses siehe § 4 D.V.2.e)bb)(2) und § 4 E.IV.

19 BAG, Beschl. v. 29.6.2017 – 8 AZR 189/15, juris. Das LAG hat den Rechtsstreit an das LG Dortmund verwiesen, siehe LAG Düsseldorf, Beschl. v. 29.1.2018 – 14 Sa 591/17, juris Rn. 267.

mit dem Ziel der Rechtmäßigkeitsförderung im unternehmerischen Bereich. Auch das Verhältnis zwischen nationalem und EU-Sanktionsrecht wirft bei der Regressproblematik Fragen auf.

C. *Untersuchungsgegenstand und Abgrenzung*

Um sich der Frage einer Innenhaftung für Unternehmensgeldbußen mit der erforderlichen Tiefe nähern zu können, bedarf es Eingrenzung in verschiedener Hinsicht. Zum einen beschränkt sich die Untersuchung auf Kapitalgesellschaften in der Rechtsform der GmbH und der Aktiengesellschaft. Anders als bei den Personengesellschaften, bei denen die Gesellschafter häufig mit den organschaftlichen Vertretern personenidentisch sind, fallen Organwalter und Gesellschafter bei Aktiengesellschaft und GmbH in der Regel auseinander. Selbst wenn ein Gesellschafter zugleich organschaftlicher Vertreter ist, existiert zumindest ein großer Teil an Mitgesellschaftern, denen diese Stellung nicht zukommt. Die Frage eines Rückgriffs auf die Leitungsorgane stellt sich nur in dieser Konstellation. Hinzu kommt, dass ein Großteil der unternehmenstragenden Gesellschaften in Deutschland in der Rechtsform der GmbH oder der Aktiengesellschaft organisiert ist.

Hinsichtlich der potentiell haftungsauslösenden Sanktionen beschränkt sich die Untersuchung zunächst auf Geldbußen, die auf Grundlage von § 30 OWiG gegen juristische Personen festgesetzt werden. Damit geht die Untersuchung über den Anwendungsfall von Kartellbußen hinaus, der dem Urteil des LAG Düsseldorf zugrunde lag und auf den sich auch die rechtswissenschaftliche Diskussion klar fokussiert. Stattdessen soll untersucht werden, ob das Problem anstelle einer sektorspezifischen Lösung einer einheitlichen Lösung für den gesamten Bereich von Verbandsgeldbußen zugeführt werden kann.[20]

Dabei kann auf eine Abwälzbarkeit von Unternehmenssanktionen, die auf Grundlage ausländischer Rechtsnormen verhängt werden, in dieser Untersuchung nicht vertieft eingegangen werden. Wenngleich auch diese Frage im zunehmend globalisierten Wirtschaftsverkehr praktische Relevanz besitzt, stellen sich hierbei eine Reihe spezifischer, den Rahmen des Untersuchungsgegenstands übersteigende Fragen, die etwa die Erstreckung der Legalitätspflicht der Leitungsorgane auf ausländische Rechts-

20 Siehe hierzu auch *Bachmann*, BB 2015, 771, 775.

normen[21] oder die Ermittlung der der Norm zugrunde liegende Zielsetzung bzw. Sanktionswirkung betreffen. Ein separates Kapitel widmet sich allerdings der praktisch ebenso relevanten Frage, ob die für die Verbandsgeldbuße nach § 30 OWiG gefundenen Ergebnisse auf solche Unternehmensgeldbußen übertragbar sind, die auf Grundlage unionsrechtlicher Vorschriften im Bereich des Kartellrechts ergehen. Die Verknüpfung zwischen Unionskartellrecht und nationalem Kartellrecht lässt ein besonderes Bedürfnis für einen Gleichlauf beim Innenregress entstehen.

D. Gang der Untersuchung

Die Innenhaftung der Leitungsorgane ergibt sich aus den Haftungstatbeständen im Aktien- und GmbH-Recht. In einem Überblick sollen daher zunächst die Grundzüge der gesellschaftsrechtlichen Innenhaftung von Leitungsorganen knapp dargestellt werden. Dabei liegt ein Fokus auf der Haftung für Gesetzesverletzungen (§ 2). Anschließend werden die Grundlagen der Geldbuße gegen juristische Personen nach § 30 OWiG erörtert und praxisrelevante Bußgeldtatbestände vorgestellt (§ 3). Sodann sind die Besonderheiten des Binnenregresses gegenüber Leitungsorganen im Falle von gegen das Unternehmen verhängten Verbandsgeldbußen zu erläutern und dessen Zulässigkeit zu untersuchen (§ 4). Dabei erfolgt eine eingehende Auseinandersetzung mit den Argumenten, auf die sich die wissenschaftliche Debatte fokussiert. Hierbei wird zunächst normgeleitet geprüft, ob die Verbandsgeldbuße einen Ersatzanspruch begründen kann und bei welchen Tatbestandsmerkmalen Einwände gegen eine Inanspruchnahme der Leitungsorgane zu verorten sind (§ 4 C.). Der Schwerpunkt der Erörterung liegt sodann auf der Frage, ob bzw. inwieweit die der Verbandsgeldbuße zugrunde liegenden Sanktionszwecke durch einen zulässigen Innenregress unterwandert zu werden drohen (§ 4 D.). Sollte sich eine derartige Sanktionszweckgefährdung feststellen lassen, ist darüber hinaus zu klären, ob Auswirkungen auf die haftungsrechtliche Ebene in Form eines Ausschlusses der Innenhaftung zwingend sind (§ 4 E.). In einem weiteren Abschnitt werden die unionsrechtlichen Unternehmensgeldbußen in die Betrachtung einbezogen und die Frage erörtert, inwieweit die zuvor gefundenen Ergebnisse auch auf solche supranationalen Sanktionen Anwendung finden können (§ 4 F.). Abschließend werden die wichtigsten Ergebnisse der

---

21 Siehe hierzu *Binder*, Vorstandshaftung, S. 84, mit zahlreichen Nachweisen zum Meinungsstand; siehe auch *Koch*, in: Hüffer/Koch, AktG, § 93 Rn. 6a.

Untersuchung zusammengefasst (§ 5) und es wird ein Ausblick auf Aspekte gegeben, die über den Untersuchungsgegenstand hinausgehen (§ 6).

§ 2 Die Grundzüge der Innenhaftung

A. *Überblick*

I. Innenhaftung als Strukturprinzip der Organhaftung

Die juristische Person ist ein normatives Konstrukt ohne Handlungsfähigkeit im natürlichen Sinne. Um ihr dennoch gerade in ihrer häufigen Eigenschaft als Trägerin eines Unternehmens die Teilnahme am Rechtsverkehr zu ermöglichen, sieht die Rechtsordnung die Einrichtung von Leitungs- und Vertretungsorganen vor, die über ein gesetzlich bestimmtes Verfahren mit natürlichen Personen besetzt werden.[22] Diese Organwalter führen die Geschäfte der unternehmenstragenden juristischen Person und vertreten sie nach außen im Rechtsverkehr. Bei der Aktiengesellschaft obliegt diese Aufgabe dem Vorstand, bei der GmbH den Geschäftsführern.[23]

Bei einem Fehlverhalten der Leitungsorgane bei der Unternehmensführung kommt eine persönliche Haftung in Betracht, die vom Gesetzgeber als reine Innenhaftung ausgestaltet ist. Eine Ersatzpflicht tritt grundsätzlich nur gegenüber der Gesellschaft ein, nicht aber gegenüber Dritten, die durch das Verhalten geschädigt wurden.[24] Dritten gegenüber haftet stattdessen nur die Gesellschaft. Eine unmittelbare Außenhaftung der Leitungsorgane ist gesetzlich nur in wenigen bereichsspezifischen Ausnahmefällen angeordnet.[25] Darüber hinaus ist sie nur in besonders gelagerten Konstellationen anerkannt, in denen die Pflichten aus der Organstellung mit solchen Pflichten einhergehen, die den Organwalter aus besonderen

---

22 Näher zum Begriff des Organs sowie des Organwalters *Schürnbrand*, Organschaft, S. 30 ff. und 231 ff.; zu den verschiedenen Gruppen von Organen siehe *K. Schmidt*, GesR, 408.

23 Die Begriffe Leitungsorgan und Organwalter werden im Folgenden synonym für die Mitglieder des Vorstands bzw. die Geschäftsführer verwendet, sofern nicht ausdrücklich auf ein anderes gesellschaftsrechtliches Organ Bezug genommen wird.

24 BGH, Urt. v. 10.7.2012 – VI ZR 341/10, BGHZ 194, 26, 34 = NJW 2012, 3439 Rn. 23; *Fleischer*, in: Spindler/Stilz, AktG, § 93 Rn. 307.

25 *Fleischer*, in: ders., Hdb. Vorstandsrecht, § 11 Rn. 1; siehe auch *Thümmel*, Persönliche Haftung, S. 213; zum Vorschlag einer Außenhaftung im Bereich der Emittentenhaftung *de lege ferenda* siehe *Spindler*, in: MünchKomm-AktG, § 93 Rn. 3.

Gründen persönlich gegenüber Dritten treffen.[26] Namentlich ist dies der Fall bei der Verwirklichung deliktsrechtlicher Tatbestände nach §§ 823 ff. BGB oder über die Rechtsfigur der culpa in contrahendo (§§ 311 Abs. 2, 241 Abs. 2, 280 BGB) im vorvertraglichen Bereich.[27] Die Haftungskonzentration gegenüber der Gesellschaft entspricht auch den Ansätzen zahlreicher anderer europäischer Rechtsordnungen und kann als eines der Strukturprinzipien des europäischen Gesellschaftsrechts bezeichnet werden.[28]

Die Grundlage der Innenhaftung bildet nach ganz überwiegender Ansicht im gesellschaftsrechtlichen Schrifttum die Amtsstellung der Organmitglieder auf korporationsrechtlicher Ebene als Treuhänder des für sie fremden Gesellschaftsvermögens, das ihnen im Rahmen ihrer Leitungsfunktion anvertraut wurde.[29] In dogmatischer Hinsicht geht die vertragliche Haftung aus dem Anstellungsvertrag nach §§ 280, 241 Abs. 2 BGB in dieser Spezialregelung auf, sodass einer vertraglichen Haftung neben der Organhaftung kein eigenständiger Anwendungsbereich verbleibt.[30]

II. Der konkretisierungsbedürftige Pflichtenkanon der Leitungsorgane

Für den Vorstand der Aktiengesellschaft ist die Innenhaftung gegenüber der Gesellschaft in § 93 Abs. 2 S. 1 AktG gesetzlich normiert.[31] Hiernach sind Vorstandsmitglieder, die ihre Pflichten verletzen, der Gesellschaft als Gesamtschuldner zum Schadenersatz verpflichtet. Für die GmbH schreibt § 43 Abs. 2 GmbHG vor, dass Geschäftsführer, welche ihre Obliegenheiten verletzen, der Gesellschaft solidarisch für den entstandenen Schaden haften. Der Regelungsgehalt beider Vorschriften ist trotz des leicht abweichenden Wortlauts identisch.[32]

---

26 BGH, Urt. v. 5.2.1989 – VI ZR 335/88, BGHZ 109, 297, 303 = NJW 1990, 976, 977 f.; Urt. v. 10.7.2012 – VI ZR 341/10, NJW 2012, 3439, 3441 f.

27 Hierzu *Altmeppen*, in: Krieger/Schneider, Hdb. Managerhaftung, § 7 Rn. 19 ff.; speziell zur Aktiengesellschaft siehe *Spindler*, in: MünchKomm-AktG, § 93 Rn. 302 ff.; zur GmbH *Schneider*, in: Scholz, GmbHG, § 43 Rn. 309 ff.

28 *Fleischer*, ZGR 2004, 437, 440 ff.

29 *Lutter*, in: Krieger/Schneider, Hdb. Managerhaftung, § 1 Rn. 1; *Fleischer*, in: ders., Hdb. Vorstandsrecht, § 11 Rn. 2; *Koch*, in: Hüffer/Koch, AktG, § 93 Rn. 36.

30 BGH, Urt. v. 9.12.1996 – II ZR 240/95, NJW 1997, 741, 742.

31 Zur gesetzeshistorischen Entwicklung des Haftungstatbestands siehe *Lutter*, in: Krieger/Schneider, Hdb. Managerhaftung, § 1 Rn. 2 ff.

32 *Schneider*, in: Scholz, GmbHG, § 43 Rn. 1; *Koch*, in: Hüffer/Koch, AktG, § 93 Rn. 3.

Die von den Haftungstatbeständen in Bezug genommenen Pflichten der Leitungsorgane ergeben sich zu einem Teil aus gesetzlichen Konkretisierungen. So trifft beispielsweise den Vorstand gem. § 91 Abs. 2 AktG die Pflicht zur Einrichtung eines geeigneten Frühwarnsystems für die Erkennung von bestandsgefährdenden Entwicklungen. Daneben hebt auch § 93 Abs. 3 AktG eine Reihe von Sondertatbeständen hervor, die Schadenersatz begründende Pflichtverletzungen des Vorstands normieren.[33] Von diesen expliziten Konkretisierungen abgesehen verpflichtet § 93 Abs. 1 S. 1 AktG die Vorstandsmitglieder in allgemeiner Hinsicht – entsprechendes normiert § 43 Abs. 1 GmbHG für den Geschäftsführer einer GmbH – bei der Unternehmensleitung die Sorgfalt eines ordentlichen und gewissenhaften Geschäftsleiters anzuwenden. Diese Vorschrift postuliert nach überwiegender Ansicht nicht lediglich einen Verschuldens- bzw. Sorgfaltsmaßstab für die anderweitig normierten Pflichten, sondern beinhaltet selbst eine eigenständige Pflichtenbeschreibung, deren Verletzung Anknüpfungspunkt für eine Haftung nach § 93 Abs. 2 S. 1 AktG bzw. § 43 Abs. 2 GmbHG sein kann.[34] Für dieses Verständnis spricht zum einen der generalklauselartige Charakter der Vorschrift. Bei einer Eingrenzung auf die explizit normierten Pflichten bestünde ohne einen solchen Auffangtatbestand außerdem die Gefahr ungewollter Haftungslücken. In gesetzessystematischer Hinsicht kommt hinzu, dass auch § 93 Abs. 1 S. 2 AktG, der als Einschränkung unmittelbar an die Regelung des Satz 1 anknüpft, selbst den Begriff der Pflichtverletzung verwendet.

Das vom Gesetzgeber nicht näher konkretisierte, sondern generalklauselartig umschriebene Pflichtenprogramm, welches der Geschäftsleitung über die objektive Sorgfalts- bzw. Verhaltenspflicht des § 93 Abs. 1 S. 1 AktG bzw. § 43 Abs. 1 GmbHG auferlegt wird, lässt sich in verschiedene Pflichtenkreise aufspalten. Eine grobe Unterteilung kann in eine rechtliche und eine ökonomische Komponente erfolgen.[35] Zur erstgenannten zählt einerseits die allgemein als Legalitätspflicht bezeichnete Pflicht der Leitungsorgane zur Regeltreue, die eine strikte Einhaltung von Recht und Gesetz verlangt.[36] Mit dieser eng verknüpft ist die als Überwachungspflicht oder Legalitätskontrollpflicht bezeichnete Aufgabe zur Überwachung und

---

33 Hierzu eingehend *Thümmel*, Persönliche Haftung, S. 75 ff.

34 *Spindler*, in: MünchKomm-AktG, § 93 Rn. 21; *Krieger/Sailer-Coceani*, in: K. Schmidt/Lutter, AktG, § 93 Rn. 5; a.A. *Hüffer*, AktG, § 93 Rn. 4 (bloßer Verschuldensmaßstab).

35 Siehe auch *Paefgen*, AG 2014, 554, 556 („Dichotomie" von Legalitätspflicht und unternehmerischen Ermessen).

36 *Spindler*, in: MünchKomm-AktG, § 93 Rn. 73; siehe näher unter C.

Sicherstellung eines rechtstreuen und zweckmäßigen Verhaltens aller nachgeordneten Mitarbeiter im Unternehmen.[37] Hierzu zählt insbesondere die Einrichtung geeigneter Compliance-Systeme, die eine Regeltreue innerhalb des Unternehmens zu gewährleisten im Stande sind, sowie eine fortlaufende Wirksamkeitskontrolle.[38] Effektiviert wird die Überwachungspflicht durch §§ 130 i.V.m. 9 OWiG, der über eine Bußgeldandrohung sicherstellen soll, dass Vorkehrungen zur Verhinderung von Rechtsverletzungen getroffen werden.

Zusätzlich zu dieser rechtlichen Komponente der Sorgfaltspflicht haben die Leitungsorgane in betriebswirtschaftlicher Hinsicht die Pflicht zur ordnungsgemäßen Geschäftsführung.[39] Diese Pflicht hat im Wesentlichen eine sachgerechte Organisation zur Erkennung und Vermeidung von betriebswirtschaftlichen Risiken zum Gegenstand. Sie geht einher mit der Pflicht zur Leitung des Unternehmens nach betriebswirtschaftlichen Grundsätzen ordnungsgemäßer Unternehmensführung.[40]

III. Haftungszwecke

Das bürgerlichrechtliche Schadensrecht beruht auf dem Grundsatz der Totalreparation.[41] Der Geschädigte soll durch die Ersatzleistung in die Ausgangslage vor dem schädigenden Ereignis zurückversetzt, der Schaden also vollständig ausgeglichen werden. Gleichzeitig soll eine Bereicherung des Geschädigten vermieden werden.[42] Dies zugrunde gelegt hebt das Schrifttum meist die Ausgleichs- bzw. Kompensationsfunktion des Schadenersatzes hervor.[43] Außerkompensatorische, verhaltenssteuernde Präventions-

---

37 *Seyfarth*, Vorstandsrecht, § 23 Rn. 13; *Koch*, in: Hüffer/Koch, AktG, § 93 Rn. 6c.

38 *Fleischer*, in: Spindler/Stilz, AktG, § 93 Rn. 112; LG München I, Urt. v. 10.12.2013 – 5 HK O 1387/10, NZG 2014, 345, 346 ff.

39 Zum Begriff der Ordnungsmäßigkeit *Krieger/Sailer-Coceani*, in: K. Schmidt/Lutter, AktG, § 93, Rn. 7.

40 Vgl. *Fleischer*, in: ders., Hdb. Vorstandsrecht, § 7 Rn. 27 ff.

41 *Flume*, in: BeckOK-BGB, § 249 Rn. 43.

42 *Oetker*, in: MünchKomm-BGB, § 249 Rn. 20. Zum hiervon abweichenden Konzept sog. punitive damages in anderen Rechtsordnungen siehe *Wagner*, AcP 2006, 352, 471 ff.

43 *Larenz*, Schuldrecht AT, S. 423 f.; *Esser/Schmidt*, Schuldrecht, S. 169 f.; *Maier-Reimer*, Referat zum 66. DJT, S. L 35 f.; *Eden*, Persönliche Schadensersatzhaftung, S. 131; siehe auch *Prütting/Kniepert*, ZfPW 2017, 458, 465; kritisch gegenüber einer Fixierung auf isolierte Zwecksetzungen des Haftungsrechts *Bachmann*, Gutachten E zum 70. DJT, S. E 21.

zwecke werden der Haftung überwiegend nur ergänzend bzw. für Sonderbereiche zugesprochen.[44] So erkennt die Rechtsprechung beispielweise im Bereich von Immaterialgüter- und Persönlichkeitsrechtsverletzungen eine präventive Funktion der Haftung ausdrücklich an.[45]

Auch der Zweck der gesellschaftsrechtlichen Organhaftung wird vorrangig im Ausgleich von Vermögenseinbußen gesehen, die der Gesellschaft entstanden sind.[46] Einige Stimmen messen der Organhaftung daneben aber auch außerkompensatorische, verhaltenssteuernde Zwecke in dem Sinne bei, dass die Organwalter durch die drohende Inanspruchnahme zu pflichtgemäßem Verhalten angehalten werden.[47]

Dass der Gesetzgeber mit der Innenhaftung eine Ausgleichsfunktion verfolgt, macht er insbesondere damit deutlich, dass auch der Sondertatbestand-Katalog des § 93 Abs. 3 AktG ausschließlich auf kapitalschützende Pflichten abstellt.[48] Aus diesem Kompensationsgedanken folgt unmittelbar der Schutzzweck der Haftungsnorm. Die gesellschaftsrechtlichen Vorschriften der §§ 93 Abs. 2 S. 1 AktG, 43 Abs. 2 GmbHG dienen in erster Linie dem Schutz des Gesellschaftsvermögens und der Vermögensrechte der Anteilseigner.[49] Ergänzend tritt der Gesichtspunkt des Gläubigerschutzes hinzu, dem ein kompensiertes Gesellschaftsvermögen ebenfalls zugute kommt. Ein darüber hinausgehender möglicher Präventionszweck der Haftung lässt sich dagegen nicht abstrakt-generell, sondern nur unter Einbeziehung des konkreten Regelungskontextes und der spezifischen Pflichtverletzung bestimmen.[50]

---

44 Siehe hierzu auch Abteilung Zivilrecht des 66. DJT, Beschluss II 1. b), 66. DJT, S. L 89; dagegen den Präventionsaspekt in den Vordergrund rückend und die Steuerungsfunktion betonend *Wagner*, Gutachten A zum 66. DJT, S. A 20 ff.; *ders*. AcP 2006, 352, 451 ff.

45 BGH, Urt. v. 2.11.2000 – I ZR 246/98, BGHZ 145, 366, 372 = NJW 2001, 2173, 2174 (Immaterialgüterrecht); Urt. v. 15.11.1994 – VI ZR 56/94; BGHZ 128, 1, 15 = GRUR 1995, 224, 229; Urt. v. 5.10.2004 – VI ZR 255/03, BGHZ 160, 298, 303 = NJW 2005, 215, 216 (jew. Persönlichkeitsrecht).

46 *Fleischer*, in: Spindler/Stilz, AktG, § 93 Rn. 2; *Lutter*, in: Krieger/Schneider, Hdb. Managerhaftung, § 1 Rn. 1; *Thomas*, Haftungsfreistellung, S. 147.

47 *Hüffer*, in: Bayer/Habersack, Aktienrecht im Wandel, Kap. 7 Rn. 82; *Fleischer*, in: MünchKomm-GmbHG, § 43 Rn. 2; *Lutter*, in: Krieger/Schneider, Hdb. Managerhaftung, § 1 Rn. 1; hervorhebend *Gigoleit/Tomasic*, in: Grigoleit, AktG, § 93, Rn. 1 („zentrales Instrument zur Sicherstellung einer guten Unternehmensleitung"); siehe auch *Hölters*, in: ders., AktG, § 93 Rn. 8.

48 *Koch*, in: Hüffer/Koch, AktG, § 93 Rn. 68.

49 *Spindler*, in: MünchKomm-AktG, § 93 Rn. 1; *Hölters*, in: ders., AktG, § 93 Rn. 8; *Koch*, in: *Hüffer/Koch*, AktG, § 93 Rn. 1; *Roth*, Unternehmerisches Ermessen, S. 29.

50 Siehe hierzu unten § 4 E.I.

B. Haftung für unternehmerische Entscheidungen

Hauptaufgabe eines jeden Leitungsorgans ist die Steuerung der wirtschaftlichen Entwicklung des Unternehmens und damit insbesondere die Sicherstellung und Steigerung des Gewinns. In dieser Funktion haben Geschäftsleiter häufig Entscheidungen zu treffen, deren ökonomische Tragweite, insbesondere die Realisierung des angestrebten wirtschaftlichen Erfolges, aus einer ex-ante-Perspektive nur selten sicher vorhersehbar sind. Die aus § 93 Abs. 1 S. 1 AktG bzw. § 43 Abs. 1 GmbHG ableitbare Pflicht zur ordnungsgemäßen Geschäftsführung nach betriebswirtschaftlichen Grundsätzen birgt daher im Zusammenspiel mit den Innenhaftungstatbeständen das Risiko, für bestimmte betriebswirtschaftliche Entscheidungen, die sich rückblickend als verlustbegründend erweisen, haftungsrechtlich mit dem Privatvermögen zur Verantwortung gezogen zu werden.

Diesem Risiko kann nicht allein dadurch angemessen entgegengewirkt werden, dass das Gesetz von vornherein auf die Sorgfalt eines ordentlichen und gewissenhaften Geschäftsleiters abstellt. Für diesen Sorgfaltsmaßstab ist lediglich entscheidend, wie ein pflichtbewusster, selbständig tätiger Leiter eines Unternehmens der konkreten Art zu handeln hat, der nicht mit eigenen Mitteln wirtschaftet, sondern wie ein Treuhänder fremden Vermögensinteressen verpflichtet ist.[51] Die Gefahr einer allzu strengen nachträglichen Beurteilung der in Frage stehenden wirtschaftlichen Entscheidung durch ein Gericht unter Kenntnis sämtlicher nachträglicher Tatsachen ist damit nämlich keinesfalls beseitigt.[52]

Aus diesem Grund legt § 93 Abs. 1 S. 2 AktG fest, dass bei einer unternehmerischen Entscheidung eine Pflichtverletzung nicht vorliegt, wenn das Vorstandsmitglied vernünftigerweise annehmen durfte, auf der Grundlage angemessener Information zum Wohle der Gesellschaft zu handeln.[53] Der hierdurch zum Ausdruck gebrachte Grundsatz des unternehmerischen Ermessens war bereits vor seiner Kodifizierung durch das UMAG im Jahre 2005 anerkannt und vom BGH in Anlehnung an das Konzept der US-amerikanischen Business Judgment Rule formuliert worden.[54] Hiernach verfügen Vorstandsmitglieder über einen weiten unternehmerischen Hand-

---

51 BGH, Urt. v. 20.2.1995 – II ZR 143/93, NJW 1995, 1290, 1291.

52 Sog. Rückschaufehler oder „hindsight bias“, hierzu *Fleischer*, NZG 2008, 371, 372; *Koch*, in: Hüffer/Koch, AktG, § 93 Rn. 9.

53 Zur umstrittenen dogmatischen Einordnung der Norm siehe *Fleischer*, in: Spindler/Stilz, AktG, § 93 Rn. 65.

54 BGH, Urt. v. 21.4.1997 – II ZR 175/95, BGHZ 135, 244, 253 = NJW 1997, 1926, 1927 f.; siehe hierzu auch *Fleischer*, in: Spindler/Stilz, AktG, § 93 Rn. 61.

lungsspielraum. Sie haften für betriebswirtschaftliche Fehlentscheidungen nur dann, wenn es sich um eine unter sämtlichen Gesichtspunkten unvertretbare Entscheidung handelt.[55] Dem Ansatz liegt unter anderem der Gedanke zugrunde, dass der Geschäftsleiter durch die Auferlegung zu großer Haftungsrisiken nicht mit einer im Ergebnis dem Unternehmensinteresse zuwiderlaufenden Risikoaversion agiert und davon abgehalten wird, unter Umständen profitable Geschäftschancen wahrzunehmen, die nahezu immer eine Prognoseentscheidung voraussetzen.[56] Ziel der Vorschrift ist damit die auch unter volkswirtschaftlichen Gesichtspunkten angestrebte Stärkung der Risikobereitschaft des Vorstands.[57] Der Grundsatz des unternehmerischen Ermessens eröffnet dem Geschäftsleiter den sog. safe harbour, einen sicheren, da dem Haftungsregime des § 93 Abs. 2 S. 1 AktG entzogenen Handlungsspielraum für unternehmerische Entscheidungen.[58]

Dieses Grundkonzept des Geschäftsleiterermessens bei unternehmerischen Entscheidungen ist nicht auf das Aktienrecht beschränkt. Insbesondere für den GmbH-Geschäftsführer, der sich angesichts des Pflichtenkanons des § 43 GmbHG in einer dem Vorstand vergleichbaren Situation befindet, müssen die einschränkenden Grundsätze ebenso gelten. Insofern hat auch der Gesetzgeber klargestellt, dass das Konzept des unternehmerischen Ermessens auf sämtliche Formen unternehmerischer Betätigung Anwendung findet.[59] Auch ohne positivrechtliche Normierung gelten die Grundgedanken damit auch für den GmbH-Geschäftsführer.[60]

---

55 Zu den Tatbestandsvoraussetzungen im Einzelnen *Fleischer*, in: Spindler/Stilz, AktG, § 93 Rn. 66 ff.; *Hopt*, ZIP 2013, 1793, 1797.

56 *Spindler*, in: MünchKomm-AktG, § 93 Rn. 36; *Fleischer*, in: Spindler/Stilz, AktG, § 93 Rn. 60; *Buck-Heeb*, BB 2013, 2247, 2253; *v. Falkenhausen*, NZG 2012, 644, 646.

57 *Koch*, in: Hüffer/Koch, AktG, § 93 Rn. 9.

58 BT-Drs. 15/5092, S. 11; *Koch*, in: Hüffer/Koch, AktG, § 93 Rn. 9.

59 BT-Drs. 15/5092, S. 12.

60 BGH, Urt. v. 4.11.2002 – II ZR 224/00, BGHZ 152, 280, 283 = NJW 2003, 358 f.; BGH, Beschl. v. 14.7.2008 – II ZR 202/07, NJW 2008, 3361 Rn. 11; *Paefgen*, AG 2014, 554, 556; *Zöllner/Noack* in: Baumbach/Hueck, GmbHG, § 43 Rn. 22; *Altmeppen*, in: Roth/Altmeppen, § 43 Rn. 8; *Fleischer*, in: MünchKomm-GmbHG, § 43 Rn. 71; zu GmbH-spezifischen Besonderheiten des Geschäftsleiterermessens siehe *Paefgen*, in: Ulmer/Habersack/Löbbe, GmbHG, § 43 Rn. 146.

C. Haftung bei Legalitätspflichtverletzungen

I. Grundlagen der Legalitätspflicht

Neben der Sorgfaltspflicht im Hinblick auf unternehmerische Entscheidungen besteht als zweiter Aspekt der gesetzlich nicht konkretisierten Sorgfaltsanforderungen der Leitungsorgane auch eine Pflicht zu rechtmäßigem Verhalten bei der Unternehmensleitung. Auch die Verletzung dieser Pflicht kann eine Innenhaftung nach sich ziehen.

In Rechtsprechung und Schrifttum ist allgemein anerkannt, dass die Geschäftsleitungstätigkeit rechtstreu erfolgen muss, die Geschäftsleiter also bei der Unternehmensleitung an Recht und Gesetz gebunden sind.[61] Auch der Gesetzgeber lässt den Willen erkennen, rechtswidriges Verhalten der Geschäftsleiterhaftung zuzuführen.[62] Diese Legalitätspflicht besteht zum einen im Hinblick auf solche Vorschriften, die sich an den Geschäftsleiter als Normadressaten richten. Hierzu zählen sowohl dem Schutz Dritter dienende Normen, wie etwa die Pflicht zur rechtzeitigen Einleitung des Insolvenzverfahrens nach § 15a InsO, als auch gerade im Verhältnis zur Gesellschaft bestehende Verhaltensgebote des Gesetzes, der Satzung oder gegebenenfalls der Geschäftsordnung, etwa die Einhaltung der gesetzlich festgelegten Kompetenzordnung oder des satzungsmäßig festgelegten Unternehmensgegenstands bei der Geschäftsleitung.[63] Des Weiteren haben die Geschäftsleiter beim Handeln für die Gesellschaft auch all diejenigen Vorschriften zu beachten, welche die Rechtsordnung gegenüber der Gesellschaft bzw. dem Unternehmen als Rechtssubjekt aufstellt, die also die Beziehungen der Gesellschaft zu Dritten betreffen.[64] Zu dieser externen Legalitätspflicht zählen sämtliche wirtschaftszivilrechtlichen, straf- oder ordnungsrechtlichen sowie je nach wirtschaftlicher Ausrichtung des Unternehmens auch wirtschaftsverwaltungsrechtlichen Vorschriften. Beispiel-

---

61 BGH, Urt. v. 13.4.1994 – II ZR 16/93, BGHZ 125, 366, 370 = NJW 1994, 1801, 1802; Urt. v. 15.10.1996 – VI ZR 319/95, BGHZ 133, 370, 375 = NJW 1997, 130, 131; Urt. v. 28.4.2008 – II ZR 264/06, BGHZ 176, 204, 220 = NJW 2008, 2437 Rn. 38; Urt. v. 10.7.2012 – VI ZR 341/10, BGHZ 194, 26, 33 f. = NJW 2012, 3439 Rn. 22; *Koch*, in: Hüffer/Koch, AktG, § 93 Rn. 6; *Fleischer*, in: Spindler/Stilz, AktG, § 93 Rn. 14 ff.; *Zöllner/Noack*, in: Baumbach/Hueck, GmbHG, § 43 Rn. 17.

62 BT-Drs. 15/5092, S. 11.

63 *Spindler*, in: MünchKomm-AktG, § 93 Rn. 73; *Fleischer*, in: Spindler/Stilz, AktG, § 93 Rn. 20 f.

64 *Spindler*, in: MünchKomm-AktG, § 93 Rn. 74; *Fleischer*, in: Spindler/Stilz, AktG, § 93 Rn. 23.

haft zu nennen sind die sektorübergreifenden, also für Unternehmen sämtlicher Wirtschaftszweige zu beachtenden Normen des Kartellrechts, des Insolvenzrechts, des Steuerrechts oder des Arbeitsrechts. Insofern ist zwar die Gesellschaft in ihrer Eigenschaft als Marktteilnehmerin, Steuerpflichtige, Arbeitgeberin, etc. meist selbst Normadressatin, kann die ihr auferlegten Pflichten jedoch nur über die Leitungsorgane erfüllen.[65] Über die Legalitätspflicht finden somit auch die externen Pflichtenbindungen der juristischen Person Einzug in das Innenverhältnis zum Leitungsorgan.

Die dogmatische Verankerung der Legalitätspflicht ist innerhalb des Schrifttums umstritten. Teilweise wird angenommen, die Legalitätspflicht folge unmittelbar aus § 93 Abs. 1 S. 1 AktG selbst.[66] Teilweise wird auf § 396 Abs. 1 AktG[67] mit der dort vorgesehenen Möglichkeit zur Auflösung der Gesellschaft bei gemeinwohlgefährdendem, gesetzeswidrigem Verhalten der Verwaltungsträger rekurriert.[68] Eine weitere Ansicht verortet den Ursprung der Legalitätspflicht in § 93 Abs. 4 S. 1 AktG, wonach die Vorstandshaftung nur dann ausscheidet, wenn die Handlung auf einem gesetzmäßigen Beschluss der Hauptversammlung beruht.[69] Für die Fragen, die Gegenstand dieser Untersuchung sind, kommt diesem Theorienstreit keine Bedeutung zu.

II. Strikter Gleichlauf zwischen externer Gesetzesbindung und Legalitätspflicht

Über die konkrete Reichweite der Legalitätspflicht besteht im Schrifttum keine Einigkeit. Zum einen wird vereinzelt eine Ausnahme von einer strikten Legalitätspflicht im Innenverhältnis für bloße Ordnungsvorschriften vertreten.[70] Dagegen wird mit Recht vorgebracht, dass eine sinnvolle Differenzierung zwischen Rechtsnormen kaum möglich sei.[71] Für die vorliegende Untersuchung ist dieser Aspekt nicht von Relevanz, da die Ausnahme für Ordnungsvorschriften auf Verstöße gegen sanktionsbewehrte Normen,

65 *Spindler*, in: MünchKomm-AktG, § 93 AktG Rn. 74.
66 So offenbar *Paefgen*, AG 2014, 554, 556; *Thole*, ZHR 173 (2009) 504, 509.
67 Entsprechendes normiert § 62 GmbHG für die GmbH.
68 *Fleischer*, ZIP 2005, 141, 148 f.; *Berg*, AG 2007, 271, 272; kritisch *Holle*, Legalitätskontrolle, S. 48; *Seibt*, NZG 2015, 1097, 1101.
69 Dahin *Spindler*, in: MünchKomm-AktG, § 93 Rn. 741; *Dreher*, in: FS Konzen, S. 85, 92; dagegen *Holle*, Legalitätskontrolle, S. 50.
70 *Habersack*, in: FS Schneider, S. 429, 438 f.; *Schneider*, in: FS Hüffer, S. 905, 909 f.
71 *Bicker*, AG 2014, 8, 11; *Koch*, in: Hüffer/Koch, AktG, § 93 Rn. 6.

die zur Verhängung einer Verbandsgeldbuße nach § 30 OWiG führen, ohnehin keine Anwendung finden würde.

Zum Teil wird eine Einschränkung der Legalitätspflicht dahingehend vorgeschlagen, dass allein solche dem Schutz der Gesellschaft bzw. deren wirtschaftlichen Interessen dienende Vorschriften eine Pflichtverletzung im Innenverhältnis begründen können.[72] Hierfür wird unter anderem vorgebracht, dass auch der Katalog des § 93 Abs. 3 AktG, der Schadensersatz begründende Sondertatbestände ausdrücklich normiert, ausschließlich kapitalschützende, d.h. dem Schutz des Gesellschaftsvermögens dienende Pflichten enthält. Hieraus ließe sich die generelle gesetzgeberische Absicht ableiten, nur die Verletzung gesellschaftsschützender Normen einer Haftung zu unterwerfen.[73] Ausnahmen von diesem Schutzzweckbezug sollen indes auch nach dieser Ansicht angezeigt sein, wenn Allgemeininteressen von erheblicher Bedeutung betroffen sind.[74] Zu abweichenden Ergebnissen dürfte diese Ansicht daher in aller Regel nur bei Formalverstößen führen.[75] Jedenfalls für solche Verstöße im Zentrum der vorliegenden Untersuchung, die eine Bebußung des Unternehmens nach sich ziehen, dürfte auch nach dieser Ansicht regelmäßig eine Pflichtverletzung nicht abzulehnen sein.

Des Weiteren wird mit Blick auf die externe Pflichtenbindung der Gesellschaft entgegen der vorherrschenden Ansicht, welche die Legalitätspflicht als „Brücke"[76] zwischen Außen- und Innenverhältnis versteht, vereinzelt die Ansicht vertreten, dass nicht jeder Verstoß gegen externe Rechtsbindungen der Gesellschaft automatisch eine haftungsbegründende Pflichtverletzung des Geschäftseiters im Innenverhältnis begründen könne.[77] Ein derartiger Transport der externen Normunterworfenheit der Gesellschaft in das Innenverhältnis führe zu einer Überstrapazierung des Pflichtenprogramms des Vorstands. Die Rechtspflichten des Unterneh-

---

72 *Spindler*, in: MünchKomm-AktG, § 93 Rn. 147; *Sieg/Zeidler*, in: Hauschka/Moosmayer/Lösler, Corporate Compliance, § 3 Rn. 36; *Glöckner/Müller-Tautphaeus*, AG 2001, 344, 345; zur hieran anknüpfenden Frage sog. „nützlicher Pflichtverletzungen" siehe unten, § 4 C.I.2.

73 *Sieg/Zeidler*, in: Hauschka/Moosmayer/Lösler, Corporate Compliance, § 3 Rn. 36.

74 *Glöckner/Müller-Tautphaeus*, AG 2001, 344, 345; *Spindler*, in: MünchKomm-AktG, § 93 Rn. 147.

75 Siehe auch *Petry*, Risikomanagement, S. 270.

76 *Mertens/Cahn*, in: KölnKomm-AktG, § 93 Rn. 77; siehe auch *Holle*, Legalitätskontrolle, S. 45 („Transformator").

77 Siehe hierzu auch *Bicker*, AG 2014, 8; *Hauger/Palzer*, ZGR 2015, 33, 41; *Twele*, Haftung, S. 113.

mens im Außenverhältnis dürften nicht im Sinne einer unbegrenzten Erfolgshaftung über das Institut der Legalitätspflicht in das Innenverhältnis getragen werden.[78] Maßgeblich dürfe allein sein, ob dem Vorstand ein Verhaltensvorwurf bei der jeder Rechtsanwendung vorausgehenden Rechtsermittlung gemacht werden kann.[79] Dementsprechend sei ein automatischer Transport der Rechtsbindungen in das Innenverhältnis im Sinne eines allgemeinen Gesetzesvollzugsanspruchs „systemwidrig", sofern ein solcher nicht im Anstellungsvertrag festgeschrieben sei.[80]

Die ganz überwiegende gesellschaftsrechtliche Literatur geht stattdessen davon aus, dass Gesetzesbindung im Außenverhältnis und Legalitätspflicht im Innenverhältnis deckungsgleich sind. Die Legalitätspflicht fungiert als Vehikel, mittels dessen die externen Rechtsbindungen der Gesellschaft Einzug in das Innenverhältnis finden und deshalb von der Geschäftsleitung zu beachten sind. Dabei soll ein rechtswidriges Verhalten im Außenverhältnis zugleich und uneingeschränkt eine Pflichtverletzung im Innenverhältnis indizieren.[81] Zur Begründung wird teilweise darauf verwiesen, dass der Gesellschaft durch den Rechtsverstoß finanzielle Nachteile in Form von Schadenersatzansprüchen oder Geldbußen entstünden.[82]

Zwar überzeugt der Verweis auf finanzielle Nachteile der Gesellschaft aus dem Rechtsverstoß nicht, da insoweit dogmatisch unzulässig vom Vorliegen eines Schadens auf die Pflichtverletzung rückgeschlossen würde.[83] Die Notwendigkeit einer strikten Rechtsbindung im Innenverhältnis folgt aber auch aus der strukturellen Besonderheit der juristischen Person. Denn nur mit einer strikten Rechtsbindung der Organe im Innenverhältnis kann sichergestellt werden, dass die juristische Person, die allein durch ihre Geschäftsleiter im Rechtsverkehr zu handeln imstande ist, die an sie gerichte-

---

78 *Seibt*, NZG 2015, 1097, 1100; siehe auch *Seibt/Cziupka*, AG 2015, 93, 99.

79 *Seibt*, NZG 2015, 1097, 1101.

80 *Sieg/Zeidler*, in: Hauschka/Moosmayer/Lösler, Corporate Compliance, § 3 Rn. 36; für eine Trennung zwischen Außen- und Innenverhältnis auch *Twele*, Haftung, S. 113 f., der im Ergebnis jedoch zu einer regelmäßigen Innenhaftung bei Verletzung gesetzlicher Pflichten gelangt.

81 *Fleischer*, in: Spindler/Stilz, AktG, § 93 Rn. 24; *Mertens/Cahn*, in: KölnKomm-AktG, § 93 Rn. 71; *Lutter*, ZIP 2007, 841, 844; *Binder/Kraayvanger*, BB 2015, 1219, 1221; Kaulich, Haftung, S. 97 ff.

82 Dahingehend wohl *Raiser/Veil*, KapGesR, § 14 Rn. 66.

83 *Fleischer*, in: Fleischer, Hdb. Vorstandsrecht, § 7 Rn. 14; *Bicker*, AG 2014, 8, 9; zustimmend auch *Sieg/Zeidler*, in: Hauschka/Moosmayer/Lösler, Corporate Compliance, § 3 Rn. 38; vgl. zu diesem „klassischen Rückschaufehler" auch *Kindler*, in: FS Goette, S. 231, 235.

ten gesetzlichen Pflichten einhält.[84] Ohne eine interne Rechtsbindung der Geschäftsleiter wäre dem rechtswidrigen Außenhandeln der Gesellschaft die Tür geöffnet. Soweit auch die herrschende Meinung Einschränkungen dahingehend anerkennt, dass der Geschäftsleiter etwa eine vorherrschende Rechtsauffassung mit vertretbaren Argumenten in Frage stellen darf und ihm insoweit auch bei der Rechtsbefolgung im Einzelfall ein Ermessen einzuräumen ist, ändert dies an der grundsätzlichen strikten Rechtsbindung nichts.[85]

D. Beweislastregeln

I. Beweislastverteilung de lege lata

Die praktische Durchsetzbarkeit von nach objektiver Rechtslage bestehenden Schadenersatzansprüchen hängt zu großen Teilen von der beweisrechtlichen Situation in einem möglichen Zivilprozess ab. Nach allgemeinen prozessualen Grundsätzen obliegt es dem Geschädigten, das Vorliegen sämtlicher anspruchsbegründender Voraussetzungen zu beweisen.[86] Bei der Organinnenhaftung würde die uneingeschränkte Anwendung dieses Grundsatzes die Gesellschaft jedoch in vielen Fällen vor kaum überwindbare Beweisprobleme stellen. Sämtliche für die rechtliche Bewertung der streitgegenständlichen Handlung oder Unterlassung relevanten Dokumente, sofern solche überhaupt existieren, sind mit Blick auf die Leitungsaufgabe in der Regel nur beim Geschäftsleiter vorhanden.[87] Vor diesem Hintergrund ordnet das Aktiengesetz in § 93 Abs. 2 Satz 2 eine Beweislastumkehr zu Lasten des Vorstands bezüglich des Tatbestandsmerkmals der Pflichtverletzung an.[88] Im Streitfall hat demnach der Vorstand darzulegen

---

84 *Habersack*, in: FS Schneider, S. 429, 435; *Spindler*, in: MünchKomm-AktG, § 93 Rn. 74; *Holle*, Legalitätskontrolle, S. 51 f.

85 Hierzu *Fleischer*, in: *ders.*, Hdb. Vorstandsrecht, § 7 Rn. 19; *Dreher*, in: FS Konzen, S. 85, 93; *Zöllner/Noack*, in: Baumbach/Hueck, GmbHG, § 43 Rn. 23c. Zur Frage des unternehmerischen Ermessens bei unsicherer Rechtslage siehe unten, § 4 C.I.3.

86 *Leipold*, in: Stein/Jonas, ZPO, § 286 Rn. 61 ff.; *Koch*, in: Hüffer/Koch, AktG, § 93 Rn. 53.

87 BGH, Urt. v. 4.11.2002 – II ZR 224/00, BGHZ 152, 280, 283 = NJW 2003, 358; *Spindler*, in: MünchKomm-AktG, § 93 Rn. 180; *Fleischer*, in: Spindler/Stilz, AktG, § 93 Rn. 220; kritisch dagegen *Kindler*, in: FS Goette, S. 231, 235 („empirisch nicht zu belegen").

88 Zur Normhistorie siehe *Fleischer*, in: ders., Hdb. Vorstandsrecht, § 11 Rn. 69.

und zu beweisen, dass er die Sorgfalt eines ordentlichen und gewissenhaften Geschäftsleiters angewandt und damit nicht pflichtwidrig gehandelt hat. Die Beweislast der Gesellschaft beschränkt sich damit auf die schädigende Handlung, die Entstehung eines Schadens sowie den Ursachenzusammenhang.[89] Bei der GmbH ist trotz fehlender Regelung die entsprechende Anwendbarkeit dieses Grundsatzes ebenfalls anerkannt.[90]

II. Kritik und Reformbestrebungen

Diese Beweislastverteilung bei der Innenhaftung ist umstritten und Gegenstand anhaltender rechtspolitischer Diskussion. Hauptkritikpunkt ist die Gefahr einer zu starken Beweislastverschiebung zu Lasten des Organwalters und die damit drohende Umwandlung der Innenhaftung in eine Erfolgshaftung.[91] Gegner der Beweislastumkehr wenden ein, gerade im Hinblick auf länger zurückliegende Vorgänge drohe eine Überspannung der Beweislast.[92] Besondere Zweifel an der Sachgerechtheit werden für den praktisch häufigen Fall geäußert, dass ein Leitungsorgan nach seinem Ausscheiden aus dem Unternehmen in Anspruch genommen wird.[93] Ausscheidende Organwalter sind nach ständiger Rechtsprechung verpflichtet, der Gesellschaft zur Wahrung von Geheimhaltungsinteressen sämtliche Unterlagen herauszugeben.[94] Trotz des hierdurch entstehenden Informationsgefälles[95] wendet die Rechtsprechung die Beweislastumkehr auch auf ausgeschiedene Organmitglieder an.[96] Dem auch von der Rechtsprechung erkannten Problem von Informationsdefiziten soll damit begegnet werden, dass die Gesellschaft im Rahmen ihrer sekundären Darlegungslast das

---

89 LG München I, Urt. v. 10.12.2013 – 5 HK O 1387/10, NZG 2014, 345, 347; *Spindler*, in: MünchKomm-AktG, § 93 Rn. 185.

90 BGH, Urt. v. 4.11.2002 – II ZR 224/00, BGHZ 152, 280, 283 = NJW 2003, 358; *Zöllner/Noack*, in: Baumbach/Hueck, GmbHG, § 43 Rn. 36; *Altmeppen*, in: Roth/Altmeppen, GmbHG, § 43 Rn. 111.

91 Siehe hierzu auch OLG Nürnberg, Beschl. v. 28.10.2014 – 12 U 567/13, NZG 2015, 555, 556; zustimmend *Bachmann*, BB 2015, 771, 775; siehe auch *Paegfen*, AG 2004, 245, 257.

92 *Bachmann*, BB 2015, 771, 774.

93 *Freund*, NZG 2015, 1419.

94 BGH, Beschl. v. 7.7.2008 – II ZR 71/07, NZG 2008, 834 Rn. 3; *Spindler*, in: MünchKomm-AktG, § 93 Rn. 188; siehe auch *Freund*, NZG 2015, 1419 f.

95 *Ruchatz*, AG 2015, 1.

96 BGH, Urt. v. 4.11.2002 – II ZR 224/00, BGHZ 152, 280, 285 = NJW 2003, 358, 359; Urt. v. 8.7.2014 – II ZR 174/13, BGHZ 202, 26, 39 = NZG 2014, 1058 Rn. 33.

möglicherweise pflichtwidrige Verhalten näher bezeichnen muss.[97] Darüber hinaus erkennt die Rechtsprechung dem Organmitglied einen in der nachwirkenden Treuepflicht begründeten Anspruch auf Einsicht in diejenigen Unterlagen zu, die für die vorgeworfene Pflichtverletzung erheblich sind.[98]

Während die überwiegende Meinung darin einen sachgerechten Lösungsansatz für das Problem einer zu starken Beweislastverschiebung zulasten des Organs sieht,[99] halten Kritiker der Beweislastumkehr die vom BGH aufgestellten Voraussetzungen für unzureichend, um das Organmitglied zu schützen.[100] Auf dieser kritischen Linie scheint sich auch ein auf dem 70. Juristentag gefasster Beschluss zur generellen Abschaffung des § 93 Abs. 2 S. 2 AktG zu bewegen.[101] Überwiegend sprechen sich die Kritiker indes lediglich für eine teleologische Reduktion der Vorschriften bei ausgeschiedenen Organmitgliedern aus.[102] Weitere Ansätze schlagen etwa eine Einschränkung der Herausgabepflicht zum Ausscheidezeitpunkt bei hinreichender Wahrscheinlichkeit einer streitigen Auseinandersetzung vor.[103] Ebenso diskutiert wird eine Ausweitung bzw. eine großzügige Anwendung des Einsichtsrechts,[104] gekoppelt mit einer Möglichkeit des Organs, gesammelte Unterlagen bei seinem Ausscheiden in Kopie einzubehalten[105] oder bei einer vertrauenswürdigen Stelle zu hinterlegen.[106]

---

97 BGH, Urt. v. 4.11.2002 – II ZR 224/00, BGHZ 152, 280, 285 = NJW 2003, 358, 359; dazu *Bachmann*, BB 2015, 771, 774; *Kindler*, in: FS Goette, S. 231, 233 ff.; siehe auch *Paefgen*, in: Ulmer/Habersack/Löbbe, GmbHG, § 43 Rn. 108; konkretisierend OLG Nürnberg, Beschl. v. 28.10.2014 – 12 U 567/13, NZG 2015, 555, 556.

98 BGH, Urt. v. 4.11.2002 – II ZR 224/00, BGHZ 152, 280, 285 = NJW 2003, 358, 359; Beschl. v. 7.7.2008 – II ZR 71/07, NZG 2008, 834 RN. 5; *Spindler*, in: MünchKomm-AktG, § 93 Rn. 188; *Fleischer*, in: Spindler/Stilz, AktG, § 93 Rn. 224; *Ruchatz*, AG 2015, 1, 2 ff.

99 *Koch*, in: Hüffer/Koch, AktG, § 93 Rn. 56; *Spindler*, in: MünchKomm-AktG, § 93 Rn. 188; *Paefgen*, in: Ulmer/Habersack/Löbbe, GmbHG, § 43 Rn. 108.

100 *Kindler*, in: FS Goette, S. 231, 235 ff.; siehe auch *v. Falkenhausen*, NZG 2012, 644, 651; kritisch auch *Reuter*, ZIP 2016, 597, 598 f.

101 Abteilung Wirtschaftsrecht des 70. DJT, Beschluss Nr. 6 lit. a), 70. DJT, S. N 212.

102 *Förster*, ZHR 176 (2012), 221, 235 ff.; sympathisierend auch *Ruchatz*, AG 2015, 1, 2; *Habersack*, ZHR 177 (2013) 782, 795.

103 Dazu *Ruchatz*, AG 2015, 2.

104 *Ruchatz*, AG 2015, 1, 3.

105 Dazu *Paefgen*, AG 2014, 554, 566.

106 Hierzu *Reuter*, ZIP 2016, 597, 598 f.

III. Stellungnahme

Sieht man in der gesteigerten Sachnähe und dem Wissensvorsprung des Organmitglieds das entscheidende Kriterium zur Rechtfertigung der Beweislastumkehr,[107] erscheint eine Verbesserung der Beweissituation für ausgeschiedene Organmitglieder durchaus diskutabel. Denn gerade diese Sachnähe wird beim ausscheidenden Organmitglied durch die Pflicht zur Dokumentenherausgabe, die sich auch auf privat aufbewahrte Unterlagen erstreckt,[108] regelmäßig beseitigt. Je länger das Ausscheiden zurück liegt, desto weiter reduziert sich die ehemals bestehende Sachnähe. Der die Beweislastumkehr rechtfertigende Umstand liegt dann nicht mehr vor. Der Sinn und Zweck der Regelung, einen angemessenen Interessenausgleich herbeizuführen, erscheint für diese Fälle dann nicht mehr schutzwürdig.

Das dem Organmitglied zugebilligte Einsichtsrecht kann den Verlust der während der Organstellung bestehenden Sachnähe nicht vollständig und in allen Facetten kompensieren. Eine konkrete Benennung sämtlicher relevanter Unterlagen durch das ausgeschiedene Organmitglied dürfte angesichts der Komplexität unternehmerischer Kommunikation und Dokumentenführung ohne Hilfestellung in vielen Fällen nicht möglich sein.[109] Darüber hinaus kann auch der für die Beweisführung wichtige Kontakt zu den in die zurückliegenden Maßnahmen einbezogenen Personen fehlen.[110]

Eine vollständige Abschaffung der Beweislastumkehr würde dennoch über das Ziel hinausschießen. Hiervon wären gleichsam alle Fälle der Innenhaftung erfasst und damit auch solche, bei denen die Beweislastumkehr durchaus angemessen erscheint. Stattdessen bietet sich eine Lösung über die Herausgabepflicht an. Der Vorschlag, die Herausgabepflicht einzuschränken, wenn bereits zum Ausscheidezeitpunkt hinreichende Anzeichen für eine streitige Auseinandersetzung bestehen, dürfte zwar in der Praxis schwer umzusetzen sein. Naheliegender erscheint deshalb eine Hinterlegungsoption des Organwalters für wichtige Unterlagen mit Einsichtsrecht im Streitfall. Auch dieser Weg brächte klärungsbedürftige Folgefragen mit sich, die im Rahmen der vorliegenden Untersuchung nur angerissen werden können. Etwa müssten abstrakte Kriterien zur Bestimmung

---

107 Siehe *Koch*, in: Hüffer/Koch, AktG, § 93 Rn. 53; *Fleischer*, in: Fleischer, Hdb. Vorstandsrecht, § 11 Rn. 69.

108 Hierzu *Reuter*, ZIP 2016, 597, 598.

109 *Reuter*, ZIP 2016, 597, 598; siehe auch *Meckbach*, NZG 2015, 580, 582 f.

110 *Förster*, ZHR 176 (2012), 221, 245; *Reuter*, ZIP 2016, 597, 598.

der Wichtigkeit und der potenziellen Streitrelevanz von Unterlagen festgelegt werden, damit die Hinterlegungslösung als praktisch realisierbare Lösung des Beweislastproblems dienen kann.

§ 3 Die Geldbuße gegen juristische Personen

A. *Einführung*

I. Zweigleisige Sanktionierung im unternehmerischen Bereich

Rechtsverstößen, die aus einem Unternehmen heraus mit Bezug zur unternehmerischen Tätigkeit begangen werden, kann aus sanktionsrechtlicher Perspektive auf verschiedenen Wegen begegnet werden. Neben einer Sanktionierung des die rechtsverletzende Handlung im natürlichen Sinne vornehmenden Individuums kommt auch eine Sanktion gegenüber der unternehmenstragenden juristischen Person in Betracht.[111] Einzelne Regelungsregime beschränken sich insoweit auf eine ausschließliche Sanktionierung des Unternehmensträgers, ohne gleichzeitig eine persönliche Sanktion gegenüber den Handelnden vorzusehen.[112] Ein besonders praxisrelevantes Beispiel hierfür ist das europäische Kartellrecht, dem eine Sanktionierung von Einzelpersonen neben der Geldbuße gegen das Unternehmen gänzlich fremd ist.[113]

Das deutsche Ordnungswidrigkeitenrecht verfolgt mit der Vorschrift des § 30 OWiG einen kumulativen Ansatz.[114] Ausgehend von der Individualsanktion gegenüber dem Handelnden (Geldbuße oder Geldstrafe), ermöglicht § 30 OWiG daran anknüpfend die Verhängung einer Geldbuße gegen die juristische Person als Rechtsträger des Unternehmens. Diesem in § 30 OWiG zum Ausdruck gebrachten Rechtsträgerprinzip verdankt die Geldbuße gegen juristische Personen ihre geläufige Bezeichnung als Verbandsgeldbuße.[115]

Die Eingliederung der Verbandssanktion in das Recht der Ordnungswidrigkeiten verdeutlicht zugleich, dass dem deutschen Modell eine Verbandsstrafe im Sinne einer kriminalstrafrechtlichen Sanktion im engeren

---

111 *Baur/Holle*, ZIP 2018, 459, 464; siehe auch *Laue*, Jura 2010, 339, 341.

112 Siehe etwa § 29 KartG 2005 Österreich, hierzu auch Strasser, VersR 2017, 65 f.

113 Näher zur europäischen Kartellbuße siehe unten, C.

114 Vgl. zum Begriff der kumulativen Sanktionierung auch *Trüg*, StraFo 2011, 471, 476.

115 Siehe hierzu *Achenbach*, in: FrankfKomm-KartellR, § 81 GWG Rn. 101; zur Ungenauigkeit des Begriffs „Unternehmensgeldbuße“ siehe *Achenbach*, ZIS 2012, 178, 179; *Gürtler*, in: Göhler, OWiG, § 17 Rn. 48b.

Sinne fremd ist.[116] Die Einführung eines Verbandsstrafrechts wird seit Langem kontrovers diskutiert. Der im Jahr 2014 vom Land Nordrhein-Westfalen vorgelegte Antragsentwurf für ein Verbandsstrafgesetz, der zunächst Zustimmung durch die Justizministerkonferenz erfuhr,[117] hatte die Diskussion zwischenzeitlich neu belebt, mündete jedoch nicht in einer Änderung der Rechtslage.[118] Mit dem sog. Kölner Entwurf eines Verbandssanktionengesetzes wurde 2017 ein neuer Impuls gesetzt.[119] Im Jahr 2019 folgte mit dem sog. Münchener Entwurf ein weiterer Ansatz.[120] Der im April 2020 aus dem Justizministerium eingebrachte Referentenentwurf eines „Gesetzes zur Stärkung der Integrität in der Wirtschaft" bringt den Versuch einer Neuregelung der Verbandssanktion jüngst erneut auf die rechtspolitische Agenda.[121]

Für den haftungsrechtlichen Rückgriff bei den Leitungsorganen dürften sich sowohl bei Einführung eines Verbandsstrafrechts als auch bei einer anderweitigen Neuregelung der Verbandssanktion wie im jüngsten Gesetzentwurf vorgeschlagen die gleichen Fragen stellen, die auch die derzeitige Verbandsgeldbuße aufwirft.[122] Die weitere Entwicklung in dieser Hinsicht ist somit auch für die Thematik dieser Untersuchung von Bedeutung.[123]

---

116 *Meyberg*, in: BeckOK-OWiG, § 30 Rn. 1 ff.

117 Siehe hierzu *Krems*, ZIS 2015, 5.

118 Entwurf eines Gesetzes zur Einführung der strafrechtlichen Verantwortlichkeit von Unternehmen und sonstigen Verbänden (nachfolgend: Entwurf-NRW), abrufbar unter: https://www.justiz.nrw.de/JM/jumiko/beschluesse/2013/herbstkonferenz13/TOP_II_5_Gesetzentwurf.pdf (zuletzt besucht am 31.5.2020).

119 Kölner Entwurf eines Verbandssanktionengesetzes (nachfolgend: Kölner Entwurf), abrufbar unter: http://www.jpstrafrecht.jura.uni-koeln.de/sites/iss_juniorprof/Projekte/Koelner_Entwurf_eines_Verbandssanktionengesetzes__2017.pdf (zuletzt besucht am 31.5.2020).

120 *Saliger/Tsambikakis/Mückenberger/Huber*, Münchener Entwurf eines Verbandssanktionengesetzes.

121 Entwurf eines Gesetzes Gesetzes zur Stärkung der Integrität in der Wirtschaft (nachfolgend: Verbandssanktionen-Referentenentwurf), abrufbar unter: https://www.bmjv.de/SharedDocs/Gesetzgebungsverfahren/Dokumente/RefE_Staerkung_Integritaet_Wirtschaft.pdf;jsessionid=66F3B8DF750B9E7549D935D37C072E87.1_cid289?__blob=publicationFile&v=1 (zuletzt besucht am 31.5.2020).

122 *Bachmann*, BB 2015, 771, 775. Kölner Entwurf (siehe oben Fn. 119) und Münchener Entwurf (siehe oben Fn. 120) sehen dagegen in § 10 bzw. § 16 jeweils einen expliziten Regressausschluss vor.

123 Während der letzte Koalitionsvertrag von der Prüfung eines Unternehmensstrafrechts für multinationale Konzerne sprach (Koalitionsvertrag 2013 zwi-

II. Normhistorie

In ihrer heutigen Form existiert die Verbandsgeldbuße erst seit einer grundlegenden Novellierung des Ordnungswidrigkeitenrechts im Jahre 1968. Mit der Einführung einer einheitlichen Regelung wurde der zuvor bestehende Zustand diverser über verschiedene Gesetze verteilter Vorschriften zur Verbandsverantwortlichkeit beendet.[124] Eine rechtsgebietsübergreifende Ermächtigung zur Verhängung einer Geldbuße gegen Unternehmen existierte vorher nicht. Um diesen Zustand zu beseitigen, wurde 1968 im damaligen § 26 OWiG, der später als § 30 OWiG fortgalt, die Verbandsgeldbuße zu einem allgemeinen Rechtsinstitut erhoben. Die ausdrückliche Qualifizierung der Verbandsgeldbuße als Nebenfolge zur Individualsanktion brachte dabei die enge Verbindung mit der Individualsanktion gegenüber den handelnden Personen zum Ausdruck. Diese Nebenfolgekonstruktion wurde im Zuge einer erneuten Reform im Jahr 1986 aufgegeben, ohne jedoch die konzeptionelle Anknüpfung der Verbandsgeldbuße an die Verwirklichung einer Individualtat in Form einer Straftat oder Ordnungswidrigkeit anzutasten.[125]

III. Umstrittene Rechtsnatur

Uneinigkeit besteht über die normative Einordnung des § 30 OWiG. Im Zentrum der Debatte steht dabei die Frage, ob § 30 OWiG als Haftung für eigene Delinquenz eine eigene Verbandstäterschaft voraussetzt bzw. begründet oder als Haftung für fremde Delinquenz lediglich eine Art Annex zur Individualtat darstellt.[126]

---

schen CDU, CSU und SPD für die 18. Legislaturperiode, S. 145, abrufbar unter: https://www.bundesregierung.de/Content/DE/_Anlagen/2013/2013-12-17-koalitionsvertrag.pdf?__blob=publicationFile (zuletzt besucht am 31.5.2020), ist im aktuellen Koalitionsvertrag von einer Neuregelung des Sanktionsrechts für Unternehmen die Rede, Koalitionsvertrag 2018 (siehe oben Fn. 10), S. 124. Zum jüngsten Referentenentwurf aus 2020 siehe oben Fn. 121.

124 Zu den einzelnen Regelungen siehe etwa *Schroth*, Unternehmen, S. 41; siehe auch *Tiedemann*, NJW 1988, 1169, 1170.

125 BT-Drs. 10/318, S. 41. Durch Beseitigung der Überschrift „Nebenfolge" für den 8. Abschnitt bestätigte der Gesetzgeber die Abkehr von der Nebenfolgelösung, siehe BT-Drs. 14/8998, S. 12; siehe zum Ganzen auch *Meyberg*, in: BeckOK-OWiG, § 30 Rn. 7.1; *Gürtler*, in: Göhler, OWiG, Vor § 29a Rn. 14.

126 Siehe *Schroth*, wistra 1986, 163 („dogmatisches Vakuum").

Ein Teil der bußgeldrechtlichen Literatur nimmt den Standpunkt ein, dass es sich bei § 30 OWiG um eine Zurechnung des Individualverhaltens an die juristische Person und damit um eine Haftung für fremde Pflichtverletzungen handelt.[127] Die ebenso verbreitete Gegenansicht sieht mit der Vorschrift eine eigenständige täterschaftliche Haftung des Unternehmensträgers begründet.[128] Auf dieser Linie scheint sich auch die Entscheidung des LAG Düsseldorf zum Bußgeldregress zu bewegen. Mehrfach betont diese Entscheidung, Täter sei nach dem Ordnungsrecht das Unternehmen.[129]

Die gesetzgeberische Entwicklung stützt eher dieses letztgenannte Verständnis.[130] Hierfür spricht zum einen die Abkehr von der Nebenfolgelösung hin zu einer Ausgestaltung der Verbandsgeldbuße als selbständiges Sanktionsmittel. Die Nebenfolgelösung wurde bei Einführung der Vorschrift gerade zur Abgrenzung von der damals mehrheitlich abgelehnten Verbandstäterschaft gewählt. Darüber hinaus verwendet der Gesetzgeber in der Begründung zur 9. GWB-Novelle 2017 im Zusammenhang mit der Verbandsgeldbuße gegenüber juristischen Personen nunmehr wiederholt den Begriff der „Tätergesellschaft", was ebenfalls ein täterschaftliches Verständnis andeutet.[131] Auch das Ergebnis einer Analyse des mit der Geldbuße verfolgten Sanktionszwecks, auf das noch zurückzukommen sein wird,[132] spricht für eine Haftung als Organisationsverschulden.

Dogmatisch wird eine täterschaftliche Anknüpfung zum Teil mit Verweis auf die Eigenhandlungsfähigkeit der juristischen Person im Sinne der gesellschaftsrechtlichen Organtheorie,[133] überwiegend jedoch aus der Kon-

127 *Bohnert/Krenberger/Krumm*, OWiG, § 30 Rn. 1; *Ransiek*, NZWiSt 2012, 45, 48; *ders.*, in: Kempf/Lüderssen/Volk, Unternehmensstrafrecht, S. 285, 297; siehe auch *Cramer/Pananis*, in: Loewenheim u.a., KartellR, § 81 GWB Rn. 35.

128 *Rogall*, in: KarlsKomm-OWiG, § 30 Rn. 16; *Hetzer*, EuZW 2007, 75, 77; s. auch *Dannecker/Biermann*, in: Immenga/Mestmäcker, WettbR, Vor § 81 GWB Rn. 121; *Eidam*, Unternehmen und Strafe, S. 218; vgl. auch *Achenbach*, in: FS Imme Roxin, S. 3, 8 f.

129 LAG Düsseldorf, Urt. v. 20.1.2015 – 16 Sa 459/14, Rn. 287, 297, juris.

130 *Dannecker/Biermann*, in: Immenga/Mestmäcker, WettbR, Vor § 81 GWB Rn. 76, 114; a.A. *Schroth*, wistra 1986, 158, 163, der in der Gesetzesänderung keine Hinwendung zum Konzept der Verbandstäterschaft sieht.

131 BT-Drs. 18/10207, S. 96 f.

132 Siehe hierzu unten, § 4 D.V.2.h).

133 Siehe *Heile*, WiJ 2014, 228, 234.

struktion eines Organisationsmangels hergeleitet.[134] Im Gegensatz zu einer Berufung auf die Organtheorie wird die Unternehmensverantwortlichkeit hier losgelöst vom konkreten rechtswidrigen Verhalten des Organwalters begründet.[135] Die Organisationsverantwortlichkeit knüpft vielmehr daran an, dass der Verband als solcher unzureichende Organisationsmaßnahmen zur Verhinderung von Straftaten aus seinen Reihen heraus getroffen hat und hierfür sanktionsmäßig herangezogen werden soll. Auch das LAG Düsseldorf geht für die Verbandsgeldbuße von einem solchen Organisationsverschulden aus. Der in der Unternehmensgeldbuße enthaltene Vorwurf sei der eines Organisationsverschuldens durch unzureichende Kontrolle der (Leitungs-)organe.[136] Auch der nordrhein-westfälische Gesetzesentwurf hebt die Notwendigkeit einer Haftung des Verbands für eine mangelhafte Auswahl der Organwalter hervor, die wegen deren Stellung und Bedeutung für das Unternehmen besonders sorgfältig erfolgen müsse.[137] Die Begehung unternehmensbezogener Rechtsverstöße solcher Personen – so die Entwurfsbegründung – bestätige deren Auswahl für die Organwalterrolle als von Anfang an fehlerhaft.[138] Auch die im nordrhein-westfälischen Entwurf sowie jüngst auch im Verbandssanktionen-Referentenentwurf[139] vorgesehene strafmildernde Berücksichtigung von Compliance-Maßnahmen deutet auf das Konzept eines Organisationsverschuldens

134 Für diese Lösung *Tiedemann*, NJW 1988, 1169, 1172 f.; *Hetzer*, EuZW 2007, 75, 77; *Dannecker/Biermann*, in: Immenga/Mestmäcker, WettbR, Vor § 81 Rn. 122; ebenso offenbar *Mitsch*, in: KarlsKomm-OWiG, § 17 Rn. 11; vgl. auch *Beckemper*, in: Kempf/Lüderssen/Volk, Unternehmensstrafrecht, S. 277, 281; *Kubiciel*, ZRP 2014, 133, 137 (jeweils zu Fragen einer kriminalstrafrechtlichen Unternehmensverantwortlichkeit); siehe hierzu auch *Bosch*, Organisationsverschulden, S. 47; dagegen *Rogall*, in: KarlsKomm-OWiG, § 30 Rn 6.

135 *Engelhart*, Sanktionierung, S. 377; *Beckemper*, in: Kempf/Lüderssen/Volk, Unternehmensstrafrecht, S. 277, 279.

136 LAG Düsseldorf, Urt. v. 20.1.2015 – 16 Sa 459/14, Rn. 283, juris.

137 Wie hier *Grützner*, CCZ 2015, 56, 57. Ebenso der jüngste Verbandssanktions-Referentenentwurf (siehe oben Fn. 121), S. 73 unten: „[…] Personen, auf deren Auswahl und Überwachung […] wegen ihrer mit der formellen Position verbundenen Einflussmöglichkeiten (als Mitglied eines Organs oder Vorstandes) […] besonderer Wert zu legen ist."

138 Entwurf-NRW (siehe oben Fn. 118), S. 44 f.

139 Etwa in § 15 Abs. 3 Nr. 6 des Entwurfs (siehe oben Fn. 121).

hin. Der Nachweis solcher Maßnahmen dient dazu, dass sich ein Unternehmen vom Vorwurf eines Organisationsverschuldens entlasten kann.[140]

B. Normative Konzeption

I. Individualsanktion als Ausgangspunkt

Die hoheitliche Sanktionierung von Rechtsverstößen im unternehmerischen Bereich erfolgt in erster Linie durch die Verhängung von persönlichen Geldstrafen oder Geldbußen gegen das selbst handelnde bzw. das die rechtswidrige Handlung verantwortende Leitungsorgan im Unternehmen.

Das Ordnungswidrigkeitenrecht ist von seinem Grundsatz her personenbezogen. Im unternehmerischen Bereich erlangt insofern die Vorschrift des § 9 OWiG besondere Relevanz. Diese Norm ermöglicht eine Sanktionierung von Unternehmensrepräsentanten für Verstöße gegen solche Tatbestände, die Sonderpflichten gerade des Unternehmens begründen.[141] Handelt jemand als vertretungsberechtigtes Organ einer juristischen Person, ist nach § 9 OWiG ein Gesetz, nach dem besondere persönliche Eigenschaften, Verhältnisse oder Umstände die Möglichkeit der Ahndung begründen, auch dann auf den Vertreter anzuwenden, wenn diese Merkmale lediglich bei dem vertretenen Unternehmen vorliegen. Über § 9 OWiG lassen sich somit die besonderen persönliche Merkmale des Unternehmens dem Leitungsorgan zurechnen. Dies gilt beispielsweise für die Stellung als Arbeitgeber bei Vorschriften, die an die Arbeitgebereigenschaft anknüpfen, oder als Betreiber einer Anlage bei diversen umweltrechtlichen Normen, für das Statusmerkmal „Unternehmen", etwa im Kartellverbotstatbestand des § 1 GWB[142] oder in § 21 Abs. 1 Nr. 1 FPersV, oder für die Eigenschaft als Emittent, Kreditinstitut oder Wertpapierdienstleister im Sinne des WpHG.[143] Erforderlich für die Zurechnung ist lediglich ein Handeln gerade in der Eigenschaft als gesetzlicher Vertreter, in Abgrenzung von

---

140 Siehe auch DRB, Stellungnahme Nr. 16/14 zur Einführung eines Unternehmensstrafrechts, abrufbar unter: http://www.drb.de/fileadmin/pdf/Stellungnahmen/2014/DRB_141125_Stn_Nr_16_Unternehmensstrafrecht.pdf (zuletzt besucht am 23.9.2018).

141 *Twele*, Haftung, S. 32 ff.

142 *Cramer/Pananis*, in: Loewenheim u.a., KartellR, § 81 GWB Rn. 5; vgl. auch *Dreher*, FS Konzen, S. 85, 89; *Kapp/Gärtner*, CCZ 2009, 168, 169; *Eufinger*, WM 2015, 1265, 1266.

143 Zum Ganzen auch *Kröger*, Korruptionsschäden, S. 214.

bloßem Verhalten bei Gelegenheit der Vertretungstätigkeit.[144] Auf diesem Wege ermöglicht der Gesetzgeber einen direkten „Durchgriff"[145] auf den Geschäftsleiter und vermeidet damit Sanktionslücken.[146]

Von erheblicher Relevanz für die persönliche Bußgeldhaftung der Organmitglieder ist darüber hinaus § 130 OWiG, der – isoliert betrachtet nur in Richtung des Unternehmensinhabers, typischerweise also den das Unternehmen tragenden Personenverband[147] – eine bußgeldrechtliche Verantwortlichkeit festschreibt, wenn Betriebsangehörige unterhalb der Leitungsebene betriebsbezogene Pflichten verletzen. Handelt es sich beim Unternehmensträger um eine juristische Person, wird über § 9 OWiG wiederum der Täterkreis des § 130 OWiG auf die dort genannten Vertreter und Leitungspersonen erweitert. Letztere können somit auch für die Verletzung betriebsbezogener Pflichten unterhalb der Leitungsebene bebußt werden.[148] Betriebsbezogene Pflichten sind nach h.M. alle Pflichten, die im Zusammenhang mit der Führung des Betriebs stehen und erfassen damit nahezu alle bußgeldbewehrten Ordnungswidrigkeiten im unternehmerischen Bereich.[149]

II. Festsetzungsvoraussetzungen der Verbandsgeldbuße

Auf der individuellen Verantwortlichkeit baut die Verbandsgeldbuße nach § 30 OWiG auf. § 30 OWiG erlaubt in seiner ersten Tatbestandsalternative die Festsetzung einer Geldbuße gegen juristische Personen oder Personenvereinigungen, wenn ein vertretungsberechtigtes Organ oder ein Mitglied eines solchen Organs eine Straftat oder Ordnungswidrigkeit begeht, durch welche die juristische Person treffende Pflichten verletzt wurden.[150] Die

144 *Gürtler*, in: Göhler, OWiG, § 9 Rn. 15a.

145 *Kapp/Gärtner*, CCZ 2009, 168, 169.

146 *Gürtler*, in: Göhler, OWiG, § 9 Rn. 2.

147 *Gürtler*, in: Göhler, OWiG, § 130 Rn. 6; vgl. auch BGH, Urt. v. 13.4.1993 – II ZR 16/93, NJW 1994, 1801, 1803.

148 *Cramer/Pananis*, in: Loewenheim u.a., KartellR, § 81 GWB Rn. 27; *Tiedemann*, in: FS Achenbach, S. 563, 570; *Wilsing*, in: Krieger/Schneider, Hdb. Managerhaftung, § 31 Rn. 10; vgl. auch *Holle*, Legalitätskontrolle, S. 397 („Überwälzungstatbestand"); *Kröger*, Korruptionsschäden, S. 203; *Twele*, Haftung, S. 65.

149 *Beck* in: BeckOK-OWiG, § 130 Rn. 85; *Gürtler*, in: Göhler, OWiG, Vor § 130 Rn. 18; inhaltlich zustimmend, jedoch mit Vorbehalten gegenüber der Begrifflichkeit *Rogall*, in: KarlsKomm-OWiG, § 130 Rn. 86.

150 Zur möglichen Abkehr vom Legalitätsprinzip bei der Verbandsgeldbuße siehe die Ausführungen im Koalitionsvertrag 2018 (s. oben Fn. 10), S. 124.

Norm knüpft damit konstruktiv unmittelbar an eine von einer Leitungsperson des Unternehmens verwirklichte Bezugstat an.[151] Auch bei spezialgesetzlichen Tatbeständen, die höhere Bußgeldrahmen und spezielle Zumessungsregeln für Geldbußen gegen juristische Personen vorsehen, etwa § 81 Abs. IV S. 2 GWB[152] oder § 120 WpHG, bleibt § 30 OWiG stets die maßgebliche Ahndungsgrundlage.[153]

Zentrale tatbestandliche Voraussetzung von § 30 OWiG ist die Verletzung einer die juristische Person treffenden Pflicht.[154] Die Eingrenzung dieses Merkmals kann nur im Einzelfall Schwierigkeiten bereiten, wenn sogenannte Allgemeindelikte betroffen sind. Gemeint sind z.B. Straftatbestände wie § 263 StGB.[155] Um die vom Gesetzgeber angestrebte Abgrenzung zum Bereich der Jedermann-Pflichten zu erreichen, sollen lediglich solche Pflichtverletzungen von § 30 erfasst werden, die sich als Folge der wirtschaftlichen Betätigung der juristischen Person durch Realisierung der von dieser beherrschbaren Personalgefahren ergeben, die also in Zusammenhang mit der Betriebs- oder Unternehmensführung stehen (sog. betriebsbezogene Pflichten).[156] Neben den Allgemeindelikten existiert eine Reihe von Sonderdelikten, die sich explizit an das Unternehmen bzw. dessen Rechtsträger richten und Verstöße gegen normierte unternehmerische Verhaltensanforderungen sanktionieren.[157] Hierbei spielen besondere Verhältnisse eine Rolle, wie z.B. die Eigenschaft als Arbeitgeber, Anlagenbetreiber oder Eigentümer.[158] Ein weiterer wichtiger Anwendungsfall für betriebsbezogene Pflichten ist wiederum die Aufsichtspflicht des § 130 OWiG. Über den zwischengeschalteten § 9 OWiG ist damit auch bei Verstößen unterhalb der Leitungsebene ein Durchgriff auf den Verband möglich. Die Normenverbindung der §§ 9, 30 und 130 OWiG wird dement-

---

151 *Bohnert/Krenberger/Krumm*, OWiG, § 30 Rn. 5, 7; *Rogall*, in: KarlsKomm-OWiG, § 30 Rn. 88.

152 Kritisch zum von der Terminologie des § 30 OWiG („juristische Person oder Personenvereinigung“) abweichenden Normtext des § 81 Abs. 4 S. 2 GWB („Unternehmen oder Unternehmensvereinigung“) *Gürtler*, in: Göhler, OWiG, Vor § 17 Rn. 48b.

153 *Rogall*, in: KarlsKomm-OWiG, § 30 Rn. 133; *Seitz*, in: Berg/Mäsch, KartellR, § 81 GWB Rn. 18; *Baur/Holle*, NZG 2018, 14, 15 (Fn. 6); siehe auch *Eggers*, in: Park, Kapitalmarktstrafrecht, Kap. 13.13 Rn. 2 ff.

154 BT-Drs. V/1269, S. 60; *Bohnert/Krenberger/Krumm*, OWiG, § 30 Rn. 32.

155 Siehe *Rogall*, in: KarlsKomm-OWiG, § 30 Rn. 89.

156 *Rogall*, in: KarlsKomm-OWiG, § 30 Rn. 89; *Laue*, Jura 2010, 339, 343.

157 Siehe hierzu auch unter E.

158 *Laue*, Jura 2010, 339, 343.

sprechend auch als „Troika"[159] zur Bekämpfung der Wirtschaftskriminalität bezeichnet.

Trotz der konstruktiven Anknüpfung an die Bezugstat des Einzelnen ist es keine zwingende Voraussetzung für die Verhängung einer Verbandsgeldbuße, dass diese Bezugstat der Leitungsperson auch tatsächlich geahndet wird. Zwar entspricht die Festsetzung von persönlicher Geldbuße und Verbandsgeldbuße in einem verbundenen Verfahren dem Leitbild der gesetzlichen Regelung.[160] Jedoch liegt es wegen der Geltung des Opportunitätsprinzips im Ordnungswidrigkeitenrecht in der Hand der Verfolgungsbehörden, ein individuelles Bußgeldverfahren gegen den Verantwortlichen nicht einzuleiten oder ein solches einzustellen und damit die Voraussetzungen für ein selbständiges Verfahren nach § 30 Abs. 4 S. 1 OWiG zu schaffen.[161] Für diese Fälle ermöglicht das Gesetz eine sog. selbständige oder isolierte Verbandsgeldbuße.[162] Nicht erforderlich ist es auch, beispielsweise bei einem Kollegialorgan die Identität des verantwortlichen Täters zu ermitteln, solange mit an Sicherheit grenzender Wahrscheinlichkeit jedenfalls ein Organmitglied eine Pflichtverletzung begangen hat.[163]

C. Alternativmodell im Europäischen Kartellrecht

Einen konzeptionell anderen Weg als das OWiG geht das europäische Kartellrecht. Vor einer Erörterung der Besonderheiten der Europäischen Unternehmensgeldbuße im Kartellrecht ist es für den vorliegenden Untersuchungsgegenstand jedoch zielführend, zunächst auf die sanktionsrechtliche Flankierung unionsrechtlicher Vorschriften einzugehen.

Im Bereich europäischer Sekundärrechtsakte ohne eigene Sanktionsregelung obliegt die Durchsetzung der EU-rechtlichen Bestimmungen den Mitgliedstaaten. Diese sind nach dem europarechtlichen Effektivitätsgrundsatz zwar verpflichtet, geeignete Maßnahmen zur Geltung und Wirksamkeit des Unionsrechts zu treffen. Sie sind in der Wahl der Mittel je-

---

159 *Többens*, NStZ 1999, 1.

160 BayObLG, Beschl. v. 17.8.1998 – 3 ObOWi 83/98, wistra 1999, 71, 21; *Rogall*, in: KarlsKomm-OWiG, § 30 Rn. 162; *Niesler*, in: Grad/Jäger/Wittig, Wirtschafts- und Steuerstrafrecht, § 30 OWiG Rn. 73.

161 *Rogall*, in: KarlsKomm-OWiG, § 30 Rn. 163.

162 Hierzu *Cordes/Reichling*, NJW 2016, 3209, 3210 ff.; *Kirch-Heim*, Sanktionen, S. 22; *Engelhart*, Sanktionierung, S. 445 ff.

163 BGH, Beschl. v. 8.2.1994 – KRB 25/93, NStZ 1994, 346; *Theile/Petermann*, JuS 2011, 496, 500 f.; *Kindler*, Unternehmen als Täter, S. 135.

doch frei. Die vom EuGH geforderten wirksamen, verhältnismäßigen und abschreckenden Sanktionen zur Durchsetzung des Unionsrechts können daher sowohl in Gestalt (sonder-) deliktischer Tatbestände als auch hoheitlicher Bußgeldnormen etabliert werden.[164]

Enthält ein EU-Sekundärrechtsakt dagegen selbst spezifische Sanktionsregelungen, sind auch die Mitgliedstaaten bei der Umsetzung hieran gebunden. Diverse EU-Sekundärrechtsakte schreiben etwa die Einführung von Unternehmensgeldbußen vor. Die Vorgabe an die Mitgliedstaaten besteht dann in der Regel darin, die Sanktionierung über innerstaatliche Bußgeldvorschriften sicherzustellen.[165] Die Bußgeld-Festsetzung erfolgt durch die mitgliedstaatlichen Behörden aufgrund der nationalen Verfahrensvorschriften. Ein jüngeres Beispiel dieser Praxis bildet die Datenschutz-Grundverordnung.[166]

Im Bereich des EU-Wettbewerbsrechts können Geldbußen dagegen durch die EU-Kommission selbst verhängt werden. Art. 103 AEUV weist dem Rat hierfür eine Rechtssetzungskompetenz zur Schaffung einer supranationalen Sanktionsbefugnis durch Geldbußen und Zwangsgelder zum Schutze der EU-Wettbewerbsregeln der Art. 101 und Art. 102 AEUV zu.[167] Von dieser Befugnis hat der Unionsgesetzgeber mit der europäischen Kartellverfahrensverordnung Gebrauch gemacht, die eine originäre, supranationale Sanktionskompetenz der EU-Kommission enthält.[168]

Im Gegensatz zum deutschen Bußgeldrecht richtet sich diese Sanktionsnorm jedoch ausschließlich gegen Unternehmen als Sanktionsadressaten. Art. 23 der europäischen Kartellverfahrensverordnung setzt das Unternehmen als handelndes Subjekt des Kartellverstoßes voraus.[169] Der Unterschied zur deutschen Regelung liegt dabei einerseits in der ausdrücklichen Benennung des Unternehmens als Normadressaten anstelle des Rechtsträ-

---

164 EuGH, Urt. v. 21.9.1989 – C-68/88 – *Kommission/Griechenland*, Slg. 1989, 2965, Rn. 23 f.

165 Siehe etwa die Bußgeldregelungen in den EU-Rechtsakten im Bereich des Kapitalmarktsanktionsrechts, Art. 70 Abs. 6 lit. f) Richtlinie 2014/65/EU, ABl. EU 2014, L 173/349; Art. 28b Richtlinie 2013/50/EU, ABl. EU 2013, L 294/13; Art. 9 Richtlinie 2014/57/EU, ABl. EU 2014, L 173/179.

166 Siehe etwa Art. 83 der Verordnung (EU) 2016/679, ABl. EU 2016, L 119/1 (nachfolgend: DSGVO).

167 Eine weitere primärrechtliche Sanktionskompetenz gegenüber Privatrechtssubjekten enthält nur noch Art 132 Abs. 3 AEUV, der die Europäische Zentralbank ermächtigt, Unternehmen bei Missachtungen ihrer Verordnungen oder Beschlüsse mit Geldbußen zu belegen.

168 Verordnung (EG) Nr. 1/2003, ABl. EG 2003, Nr. L 1/1.

169 *Achenbach*, ZIS 2012, 178, 180; *ders.*, in: FS Imme Roxin, S. 3, 7 f.

gers. Es findet zudem auch keine Zurechnung oder Überleitung einer individuellen Haftung an das Unternehmen statt. Dem europäischen Kartellrecht ist eine persönliche Bußgeldhaftung gänzlich fremd.[170] Konzeptionell analog zum deutschen Ordnungswidrigkeitenrecht ist jedoch die Funktion der Geldbuße als wertungsmäßig neutrale Verwaltungssanktion ohne kriminalstrafrechtlichen Charakter.[171]

D. Grundsätze der Bußgeldberechnung

Ist die bußgeldrechtliche Verantwortlichkeit dem Grunde nach festgestellt, bestimmt sich die Höhe der zu verhängenden Geldbuße zweistufig. Zunächst ist der auf den individuellen Sachverhalt anzuwendende Bußgeldrahmen zu ermitteln. Anschließend wird innerhalb dieses Bußgeldrahmens die konkrete Zumessung der Geldbuße vorgenommen.[172]

1. Bußgeldrahmen

Der Bußgeldrahmen für die Geldbuße gegen juristische Personen bestimmt sich grundsätzlich nach § 30 Abs. 2 OWiG. Bei einer vorsätzlichen Straftat als Bezugstat sieht § 30 Abs. 2 Satz 1 OWiG eine Obergrenze von zehn Millionen Euro vor. Bei fahrlässigen Straftaten liegt die Obergrenze bei fünf Millionen Euro. Ist die Bezugstat des Leitungsorgans eine Ordnungswidrigkeit, richtet sich das Höchstmaß der Verbandsgeldbuße entweder gem. § 30 Abs. 2 Satz 2 OWiG nach der für diese Ordnungswidrigkeit angedrohten Geldbuße oder gem. § 30 Abs. 2 Satz 3 OWiG nach dem zehnfachen Betrag des Höchstmaßes, falls die Vorschrift auf diese Regelung verweist. Letzteres ist nach § 130 Abs. 3 S. 2 OWiG etwa der Fall bei Aufsichtspflichtverletzungen, die in Verbindung mit § 9 OWiG auch Taten der Leitungsorgane und damit Anknüpfungstaten für die Verhängung einer Verbandsgeldbuße darstellen, sodass auch bei solchen Aufsichtspflichtverletzungen der Leitungsorgane die Obergrenze für eine Verbandsgeldbuße gleichlaufend mit der Obergrenze bei vorsätzlichen Straftaten bei zehn Millionen Euro liegt. Bei persönlichen Bußgeldandrohungen, die eine Million Euro übersteigen, ermöglicht die Regelung im Ergebnis da-

170 *Dreher*, ZWeR 2004, 75, 83; *Eufinger*, WM 2015, 1265, 1266.
171 *Gürtler*, in: Göhler, OWiG, Einl Rn. 17.
172 *Wegner*, wistra 2017, 243.

mit sogar Verbandsgeldbußen, die über die Zehn-Millionen-Grenze hinausgehen.[173] Die Obergrenzen des § 30 Abs. 2 S. 1 wurden vom Gesetzgeber erst kürzlich im Zuge der 8. GWB-Novelle auf Empfehlung der OECD erhöht. Zugleich wurde die Öffnungsklausel nach § 30 Abs. 2 S. 3 geschaffen.

Einige spezialgesetzliche Fälle legen daneben von § 30 Abs. 2 S. 2 OWiG abweichende Sonderbußgeldrahmen für Geldbußen gegen juristische Personen fest.[174] Praktisch besonders relevante, jeweils umsatzorientierte Bußgeldvorschriften sind einerseits diejenigen des Kartellrechts in § 81 Abs. 4 S. 2 GWB, die eine Obergrenze in Höhe von 10 % des vorjährigen Gesamtumsatzes vorsehen.[175] Noch darüber hinausgehende Sanktionen lässt das Bank- und Kapitalmarktrecht zu. § 56 Abs. 6a bis 6c KWG sehen wie das Kartellrecht Obergrenzen von bis zu 10 % des Vorjahresumsatzes sowie in festgelegten Fällen in der doppelten Höhe des aus dem Verstoß erzielten Vorteils vor. Im Wertpapierbereich sind in § 120 Abs. 17 bis Abs. 22 WpHG Obergrenzen bis zu 15 % des vorjährigen Gesamtumsatzes oder bis zur dreifachen Höhe des erzielten Vorteils vorgesehen. Ähnliche umsatzbezogene Bußgeldnormen finden sich im Versicherungsaufsichtsrecht.[176]

Diese Obergrenzen des sog. Ahndungs-[177] bzw. Sanktionsanteils[178] können gem. § 30 Abs. 3 i.V.m. § 17 Abs. 4 OWiG überschritten werden, um den wirtschaftlichen Vorteil der juristischen Person aus dem Verstoß abzuschöpfen. Der Bußgeldrahmen bezieht sich also nur auf den Ahndungsan-

---

173 Siehe z.B. § 4 Abs. 2 S. 2 des Netzwerkdurchsetzungsgesetzes, das auf diesem Weg zu einer Obergrenze gegen Verbände in Höhe von 50 Millionen gelangt, hierzu BT-Drs. 18/12356, S. 12.

174 *Dannecker/Biermann*, in: Immega/Mestmäcker, WettbR, § 81 GWB Rn. 394.

175 Zur Diskussion um die Verfassungskonformität der Regelung des § 81 Abs. 4 S. 2 Hs. 2 GWB und der vom BGH vorgenommenen verfassungskonformen Auslegung der Vorschrift als Obergrenze siehe *Dannecker/Biermann*, in: Immega/Mestmäcker, Wettbewerbsrecht, § 81 GWB Rn. 341 ff.; kritisch zur Rechtsprechung des BGH unter dem Gesichtspunkt der Präventionswirkung *Ackermann*, ZHR 179 (2015), 538, 542; siehe bereits *ders.*, ZWeR 2010, 329, 336 ff.

176 Siehe § 332 Abs. 6 ff. VAG.

177 *Wilsing*, in: Krieger/Schneider, Hdb. Managerhaftung, § 31 Rn. 16; siehe auch LG Düsseldorf, Beschl. v. 21.11.2011 – 10 KLs 14/11, wistra 2013, 80.

178 Zu diesem Begriff siehe OECD, Bericht über die Anwendung des Übereinkommens über die Bekämpfung der Bestechung ausländischer Amtsträger im internationalen Geschäftsverkehr und der Empfehlung des Rats zur weiteren Bekämpfung der Bestechung ausländischer Amtsträger im internationalen Geschäftsverkehr vom 7.3.2011, S. 42, abrufbar unter https://www.oecd.org/daf/anti-bribery/anti-briberyconvention/48967037.pdf (zuletzt besucht am 31.5.2020).

teil. Die Obergrenzen des § 30 Abs. 2 OWiG sind damit keine absoluten. Der zulässige Höchstbetrag einer Verbandsgeldbuße ergibt sich vielmehr aus dem Sanktionsanteil in den Grenzen des § 30 Abs. 2 OWiG bzw. der umsatzorientierten Sondervorschriften zuzüglich des in der Höhe unbegrenzten Abschöpfungsanteils.[179] Aus § 17 Abs. 4 OWiG folgt auch, dass Untergrenze der Geldbuße der wirtschaftliche Vorteil ist, der dann noch um den Ahnungsanteil zu erhöhen ist.[180] Die Verbandsgeldbuße setzt sich insgesamt also zusammen aus dem Betrag, der zur Abschöpfung des wirtschaftlichen Vorteils festgesetzt wird, und dem der Sanktionierung dienenden Ahndungsanteil.[181]

2. Bestimmung der Bußgeldhöhe

Steht der anzulegende Bußgeldrahmen fest, ist in einem zweiten Schritt die Gesamthöhe der Geldbuße zu bestimmen. Dabei ist zunächst der Ahndungsanteil in den Grenzen des einschlägigen Bußgeldrahmens zu bemessen und daran anschließend der Abschöpfungsanteil unter Berücksichtung der erzielten Vorteile zu berechnen.[182] Eine nach bestimmten Kriterien vorzunehmende Zumessung findet also nur im Hinblick auf den Ahndungsanteil statt, wohingegen der Abschöpfungsanteil anhand der tatsächlichen Umstände zu errechnen ist.

a) Kriterien und Praxis der Zumessung

aa) Entsprechende Anwendung des § 17 Abs. 3 OWiG

§ 30 OWiG selbst trifft keine Regelung für die Kriterien der Zumessung einer Verbandsgeldbuße. Anders als für die Abschöpfung des wirtschaftlichen Vorteils wird die für Individualgeldbußen geltende Zumessungsregelung des § 17 Abs. 3 OWiG nicht in Bezug genommen. Dennoch sollen die in § 17 Abs. 3 OWiG – in Anlehnung an die Strafzumessungsnorm des § 46

---

179 *Cordes/Reichling*, NJW 2015, 1335, 1336; *Engelhart*, S. 433.

180 *Rogall*, in: KarlsKomm-OWiG, § 30 Rn. 140; vgl. hierzu auch *Achenbach*, NZWiSt 2012, 321, 323.

181 *Achenbach*, NZWiSt 2012, 321, 323.

182 *Engelhart*, S. 433.

StGB – aufgestellten Grundsätze zur Bemessung der Individualgeldbuße für die Verbandsgeldbuße entsprechend herangezogen werden.[183]

Nach § 17 Abs. 3 OWiG sind die Bedeutung der Ordnungswidrigkeit, der den Täter treffende Vorwurf sowie dessen persönliche wirtschaftliche Verhältnisse maßgeblich. Es besteht keineswegs Klarheit darüber, wie eine entsprechende Anwendung dieser Kriterien bei der Verbandsgeldbuße konkret umzusetzen ist. Schwierigkeiten bereitet dabei insbesondere der Umstand, dass § 30 OWiG den Verband als Sanktionsadressaten bestimmt, § 17 OWiG jedoch für die Zumessung Kriterien aufstellt, die auf den Individualtäter abzielen.[184]

Einigkeit besteht zunächst dahingehend, dass für die wirtschaftlichen Verhältnisse des Täters im Sinne des § 17 Abs. 3 OWiG bei der Verbandsgeldbuße – entsprechend ihrem Zweck – die wirtschaftliche Situation der Gesellschaft maßgeblich ist.[185] Dies entspricht den kartellrechtlichen Vorschriften, die vom Wortlaut des § 17 Abs. 3 OWiG abweichende Spezialregelungen für die Zumessung kartellrechtlicher Verbandsgeldbußen enthalten. § 81 Abs. 4a GWB nennt als Bezugspunkt für die Zumessung ausdrücklich die wirtschaftlichen Verhältnisse des Unternehmens oder der Unternehmensvereinigung.[186] Weder bei Kartellbußen noch bei sonstigen Verbandsgeldbußen sind damit die wirtschaftlichen Verhältnisse des Leitungsorgans von Bedeutung, das die Anknüpfungstat begangen hat.

Weniger Klarheit besteht hinsichtlich der entsprechenden Anwendung des in § 17 Abs. 3 OWiG genannten Zumessungskriteriums der Bedeutung der Ordnungswidrigkeit und des dem Täter zu machenden Vorwurfs. In der Literatur gehen die Ansichten insoweit auseinander. Überwiegend wird vertreten, auch für die Verbandsgeldbuße seien insofern die Aspekte

---

183 BGH, Beschl. v. 8.12.2016 – 5 StR 424/15, wistra 2017, 242, 243; Beschl. v. 24.4.1992 – KRB 5/90, wistra 1992, 268, 269; *Rogall*, in: KarlsKomm-OWiG, § 30 Rn. 134; Hirsch, ZStW 1995, 285, 317; *Süße*, Newsdienst Compliance 2017, 21007; siehe auch *Kindler*, Unternehmen als Täter, S. 145; *Wegner*, Systematik, S. 77.

184 Kritisch hierzu auch *Kindler*, Unternehmen als Täter, S. 145; *Wegner*, wistra 2017, 243, 244.

185 BGH, Beschl. v. 24.4.1992 – KRB 5/90, wistra 1992, 268, 269; OLG Hamm, Beschl. v. 28.6.2000 – 2 Ss OWi 604/1999, wistra 2000, 393, 395; *Meyberg*, in: BeckOK-OWiG, § 30 Rn. 103, *Rogall*, in: KarlsKomm-OWiG, § 30 Rn. 134; *Achenbach*, in: FrankfKomm-KartellR, Bd. VI. § 81 GWG Rn. 546; *Kröger*, Korruptionsschäden, S. 222.

186 So auch der jüngste Verbandssanktionen-Referentenentwurf (siehe oben Fn. 121) in § 15 Abs. 2.

der Bezugstat entscheidend, also das Verschulden des Leitungsorgans.[187] Auch die Rechtsprechung stellt auf den Vorwurf gegenüber dem Leitungsorgan ab.[188] Andere Ansätze kritisieren die Heranziehung dieser Individualkriterien angesichts der Ausrichtung der Sanktion auf die juristische Person. Sie plädieren für eine verbandsbezogene Anwendung des Vorwurf-Kriteriums bzw. für die Normierung spezifischer verbandsbezogener Zumessungsgrundsätze.[189]

Gleichzeitig besteht Einigkeit, dass bei der Zumessung einer Verbandsgeldbuße noch weitere Faktoren einfließen müssen. So berücksichtigen Gerichte und Behörden grundsätzlich auch, ob aus dem Unternehmen heraus bereits in der Vergangenheit Normverstöße begangen wurden.[190] Auch das Nachtatverhalten, etwa die generelle Bereitschaft zur einvernehmlichen Verfahrensbeendigung oder die Stellung eines Bonusantrags im Kartellrecht, wird bußgeldmindernd berücksichtigt.[191] Dieses Vorgehen findet Zustimmung im Schrifttum.[192]

bb) Insbesondere: Compliance Defense

Zu den Zumessungsgrundsätzen gehört auch die Frage, ob Compliance-Maßnahmen zur Verhinderung von Rechtsverstößen bei der Verbands-

---

187 *Rogall*, in: KarlsKomm-OWiG, § 30 Rn. 135.

188 BGH, Beschl. v. 24.4.1992 – KRB 5/90, wistra 1991, 268 f.; Urt. v. 14.2.2007 – 5 StR 323/06, NStZ-RR 2008, 13, 15; Urt. v. 9.4.2017 – 1 StR 265/16, wistra 2017, 390, 399.

189 *Wegner*, Systematik, S. 93; *ders.*, wistra 2017, 243; *Brettel/Thomas*, Compliance, S. 92 und S. 94; *Kindler*, Unternehmen als Täter, S. 145 f.

190 BGH, Beschl. v. 24.4.1992 – KRB 5/90, wistra 1991, 268, 269; bestätigend *Bohnert/Krenberger/Krumm*, OWiG, § 30 Rn. 41; *Bunte*, NJW 2018, 123, 125; *Thomas*, NZG 2015, 1409, 1412; *Eufinger*, WM 2015, 1265, 1270; *Lotze*, NZKart 2014, 162, 167; siehe auch Bundeskartellamt, Leitlinien für die Bußgeldzumessung in Kartellordnungswidrigkeitenverfahren (2013), Ziff. 16; abrufbar unter: https://www.bundeskartellamt.de/SharedDocs/Publikation/DE/Leitlinien/Bekanntmachung%20-%20Bußgeldleitlinien-Juni%202013.pdf?__blob=publicationFile&v=5 (zuletzt besucht am 31.5.2020). Auch der jüngste Verbandsaktionen-Referentenentwurf (siehe oben Fn. 121) berücksichtigt gem. § 15 Abs. 3 Nr. 6 vorangegangene Verbandstaten bei der Zumessung.

191 Ebenso nun im Verbandsaktionen-Referentenentwurf (siehe oben Fn. 121), § 15 Abs. 3 Nr. 7.

192 *Brender*, Verbandstäterschaft, S. 158; *Müller*, Juristische Person, S. 82 f.; *Bunte*, NJW 2018, 123, 125.

geldbuße bußgeldmindernd oder gar bußgeldausschließend zu berücksichtigen sind.

Ein großer Anteil im Schrifttum befürwortet seit Längerem eine solche Wirkung von ernsthaft betriebenen Compliance-Bemühungen.[193] Es wird argumentiert, eine positive Berücksichtigung von Compliance-Maßnahmen im Bußgeldverfahren setze Anreize für Vermeidungsbemühungen und unterstütze zudem die Normgeltung und die Normdurchsetzung.[194]

Auch verschiedene Gesetzesentwürfe haben das Thema einer sog. „compliance defense" bereits aufgegriffen. Hierbei wurde beispielsweise vorgeschlagen, § 30 OWiG um einen Absatz zu ergänzen, wonach bei der Bußgeldzumessung mindernd zu berücksichtigen sei, dass die juristische Person die in § 130 OWiG genannten – im Gesetzesvorschlag ebenfalls näher bezeichneten – Aufsichtspflichten erfüllt habe.[195] Ein weiterer Vorschlag plädiert sogar für die Erweiterung um eine vollständige Exkulpationsmöglichkeit, wenn die juristische Person vor Tatentdeckung angemessene Compliance-Maßnahmen eingerichtet hatte.[196] Auch der Gesetzesvorschlag des Landes Nordrhein-Westfalen zur Verbandsstrafe sah für den Fall ausreichender organisatorischer oder personeller Maßnahmen des Verbands zur Verhinderung künftiger Taten die Möglichkeit vor, von einer Verbandssanktion abzusehen.[197] Auf dieser Linie bewegt sich auch der jüngste Verbandssanktionen-Referentenentwurf, der Compliance-Maßnahmen an mehreren Stellen einbezieht. So können Vorkehrung zur Vermeidung und Aufdeckung von Verbandstaten bei der Auswahl und Höhe der

---

193 *Brettel/Thomas*, Compliance, S. 71 ff.; *Meyberg*, in: BeckOK-OWiG, § 30 Rn 103.1; *Gürtler*, in: Göhler, OWiG, § 30 Rn. 36a; *Achenbach*, in: Frank Komm-Kartellrecht, Bd. VI. § 81 GWG Rn. 550; *Krebs/Eufinger/Jung*, CCZ 2011, 213, 215; *Engelhart*, S. 440 f.

194 *Brettel/Thomas*, Compliance, S. 89.

195 Bundesverband der Unternehmensjuristen, Gesetzgebungsvorschlag für eine Änderung der §§ 30, 130 OWiG, S. 8, abrufbar unter: http://www.buj.net/resources/Server/BUJ-Stellungnahmen/BUJ_Gesetzgebungsvorschlag_OWiG.pdf (zuletzt besucht am 23.9.2018); in die gleiche Richtung zielen auch weitere Regelungsvorschläge, siehe hierzu *Dierlamm*, CCZ 2014, 194.

196 DAV-Strafrechtsausschuss, Stelln. 75/2012, S. 6.

197 § 5 Abs. 1 Entwurf-NRW (siehe oben Fn. 118), S. 9; ebenso nun § 3 Kölner Entwurf (oben Fn. 119); hierzu auch *Bürkle*, BB 2018, 525; BT-Drs. 17/11053, S. 21; zu weiteren Regelungen, bei denen der Gesetzgeber den präventiven Nutzen von Compliance implizit anerkannt hat, siehe *Brettel/Thomas*, Compliance, S. 86.

Sanktion berücksichtigt werden.[198] Auch bei der Prüfung, ob die Voraussetzungen für ein Absehen von der Verfolgung vorliegen, können Compliance-Maßnahmen Berücksichtigung finden.[199]

Die bußgeldbehördliche Praxis in Deutschland – insbesondere im Kartellrecht – ebenso wie die der EU-Kommission lehnt eine bußgeldmindernde Berücksichtigung dagegen bislang ab.[200] Von Seiten der deutschen Rechtsprechung gibt es indes bereits seit Längerem Stimmen, die einer bußgeldmindernden Berücksichtigung von Compliance-Bemühungen offen gegenüber stehen.[201] Der BGH hat diese Bestrebungen in einer kürzlich ergangenen Entscheidung bestätigt und dabei erstmals höchstrichterlich anerkannt, dass die Installation eines effizienten Compliance-Managements sich auf die Bemessung der Verbandsgeldbuße auszuwirken habe.[202] Dies soll sowohl für Maßnahmen im Vorfeld der Tat als auch im Zuge ihrer unternehmensinternen Nachbereitung gelten.

Eine solche Berücksichtigung entspricht dem Willen des Gesetzgebers. Wie sich explizit aus den Darlegungen des Wirtschaftsausschusses in der Beschlussempfehlung zur 8. GWB-Novelle ergibt, geht der Gesetzgeber davon aus, dass eine bußgeldmindernde Berücksichtung von Compliance-Maßnahmen bereits nach geltendem Recht möglich sei.[203] Die BGH-Rechtsprechung setzt diese Vorgabe nun um. Dies liegt nicht nur auf einer Linie mit anderen Rechtsordnungen,[204] sondern überzeugt auch in der Sache. Trifft ein Unternehmen, bestenfalls sogar speziell für die Risikofelder seines Wirkungsbereiches, Vorkehrungen zur Vermeidung von Verbandstaten, erscheint es schon unter Verhältnismäßigkeitsgesichtspunkten not-

---

198 Etwa in § 10 Abs. 1 Nr. 1 und 2 sowie § 15 Abs. 3 Nr. 6 des Entwurfs (oben Fn. 121), siehe hierzu auch die Entwurfsbegründung, S. 79.

199 Siehe § 36 und § 37 des Entwurfs.

200 Siehe BKartA, Tätigkeitsbericht 2013/2014, BT-Drs. 18/5210, S. 13; siehe auch Pampel, BB 2007, 1636, 1638 ff.; *Baur/Holle*, NZG 2018, 14, 15; *Jungblut*, NZKart 2015, 43, 44; *Twele*, Haftung, S. 88 f.; zum europäischen Kartellrecht siehe EU-Kommission, Entscheidung Nr. 2002/271/EG v. 18.7.2001, Abl. EG 2002, L 100/1, Rn. 193.

201 Siehe etwa KG, Urt. v. 30.4.1997 – Kart 10/96, WuW 1998, 395; dazu auch Twele, Haftung, S. 89; gegen eine solche Auslegung des Urteils aber *Baur/Holle*, NZG 2018, 14, 16.

202 BGH, Urteil vom 9.5.2017 – 1 StR 265/16, wistra 2017, 390, 399; hierzu jeweils auch *Süße*, ND Compliance 2017, 21012; *Eufinger*, GWB 2017, 415; *Bürkle*, BB 2018, 525.

203 BT-Drs. 17/11053, S. 21; zu weiteren Regelungen, bei denen der Gesetzgeber den präventiven Nutzen von Compliance implizit anerkannt hat, siehe *Brettel/Thomas*, Compliance, S. 86.

204 Siehe etwa die „adequat procedures defence“ in sec. 7 (2) UK Bribery Act 2010.

wendig, diese Maßnahmen in die Zumessung einer Verbandssanktion einfließen zu lassen. Die Berücksichtung ist auch sachlich berechtigt. Es ist naheliegend, dass die Implementierung von Compliance-Maßnahmen die Compliance-Kultur im Unternehmen und das Bewusstsein für die rechtlichen Vorgaben grundsätzlich stärkt und damit einen Beitrag zur Einhaltung der rechtlichen Rahmenbedingungen leistet, was ohne sanktionelles Eingreifen zur Stärkung der Rechtsordnung beiträgt.

b) Berechnung des Abschöpfungsanteils

Steht der Ahndungsanteil nach Durchführung des Bemessungsvorgangs fest, hat die Berechnung des Abschöpfungsanteils zu erfolgen, der zum Ahndungsanteil hinzutritt. Der Abschöpfungsteil berechnet sich im Wesentlichen nach dem erlangten wirtschaftlichen Vorteil auf Grundlage des sog. Nettoprinzips. Etwaige Aufwendungen, die mit den erzielten Gewinnen in Kausalzusammenhang stehen, sind in Abzug zu bringen.[205] Besonderheiten bestehen insofern im Kartellrecht, wo mit der 7. GWB-Novelle – unter Verweis auf das unionsrechtliche Vorbild des Art. 23 Kartellverfahrensverordnung – die Möglichkeit zur Ausgestaltung der Geldbuße als reines Ahndungsinstrument geschaffen wurde.[206] § 81 Abs. 5 GWB gibt den Kartellbehörden seither die Möglichkeit, den wirtschaftlichen Vorteil unbeachtet zu lassen.[207] Der Grund hierfür liegt in erster Linie darin, den Kartellbehörden die komplexe Berechnung bzw. Schätzung der wirtschaftlichen Vorteile zu ersparen. Auch ohne explizite Ausweisung eines Abschöpfungsanteils sind die Kartellbußen aber in der Praxis regelmäßig so hoch, dass damit auch der erzielte wirtschaftliche Vorteil entzogen wird.[208] Die so bezeichneten reinen Ahndungsgeldbußen dienen damit im Ergebnis ebenfalls der Gewinnabschöpfung.

---

205 *Meyberg*, in: BeckOK-OWiG, § 30 Rn. 100; zu den teilweise umstrittenen Einzelfragen in Zusammenhang mit der Berechnung des wirtschaftlichen Vorteils siehe *Rogall*, in: KarlsKomm-OWiG, § 30 Rn. 141 ff.

206 BT-Drs. 15/3640, S. 42.

207 *Mitsch*, in: KarlsKomm-OWiG, § 17 Rn. 134; kritisch hierzu *Gürtler*, in: Göhler, OWiG, § 17 Rn. 48a („Systembruch")

208 *Binder/Kraayvanger*, BB 2015, 1219, 1220.

E. Wirtschaftliche Bedeutung

Geldbußen gegen juristische Personen sind in sämtlichen Wirtschaftsbereichen möglich. Sie können beträchtliche Gesamtsummen erreichen.[209] Insbesondere in den bereits angesprochenen Bereichen mit Sonderbußgeldrahmen kann die Geldbuße ein Unternehmen vor erhebliche finanziellen Belastungen stellen.

Einen besonders praxisrelevanten Fall bilden die Vorschriften des Kartellrechts, auf deren Grundlage zunehmende und öffentlichkeitswirksame Verbandsgeldbußen festgesetzt werden. Das Bundeskartellamt verhängte im bisherigen „Rekordjahr" 2014 Geldbußen gegen Unternehmen in einer Gesamthöhe von knapp einer Milliarde Euro, davon mehrere Einzelgeldbußen im dreistelligen Millionenbereich.[210] Die wirtschaftliche Bedeutung, die Geldbußen dieser Größenordnungen für Unternehmen besitzen, ist offensichtlich.[211] Unter strengen Bedingungen werden betroffenen Unternehmen auf Antrag zum Teil Zahlungserleichterungen oder Ermäßigungen bei der Bußgeldfestsetzung zugestanden, um eine anderenfalls drohende Insolvenz abzuwenden.[212]

Theoretisch sogar noch höhere Sanktionsbeträge ermöglichen die wertpapierrechtlichen Bußgeldtatbestände, etwa das Verbot der Marktmanipulation oder von Insidergeschäften, die für börsennotierte Unternehmen relevant sind. Die im Zuge der Umsetzung der Marktmissbrauchsverordnung verschärften Bußgeldvorschriften sehen Geldbußen gegen juristische Personen bis zu einer Höhe von 15 % des vorjährigen Gesamtumsatzes bzw. bis zum Dreifachen des aus dem Verstoß erzielten Vorteils vor. Entsprechend nachvollziehbar ist das Bestreben der betroffenen Unternehmen, für die entstandenen Einbußen Rückgriff bei ihren Organmitgliedern zu nehmen, um auf diesem Weg zumindest einen Teil der Bußgeldsumme wieder ausgleichen zu können.[213]

Doch auch sonstige Verstöße, die eine nach den geringeren Höchstgrenzen des § 30 OWiG zu bemessende Verbandsgeldbuße nach sich ziehen,

---

209 Mit Beispielen *Wilsing*, in: Krieger/Schneider, Hdb. Managerhaftung, § 31 Rn. 9.

210 Siehe BKartA, Pressemitteilung v. 23.12.2014.
siehe auch *Brömmelmeyer*, NZKart 2014, 478, 483.

211 Siehe auch *Bürkle*, BB 2018, 525.

212 Grundlage hierfür bilder Ziff. 35 der Leitlinien für das Verfahren zur Festsetzung von Geldbußen gem. Artikel 23 Abs. 2 Buchstabe a) der Verordnung (EG) Nr. 1/2003, ABl. EU 2006, C 210/02 (EU-Bußgeldleitlinien). Zu diesen sog. inability to pay-Fällen siehe auch *Stockmann*, ZWeR 2012, 20.

213 *Van Brevern*, DB 2017, 2999; *Dreher*, VersR 2015, 781, 787.

können für Unternehmen mit niedrigeren Umsätzen eine erhebliche Belastung darstellen. Solche für jede unternehmerische Tätigkeit relevanten, branchenübergreifenden Bußgeldnormen finden sich etwa im Bilanz-, Insolvenz- oder Steuerrecht. Auch das Arbeits- und Sozialrecht bietet Anknüpfungspunkte für die Verhängung von Verbandsgeldbußen, etwa bei der Nichtabführung von Sozialversicherungsbeiträgen[214] oder im Bereich der Arbeitnehmerüberlassung.[215] Eine neue nicht-sektorspezifische Bußgeldhaftung findet sich im Datenschutzrecht, das mit voranschreitender Digitalisierung für Unternehmen zunehmend an Bedeutung gewinnt. Das Inkrafttreten der DSGVO[216] im Mai 2018 hat das Datenschutzrecht auf eine neue Grundlage gestellt und das vorherige Konzept einer europäischen Datenschutz-Richtlinie mit darauf aufbauenden nationalen Datenschutzgesetzen abgelöst.[217] Der zuvor geltende und verbreitet als zu niedrig[218] kritisierte Bußgeldrahmen von lediglich 300.000 Euro erfährt mit Inkrafttreten der DSGVO eine deutliche Verschärfung. Geleitet vom Vorbild der kartellrechtlichen Bußgeldhaftung ermöglicht die DSGVO die Verhängung von Geldbußen gegenüber juristischen Personen von bis zu 20 Millionen Euro oder, sofern diesen Betrag übersteigend, bis zu vier Prozent des weltweiten vorjährigen Gesamtumsatzes. Mit dieser Anhebung des Bußgeldrahmens gehen zugleich auch materielle Änderungen einher, die mit einer Erweiterung der bisherigen Bußgeldtatbestände das unternehmerische Haftungsrisiko deutlich erhöhen.[219]

Zusätzlich zu den für sämtliche Wirtschaftszweige bedeutsamen branchenübergreifenden Bußgeldrisiken existieren zahlreiche bereichsspezifische Vorschriften. Beispielhaft zu nennen sind insoweit etwa Sanktionsmöglichkeiten im Bereich des Immissionsschutzes, der Kernenergienutzung oder der Gentechnik.[220] Ein speziell durch den sog. Abgasskandal in den Fokus rückendes Beispiel einer spezifischen Bußgeldhaftung stellen die kraftfahrzeugrechtlichen Vorschriften der EG-Genehmigungsverord-

---

214 Hierzu *Zieglmeier*, NJW 2016, 2163.

215 Siehe § 14 AÜG.

216 Siehe oben Fn. 166.

217 *Kraska*, ZD-Aktuell 2016, 04173.

218 Beispielhaft kann hier auf eine gegen das Unternehmen Google in Deutschland verhängte Geldbuße wegen Datenschutzverstößen verwiesen werden, deren Höhe von 145.000 Euro einem verschwindend geringen Anteil des jährlichen Unternehmensgewinns entsprach; kritisch hierzu *Ackermann*, ZHR 179 (2015), 538, 542 f.

219 *Faust/Spittka/Wybitul*, ZD 2016, 120, 122.

220 Siehe § 62 BImSchG, § 46 AtomG, § 38 GenTG.

nung dar, die mit Blick auf die große Anzahl der betroffenen Fahrzeuge ebenfalls Verbandsgeldbußen gegen die Autohersteller in dreistelliger Millionenhöhe ermöglichen könnten.[221]

---

221 Siehe hierzu FD-StrVR 2017, 393907 (beck-online).

§ 4 Der Haftungsrückgriff beim Leitungsorgan

A. *Einleitung*

Für das gesellschaftsrechtliche Innenverhältnis wirft die Bußgeldhaftung juristischer Personen die Frage auf, ob auch insoweit Schadenersatzansprüche erfolgreich gegen diejenigen Leitungsorgane geltend gemacht werden können, die für die Anknüpfungstat im Sinne des § 30 OWiG verantwortlich sind.

Trotz steigender Bußgeldsummen und dem damit zu vermutenden gesteigerten Bedürfnis nach einer Entlastung im Innenverhältnis spielte diese Frage lange Zeit praktisch keine erkennbare Rolle. Das Fehlen jeglicher gerichtlicher Befassung mit der Thematik bis zur Entscheidung des LAG Düsseldorf spiegelt diese langjährige Bedeutungslosigkeit wider. Auch öffentlichkeitswirksame Verfahren gegen Leitungsorgane hatten zuvor nicht den Innenregress für Verbandsgeldbußen zum Gegenstand. Das im Korruptionsfall Siemens ergangene Urteil des Landgerichts München etwa befasste sich zwar ebenfalls mit Bußgeldbescheiden gegen die Gesellschaft. Die gegen den Organwalter eingeklagte Haftungssumme setzte sich jedoch lediglich aus Rechtsanwaltskosten und Zahlungen auf nicht existente Beraterverträge zusammen, beinhaltete dagegen nicht die verhängten Geldbußen.[222] Ein weiterer Prozess des Unternehmens, mit dem ein ehemaliger Vorstandsvorsitzender auf Schadenersatz für in anderen Ländern gegen die Gesellschaft verhängte Geldstrafen wegen Schmiergeldzahlungen in Anspruch genommen wurde, endete – wie bei Innenhaftungsprozessen häufig – mit einem außergerichtlichen Vergleich.[223]

Auch das Schrifttum befasste sich nur vereinzelt mit der Problemstellung und lieferte – falls überhaupt –[224] nur knappe Begründungsansätze.[225] Verglichen mit anderen Fragen der Organhaftung blieb die wissenschaftli-

---

222 LG München I, Urt. v. 10.12.2013 – 5 HK O 1387/10, NZG 2014, 345; siehe hierzu auch *Reuter*, BB 2016, 1283, 1286.

223 Zu diesem Sachverhalt siehe *Pfister*, SpuRt 2014, 10, 13 (Fn. 25).

224 Die Ersatzpflicht von Organmitgliedern ohne weitergehende Begründung lediglich feststellend etwa *Rehbinder*, ZHR 148 (1984) 555, 570.

225 Siehe etwa *Horn*, ZIP 1997, 1129, 1136, der unter Hinweis auf den Sanktionszweck der Verbandsgeldbuße Zweifel an der Regressfähigkeit äußert.

che Beachtung der Regress-Thematik lange gering.[226] Dies ist gerade auch vor dem Hintergrund bemerkenswert, dass die umgekehrte Konstellation, in der ein Arbeitnehmer oder Organmitglied für eine persönliche, mit seiner Tätigkeit in Zusammenhang stehende Individualgeldbuße von der Gesellschaft Erstattung verlangt, bereits seit Langem Gegenstand reger rechtswissenschaftlicher Diskussion sowie mehrerer gerichtlicher Entscheidungen war.[227]

Andere Jurisdiktionen setzen sich schon länger mit dem Innenregresses für Verbandssanktionen und den hierbei aufgeworfenen Rechtsfragen auseinander. In England etwa hat sich der Court of Appeal ausdrücklich gegen den Rückgriff einer Gesellschaft auf ihre Leitungspersonen für eine verhängte Kartellsanktion positioniert.[228] Das österreichische Verbandssanktionengesetz schließt den Regress sogar ausdrücklich aus.[229] In die gleiche Richtung zielt auch der sog. Kölner Entwurf eines Verbandssanktionengesetzes.[230]

B. Meinungsstand

I. Rechtsprechung

Die erste gerichtliche Entscheidung in Deutschland zur Frage des Innenregresses für Verbandsgeldbußen erging im Zuge der unternehmensinternen Aufarbeitung des sog. Schienenkartells bei der Thyssen Krupp AG. Ausgangspunkt des Rechtsstreits bildeten zwei Bußgeldbescheide des Bundeskartellamts in Höhe von 103 bzw. 88 Millionen Euro gegen eine Thyssen-Tochtergesellschaft wegen kartellrechtswidriger Absprachen mit weiteren Schienenproduzenten und -händlern. Die Konzernmutter und die Tochtergesellschaft nahmen daraufhin gemeinschaftlich den ehemaligen, zur Zeit der streitgegenständlichen Absprachen im Amt befindlichen Ge-

---

226 Hierzu auch *J. Koch*, in: LA Winter, S. 327, 328; *Dreher*, WuW 2009, 133, 134 (Fn. 6).

227 Siehe etwa BAG, Urt. v. 25.1.2001 – 8 AZR 465/00, NJW 2001, 1962; LAG Hamm, Urt. v. 30.7.1990 – 19 (14) Sa 1824/89, NJW 1991, 861, sowie aus der Literatur *Holly/Friedhofen*, NZA 1992, 145, 149 ff.; *Rehbinder*, ZHR 148 (1984) 555; *Dreher*, in: FS Konzen, 85, 98 ff.

228 Hierzu näher unter D.II.2.

229 Siehe § 11 des Bundesgesetzes über die Verantwortlichkeit von Verbänden für Straftaten (nachfolgend: VbVG), BGBl. I Nr. 151/2005.

230 Siehe § 10 des Kölner Entwurfs (oben Fn. 119).

schäftsführer der Tochtergesellschaft wegen Verletzung seiner Legalitätspflicht auf Schadenersatz in Anspruch.

Das erstinstanzlich mit der Haftungssache befasste Arbeitsgericht Essen wies die Klage vollumfänglich ab.[231] Vorrangig ließ das Gericht den Anspruch auf der Grundlage seiner tatsächlichen Feststellungen am Fehlen einer Pflichtverletzung des Geschäftsführers scheitern, wobei es unter anderem auf das einem Geschäftsleiter bei unklarer Rechtslage zustehende Ermessen abstellte.[232] In einem obiter dictum wies das Gericht jedoch darauf hin, dass es einen Rückgriff in voller Höhe der verhängten Bußgelder als rechtsmissbräuchlich ansähe.[233] Hiermit deutet das Gericht zugleich seine Rechtsauffassung an, nach der ein Bußgeldregress dem Grunde nach bis zu einem gewissen Rahmen zulässig ist.[234] Dabei zieht es die bereits in Teilen der regresskritischen Literatur verwendete Argumentation der höhenmäßigen Differenzierung des Gesetzgebers zwischen persönlicher Geldbuße und Verbandsgeldbuße heran, die bei Zulassung eines vollumfänglichen Schadenersatzanspruchs unterlaufen würde.[235] Mit der Verneinung einer Pflichtverletzung musste das Gericht eine abschließende Entscheidung zu diesen Fragen jedoch nicht treffen.

Das in der Berufungsinstanz mit der Sache befasste LAG Düsseldorf schloss sich im Tenor zwar der Vorinstanz an, begründete seine Entscheidung jedoch mit einen grundsätzlichen Ausschluss des Bußgeldregresses im Rahmen der Innenhaftung. Dabei beruft sich das LAG maßgeblich auf den Zweck der Verbandsgeldbuße, der bei einem Rückgriff nicht erreichbar sei.[236]

Eine höchstrichterliche Klärung der Regressproblematik ist nach wie vor offen.[237] Das BAG als Revisionsinstanz erklärte sich für unzuständig und wies den Rechtsstreit ohne Entscheidung in der Sache an das LAG

---

231 ArbG Essen, Urt. v. 19.12.2013 – 1 Ca 657/13, juris. Die Zuständigkeit der Arbeitsgerichte ergab sich im vorliegenden Fall aus § 2 Abs. 1 Nr. 3 lit. a, Abs. 3 ArbGG, weil der beklagte Geschäftsführer zugleich als sog. Bereichsvorstand in einem Arbeitsverhältnis mit der Konzernmutter stand, die ihn ebenfalls auf Schadenersatz in Anspruch nahm, hierzu näher *Lotze/Heyers*, NZKart 2018, 29.

232 ArbG Essen, Urt. v. 19.12.2013 – 1 Ca 657/13, Rn. 109, 118, juris.

233 ArbG Essen, Urt. v. 19.12.2013 – 1 Ca 657/13, Rn. 139 f., juris; siehe auch *Friedl/Titze*, ZWeR 2015, 318, 322.

234 Siehe auch *Binder/Kraayvanger*, BB 2015, 1219.

235 ArbG Essen, Urt. v. 19.12.2013 – 1 Ca 657/13, Rn. 145 f., juris.

236 LAG Düsseldorf, Urt. v. 20.1.2015 – 16 Sa 459/14, Rn. 269 ff., juris.

237 Fragwürdig erscheint vor diesem Hintergrund die Aussage, die rechtlichen Voraussetzungen des Regresses seien „höchstrichterlich geklärt", so aber *Schrader*, GWR 2014, 287.

Düsseldorf zurück.[238] Dabei verwies das BAG auf die spezialgesetzliche Rechtswegzuweisung des § 87 S. 2 GWB, die eine ausschließliche Zuständigkeit der Landgerichte anordnet, wenn die Entscheidung eines Rechtsstreits ganz oder teilweise von einer nach den Vorschriften des GWB zu treffenden kartellrechtlichen Vorfrage abhängt. Die Regelung soll eine Konzentration kartellrechtlicher Fragen bei auf diesem Gebiet besonders sachkundigen Spruchkörpern sicherstellen. Als solche kartellrechtliche Vorfrage bewertete das BAG dabei die im konkreten Verfahren vom LAG Düsseldorf thematisierten Aspekte der sanktionsrechtlichen Zwecksetzung der Kartellgeldbuße, ohne die der Rechtsstreit nicht entschieden werden könne.[239] Diese Bewertung verdient Kritik.[240] In rein tatsächlicher Hinsicht bedeutet die Zurückverweisung und die daraufhin erfolgte Verweisung des Rechtsstreits an die ordentlichen Gerichte,[241] dass eine rechtsmittelfeste Entscheidung und damit Rechtssicherheit für die Praxis zur Frage der Regressfähigkeit von Kartellgeldbußen im Speziellen sowie Verbandsgeldbußen im Allgemeinen weiterhin abzuwarten bleibt.

II. Schrifttum

Spiegelbildlich zur geringen Bedeutung in der Entscheidungspraxis widmete sich auch das rechtswissenschaftliche Schrifttum der speziellen Organhaftungsthematik des Bußgeldregresses zunächst nur vereinzelt. Zwar findet sich bereits zu den Vorläufern der Verbandsgeldbuße in einem Aufsatz *Brüggemanns* aus dem Jahre 1968 ein erster kritischer Hinweis, der ein Problembewusstsein bei der Abwälzung von Verbandsgeldbußen im Innenverhältnis andeutet.[242] Nähere Befassungen mit den speziell beim Bußgeldregress aufgeworfenen Problemfragen folgten jedoch erst nach der Jahrtausendwende.[243] Dürfte das Problembewusstsein zunächst durch die im Nachgang der ARAG/Garmenbeck-Rechtsprechung generell vermehrte Verfolgung von Organhaftungsfällen ausgelöst worden sein, wurde es in

238 BAG, Urt. v. 29.6.2017 – 8 AZR 189/15, NJW 2018, 184.

239 BAG, Urt. v. 29.6.2017 – 8 AZR 189/15, NJW 2018, 184 Rn. 36.

240 Näher hierzu unten, D.III.4.

241 Das LAG Düsseldorf hat den Rechtsstreit an das LG Dortmund verwiesen, LAG Düsseldorf, Beschl. v. 29.1.2018 – 14 Sa 591/17, juris.

242 *Brüggemann*, GA 1968, 161, 175 f.

243 Siehe etwa die frühen Beiträge von *Glöckner/Müller-Tautphaeus*, AG 2001, 344 und *Dreher*, in: FS Konzen, 85, 105 f.; siehe auch *Thole*, ZHR 173 (2009), 504, 532 („derzeit heiß diskutiert“).

jüngster Zeit spürbar verstärkt durch das zivilgerichtliche Verfahren zum sog. Schienenkartell aus dem Jahr 2015.

Das somit maßgeblich durch die Entscheidung des LAG Düsseldorf mitgeprägte Meinungsbild im Schrifttum stellt sich aktuell wie folgt dar. Erhebliche Teile des Schrifttums sprechen sich nach wie vor für die Möglichkeit eines Haftungsrückgriffs bei Verbandsgeldbußen aus. Eine kleinere Teilströmung dieser Regressbefürworter plädiert für einen unbeschränkten Rückgriff für die gesamte Bußgeldsumme.[244] Die größere Gruppe hält mit dem erstinstanzlichen Urteil zum Schienenkartell den Rückgriff zwar dem Grunde nach für zulässig, fordert jedoch eine höhenmäßige Beschränkung der Haftung.[245] Als Hauptargument für einen dem Grunde nach zulässigen Regress führen dessen Anhänger eine strikte Trennung von sanktionsrechtlicher Ebene einerseits und zivilrechtlicher Haftungsebene andererseits an.[246] Die überwiegend geforderte höhenmäßige Begrenzung wird dabei zum Teil aus dem Rechtsgedanken der jeweils einschlägigen Regelungen zur Höchstsumme persönlicher Geldbußen gefolgert.[247] Andere Regressbefürworter sehen die Grundlage einer Haftungsbeschränkung in der

244 *Hauger/Palzer*, ZGR 2015, 33, 81; *Glöckner/Müller-Tautphaeus*, AG 2001, 344, 346; *Zimmermann*, WM 2008, 433, 436 f.; *Schöne/Petersen*, AG 2012, 700, 704; *Ramm*, GWR 2018, 64, 65; dahin auch *Fleischer*, DB 2014, 345, 350; siehe auch *Hasselbach/Seibel*, GmbHR 2009, 354, 355 f.; *Eden*, Persönliche Schadensersatzhaftung, S. 136 (jeweils ohne Thematisierung einer möglichen Begrenzung).

245 Eine höhenmäßige Begrenzung wird übergreifend für den gesamten Bereich der Organhaftung diskutiert, siehe hierzu etwa Bachmann, 70. DJT, Gutachten E, S. E 32 und E 56 ff.

246 *Glöckner/Müller-Tautphaeus*, AG 2001, 344, 345 f.; *Fleischer*, BB 2008, 1070, 1073; *ders.* DB 2014, 345, 347; *Zimmermann*, WM 2008, 433, 436 f.; *Kapp/Gärtner*, CCZ 2009, 168, 170; *Werner*, CCZ 2010, 143, 145; *Fabisch*, ZWeR 2013, 91, 106; *Bayer*, FS K. Schmidt, S. 85, 96; *J. Koch*, LA Winter, S. 327, 333 f.; *Hauger/Palzer*, ZGR 2015, 51, 53 ff.; *Seibt*, NZG 2015, 1097, 1101; Gädtke, in: Bruck/Möller, VVG, Ziff. 5 AVB-AVG Rn. 117 ff.; *Harnos*, Geschäftsleiterhaftung, S. 106; *Twele*, Haftung, S. 164 f; *Wacker*, Persönliche Schadensersatzhaftung, S. 128; *Hölters*, in: ders.; AktG, § 93 Rn. 255; ausführlicher jüngst auch *Hauff*, Regress, S. 141 ff.

247 *Fabisch*, ZWeR 2013, 91, 110; unter dogmatischen Gesichtspunkten ablehnend dagegen *Ackermann*, NZKart 2018, 1, 2; Twele, Haftung, S. 166 f.; *Harnos*, Geschäftsleiterhaftung, S. 106.

gesellschaftsrechtlichen Treuepflicht[248] oder nehmen Bezug auf die Grundsätze der beschränkten Arbeitnehmerhaftung.[249]

Die Gegenansicht, die durch die Entscheidung des LAG Düsseldorf erheblichen Aufwind erfahren hat, möchte bei Verbandsgeldbußen einen Haftungsrückgriff auf Leitungsorgane vollständig versagen.[250] Argumentiert wird in erster Linie mit einer Unterwanderung der bußgeldrechtlichen Sanktionszwecke. Diese sei zu befürchten, wenn eine schadensrechtliche Abwälzung der Geldbuße auf das Leitungsorgan möglich wäre.[251] Ergänzend wird mit Blick auf die nach dem System des deutschen Ordnungswidrigkeitenrechts mögliche kumulative Bußgeldverhängung sowohl gegenüber dem handelnden Organwalter persönlich als auch gegenüber dem Unternehmen eingewandt, ein Regress sei aufgrund der am Unternehmen orientieren Bußgeldbemessung systemwidrig.[252]

---

248 *Bayer*, in: FS K. Schmidt, S. 85, 97; *Spindler*, AG 2013, 889, 894; *ders.* in: MünchKomm-AktG § 93 Rn. 172; *J. Koch*, in: LA Winter, S. 327, 338 ff.; *Ruttmann*, Versicherbarkeit, S. 168; *Harnos*, Geschäftsleiterhaftung, S. 106 f; *Rust*, ZWeR 2015, 299, 310 ff.; *Bayer/Scholz*, GmbHR 2015, 449, 454 ff; *Seibt*, NZG 2015, 1097, 1101; *Eufinger*, WM 2015, 1265, 1271; kritisch zur Berufung auf die Fürsorgepflicht, im Erg. aber ebenso eine Beschränkung befürwortend *Kaulich*, Haftung, S. 302; ebenso mit aktienrechtlichen Regelungen argumentierend *Twele*, Haftung, S. 167, 174 ff.

249 Bachmann ZIP, 2017, 841, 842 ff.; *Hoffmann-Becking*, ZHR 2017, 737, 745; *Wilhelmi*, NZG 2017, 681, 684 ff.; *Bayer*, in: FS K. Schmidt, S. 85, 97; *J. Koch*, AG 2012, 429, 435 ff.; sympathisierend auch *Casper*, ZHR 176 (2012), 617, 627; Hopt, ZIP 1793, 1804.

250 Aus dem Schrifttum vor der Entscheidung des LAG Düsseldorf *Dreher*, in: FS Konzen, 85, 105 f; *ders.*, in: Krieger/Schneider, Hdb. Managerhaftung, § 31 Rn. 86; *Mertens/Cahn*, in: KölnKomm-AktG, § 93 Rn. 56 (bei gleichzeitiger Festsetzung eines persönlichen Bußgelds); *Gaul*, AG 2015, 109, 110 f.; *Kröger*, Korruptionsschäden, S. 236; sympathisierend auch *Goette*, ZHR 176 (2012) 588, 603; *ders.*, in: FS Hoffmann-Becking, 377, 381; kritisch gegenüber einem Regress auch *Spindler*, AG 2013, 889, 894. Sich dem LAG Düsseldorf anschließend zudem Bunte, NJW 2018, 123, 125 ff.; Ackermann, NZKart 2018, 1, 2; *Baur/Holle*, ZIP 2018, 459, 463 ff.; Grunewald, NZG 2016, 1121, 1122 f.; *Tiedemann*, jurisPR-Compl 1 /2018 Anm. 1; *Kollmann/Aufdermauer*, BB 2015, 1018, 1024; *Friedl/Titze*, ZWeR 2015, 318, 324; *Lotze/Smolinski*, NZKart 2015, 254, 255 ff.; *Bachmann*, BB 2015, 907, 911; *Thomas*, NZG 2015, 1409 ff.; *Labusga*, VersR 2017, 394, 396 ff.; *dies.*, VersR 2015, 629, 635; *Kolb*, GWR 2015, 169; *Schwarz*, CCZ 2015, 185, 189; *Ihlas*, in: MünchKomm-VVG, D&O, Rn. 802; kritisch auch *Strasser*, VersR 2017, 65, 70.

251 Siehe nur *Dreher*, in: FS Konzen, 85, 105 f.

252 *Lotze*, NZKart 2014, 162, 167.

Während es sich bei den regressbefürwortenden Stimmen in erster Linie um gesellschaftsrechtliche Autoren handelt, sind die einen Regress ablehnenden Stimmen überwiegend im kartellrechtlichen Schrifttum verortet.[253]

C. Verortung der Regressproblematik in der Anspruchsprüfung

Das Meinungsbild zur Regressproblematik verdeutlicht, dass die Thematik grundlegende Rechtsfragen zu den Zwecksetzungen und zur gesetzlichen Konzeption der Verbandsgeldbuße sowie zum Verhältnis zwischen dem bußgeldrechtlichen Sanktionsregime und dem zivilrechtlichen Innenverhältnis der Gesellschaft zu ihrem Leitungsorgan aufwirft. Dabei fehlt es der Debatte häufig an klaren dogmatischen Anknüpfungspunkten für die jeweilige Argumentation. Dies gilt sowohl für die Begründung des LAG Düsseldorf als auch für zahlreiche Äußerungen in der Literatur. Im Folgenden soll daher in einem ersten Schritt zunächst normgeleitet geprüft werden, ob eine Verbandsgeldbuße die Voraussetzungen der Innenhaftungstatbestände dem Grunde nach erfüllt oder ob bereits insofern ein Anspruch in bestimmten Fallkonstellationen ausscheidet. Fragen stellen sich hier insbesondere mit Blick auf haftungsausfüllende Kriterien wie die Lehre vom Schutzzweck der Norm oder die Zurechenbarkeit eines mit der Geldbuße eintretenden finanziellen Nachteils.

I. Haftungsbegründender Tatbestand

1. Pflichtverletzung

Wichtigste Voraussetzung für die Geschäftsleiterhaftung nach den Vorschriften des § 93 Abs. 2 S. 1 AktG bzw. § 43 Abs. 2 GmbHG ist die Pflichtverletzung des Leitungsorgans.

Die haftungsbegründende Pflichtverletzung eines Geschäftsleiters, dessen Verhalten Ausgangspunkt für die Verhängung einer Verbandsgeldbuße gegenüber der Gesellschaft ist, in deren Diensten er steht, scheint auf den ersten Blick schnell ausgemacht. Wie aufgezeigt, bildet die organschaftliche Legalitätspflicht den innenhaftungsrechtlichen Anknüpfungspunkt, wenn dem Geschäftsleiter die Verwirklichung einer Bezugstat im

253 Siehe hierzu auch *Thole*, ZHR 173 (2009), 504, 532.

Sinne des § 30 Abs. 1 OWiG vorgeworfen wird.[254] Dabei kann es sich entweder um einen in eigener Person verwirklichten Normverstoß des Geschäftsleiters handeln oder um die Verletzung von Überwachungspflichten bei Rechtsverstößen untergeordneter Mitarbeiter, die über §§ 130, 9 OWiG ebenfalls als Bezugstat dient. Anknüpfend an die zutreffende herrschende Ansicht, dass eine im Außenverhältnis der Gesellschaft festgestellte Rechtsverletzung stets und automatisch eine haftungsauslösende Legalitätspflichtverletzung im Innenverhältnis begründet,[255] ist in solchen Konstellationen von einer Pflichtverletzung regelmäßig auszugehen.[256]

2. Einwand der nützlichen Pflichtverletzung

Ausgehend von Stimmen im angloamerikanischen Rechtsraum[257] unternimmt das gesellschaftsrechtliche Schrifttum vereinzelt den Versuch, Gesetzesverletzungen der Geschäftsleitung in bestimmten Konstellationen vom Anwendungsbereich der Innenhaftung auszunehmen, sofern sich der Verstoß trotz monetärer Sanktionierung mit Blick auf anderweitige positive wirtschaftliche Auswirkungen in der Gesamtbilanz „rechnet".[258] Als Beispiel solcher sog. nützlicher Pflichtverletzungen[259] werden häufig Schmiergeldzahlungen angeführt.[260] Auch Verstöße gegen Kartellrechtsnormen kommen trotz der Abschöpfungsmöglichkeit im Sanktionsverfahren in Betracht, da sich bei konsequenter Abschöpfung der Vorteile unter

---

254 Zur Legalitätspflicht siehe oben § 2 C.

255 Ausnahmen werden vereinzelt für Verstöße gegen ausländische Rechtsnormen diskutiert, sofern es sich um kein „gelebtes Recht" handelt, siehe etwa *Hopt/Roth*, in: Hopt/Wiedemann, GroßKomm-AktG, § 93 Rn. 142; *Mertens/Cahn*, in: KölnKomm-AktG, § 93 AktG Rn. 73; *Spindler*, in: MünchKomm-AktG, § 93 Rn. 97; *Bicker*, AG 2014, 8, 12; grundsätzlich geht die allgemeine Meinung aber von einer Pflichtverletzung aus: LG München I, Urt. v. 10.12.2013 – 5 HKO 1387/10, NZG 2014, 345, 346; *Koch*, in: Hüffer/Koch, AktG, § 93 Rn. 6a; *Cichy/Cziupka*, BB 2014, 1482, 1484 f.

256 *Wilsing*, in: Krieger/Schneider, Hdb. Managerhaftung, § 31 Rn. 20; siehe auch *Meyer-Lindemann*, in: Loewenheim u.a., KartellR, § 81 GWB Rn. 54.

257 Zum angloamerikanischen Ansatz des sog. efficient breach of public law siehe *Fleischer*, ZIP 2004, 141, 146 ff.; siehe auch die Nachweise bei *Hack*, Vorstandsverantwortlichkeit, S. 49 (dort Fn. 144).

258 Siehe etwa *Sieg/Zeidler*, in: Hauschka/Moosmayer/Lösler, Corporate Compliance, § 3 Rn. 36; sympathisierend offenbar auch *Bastuck*, Enthaftung, S. 137.

259 Zu diesem Begriff siehe *Ziemons*, in: Michalski, GmbHG, § 43 Rn. 74; kritisch Binder, Vorstandshaftung, S. 82.

260 Hierzu und zu weiteren Beispielen siehe *Fleischer*, ZIP 2004, 141 f.

Umständen horrende Bußgeldsummen ergeben können, die mit Blick auf das Insolvenzrisiko des betroffenen Unternehmens unter volkswirtschaftlichen Gesichtspunkten bei der Bußgeldfestsetzung nicht immer ausgeschöpft werden.[261]

Nach ganz überwiegender Ansicht sind indes auch solche Rechtsverstöße als haftungsbegründende Pflichtverletzung im Sinne der Innenhaftungstatbestände zu qualifizieren.[262] Dogmatisch überzeugt die gegenteilige Auffassung nicht. Sofern die Befürworter einer Berücksichtigung sog. nützlicher Pflichtverletzungen sich darauf stützen, dass es für eine Haftung im Innenverhältnis nur darauf ankommen könne, ob sich die zu bewertende Handlung im Rahmen einer Gesamtbetrachtung nachteilig auf die Gesellschaft auswirke,[263] liegt darin eine systemwidrige Vermengung von einerseits den Schaden und andererseits die Pflichtwidrigkeit betreffenden Erwägungen. Bei einer dogmatisch orientierten Anspruchsprüfung sind diese beiden Gesichtspunkte stattdessen losgelöst voneinander zu beurteilen.[264] Zwar ist der Pflicht zur ordnungsgemäßen Geschäftsführung nach wirtschaftlichen Grundsätzen gem. § 93 Abs. 1 S. 1 AktG bzw. gem. § 43 Abs. 1 GmbHG eine Pflicht zur Gewinnmaximierung immanent. Doch auch diese Pflicht findet ihre Grenze durch die gesetzlich angelegte, übergeordnete Legalitätspflicht. Der Legalitätspflicht ist durch eine gesetzgeberische Grundentscheidung der Vorrang vor dem unternehmerischen Streben nach Gewinnmaximierung und damit auch vor dem gesellschaftsrechtlichen Innenverhältnis eingeräumt.[265] Die – insbesondere durch § 396

261 Zum Insolvenzrisiko durch Geldbußen siehe auch *Wagner*, ZGR 2016, 112, 137.

262 BGH, Urt. v. 27.8.2010 – 2 StR 111/09, NJW 2010, 3458 Rn. 29; BGH, Beschl. v. 13.9.2010 – 1 StR 220/09, BGHt 55, 288, 310 = NJW 2011, 88 Rn. 37; *Bayer*, in: FS K. Schmidt, S. 85, 90 f.; *Fleischer*, in: Spindler/Stilz, AktG, § 93 Rn. 36; *Altmeppen*, in: Roth/Altmeppen, GmbHG, § 43 Rn. 6; kritisch, im Ergebnis aber zustimmend *Koch*, in: Hüffer/Koch, AktG, § 93 Rn. 6 („nicht selbstverständlich"); zur differenzierten Beurteilung bei vertraglichen Pflichtverletzungen vgl. aber *Ziemons*, in: Michalski, GmbHG, § 43 Rn. 76.

263 Dahingehend offenbar auch *Sieg/Zeidler*, in: Hauschka/Moosmayer/Lösler, Corporate Compliance, § 3 Rn. 36; *Bunz*, Geschäftsleiterermessen, S. 122.

264 Siehe auch *Hack*, Vorstandsverantwortlichkeit, S. 50; dahin auch *Binder*, Vorstandshaftung, S. 83.

265 *Binder*, Vorstandshaftung, S. 83; *Rack*, Compliance Berater 3/2014, 1, 3; *Holle*, Legalitätskontrolle, S. 52 ff; *Koch*, in: Hüffer/Koch, AktG, § 93 Rn. 6; *Hopt*, in: GroßKomm-AktG, § 93 Rn. 99; *Bayer*, in: FS K. Schmidt, S. 85, 90 f.; *Fleischer*, in: Spindler/Stilz, AktG, § 93 Rn. 36; *Thole*, ZHR 173 (2009) 504, 515; *Binder/Kraayvanger*, BB 2015, 1219, 1221; siehe auch *Hauger/Palzer*, ZGR 2015, 33, 44.

Abs. 1 AktG zum Ausdruck kommende – Gesetzesbindung der Gesellschaft überlagert derartige wirtschaftliche Erwägungen.[266]

3. Unternehmerisches Ermessen bei unsicherer Rechtslage

Bei unternehmerischen Entscheidungen ist die wirtschaftliche Tragweite für die Gesellschaft häufig nicht genau voraussehbar. Doch auch bei der Auslegung von Gesetzen und ihrer Anwendung auf konkrete Sachverhalte können Leitungsorgane unter Umständen erheblichen Unsicherheiten ausgesetzt sein. Leitungsorgane können sich mit Situationen konfrontiert sehen, in denen aufgrund fehlender höchstrichterlicher Rechtsprechung zu bestimmten Rechtsfragen oder einer andauernden rechtswissenschaftlichen Diskussion die abschließende rechtliche Beurteilung einer bestimmten Verhaltensweise aus ex ante-Sicht nicht immer ohne weiteres möglich ist.[267] Erweist sich in solch einem Fall das Verhalten im Zuge einer nachträglichen gerichtlichen Überprüfung als unzulässig, stellt sich die Frage, ob eine haftungsbegründende Pflichtverletzung angenommen werden muss.

Auch für einzelne bußgeldbewehrte Normen und damit auch für die in der vorliegenden Untersuchung behandelte Fragestellung zum Bußgeldregress kann diese Frage eine Rolle spielen, beispielsweise im Hinblick auf das mit der 7. GWB-Novelle auch im deutschen Recht eingeführte System der Legalausnahme des Kartellrechts. Hiernach müssen Unternehmen – und damit die verantwortlichen Mitglieder des Leitungsorgans – selbst einschätzen, ob Vereinbarungen in den Anwendungsbereich einer Freistellungsregelung fallen, statt diese – wie zuvor – im Vorfeld zur Freigabe anzumelden.[268]

Die haftungsrechtliche Behandlung derartiger Fälle ist umstritten. Vereinzelt wird vorgeschlagen, die Business Judgment Rule auf Fälle unsiche-

---

266 *Fleischer*, ZIP 2004, 141, 148; *Twele*, Haftung, S. 146.

267 Eingehend zu den verschiedenen Ursachen einer unklaren Rechtslage und mit konkreten Beispielen aus dem Kapitalmarkt-, Kartell- und Versicherungsrecht *Buck-Heeb*, BB 2013, 2247 ff, 2249; für Beispiele im Kontext des WpHG siehe *Seibt/Cziupka*, AG 2015, 93, 98;

268 Eingehend *Petry*, Risikomanagement, S. 19 ff.; siehe hierzu auch *Lotze*, NZKart 14, 162, 163; *Twele*, Haftung, S. 52.

rer Rechtslage zumindest entsprechend anzuwenden.[269] Auf ähnlicher Grundlage argumentieren diejenigen Stimmen, die für die Einführung einer solche Fälle abdeckenden Legal Judgment Rule de lege ferenda plädieren.[270] Hier wie dort läge der dogmatische Ansatzpunkt bei der Prüfung der Pflichtverletzung. Dagegen möchte ein Großteil des Schrifttums das Problem nicht als eine Frage der Pflichtwidrigkeit, sondern auf Ebene des Verschuldens im Kontext eines möglichen Verbotsirrtums adressieren.[271] Für dieses Verständnis spricht insbesondere die Gesetzesbegründung des § 93 Abs. 1 S. 2 AktG. Der Gesetzgeber stellt darin ausdrücklich fest, dass für Gesetzesverstöße gerade kein sicherer Hafen vorgesehen ist.[272]

Im letztgenannten Sinne löst auch die Rechtsprechung solche Fälle.[273] In der Ision-Entscheidung hat der BGH allgemeine Kriterien entwickelt, wann die Einholung von Expertenrat eine Geschäftsleiterhaftung im Innenverhältnis unter Berufung auf einen Verbotsirrtum auszuschließen vermag. Hiernach genügt ein Geschäftsleiter den Anforderungen an eine ihm obliegende Prüfung der Rechtslage und an die Beachtung von Gesetz und Rechtsprechung nur dann, wenn er sich unter umfassender Darstellung der Verhältnisse der Gesellschaft und Offenlegung der erforderlichen Unterlagen von einem unabhängigen, für die zu klärende Frage fachlich qualifizierten Berufsträger beraten lässt und den erteilten Rechtsrat einer sorgfältigen Plausibilitätskontrolle unterzieht.[274] In einer daran anknüpfenden Entscheidung hat der BGH die Anforderungen an den gegenüber dem Rechtsberater zu formulierenden Prüfungsauftrag konkretisiert und abge-

---

269 *Spindler*, in: MünchKomm-AktG, § 93 Rn. 76; *Kocher*, CCZ 2009, 215, 217; *Hasselbach/Ebbinghaus*, AG 2014, 873, 874 ff; *Mertens/Cahn*, in: KölnKomm-AktG, § 93 Rn. 68 f.; *Cahn/Müchler*, BKR 2013, 45, 52

270 *Seibt/Wollenschläger*, ZIP 2014, 545, 552; *Bürkle*, VersR 2013, 792, 793 ff.; im Ergebnis ablehnend *Buck-Heeb*, BB 2013, 2247, 2255; *Fleischer*, in: Spindler/Stilz, AktG, § 93 Rn. 69.

271 *Koch*, in: Hüffer/Koch, AktG, § 93 Rn. 19, 44; *Buck-Heeb*, BB 2013, 2247, 2251 ff.; Verse, ZGR 2017, 174, 192; Hauger/Palzer, ZGR 2015, 33, 46 ff.; *Paefgen*, in: Ulmer/Habersack/Löbbe, GmbHG, § 43 Rn. 171; im Ergebnis auch *Harnos*, Geschäftsleiterhaftung, S. 149 f; *Twele*, Haftung, S. 152 f.; siehe auch BT-Drs. 50/5092, S. 11.

272 BT-Drs. 15/5092, S. 11; siehe auch *Wilsing*, in: Krieger/Schneider, Hdb. Managerhaftung, § 32 Rn. 26.

273 BGH, Urt. v. 20.9.2011 – II ZR 234/09, NZG 2011, 1271 Rn. 16.; Urt. v. 28.4.2015 – II ZR 63/14, NZG 2015, 792 Rn. 28.

274 BGH, Urt. v. 20.9.2011 – II ZR 234/09, NZG 2011, 1271 Rn. 18; zur Erfüllung des Unabhängigkeitskriteriums bei Mitarbeitern der unternehmenseigenen Rechtsabteilung siehe Steber, DStR 2015, 2391, 2394.

senkt.[275] Auch nach den klärenden Ansätzen der Rechtsprechung bleibt die Rechtslage aber weiterhin für solche Situationen ungeklärt, in denen die Rechtmäßigkeits-Beurteilung der infrage stehenden Maßnahme auch nach Einholung des Expertenrats nicht eindeutig ausfällt.[276] Mit Blick auf die strikte gesetzliche Bindung an das Legalitätsprinzip erscheint es naheliegend, jedenfalls bei erheblichen verbleibenden Zweifeln an der Rechtmäßigkeit vom Leitungsorgan zu verlangen, die Maßnahme zu unterlassen.[277] Die Gegenansicht, die lediglich eine Risiken-Chancen-Abwägung verlangt und dem Leitungsorgan somit auch bei verbleibenden Rechtmäßigkeitszweifeln einen Entscheidungsspielraum belässt,[278] ist weder mit dem Legalitätsprinzip zu vereinbaren noch beseitigt sie die ohne gerichtliche Klärung dieser Frage weiterhin bestehende erhebliche Rechtsunsicherheit, sondern führt zu weiteren Folgefragen hinsichtlich der konkreten Voraussetzungen eines solchen Entscheidungsspielraums im Einzelfall.

Festzuhalten bleibt, dass die von der Rechtssprechung bisher aufgestellten Kriterien für Fälle unsicherer Rechtslage den für die Anwendung der Business Judgment Rule bei unternehmerischen Entscheidungen allgemein anerkannten Voraussetzungen durchaus ähneln, wenngleich sie nicht die haftungsbegründende Pflichtverletzung entfallen lassen, sondern zu einem Wegfall des Verschuldensvorwurfs führen.

4. Gesellschafterweisungen bei der GmbH

Bei der GmbH sind aufgrund GmbH-rechtlicher Besonderheiten in Einzelfällen weitere Abweichungen vom Grundsatz der haftungsbegründenden Pflichtverletzung bei Rechtsverstößen denkbar. Im Gegensatz zur Aktiengesellschaft, die gem. § 76 Abs. 1 AktG durch den Vorstand eigenverantwortlich zu leiten ist,[279] ist das Organisationsstatut der GmbH durch die den Geschäftsführern übergeordnete Stellung der Gesellschafter gekennzeichnet. Zum Ausdruck kommt dies unter anderem durch § 37 Abs. 1

275 BGH, Urt. v. 28.4.2015 – II ZR 63/14, NZG 2015, 792 Rn. 30; kritisch hierzu wegen vermeintlich zu starken Absenkung des Sorgfaltsmaßstabs *Bayer/Scholz*, ZIP 2015, 1853.

276 *Fleischer*, in: Spindler/Stilz, AktG, § 93 Rn. 30.

277 Ebenso *Müller*, DB 2014, 1301, 1306.

278 *Fleischer*, ZIP 2015, 141, 150; *Bicker*, AG 2014, 8, 10; *Harnos*, Geschäftsleiterhaftung, S. 274 ff.; *Kaulich*, Haftung, S. 189 ff.

279 Eine Ausnahme von der Weisungsfreiheit des Vorstands kann sich allerdings im Vertragskonzern ergeben, siehe hierzu §§ 291, 308 AktG.

GmbHG.[280] So unterliegt der Geschäftsführer der GmbH insbesondere auch einem grundsätzlich uneingeschränkten Weisungsrecht der Gesellschafter.[281] Aus der korrespondierenden Befolgungspflicht der Geschäftsführer ergibt sich, dass eine Pflichtverletzung und damit eine Haftung bei Befolgung einer Weisung ausscheiden muss.[282] Zwar gilt die Befolgungspflicht nicht bei rechtswidrigen Weisungen, zumindest, wenn sie auf die Begehung einer Straftat oder Ordnungswidrigkeit gerichtet sind.[283] Im Innenverhältnis wird man in derartigen Fällen jedoch bereits eine Pflichtverletzung verneinen müssen.[284] Jedenfalls stünde einer auf die Innenhaftung gestützten Inanspruchnahme hier stets die Arglisteinrede entgegen. Gleiches gilt für Situationen, in denen zwar keine Weisung, jedoch eine stillschweigende Billigung der Gesellschafter vorliegt.[285]

5. Zwischenergebnis

Verstöße der Leitungsorgane gegen unternehmensbezogene Rechtsnormen stellen grundsätzlich haftungsbegründende Pflichtverletzungen dar. Dies gilt insbesondere auch bei nützlichen Verstößen, bei denen die positiven wirtschaftlichen Folgen im Einzelfall die finanziellen Einbußen durch eine verhängte Verbandsgeldbuße übersteigen. Der allgemeine Geltungsanspruch der Rechtsordnung lässt keinen Freiraum für derartige Fälle im Innenverhältnis. Allein in der Sonderkonstellation, in der ein Rechtsverstoß durch Weisung der Gesellschafter angeordnet ist, kann beim weisungsunterworfenen GmbH-Geschäftsführer eine Innenhaftung ausscheiden. Sieht sich das Leitungsorgan mit einer unsicheren Rechtslage konfrontiert, hat es sich durch die Einholung von Rechtsrat, deren Voraussetzungen der BGH zum Teil konkretisiert hat, eine Entscheidungsgrundlage

---

280 *Kleindiek*, in: Lutter/Hommelhoff, GmbHG, § 37 Rn. 17.

281 *Stephan/Tieves*, in: MünchKomm-GmbHG, § 37 Rn. 69; *Kleindiek*, in: Lutter/Hommelhoff, GmbHG, § 37 Rn. 17.

282 *Zöller/Noack*, in: Baumbach/Hueck, GmbHG, § 43 Rn. 33; *Stephan/Tieves*, in: MünchKomm-GmbHG, § 37 Rn. 115; *Ebert*, GmbHR 2003, 444, 447; *Bayer*, GmbHR 2014, 897, 905; siehe auch *Thomas*, Haftungsfreistellung, S. 13.

283 *Stephan/Tieves*, in: MünchKomm-GmbHG, § 37 Rn. 115; *Bayer*, GmbHR 2014, 897, 905.

284 *Bayer*, GmbHR 2014, 897, 906.

285 *Zöller/Noack*, in: Baumbach/Hueck, GmbHG, § 43 Rn. 35; *Bayer*, GmbHR 2014, 897, 905, auch mit Verweis darauf, dass die Voraussetzungen bei einer stillschweigenden Billigung im Einzelnen umstritten sind.

zu schaffen. Im Einzelfall kann bei Einhaltung der Vorgaben der Rechtsprechung auch bei nachträglicher Feststellung der Rechtswidrigkeit durch ein Gericht der Verschuldensvorwurf entfallen.

II. Haftungsausfüllender Tatbestand

Über den haftungsbegründenden Tatbestand hinaus setzt eine erfolgreiche Inauspruchnahme der Leitungsorgane voraus, dass auf der haftungsausfüllenden Ebene ein durch die Pflichtverletzung kausal verursachter und dem Organwalter zurechenbarer Vermögensschaden bei der Gesellschaft entstanden ist.

1. Natürlicher Schadensbegriff als Ausgangspunkt

Der zivilrechtliche Schadensbegriff ist gesetzlich nicht definiert. Nach dem Wortlaut des § 249 Abs. 1 BGB hat der Ersatzpflichtige den Zustand herzustellen, der bestünde, wenn der zum Ersatz verpflichtende Umstand nicht eingetreten wäre. Zur Feststellung dieses Zustands ist zunächst eine natürliche, nicht-normative Betrachtung anzulegen. Hiernach ist Schaden jede unfreiwillige Einbuße an materiellen oder immateriellen Gütern und Interessen.[286] Für Vermögenseinbußen ist insofern auf die Differenzhypothese zurückzugreifen, die eine Gegenüberstellung des Vermögens des Anspruchstellers mit und ohne haftungsbegründendem Ereignis vornimmt.[287]

Die Festsetzung der Verbandsgeldbuße und die damit entstehende Zahlungspflicht gegenüber der Staatskasse bedeutet eine unfreiwillige Minderung des Gesellschaftsvermögens. Als materieller Vermögensnachteil bildet die Verbandsgeldbuße damit grundsätzlich einen Negativposten im Sinne der Differenzhypothese.[288]

---

286 *Grüneberg*, in: Palandt, BGB, Vor § 249 Rn. 9; *Looschelders*, Schuldrecht AT, S. 339. Ausführlich zum Schadensbegriff *Oetker*, in: MünchKomm-BGB, § 249 Rn. 16 ff.

287 BGH, Urt. v. 15.1.2013 – II ZR 90/11, NJW 2013, 1958 Rn. 21; *Grüneberg*, in: Palandt, BGB, Vor § 249 Rn. 10.

288 Vgl. auch *Krause*, NStZ 2000, 225, 229 (zur Geldstrafe).

2. Normative Einschränkungen

a) Grundlagen

Mit der Differenzhypothese als alleiniges Kriterium kann jedoch ein Schaden nicht abschließend und für alle Fälle sachgerecht ermittel werden.[289] Der gesetzlich nicht festgeschriebene und daher normgeprägte Schadensbegriff steht offen für rechtliche Wertungen, die in die Betrachtung einzubeziehen sind.[290] Die für sich genommen „wertneutrale Rechenoperation“[291] der Differenzhypothese stellt damit einen geeigneten Ausgangspunkt dar, entbindet jedoch nicht von der wertenden Bestimmung der in die Rechnung einzustellenden Positionen und ist gegebenenfalls einer normativen Korrektur zu unterziehen.[292] Anerkannte normative Korrekturen des natürlichen Schadensbegriffs werden insbesondere über die Kriterien der Adäquanz und des Schutzzwecks vorgenommen, um im Einzelfall eine zu weitreichende Haftung für jegliche kausal verursachten Nachteile zu verhindern. Diese Einschränkungen können auch für die Ersatzfähigkeit einer Verbandsgeldbuße von Bedeutung sein.

b) Zurechnungszusammenhang

Zur Vermeidung einer ausufernden Ersatzpflicht erfordert die Haftung einen adäquaten Kausalzusammenhang in dem Sinne, dass der vom Schädiger in Gang gesetzte und zur Einbuße führende Verlauf nicht gänzlich außerhalb aller Lebenswahrscheinlichkeit liegt. Aus der ex ante-Sicht eines optimalen Beobachters muss die vom Schädiger gesetzte Ursache allgemein und nicht bloß unter nicht erwartbaren, unwahrscheinlichen Umständen geeignet sein, einen gleichartigen Erfolg herbeizuführen.[293]

---

289 *Oetker*, in: MünchKomm-BGB, § 249 Rn. 21; *Teichmann*, in: Jauernig, BGB, Vor §§ 249 ff. Rn. 5.

290 *Larenz*, Schuldrecht AT, S. 427; *Grüneberg*, in: Palandt, BGB, Vor § 249 Rn. 13.

291 BGH, Beschl. v. 9.7.1986 – GSZ 1/86, NJW 1987, 50, 51.

292 *Oetker*, in: MünchKomm-BGB, § 249 Rn. 22.

293 *Oetker*, in: MünchKomm-BGB, § 249 Rn. 110.

aa) Kooperation mit den Verfolgungsbehörden

Bei Verhängung einer Verbandsgeldbuße könnte sich dieser Zusammenhang dann als problematisch erweisen, wenn die Gesellschaft nicht lediglich passiv den Ausgang eines Bußgeldverfahrens abwartet, sondern – gegebenenfalls durch eine neue Geschäftsleitung – aktiv mit der zuständigen Verwaltungsbehörde bzw. Staatsanwaltschaft[294] kooperiert und das Verfahren dadurch abkürzt. Dies gilt vornehmlich für Fälle, in denen das persönliche Bußgeldverfahren gegen das Leitungsorgan wegen der für die Verbandsgeldbuße notwendigen Bezugstat nicht eröffnet oder vorzeitig eingestellt wurde.[295] In einer solchen Konstellation liegt es nahe, dass eine vollumfängliche Sachverhaltsaufklärung durch die Behörde nicht stattgefunden hat, bildet doch die zügige und ressourcensparende Beendigung des Verfahrens gerade das maßgebliche übereinstimmende Motiv einer solchen Zusammenarbeit.[296]

Einen Zurechnungszusammenhang bei jedweder vorzeitigen Verfahrensbeendigung aufgrund einer Einigung zwischen Unternehmen und Behörde per se auszuschließen, wäre indessen zu pauschal.[297] Stattdessen könnten allgemein anerkannte haftungsrechtliche Grundsätze zum Zurechnungszusammenhang herangezogen werden.[298] Bei aktiver Einmischung der Gesellschaft in das Bußgeldverfahren und der damit einhergehenden Beeinflussung der Bußgeldfestsetzung könnte es sich um eine Konstellation handeln, die im allgemeinen Schadensrecht unter dem Stichwort des Dazwischentretens bzw. der Herausforderung des Geschädigten diskutiert wird.[299] Bei Folgen, die auf einer Pflichtverletzung des Schädigers beruhen und durch einen selbständigen Entschluss des Geschädigten mitverursacht sind, bleibt nach allgemeiner Ansicht der Zurechnungszusammenhang auch dann bestehen, wenn der Entschluss des Geschädigten durch das haftungsbegründende Ereignis herausgefordert ist und keine unge-

294 Für die Verfolgungszuständigkeit in Bußgeldsachen siehe §§ 35 ff. OWiG.

295 Zu dieser durch das Opportunitätsprinzip eröffneten Möglichkeit siehe bereits oben unter § 3 B.II.

296 *Kremer*, in: FS Schneider, S. 701, 703; *Moosmayer*, Compliance, S. 106.

297 Zu undifferenziert daher *Mertens/Cahn*, in: KölnKomm-AktG, § 93 Rn. 57; *Kröger*, Korruptionsschäden, S. 216 f.

298 Eine Berücksichtigung dagegen kategorisch ausschließend *Ziemons*, in: Michalski, GmbHG, § 43 Rn. 456.

299 *Oetker*, in: MünchKomm-BGB, § 249 Rn. 170; *Flume*, in: BeckOK-BGB § 249 Rn. 323.

wöhnliche Reaktion darstellt.[300] Wann ein Verhalten in diesem Sinne als herausgefordert gewertet werden kann, bestimmt sich nach den Umständen des Einzelfalls. Dabei kommt es stets darauf an, dass das eingegangene Risiko nicht außer Verhältnis zu dem drohenden Schaden stehen darf.

Die zu einer vorzeitigen Verfahrensbeendigung führende Kooperation mit den Verfolgungsbehörden könnte als Anwendungsbeispiel einer solchen Herausforderungssituation dienen.[301] Immerhin ist die Kooperation mit den Verfolgungsbehörden für die im Zuge der Einigung verhängte Sanktion unmittelbar kausal. Zu berücksichtigen ist allerdings auch, dass es in solchen Fällen mit überwiegender Wahrscheinlichkeit ohnehin zu einem Bußgeld gekommen wäre, und zwar zu einem erheblich höheren. Die Kooperation mit den Bußgeldbehörden hat nämlich regelmäßig eine Reduzierung des Bußgeldes zur Folge.[302] Dies unterscheidet die Kostellation von den klassischen Herausforderungsfällen, beispielsweise in Verfolgungssituationen. Bei Letzteren ist die Selbstschädigung zwar vom Haftungsschuldner veranlasst worden, es wäre ohne die Entscheidung des Geschädigten zum Dazwischentreten jedoch gerade nicht zu einem Schaden gekommen. Die Kooperation eines Unternehmens mit den Verfolgunsbehörden könnte stattdessen wegen der in Aussicht stehenden Bußgeldreduzierung als Pflicht zur Schadensminderung geradezu geboten sein und damit eine Herausforderungssituation ausschließen. Insbesondere im Kartellverfahren liefern die Kronzeugenregelungen, mittels derer wesentliche Bußgelderleichterungen bis hin zum vollständigen Erlass zu erreichen sind, nicht nur wirtschaftlich nachvollziehbaren Anlass zur Zusammenarbeit,[303] sondern lösen auch eine gewissen Pflichtenlage aus. Dies führt dazu, dass die Gesellschaft keineswegs völlig frei ist in der Entscheidung über eine Zusammenarbeit mit den Behörden. Das im Innenverhältnis in Anspruch genommene Organmitglied könnte bei unterbliebener Kooperation nämlich ein Mitverschulden der Gesellschaft in Gestalt einer Verletzung der Schadensminderungsobliegenheit nach § 254 Abs. 2 S. 1 BGB gel-

---

300 BGH, Urt. v. 13.7.1971 – VI ZR 125/70, BGHZ 57, 25, 29 = NJW 1971, 1980, 1981; Urt. v. 31.1.2012 – VI ZR 43/11, BGHZ 192, 261, 265 = NJW 2012, 1951 Rn. 8; Urt. v. 2.7.2013 – II ZR 293/11, NZG 2013, 957 Rn. 12; Urt. v. 8.7.2014 – II ZR 174/13, NZG 2014, 1058 Rn. 13; *Grüneberg*, in: Palandt, BGB, Vor § 249 Rn. 41.

301 Vgl. auch BGH, Urt. v. 31.5.2011 – II ZR 141/09, BGHZ 190, 7, 26 = NJW 2011, 2719 Rn. 51 (zum Abschluss eines Vergleichs).

302 *Kremer*, in: FS Schneider, S. 701, 703.

303 *Kremer*, in: FS Schneider, S. 701, 703.

tend machen.[304] Darüber hinaus kann eine Kooperation auch aus Gründen der Reputationspflege bzw. -wiederherstellung unter unternehmerischen Gesichtspunkten geboten sein.[305]

Seitens der Gesellschaft erweist sich die Zusammenarbeit mit den Behörden zur Geringhaltung des Schadens also häufig als geradezu zwingend. Die maßgebliche Ursache für die Geldbuße liegt zwar auch im Falle einer solchen Zusammenarbeit allein im vorangegangenen Verhalten des Leitungsorgans begründet und schließt eine Zurechnung daher nicht aus, auch wenn dadurch eine vollumfängliche Sachverhaltsaufklärung unterbleibt. Bei einem völlig unsachgemäßen Verhalten der Gesellschaft, etwa bei der Annahme eines offensichtlich überhöhten Bußgelds zur schnellen, der öffentlichen Wahrnehmung entzogenen Verfahrensbeendigung,[306] könnte das in Anspruch genommene Leitungsorgan aber ein Mitverschulden der Gesellschaft geltend machen.

bb) Fehlender Einfluss auf die Bemessungskriterien

Die zur Bemessung der Verbandsgeldbuße herangezogenen Kriterien wurden bereits erörtert.[307] Wie aufgezeigt wird bei der Bemessung unter anderem auch berücksichtigt, ob aus dem Unternehmen heraus bereits in der Vergangenheit Verstöße begangen wurden und es sich daher bei dem jetzigen Verstoß um eine bußgelderhöhende Wiederholungstat handelt. Mit Blick auf solche in erster Linie unternehmensbezogenen Kriterien der Zumessung ließe sich gegen einen Innenregress nun möglicherweise einwenden, dass das Leitungsorgan auf diesem Wege für einen Schaden haftet, auf dessen Höhe es selbst gar keinen Einfluss hat.[308]

Zu einem Ausschluss der schadensrechtlichen Zurechnung der Verbandsgeldbuße kann die Berücksichtigung von Vortaten bei der Bemessung indes nicht führen. Der Einwand lässt sich vielmehr über allgemeine

---

304 Vgl. auch *Walker*, in: FS Rössner, S. 701, 707 (Mitverschulden des Sportvereins für Regressanspruch gegen Zuschauer, wenn dieser trotz Erfolgsaussichten kein Rechtsmittel gegen die Verbandsstrafe einlegt).

305 Siehe *Kremer*, in: FS Schneider, S. 701, 703, auch zum Problem der mit einer Kooperationspflicht einhergehenden möglichen Unterwanderung von Beschuldigtenrechten.

306 Vgl. *Fleischer*, DB 2014, 345, 351.

307 Siehe oben § 3 D.2.a).

308 Dahingehend etwa *Eufinger*, WM 2015, 1265, 1270; *Lotze*, NZKart 2014, 162, 167; siehe auch LAG Düsseldorf, Urt. v. 20.1.2015 – 16 Sa 459/14, juris Rn. 289.

schadensrechtliche Grundsätze auflösen. Im Schadensrecht ist anerkannt, dass eine Schadensanfälligkeit bzw. gewisse Schadensanlagen, die dem Geschädigten bereits vor der tatbestandsmäßigen Handlung anhaften, keine Auswirkungen auf die Ersatzpflicht haben.[309] Allein solche Umstände aus der Sphäre des Geschädigten, die außerhalb jeglicher Lebenserfahrung liegen und mit denen der Schädiger daher vernünftigerweise nicht rechnen musste, lassen eine erweiterte Haftung ausscheiden.[310]

Im Deliktsrecht beispielsweise lässt eine anomale körperliche Konditionierung des Geschädigten, die trotz einer für sich genommen geringfügigen Verletzungszufügung zu einem ungewöhnlich großen Schaden führt, die Haftung des Schädigers nicht entfallen.[311] Entsprechend kann es auch bei der Innenhaftung nicht darauf ankommen, ob die geschädigte Gesellschaft durch zurückliegende Verstöße gegen Bußgeldtatbestände einer besonders hohen Sanktion entgegensieht. Es handelt sich hierbei um Umstände, die für ein Leitungsorgan keineswegs außerhalb jeglicher Lebenserfahrung liegen, die darüber hinaus diesem zugänglich sind und von denen es in der Regel Kenntnis haben wird. Jedenfalls wäre eine Kenntniserlangung ohne Weiteres möglich. In diesem Sinne wurde bereits für die Fälle von Geldsanktionen entschieden, die einem Sportverein bei bestimmten Verfehlungen von Stadionbesuchern durch Verbands-Sportgerichte auferlegt werden und die diese häufig vom Stadionbesucher im Wege einer Schadenersatzklage ersetzt verlangen.[312] Entsprechend der hiesigen Argumentation nimmt die Rechtsprechung auch in solchen Fällen an, dass für die jeweilige Strafhöhe mitursächliche Vorbelastungen durch frühere Bestrafungen der Pflicht zum Ersatz der vollständigen Strafe nicht entgegen stehen.[313] Dem ist zuzustimmen, da sich auch eine in die Strafbemessung einfließende Vorbelastung als besondere und gleichzeitig keineswegs unerwartbare Schadensanfälligkeit darstellt, die eine Zurechnung nicht ausschließen kann. Für die Innenhaftung bei einer Verbandsgeldbuße nach § 30 OWiG kann dann nichts anderes gelten.

---

309 *Grüneberg*, in: Palandt, BGB, Vor § 249 Rn. 35; *Oetker*, in: MünchKomm-BGB, § 249 Rn. 138.

310 BGH, Urt. v. 3.2.1976 – VI ZR 235/74, NJW 1976, 1143, 1144; *Grüneberg*, in: Palandt, BGB, Vor § 249 Rn. 36; *Oetker*, in: MünchKomm-BGB, § 249 Rn. 140.

311 BGH, Urt. v. 30.4.1996 – VI ZR 55/95, BGHZ 132, 341, 345 = NJW 1996, 2425; 2426; Urt. v. 10.7.2012 – VI ZR127/11, NJW 2012, 2964 Rn. 8; siehe auch *Flume*, in: BeckOK-BGB, § 249 Rn. 296.

312 Siehe hierzu unter D.V.3.b)dd).

313 OLG Rostock, Urt. v. 28.4.2006 – 3 U 106/05, NJW 2006, 1819, 1821.

c) Schutzzweck der Norm

Neben dem Adäquanzkriterium kann das Ergebnis der Differenzhypothese auch über die sog. Lehre vom Schutzzeck der Norm, mit der bestimmte Einbußen von der Ersatzpflicht auszunehmen sind, eine Modifizierung erfahren.[314] Nach der Schutzzwecklehre ist entscheidend, dass der Schaden nach seiner Art und Entstehungsweise zu den durch die Haftungsnorm geschützten Interessen gehört, dass also der Schaden aus der Verletzung eines Rechtsguts entstanden ist, zu dessen Schutz die jeweilige Rechtsnorm erlassen wurde.[315] Sinn und Tragweite der verletzen Norm sind im Wege der Auslegung zu bestimmen.[316] Nicht im Einzelnen nachzuweisen ist hierfür, dass der Gesetzgeber bei der Schaffung der Norm den konkret eingetretenen Schadensposten explizit vor Augen hatte. Entscheidend ist vielmehr, ob der Gesetzgeber einen bestimmten Schaden von der Haftung ausschließen wollte bzw. ausgeschlossen hätte, sofern er ihn bei Schaffung der Norm vor Augen gehabt hätte.[317] Hiervon abzugrenzen sind insbesondere solche Schäden, die sich im Ergebnis lediglich als Verwirklichung des allgemeinen Lebensrisikos darstellen und damit vom Schutzbereich erfasst sind.[318]

Einige Befürworter eines Regressausschlusses bei Verbandsgeldbußen berufen sich auf diese Schutzzwecklehre, um einen vollständigen Ausschluss der Innenhaftung zu begründen. Sie führen an, mit Blick auf die automatische Entlastung des Unternehmens im Falle einer Regresshaftung, die mit den bußgeldrechtlichen Regelungen nicht vereinbar sei, seien solche Regressansprüche nicht mehr vom Schutzbereich der gesellschaftsrechtlichen Innenhaftung erfasst.[319]

Auf die inhaltliche Tragfähigkeit dieses Einwands muss an dieser Stelle noch nicht eingegangen werden. Denn unter Heranziehung der dargeleg-

---

314 BGH, Urt. v. 22.4.1958 – VI ZR 65/57, BGHZ 27, 137, 140 = NJW 1958, 1041, 1042; Urt. v. 2.12.2011 – V ZR 30/11, NJW 2012, 528 Rn. 9; *Larenz*, Schuldrecht AT, S. 441; *Lange/Schiemann*, Schadenersatz, S. 101.

315 BGH, Urt. v. 22.4.1958 – VI ZR 65/57, BGHZ 27, 137, 140 = NJW 1958, 1041, 1042; *Oetker*, in: MünchKomm-BGB, § 249 Rn. 124; *Grüneberg*, in: Palandt, BGB, Vor § 249 Rn. 29; *Teichmann*, in: Jauernig, BGB, Vor § 249 ff. Rn. 31.

316 *Larenz*, Schuldrecht AT, S. 441.

317 *Oetker*, in: MünchKomm-BGB, § 249 Rn. 125.

318 BGH, Urt. v. 22.4.1958 – VI ZR 65/57, BGHZ 27, 137, 140 = NJW 1958, 1041, 1042; *Grüneberg*, in: Palandt, BGB, Vor § 249 Rn. 54.

319 So etwa *Dreher*, in: FS Konzen, 85, 104 ff; *Thümmel*, Persönliche Haftung, S. 142 Rn. 225a.

ten Grundsätze der Schutzzwecklehre scheint es bereits fraglich, ob das Schutzzweckkriterium für Einwände dieser Art tatsächlich den richtigen Ansatzpunkt darstellt. Der Schutzzweck der gesellschaftsrechtlichen Innenhaftungsnormen liegt vorrangig im Schutz des Gesellschaftsvermögens.[320] Genau dieses wird durch eine gegen die Gesellschaft verhängte Geldbuße geschmälert und genau dieses soll durch einen Schadenersatzanspruch kompensiert werden. Es handelt sich bei der Verbandsgeldbuße damit um einen Vermögensschaden, den die Haftungsnorm gerade abzuwenden bezweckt.[321]

Insofern ergeben sich keinerlei Unterschiede zu einem Schadenersatzanspruch eines Dritten gegen die Gesellschaft, der durch das Verhalten des Geschäftsleiters ausgelöst wurde und für den eine Schutzbereichseinschränkung auch nicht diskutiert wird. Die – in der Sache durchaus gewichtigen – Einwände der Anhänger dieser Schutzbereichslösung scheinen daher falsch verortet.[322] Soweit mit einer mit dem Bußgeldrecht nicht zu vereinbarenden Entlastung der Unternehmen argumentiert wird, liegt darin in erster Linie eine Berufung auf ordnungswidrigkeitsrechtliche Wertungen. Solche anderweitigen Gesichtspunkte können indes im Rahmen der schadensrechtlichen Schutzzwecklehre nicht herangezogen werden, da hierbei allein die Zielsetzungen der Haftungsnorm selbst einfließen, ohne übergeordnete oder rechtsgebietsübergreifende Wertungen zu berücksichtigen.[323] Die Schutzzwecklehre entnimmt den Umfang der Ersatzpflicht vielmehr allein dem Haftungsgrund selbst.[324] Der Schutzzweck der gesellschaftsrechtlichen Haftungstatbestände ist daher vom Zweck der ordnungswidrigkeitsrechtlichen Normen unabhängig.[325] Für einen Ausschluss der Haftung wegen bußgeldrechtlicher Erwägungen erweist sich die Schutzzwecklehre somit als ungeeignet.

---

320 Siehe oben § 2 A.III.

321 *Rust*, ZWeR 2015, 299, 305; *Konrads*, Entschärfung, S. 35; *Fabisch*, ZWeR 2013, 91, 103; vgl. auch *Petry*, Risikomanagement, S. 281 (speziell zu Kartellrechtsverstößen).

322 *Harnos*, Geschäftsleiterhaftung, S. 105; siehe auch *J. Koch*, in: LA Winter, S. 327, 338.

323 Vgl. auch *Walker*, in: FS Rössner, S. 701, 707 (zur Abwälzbarkeit sportrechtlicher Verbandssanktionen gegen Vereine, dazu näher unter D.V.3.b)dd).

324 *Teichmann*, in: Jauernig, BGB, Vor §§ 249 ff. Rn. 31; weiter *Lange/Schiemann*, S. 101, die nicht nur auf die Haftungsnorm selbst abstellen, sondern darüber hinaus auch im Haftungsrecht verankerte funktionale Zusammenhänge oder denn Sinn und Zweck des Schadenersatzes allgemein einbeziehen, was jedoch ebenfalls eine Berücksichtigung ordnungsrechtlicher Wertungen ausschließt.

325 *Harnos*, Geschäftsleiterhaftung, S. 105.

3. Zwischenergebnis

Die Geldbuße gegen die juristische Person stellt grundsätzlich einen Vermögensschaden dar, der dem für die Anknüpfungstat verantwortlichen Leitungsorgan zuzurechnen ist. Eine Ausnahme hiervon kann nur ausnahmsweise vorliegen, wenn im Einzelfall die Gesellschaft ohne hinreichende Prüfung der Rechtslage ein Bußgeld im Wege der Einigung mit den Verfolgungsbehörden zur Verfahrensbeendigung vorschnell akzeptiert. Der Schaden liegt auch im Schutzbereich der Innenhaftungsnormen. Ordnungs- bzw. sanktionsrechtliche Wertungen spielen im Rahmen der Schutzzwecklehre keine Rolle.

D. Vereinbarkeit der Regresshaftung mit außerschadensrechtlichen Wertungen

I. Ausgangslage

Dass die Kriterien der Adäquanz und des Schutzwecks der Norm einer Ersatzfähigkeit der Verbandsgeldbuße nicht entgegenstehen, bedeutet nicht, dass ein Innenregress im Ergebnis möglich sein muss. Mit Blick auf die in der Diskussion zur Regressfähigkeit angeführten Argumente stellt sich die Frage, ob anderweitige rechtliche Wertungen dem Bußgeldregress entgegengehalten werden können. Dabei geht es nicht in erster Linie um das für den gesamten Bereich der Organhaftung auftretende Problem einer potentiell existenzgefährdenden Haftung, sondern um die von einigen befürchtete Bedrohung der mit der Verbandsgeldbuße verfolgten Sanktionszwecke im Falle einer Abwälzung und um eine mögliche Widersprüchlichkeit innerhalb der Rechtsordnung.

Beide Gesichtspunkte sollen im Folgenden beleuchtet und auf ihre Tragkraft untersucht werden. Dabei wird auch der Umgang anderer Rechtsordnungen mit dem Bußgeldregress einbezogen. Daran anschließend ist – nach Klärung des für einen möglichen Regressausschluss passenden normativen Anknüpfungspunktes – zu untersuchen, ob eines der beiden Argumente im Ergebnis auch einen Regressausschluss begründen kann.

II. Beurteilung der Regresshaftung im englischen Recht

1. Hintergrund

Angesichts der bis zur Entscheidung des LAG Düsseldorf fehlenden Rechtsprechung zum Innenregress für Verbandsgeldbußen in Deutschland erscheint es zielführend, den Umgang anderer Jurisdiktionen mit dieser grundsätzlichen Frage der Organhaftung in die Untersuchung einzubeziehen.

Neben der bereits erwähnten gesetzlichen Regelung zum Regressausschluss im österreichischen Verbandsverantwortlichkeitsgesetz tritt insbesondere eine Entscheidung des englischen Court of Appeal ins Blickfeld, die auch im deutschen Schrifttum aufgegriffen wurde.[326] Die Entscheidung verneint die Zulässigkeit des Innenregresses. Sie beruft sich dabei maßgeblich auf einen im englischen Recht anerkannten allgemeinen Rechtsgrundsatz. Insoweit stellt sich vorrangig die Frage, ob dieser nachfolgend vorgestellte Grundsatz auch für das deutsche Recht Geltung beanspruchen kann. Des Weiteren ist zu untersuchen, ob konzeptionelle Unterschiede zwischen den Bußgeldregimen des englischen und deutschen Rechts einer Übertragbarkeit der Argumentation entgegenstehen.

2. Die Entscheidung Safeway Stores v Twigger des Court of Appeal

Gegenstand des Verfahrens *Safeway Stores v Twigger* war die Regressklage der in der Rechtsform einer englischen Limited organisierten Supermarktkette Safeway gegen mehrere ihrer Geschäftsführer sowie leitende Angestellte infolge einer Unternehmensgeldbuße. Die Sanktion war wegen unerlaubter Preisabsprachen durch das für Wettbewerbsverstöße zuständige Office of Fair Trading (OFT) gegen die Gesellschaft verhängt worden. Nach erstinstanzlichem Erfolg der Regressklage vor dem High Court lehnte der Court of Appeal in der Rechtsmittelinstanz einen Ersatzanspruch ab.[327] Dabei stützte sich der Court of Appeal auf den im englischen Recht anerkannten Grundsatz ex turpi causa non oritur actio. Diese auch als „ille-

326 Eingehend *Kapp/Hummel*, ZWeR 2011, 349 ff.; siehe auch Fabisch, ZWeR 2013, 91, 100 f.; Tholmas, NZG 2015, 1409, 1410 f.;

327 *Safeway Stores v Twigger* [2011] 2 All ER 841, 853.

gality defence"[328] bezeichnete Doktrin lässt sich ins Deutsche dahingehend übersetzen, dass aus einem verwerflichen Verhalten kein Anspruch entstehen kann.[329] Englischen Gerichten dient der Grundsatz etwa zur Zurückweisung von Ansprüchen für Schäden, die durch ein verwerfliches Vorverhalten des Geschädigten selbst entstanden sind.[330]

Richter Lord Justice LLoyd führt in der Entscheidung des Court of Appeal dazu aus: „Although [...] it is by virtue of what the defendants did that the claimants committed the relevant breaches, every such breach was and remains the act of the respective claimant. [...] It follows that the ex turpi causa principle does apply to preclude the claimants from seeking to recover from the defendants either the amount of the eventual penalty [...] or the costs of coping with the OFT investigation."[331]

Diese Sichtweise geht zunächst von der im streitgegenständlichen Fall einschlägigen Section 36 des englischen Competition Act 1998 aus, die eine Bußgeldverantwortlichkeit alleine des „undertaking", also des Unternehmens bzw. der Gesellschaft selbst, festschreibt.[332] Indem es die Sanktion originär und ausschließlich gegen das Unternehmen richtet, unterscheidet sich das englische Kartellrecht – ähnlich wie die Vorschriften des europäischen Kartellrechts – von der Konzeption der Verbandsgeldbuße nach § 30 OWiG.[333] Denn Letztere legt eine Bußgeldverantwortlichkeit zunächst für das handelnde Individuum fest und ermöglicht daran anknüpfend – und insoweit konzeptionell nachrangig – die Geldbuße gegen die Gesellschaft. Der Court of Appeal stützt sich maßgeblich auf die der gesetzlichen Regelung zugrunde liegende originäre Bußgeldverantwortlichkeit der Gesellschaft und stuft die Gesellschaft als Täterin des Verstoßes ein.[334] Unter Heranziehung des ex turpi-Grundsatzes folgert das Gericht

328 Siehe hierzu *Jetivia SA and Another v Bilta (UK) Ltd and Others* [2015] UKSC 23 (Lord Sumption, para 83).

329 Eingehend zu diesem Rechtsinstitut *Mayr*, Der verwerflich handelnde Geschädigte, S. 2 ff.

330 *Mayr*, Der verwerflich handelnde Geschädigte, S. 4 f.; *Fabisch*, ZWeR 2013, 91, 101.

331 *Safeway Stores v Twigger* [2011] 2 All ER 841, 853.

332 Siehe auch hierzu Lord Justice Lloyd in *Safeway Stores v Twigger* [2011] 2 All ER 841, 853: „Only the undertaking can be so liable".

333 Zum englischen Recht siehe insoweit auch Jetivia SA and Another v Bilta (UK) Ltd and Others [2015] UKSC 23 (Lord Toulson and Lord Hodge, para 156).

334 Kritisch hierzu Supreme Court, Jetivia SA and Another v Bilta (UK) Ltd and Others [2015] UKSC 23 (para 159 ff), mit Verweis auf das englische Konzept der Zurechnung von Handlungen der Geschäftsführer an die Gesellschaft, das von

sodann, dass das Unternehmen als nach außen selbst verantwortlicher Täter im Innenverhältnis keinen Schadenersatz fordern könne.

3. Verortung des ex turpi-Prinzips im deutschen Recht

Für eine Übertragbarkeit der Argumentation des Court of Appeal auf die deutsche Verbandsgeldbuße nach § 30 OWiG müsste zunächst feststehen, dass der vom Gericht bemühte Grundsatz ex turpi causa non oritur actio auch im deutschen Recht Geltung beansprucht.

Ein allgemeiner Rechtsgrundsatz in dem Sinne, dass nur derjenige Rechte geltend machen kann, der sich selbst rechtstreu verhält, ist in Deutschland nicht anerkannt.[335] Dennoch ist der dem ex turpi-Prinzip des englischen Rechts zugrunde liegende Rechtsgedanke auch dem deutschen Recht keineswegs völlig fremd. Eine vergleichbare Wertung findet sich in konkreten Rechtsnormen sowie in anerkannten Ausprägungen der Generalklausel des § 242 BGB wieder. Zuvorderst zu nennen ist etwa der Konditionsausschluss nach § 817 S. 2 BGB, der bei Sitten- oder Gesetzesverstoß – entgegen dem Wortlaut nach allgemeiner Meinung auch bei einseitigem Verstoß des Leistenden – einen Bereicherungsanspruch verwehrt. Unter dem Stichwort der unzulässigen Rechtsausübung ist es im Einzelfall zudem möglich, einen Anspruch gestützt auf § 242 BGB zu versagen, wenn die Geltendmachung eines Rechts unter den konkreten Umständen als missbräuchlich zu werten ist.[336] Als Ausprägung des § 242 BGB könnten damit auch im deutschen Recht die dem ex turpi-Prinzip zugrunde liegenden Erwägungen im Einzelfall Berücksichtigung finden.[337]

---

einer Vertreterstellung ausgeht, wobei für die Stellvertretung indes anerkannt ist, dass dem Geschäftsherrn keine Handlungen zugerechnet werden, die eine Verletzung des Vertreters seiner gegenüber dem Geschäftsherrn bestehenden Pflichten begründet.

335 *Sutschet*, in: BeckOK-BGB, § 242 Rn. 71; zu vereinzelten Ansätzen siehe *Mayr*, Der verwerflich handelnde Geschädigte, S. 112 ff.

336 Hierzu *Mayr*, Der verwerflich handelnde Geschädigte, S. 155 ff.; siehe auch *Sutschet*, in: BeckOK-BGB, § 242 Rn. 72 ff.

337 Siehe auch *Kapp/Hummel*, ZWeR 2011, 349, 355.

4. Anwendbarkeit auf den Bußgeldregress nach deutschem Recht

Entscheidendes Kriterium des Court of Appeal für die Anwendung des Grundsatzes ist die Täterschaft des Unternehmens nach englischem Recht. In der deutschen Literatur wird die Frage einer Übertragbarkeit des ex turpi-Einwands im Zusammenhang mit dem Bußgeldregress bislang nur selten erörtert und – soweit ersichtlich – ausschließlich abgelehnt.[338] Allerdings scheint diese Ablehnung in einem Verständnis der unternehmerischen Bußgeldhaftung nach § 30 OWiG als eine Haftung für fremde Delinquenz zu wurzeln.[339] Hält man stattdessen eine täterschaftliche Anknüpfung des § 30 OWiG für möglich, verliert dieses Argument an Überzeugungskraft. Der Aspekt der Täterschaft stünde einer Übertragung der Argumentation des Court of Appeal auf die deutsche Rechtslage dann prima facie nicht entgegen.

Die Anwendung des dem ex turpi-Einwand zugrunde liegenden Rechtsprinzips auf den Bußgeldregress nach deutschem Recht begegnet indes anderen Schwierigkeiten. Zum einen ließe sich bei einer Verortung im Rahmen des § 242 BGB entgegnen, dass die Heranziehung der Generalklausel des § 242 BGB zur Abwehr eines Anspruchs zunächst einen „an sich" bestehenden Anspruch voraussetzt.[340] Nur bei einem dem Grunde nach existenten Anspruch kann dessen Geltendmachung durch den Anspruchsinhaber aufgrund eines bestimmten Verhaltens über § 242 BGB als rechtsmissbräuchlich gewertet werden. Voraussetzung ist also, dass zunächst einmal sämtliche Anspruchsvoraussetzungen vorliegen. Erst in einem zweiten Schritt ist dann zu prüfen, ob die Geltendmachung dieses festgestellten Anspruchs als missbräuchlich einzustufen ist.[341] Im Fall des Bußgeldregresses würde der ex turpi-Einwand aber bei der Frage zur Anwendung kommen, ob der Regressanspruch überhaupt zur Entstehung gelangt, oder ob bestimmte rechtliche Wertungen dem grundsätzlich entgegenstehen. Prüfungstechnisch beträfe dies somit eine Vorfrage zur missbräuchlichen Geltendmachung des Anspruchs.

---

338 *Kapp/Hummel*, ZWeR 2011, 349; *Fabisch*, ZWeR 2013, 91, 101; zurückhaltender *Friedl/Titze*, ZWeR 2015, 318, 326.

339 Siehe etwa *Friedl/Titze*, ZWeR 2015, 318, 326 („bleibt [...] zu bedenken, dass die gegen das Unternehmen verhängte Geldbuße nach § 30 OWiG an das Verhalten der (verklagten) natürlichen Person anknüpft").

340 *Schubert*, in: MünchKomm-BGB, § 242 Rn. 84 und 203; *Mansel*, in: Jauernig, BGB, § 242 Rn. 32.

341 Siehe auch *Mayr*, Der verwerflich handelnde Geschädigte, S. 155.

Noch weitergehende Zweifel ergeben sich bei Betrachtung der deutschen Rechtslage, wenn man versucht, den Vorwurf gegenüber der Gesellschaft herauszuarbeiten, der den Einwand begründen würde. Unabhängig von der Beantwortung dieser Frage im englischen Recht kann dieser Vorwurf im deutschen Recht bei einem täterschaftsbegründenden Verständnis des § 30 OWiG nur in einem Organisationsverschulden dahingehend liegen, die Leitungsorgane nicht sorgfältig ausgewählt oder nicht ausreichend überwacht zu haben. Zur Verhinderung einer Verbandsgeldbuße sollen die Gesellschaft bzw. ihre Anteilseigner daher zur sorgfältigen Kontrolle angehalten werden. Eine Täterschaft der Gesellschaft für die Anknüpfungstat kommt dagegen nicht in Betracht. Täter ist insofern allein der verantwortliche Organwalter. Der mit dem ex turpi-Grundsatz gegen einen Bußgeldregress geltend zu machende Einwand könnte also nur dahingehend lauten, dass die Gesellschaft das Organ nicht ausreichend überwacht habe und dass sie sich aus diesem Grund nicht im Innenverhältnis bei diesem entlasten können dürfe.

Eine solche Argumentation könnte einen Regressausschluss aber nur dann tragen, wenn eine Pflicht der Gesellschaft zur sorgfältigen Organwalterauswahl und -überwachung gerade gegenüber dem Organmitglied bestünde. Nur in diesem Fall könnte sich ein entsprechender Einwand des Schädigers ergeben. Nach ständiger Rechtsprechung kann sich ein Schädiger, der Pflichten verletzt hat, im Innenverhältnis indes regelmäßig nicht darauf berufen, in der Erfüllung dieser Pflichten nicht ausreichend oder ordnungsgemäß überwacht worden zu sein.[342] Aus diesem Grund kann etwa auch ein Verrichtungsgehilfe gegenüber einer Inanspruchnahme im Innenverhältnis durch den Geschäftsherrn, der seinerseits von einem Dritten nach § 831 BGB auf Schadenersatz in Anspruch genommen wurde, nicht einwenden, der Geschäftsherr habe ihn nicht ausreichend überwacht.[343] Etwas Abweichendes kann nur gelten, wenn sich eine Pflicht zur Überwachung und Kontrolle als Haupt- oder Nebenpflicht aus einer Sonderverbindung ergibt.[344]

Eine solche Pflicht der Gesellschaft oder der Gesellschafter gegenüber dem Leitungsorgan besteht jedoch nicht. Die Pflicht der Gesellschaft zur ordnungsgemäßen Organisation des Betriebs und zur ordnungsgemäßen Auswahl und Überwachung der Leitungsorgane besteht nicht diesen ge-

342 BGH, Urt. v. 16.2.1971 – VI ZR 125/69, NJW 1971, 752, 753; siehe auch *Förster*, in: BeckOK-BGB, § 831 Rn. 6.

343 *Förster*, in: BeckOK-BGB, § 831 Rn. 6.

344 BGH, Urt. v. 22.4.1989 – VI ZR 134/78, NJW 1980, 2348, 2349.

genüber, sondern zum Schutz der Allgemeinheit, um rechtswidrige, die Allgemeinheit schädigende Taten der Leitungspersonen zu verhindern.[345] Dass die Gesellschaft nach der deutschen Konzeption ergänzend zum handelnden Organwalter ebenfalls für den Verstoß herangezogen werden kann, heißt nicht, dass die Gesellschaft die finale Verantwortung für den Verstoß trägt. Diese liegt vielmehr immer beim Organwalter. Ein Kontrollversäumnis entlastet das Leitungsorgan somit nicht von der eigenen Verantwortlichkeit.[346] Dem ex turpi-Einwand fehlt damit von vornherein die Grundlage. Ein Regressausschluss mit der Argumentation des Court of Appeal kommt für das deutsche Recht nicht in Betracht.

III. Gesetzgeberische Zwecksetzung der Verbandsgeldbuße

1. Bedeutung für die Untersuchung

Ungeachtet der umstrittenen Einordnung des § 30 OWiG als eigenständigen Ordnungswidrigkeiten-Tatbestand lässt sich nicht in Abrede stellen, dass die Vorschrift auf der Rechtsfolgenseite mit der an die juristische Person adressierten Geldbuße die Verhängung einer eigenständigen Sanktion anordnet.[347] Dabei stellt sich auch die Frage nach den Zielsetzungen, die der Gesetzgeber mit dieser – im deutschen Recht bislang einzigartigen – hoheitlichen Sanktion gegenüber Unternehmen verfolgt. In der juristischen Debatte um die Regressfähigkeit der Verbandsgeldbuße im Wege der Organinnenhaftung wird schwerpunktmäßig mit den Zwecken der Verbandsgeldbuße argumentiert. Die Regressgegner sehen diese Zwecke im Falle einer Abwälzung gefährdet.[348] Auf dieser Linie bewegt sich auch der österreichische Gesetzgeber, der dem Innenregress ausdrücklich mit Verweis auf eine drohende Unterwanderung der sanktionsrechtlichen Zwecksetzung, der eine Überwälzungsmöglichkeit der Geldbuße auf Einzelne diametral zuwiderlaufe, die Zulässigkeit versagt.[349]

345 Vgl. *Beck*, in: BeckOK-OWiG, § 130 Rn. 8 ff.; *Rogall*, in: KarlsKomm-OWiG, § 130 Rn. 16 (jew. zu § 130 OWiG).
346 Siehe auch BGH, Urt. v. 14.3.1983 – II ZR 103/82, NJW 1983, 1856 f.
347 *Rogall*, in: KarlsKomm-OWiG, § 30 Rn. 14.
348 Siehe die Nachweise in Fn. 658.
349 994 der Beilagen XXII. GP – Regierungsvorlage – Materialien, S. 30.

Dennoch findet in der Debatte eine eingehende Auseinandersetzung mit den Zwecksetzungen der Verbandsgeldbuße kaum statt.[350] Auch das österreichische VbVG äußert sich nicht näher zum Inhalt der Zwecksetzung. Für den Gegenstand dieser Untersuchung kommt der Identifizierung der Normzwecke des § 30 OWiG jedoch eine besondere Bedeutung zu.

2. Zweck der Individualsanktion

Für das Strafrecht benennt die sog. Vereinigungstheorie verschiedene Wirkungsziele, die mit der staatlich verhängten Sanktion verfolgt werden. Herausgehobene Bedeutung innerhalb dieser vom Gesetzgeber bewusst offen gelassenen und nach Entwicklung durch die Lehre von der Rechtsprechung näher ausdefinierten und dadurch gewohnheitsrechtlich anerkannten Zielsetzungen kommt der repressiv-vergeltenden und der präventiven Wirkung der Strafe zu.[351] Die repressive Stoßrichtung der Strafe verfolgt eine vergeltende Intention, die durch die mit der Verurteilung hervorzurufende sozialethische Missbilligung des Täterverhaltens eintreten soll. Daneben sollen in präventiver Hinsicht sowohl der Täter selbst als auch andere potentiell Tatgeneigte durch die Strafandrohung von künftigen Taten abgehalten werden. Im Sinne einer positiven Generalprävention soll die Verhängung der Strafe ferner das Vertrauen der Allgemeinheit in die Bestandskraft der Rechtsordnung stärken.

Als „Strafrecht im weiteren Sinne“[352] verfolgen die ordnungswidrigkeitsrechtlichen Bußgeldnormen grundsätzlich ähnliche Zwecke. Der Geldbuße gegen natürliche Personen werden vorrangig ebenfalls repressive und präventive Zwecke beigemessen. Die Nähe des Ordnungswidrigkeitenrechts zum Wirtschaftsverwaltungsrecht wird dabei für eine hervorgehobene Bedeutung gerade der präventiven Zwecksetzung angeführt.[353] Der Täter soll nicht nur für das verwirklichte Unrecht einstehen, sondern gerade

350 Probleme bei der Identifizierung der Zwecksetzungen des § 30 OWiG andeutend *Thomas*, VersR 2017, 596, 599.

351 Hierzu *Roxin*, Strafrecht AT, § 3 Rn. 33.

352 *Tiedemann*, NJW 1986, 1842, 1843; Trüg, StraFO 2011, 471, 476 („quasi-strafrechtliche Sanktionierung“); siehe auch BayObLG, Beschl. v. 6.8.1958 – Beschw(W)Reg. 4 St 4/58, BayObLGSt 1958, 187, 191; vgl. auch *Strasser*, VersR 2015, 65, 67 (zur österreichischen Kartellbuße).

353 *Dannecker/Biermann*, in: Immenga/Mestmäcker, WettbR, § 81 GWB Rn. 440; siehe auch *Baur/Holle*, NZG 2018, 14, 17.

von künftigen Verstößen abgehalten werden, wodurch wiederum die Beachtung der Rechtsordnung gesichert werden soll.[354] Gleichzeitig sollen im Sinne einer generalpräventiven Wirkung Dritte von gleichartigen Pflichtverstößen abgehalten werden.[355] Die präventive Zwecksetzung dient der Durchsetzung einer bestimmten Ordnung, die der Gesetzgeber mittels sanktionsbewehrter Verbotsnormen absichert.[356] Ergänzend – und insoweit nachrangig zu den vorbenannten Zwecken – tritt nach der Konzeption des § 17 Abs. 4 OWiG der Aspekt der Gewinnabschöpfung hinzu, der im Kriminalstrafrecht über das Institut der Einziehung bzw. des Verfalls erreicht wird.[357]

Der maßgeblich durch die der Kriminalstrafe beigemessene ethisch-moralische Komponente zu erzielenden Vergeltungsfunktion, die durch das ehrenrührige, öffentlich anprangernde Unwerturteil über das Verhalten des Täters zustande kommen soll,[358] kommt dagegen bei der Geldbuße schon mit Blick darauf eine verringerte Bedeutung zu, dass die Geldbuße als Verwaltungssanktion nach verbreiteter Ansicht als sozialethisch neutral gilt.[359] Hiergegen wird zwar eingewendet, dass auch bei zahlreichen im Ordnungswidrigkeitenrecht verorteten Tatbeständen gegen sozialethische Normen verstoßen werde.[360] Dem ist zuzugeben, dass es mit Blick auf das sozialethische Kriterium einen Grenzbereich zwischen eindeutig dem Strafrecht oder eindeutig dem Ordnungswidrigkeitenrecht zuzuordnenden Tatbeständen geben mag.[361] Im Ergebnis dürfte sich allerdings gerade im Grenzbereich die Einstufung in der Gesellschaft weniger aus dem Charakter eines sanktionsbewehrten Verhaltens selbst ergeben, sondern vielmehr der durch den Gesetzgeber getroffenen Einordnung als Straftat oder Ordnungswidrigkeit folgen. Für wettbewerbsbeschränkende Geschäftspraktiken sah der Gesetzgeber beispielsweise das Element ethischer Verwerflichkeit seinerzeit als nicht erfüllt an und ordnete daher die kartell-

354 So ausdrücklich BT-Drs, 5/1269, S. 51; siehe auch *Gürtler*, in: Göhler, OWiG, Vor § 1 Rn. 9.

355 BT-Drs. 5/1269, S. 53; siehe auch *Mitsch*, in: KarlsKomm-OWiG, § 17 Rn. 9; *Gürtler*, in: Göhler, OWiG, Vor § 1 Rn 9.

356 BT-Drs. V/1269, S. 53 sowie S. 57.

357 *Mitsch*, in: KarlsKomm-OWiG § 17 Rn. 4.

358 BVerfG, Beschl. v. 16. 7. 1969 – 2 BvL 2/69, NJW 1969, 1619, 1621; *Kühl*, in: FS Eser, S. 149, 154; *Mitsch*, in: KarlsKomm-OWiG, § 17 Rn. 5.

359 *Mitsch*, in: KarlsKomm-OWiG, § 17 Rn. 7; *Müller*, Juristische Person, S. 41.

360 *Roxin*, in: FS Volk, S. 603 f.; *Mitsch*, in: KarlsKomm-OWiG, Einleitung Rn. 114.

361 BVerfGE, Beschl. v. 21.6.1977 – 2 BvR 70, 361/57, BVerfGE 45, 272, 289 = NJW 1977, 1629.

rechtlichen Sanktionen des GWB den Ordnungswidrigkeiten zu.[362] Aktuell wird eine Kriminalisierung von Kartellvergehen wieder diskutiert und eine ensprechende Änderung der Gesetzeslage für die Zukunft erscheint keineswegs ausgeschlossen.[363] Für den speziellen Fall von Submissionsabsprachen etwa nahm der Gesetzgeber, der die strafrechtliche Einordnung zuvor lange abgelehnt hatte, mit Einführung des § 298 StGB eine Neubewertung vor, bei der er die sozialethische Komponente als hinreichend gegeben ansah.[364]

Die Geldbuße erschöpft sich damit in einer nachdrücklichen, in erster Linie präventiv ausgerichteten Pflichtenmahnung, ohne dass ihr dabei eine „Ehrenrührigkeitskomponente" im Sinne einer autoritär auferlegten Ehr- oder Ansehensbeeinträchtigung zukommen soll.[365]

3. Übertragbarkeit auf die Verbandsgeldbuße

a) Ausgangslage

Fraglich ist, ob diese allgemeinen Zwecksetzungen der Geldbuße gegen natürliche Personen ohne Weiteres auf die Verbandsgeldbuße übertragen werden können. Im Schrifttum findet sich häufig die Aussage, die Sanktionszwecke der Verbandsgeldbuße seien mit denen der Individualgeldbuße identisch.[366] Diese vermeintliche Zweckidentität wird mit dem Umstand begründet, dass die Verbandsgeldbuße an die Individualtat anknüpfe und dass damit beide Sanktionen auf denselben Normbruch reagierten.[367] Allerdings stellt das Institut der Verbandsgeldbuße nicht nur im System des deutschen Ordnungswidrigkeitenrechts, sondern als einzige hoheitliche Sanktionsnorm gegenüber Unternehmen in der gesamten deutschen

---

362 BT-Drs. II/1158, S. 27 f.

363 Dafür etwa Monopolkommission, 72. Sondergutachten zu strafrechtlichen Sanktionen bei Kartellverstößen, abgedruckt in BT-Drs. 18/7508, Rn. 200; *Biermann*, ZWeR 2007, 1; siehe auch *Ackermann*, NZKart 2018, 1, 3; dagegen *Bräuning*, HRRS 2011, 425, 427 ff.; *Dreher*, in: Krieger/Schneider, Hdb. Managerhaftung, § 35 Rn. 92.

364 BT-Drs. 13/5584, S. 9 u. 12 f.

365 BVerfG, Beschl. v. 16. 7. 1969 – 2 BvL 2/69, NJW 1969, 1619, 1622; *Achenbach*, ZIS 2012, 178, 179 f.

366 *Rogall*, in: KarlsKomm-OWiG, § 30 Rn. 16; *Engelhart*, Sanktionierung, S. 375; siehe auch *Bayer/Scholz*, GmbHR 2015, 449, 453.

367 *Meyberg*, in BeckOK-OWiG, § 30 Rn. 9 ff.; *Rogall*, in: KarlsKomm-OWiG, § 30 Rn. 16.

Rechtsordnung eine spezielle Regelung dar.[368] Insofern bedarf auch die Übertragbarkeit der individualbußgeldrechtlichen Zielsetzungen auf die Verbandsgeldbuße einer genauen Überprüfung.

b) Abschöpfungszweck

Besonderheiten bestehen bereits bei der Zwecksetzung der Vorteilsabschöpfung. In der historischen Gesetzesbegründung zur Verbandsgeldbuße findet dieser Zweck ausdrückliche Erwähnung. Ohne die Einbeziehung der juristischen Person als Sanktionsadressaten könne bei Rechtsbrüchen der Leitungsorgane im unternehmerischen Bereich keine Sanktion unter Berücksichtigung der für das Unternehmen erzielten oder beabsichtigten Vorteile festgesetzt werden. Die ohne Verbandsgeldbuße allein mögliche persönliche Sanktion gegen das verantwortliche Leitungsorgan wäre damit nicht geeignet, die der juristischen Person unrechtmäßig zugeflossenen Gewinne abzunehmen.[369]

Während der Gewinnabschöpfung bei der Individualgeldbuße nur eine ergänzende, untergeordnete Funktion beigemessen wird, kommt ihr bei der Verbandsgeldbuße eine herausgehobene Stellung zu.[370] Diese folgt nicht nur daraus, dass die Verbandsgeldbuße die gesetzgeberisch angestrebte sanktionsmäßige Gleichstellung der juristischen Person mit natürlichen Personen realisiert.[371] Die Abschöpfung ist im unternehmerischen Bereich gerade deshalb wesentlich relevanter als bei Sanktionen gegen nicht unternehmerisch handelnde Individualpersonen, weil Rechtsbrüche im unternehmerischen Kontext in der Regel maßgeblich von Gewinnerzielungsabsichten getragen sind. Verstöße gegen sanktionsbewehrte Normen führen meist adäquat kausal zu wirtschaftlichen Vorteilen der Unternehmen und damit zu Gewinnsteigerungen. Dies gilt insbesondere für Kartellrechtsverstöße, durch die Unternehmen zunächst unrechtmäßige Gewinne erzielen und ihre Marktposition in wettbewerbsschädigender Weise ver-

368 *Klesczewski*, in: FS Seebode, S. 179; *Heile*, WiJ 2014, 228, 239; *Kindler*, Unternehmen als Täter, S. 155; kritisch *Eidam*, Unternehmen und Strafe, S. 218 („Fremdkörper“).

369 BT-Drs. V/1269, S. 59 f.

370 *Wilsing*, in: Krieger/Schneider, Hdb. Managerhaftung, § 31 Rn. 6.

371 Hierzu BT-Drs. V/1269, S. 59; *Rogall*, in: KarlsKomm-OWiG, § 30 Rn. 18.

bessern können.[372] Auch Korruptionstaten sind unmittelbar auf eine wirtschaftliche Besserstellung gegenüber Mitbewerbern gerichtet. Aber auch aus Verletzungen anderer Normen können Unternehmen wirtschaftliche Vorteile erwachsen.[373] Ebenso können wirtschaftliche Vorteile durch Einsparungen entstehen, beispielsweise durch Verletzung umweltrechtlicher Normen, deren Befolgung – etwa bei der Abfallentsorgung – mit erheblichen Kosten verbunden ist.[374] Ob kartellrechtlicher, bestechungsrechtlicher oder anderweitiger Verstoß gegen wirtschaftsrechtliche Normen, das Motiv der Zuwiderhandlung ist in der Regel ein erhoffter positiver Effekt auf die Unternehmensbilanz.

Die dem Unternehmen aus der jeweiligen Zuwiderhandlung unrechtmäßig zugeflossenen Vorteile sollen ihm über die Geldbuße wieder entzogen werden.[375] Der vermögensmäßige status quo ante, die finanzielle Lage vor der Tat, soll auf diesem Wege wieder hergestellt und damit ein möglicher finanzieller Nutzen des Unternehmens aus der Rechtsverletzung vermieden werden.[376] Im Übrigen unterstreicht auch die systematische Stellung des § 30 OWiG, der mit der Verfallsvorschrift des § 29a OWiG einen eigenen Abschnitt bildet, die besondere Bedeutung des Abschöpfungszwecks bei der Verbandsgeldbuße.[377] Die Abschöpfung ist bei der Verbandsgeldbuße damit nicht nachrangig, sondern eines der vorrangigen Ziele der Sanktion.

Zurückhaltend zu beurteilen sind indes Stimmen, die in der Abschöpfungsfunktion den Hauptzweck der Verbandsgeldbuße sehen.[378] Verein-

---

372 *Sieme*, Gewinnabschöpfungsanspruch, S. 199; siehe auch *Fabisch*, ZWeR 2013, 91, 106; *Wilsing*, in: Krieger/Schneider, Hdb. Managerhaftung, § 31 Rn. 32; *Altemeier*, Verantwortlichkeit, S. 91.

373 Dagegen *Casper*, ZHR 176 (2012), 617, 627 (wirtschaftliche Vorteile nur bei Kartell- und Korruptionsvergehen); siehe aber beispielhaft LG Düsseldorf, Beschl. v. 21.11.2011 – 10 KLs 14/11, wistra 2013, 80 (Gewinnabschöpfung nach Beihilfe zur Steuerhinterziehung durch Geschäftsleitung); siehe auch *Binder*, Vorstandshaftung, S. 231 (Vorteile durch Verstöße gegen sanktionsbewehrte Vorschriften gegen unlauteren Wettbewerb).

374 *Mitsch*, in: KarlsKomm-OWiG, § 17 Rn. 136; siehe auch *Heine*, Strafrechtliche Verantwortlichkeit, S. 76.

375 BT-Drs. V/1269, S. 60; siehe auch OLG Hamm, Beschl. v. 27.4.1973 – 5 Ss OWI 19/73, NJW 1973, 1851, 1852; Meyberg, in BeckOK-OWiG, § 30 Rn. 9; *Rogall*, in: KarlsKomm-OWiG, § 30 Rn. 18; *Baur/Holle*, NZG 2018, 14, 15.

376 *Moosmayer/Gropp-Stadler*, CCZ 2012, 241, 242; *Müller*, Juristische Person, S. 45; siehe auch OECD-Bericht (s. obnen Fn. 178), S. 45.

377 *Rau*, Compliance, S. 91.

378 *Rau*, Compliance, S. 91; *Lemke/Mosbacher*, OWiG, § 30 Rn. 7; siehe auch *Thomas*, NZG 2015, 1409, 1413.

zelt wird sogar noch weitergehend angenommen, dass es sich bei der Verbandsgeldbuße gar um ein reines Gewinnabschöpfungsinstrument handle.[379] Bestätigt sehen sich die Befürworter dieser Ansicht insbesondere durch das Bundesverfassungsgericht, das in einer früheren Entscheidung im Zusammenhang mit der Verbandsgeldbuße allein das Ziel der Vorteilsabschöpfung erwähnt.[380] Dieser Verweis vermag jedoch bereits aus dem Grund nicht zu überzeugen, dass die besagte Entscheidung vorrangig die Anwendung des Rechts zur Selbstbelastungsfreiheit auf juristische Personen thematisiert. Zur Vorschrift des § 30 OWiG äußert sich das Gericht dagegen nur knapp und am Rande. Eine tiefgehende Befassung mit den Zweckensetzungen der Verbandsgeldbuße, die für die verfahrensgegenständlichen Fragen auch gar nicht ausschlaggebend waren, enthält die Entscheidung nicht. Sie kann deshalb auch nicht als aussagekräftige, schon gar nicht aber als abschließende Einlassung des Bundesverfassungsgerichts zu den Zwecksetzungen der Norm eingeordnet werden.

Stattdessen bringt die eindeutige gesetzliche Differenzierung zwischen dem nach den tatsächlich erzielten Vorteilen zu bestimmenden Abschöpfungsanteil einerseits und dem unabhängig daneben festzusetzenden weiteren Teil der Geldbuße, auf den sich die Höchstgrenzen des § 30 Abs. 2 OWiG beziehen und der auf Grundlage anerkannter Bemessungskriterien zu bestimmten ist, unmissverständlich zu Ausdruck, dass die Verbandsgeldbuße in ihren Zwecksetzungen über die bloße Abschöpfung hinausgeht.[381] Trotz der im Vergleich zur Individualgeldbuße erhöhten Bedeutung der Abschöpfungskomponente kann die Verbandsgeldbuße damit keinesfalls als reines Gewinnabschöpfungsinstrument qualifiziert werden.[382]

379 *Klesczewski*, in: FS Seebode, S. 179, 189 ff.

380 BVerfG, Beschl. v. 26.2.1997 -1 BvR 2172/96, NJW 1997, 1841, 1844; hierauf Bezug nehmend *Klesczewski*, in: FS Seebode, S. 179, 190; siehe auch *v. Freier*, Verbandsstrafe, S. 229.

381 Hierzu auch *Ackermann*, NZKart 2018, 1, 2; siehe auch *Pohl-Sichtermann*, Geldbuße, S. 17 sowie S. 49.

382 *Ackermann*, ZHR 179 (2015), 538, 540 f.; *Pohl-Sichtermann*, Geldbuße, S. 49; *Müller*, Juristische Person, S. 45; *Engelhart*, Sanktionierung, S. 433; vgl. auch *Dreher*, in: FS Konzen, S. 85 (zur Kartellbuße).

c) Präventionszweck

Zusätzlich zur Abschöpfung stellt die Gesetzesbegründung weitere Zwecke der Verbandsgeldbuße heraus. Der Gesetzgeber sieht die Verbandsgeldbuße als Mittel, mit dem die Erzielung rechtswidriger Gewinne bei juristischen Personen bekämpft werden soll.[383] Diese Zielsetzung kann nur dahingehend verstanden werden, dass die drohende Geldbuße von rechtswidriger Gewinnerzielung in der Zukunft abhalten soll, der Geldbuße also auch eine disziplinierende, abschreckende Wirkung beigemessen wird.

aa) Begrenzte Präventionswirkung durch Abschöpfung

Eine solche Präventionswirkung kann nicht allein durch die Abschöpfungsandrohung effektiv erreicht werden. Zwar kann der drohende Entzug sämtlicher durch den Rechtsverstoß erlangter wirtschaftlicher Vorteile auch von der Begehung rechtswidriger Taten abhalten, weil sich der Verstoß aus der ex ante-Perspektive dann wirtschaftlich nicht lohnt. Eine solche Wirkung kann die Abschöpfung allerdings nur bei einer sehr hohen Entdeckungswahrscheinlichkeit erzielen. Sie ist damit stets abhängig vom konkreten Sanktionsrisiko, dem sich der Verstoßende ausgesetzt sieht.[384] Bei einer sehr hohen Aufdeckungswahrscheinlichkeit genügt zur Abschreckung, dass sich der Verstoß wirtschaftlich nicht „rechnet". Besteht dagegen eine realistische Möglichkeit, dass die Tat unentdeckt bleibt – und hiervon ist bei Wirtschaftsdelikten regelmäßig auszugehen[385] – reicht allein die Abschöpfungsandrohung für eine effektive Abschreckung nicht aus, da der Verstoß ansonsten risikolos vorgenommen werden könnte. Dies gilt insbesondere bei Rechtsverstößen im wirtschaftlichen Bereich, da hier die Gewinnerzielung im Vordergrund steht und Verstöße selten von nicht-kommerziellen Motiven geleitet sind. Bei geringer Aufdeckungswahrscheinlichkeit ist der nach rationalen wirtschaftlichen Kriterien Handelnde geneigt, die Entdeckung in Kauf zu nehmen, weil als Folge kein Übel im Sinne einer Nachteilszufügung droht, sondern schlimmstenfalls nur die Abschöpfung. Diese stellt lediglich die ursprüngliche Vermögens-

383 BT-Drs. V/1269, S. 59 f.

384 *Dreier*, Kompensation und Prävention, S. 132; siehe auch *Hempel*, Rechtsschutz, S. 256.

385 Zur Entdeckungswahrscheinlichkeit im Kartellrecht *Wils*, 28 (2005) World Competition, 117, 138 ff.

lage wieder her, führt aber nicht zu darüber hinausgehenden Vermögenseinschnitten.[386]

Mit ähnlicher Argumentation wird daher auch der präventive Nutzen der (privatrechtlichen) Abschöpfungsvorschrift des § 10 UWG für das Lauterkeitsrecht bezweifelt, weil dessen Durchsetzungserfordernisse als zu hoch kritisiert werden.[387] Zur Effektivitätssteigerung wird vielmehr gerade die Einführung eines ergänzenden Bußgeldtatbestands gefordert, dessen Sanktionsandrohung die über die bloße Abschöpfung nicht erreichbare Präventionswirkung sicherstellen soll.[388]

Die im zivilrechtlichen Bereich der Verletzung immaterieller Rechtsgüter höchstrichterlich anerkannte Präventionswirkung, die mit der dort möglichen Abschöpfung durch eine Schadensberechnung anhand der erzielten Vorteile verfolgt wird,[389] spricht ebenfalls nicht für eine effektive Abschreckungswirkung der bußgeldrechtlichen Vorteilsabschöpfung. Die präventive Abschöpfung im Immaterialgüterrecht lässt sich vielmehr mit den vorstehenden Ausführungen erklären. Gerade bei Persönlichkeitsrechtsverletzungen mit gewerblicher Zwecksetzung ist die „Entdeckung" des Verstoßes zwingend, da mit der Veröffentlichung der verletzenden Inhalte der Profit – z.B. durch erhöhte Druckauflage – gesteigert werden soll. Es handelt sich also um Konstellationen mit gesicherter, geradezu einkalkulierter Aufdeckung des Rechtsverstoßes, sodass nach den obigen Erkenntnissen die bloße Abschöpfungsandrohung in diesen Fällen einen abschreckenden Effekt erzielen kann.[390]

Im Bereich der Wirtschaftskriminalität kann der Abschöpfung also keine entscheidende Präventionswirkung zukommen.[391] Sie dient denselben

386 Siehe auch *Dannecker/Biermann*, in: Immenga/Mestmäcker, WettbR, § 81 GWB Rn. 551.

387 Siehe etwa *Neuberger*, Gewinnabschöpfungsanspruch, S. 137 f.; *van Raay*, Gewinnabschöpfung, S. 487.

388 Hierzu eingehend *van Raay*, Gewinnabschöpfung, S. 626 ff.

389 Siehe nur BGH, Urt. v. 15.11.1994 – VI ZR 56/94, BGHZ 128, 1, 15 = NJW 1995, 861, 865 (allg. Persönlichkeitsrecht); Urt. v. 2.11.2000 – I ZR 246/98, BGHZ 145, 366, 372 = NJW 2001, 2173, 2174; Urt. v. 14.4.2009 – I ZR 98/06, BGHZ 181, 98, 125 f. = NJW 2009, 3722 Rn. 76 (jew. Immaterialgüterrecht).

390 Vgl. auch *Alexander*, Schadensersatz und Abschöpfung, S. 175, der in der privaten Klage bei Persönlichkeitsrechtsverletzungen die Wahrnehmung einer öffentlichen bzw. medien(ordnungs-)rechtlichen Aufgabe sieht, für die es ansonsten keine gleichwertige Kontrollinstanz gäbe.

391 Anders offenbar *Sackreuther*, BeckOK-OWiG, § 30 Rn. 9 f. und Rn. 114, der die Bedeutung der Entdeckungswahrscheinlichkeit jedoch unbeachtet lässt; siehe auch *Rogall*, in: KarlsKomm-OWiG, § 30 Rn. 140; *Krumm*, NJW 2011, 196.

Zwecken wie die strafrechtlichen Verfallsvorschriften der §§ 73 ff. StGB.[392] Der Vorteilsabschöpfung ist im Bereich wirtschaftlich motivierter Rechtsverstöße lediglich ein präventiver Nebeneffekt beizumessen.[393] Dieser ist aber nicht geeignet, die Wirkungen der Hauptsanktion zu ersetzen.[394]

bb) Prävention durch Übelszufügung

Stattdessen legt der unabhängig vom erzielten wirtschaftlichen Vorteil festzusetzende Anteil der Verbandsgeldbuße, der durch die Höchstgrenzen des § 30 Abs. 2 OWiG beschränkt ist, der juristischen Person ein zusätzliches finanzielles Übel auf. Mit dieser als Ahndungs- oder auch Sanktionsanteil bezeichneten Übelszufügung scheint der Gesetzgeber eine eigenständige Sanktionswirkung der Verbandsgeldbuße zu verfolgen.

In diesem Sinne geht auch das überwiegende Schrifttum davon aus, dass dieser Anteil der Verbandsgeldbuße gerade der beabsichtigten Abschreckungswirkung dienen soll.[395] Die Abschreckungswirkung der Verbandsgeldbuße soll also durch die Ahndung des Verstoßes mit einem über den wirtschaftlichen Vorteil hinausgehenden Bußgeld herbeigeführt werden. Künftige Verstöße, sowohl aus dem im Einzelfall bebußten als auch aus anderen Unternehmen heraus, sollen durch die von der Sanktionsandrohung ausgehende Wirkung verhindert werden. Mithilfe dieser Steuerungswirkung soll damit die Durchsetzung der Verbotsnormen effektiviert und die Wahrung der Rechtsordnung gefördert werden.[396]

Ahndung und Prävention sind somit jedenfalls nicht als isoliert nebeneinander stehende Konzepte zu begreifen, sondern als miteinander ver-

---

392 Da die Geldbuße nicht dem Tagessatzsystem unterliegt, kann die Abschöpfung erlangter Vorteile – verfahrensökonomisch – unmittelbar bei der Bemessung der Sanktion stattfinden, hierzu *Mitsch*, in: KarlsKomm-OWiG, § 17 Rn. 113.

393 *Mitsch*, in: KarlsKomm-OWiG, § 17 Rn. 113.

394 *Pohl-Sichtermann*, Geldbuße, S. 49; *Heine*, Strafrechtliche Verantwortlichkeit, S. 78; *Schünemann*, Unternehmenskriminalität, S. 232.

395 *Dannecker/Biermann*, in: Immenga/Mestmäcker, WettbR, § 81 GWB Rn. 551; *Kirch-Heim*, Sanktionen, S. 19; *Brender*, Verbandstäterschaft, S. 85; *Müller*, Juristische Person, S. 45; *Achenbach*, ZIS 2012, 178, 180; *Baur/Holle*, NZG 2018, 14, 15; ebenfalls von einer Präventionswirkung ausgehend DAV-Strafrechtsausschuss, Stelln. 54/2013, S. 11 f.; OECD-Bericht (s. oben Fn. 178), S. 45; eingehend zur Debatte um den Präventionsgedanken bei der Verschärfung (kartell-)rechtlicher Sanktionen *Ackermann*, ZWeR 2010, 329.

396 Ackermann, ZHR 179 (2015), 538, 540 ff.; siehe auch Kleinheisterkamp, Kreditwesengesetz und Strafverfahren, S. 400 f.

knüpfte Einheit im Sinne des Ansatzes „Prävention durch repressive Ahndung".[397] Dabei treten die repressiven Elemente bei der Geldbuße gegenüber strafrechtlichen Sanktionen in den Hintergrund, da es bei der Geldbuße nicht um den Ausgleich für sozialethische Schuld geht.[398] In der spezial- und generalpräventiv wirkenden Übelszufügung ist also der Hauptzweck der Verbandsgeldbuße zu sehen.[399]

Diese präventive Zielsetzung der Verbandsgeldbuße hat auch der moderne Gesetzgeber explizit bestätigt. Auf Empfehlung der OECD, welche die mangelnde Abschreckungswirkung deutscher Verbandsgeldbußen zuvor ausdrücklich kritisiert hatte,[400] erfolgte im Zuge der 8. GWB-Novelle eine signifikante Anhebung der Bußgeldobergrenzen des § 30 OWiG. Die zuvor geltenden Höchstsummen waren zur Erzielung einer Abschreckungswirkung als zu gering kritisiert worden.[401] Erklärtes Ziel dieser Sanktionsverschärfung war es dementsprechend, die von der Verbandsgeldbuße ausgehende abschreckende Wirkung zu verstärken, die trotz hoher Abschöpfungsanteile nicht gewährleistet sei.[402] Der Gesetzgeber misst dem Präventionszweck der Geldbuße ausweislich dieser Sanktionsverschärfung also eine gesteigerte Bedeutung für die effektive Rechtsdurchsetzung bei.[403]

---

397 *Kröger*, Korruptionsschäden, S. 231; siehe auch *Otto*, Jura 1998, 409, 417 („repressiv orientiertes Präventionsmittel"); vgl. auch v. Freier, Verbandsstrafe, S. 231 („repressiv gestaltete Präventionsmaßnahme").

398 *Sackreuther*, BeckOK-OWiG, § 17 Rn. 6; *Rebmann/Roth/Herrmann*, OWiG, § 30 Rn. 10; *Baur/Holle*, NZG 2018, 14, 17; *Dannecker/Biermann*, in: *Immenga/Mestmecker*, WettbR, § 81 GWB Rn. 440; für ein retrospektiv wirkendes Element dagegen *Achenbach*, ZIS 2012, 178, 179.

399 *Bunte*, NJW 2018, 123, 124; *Dannecker*, in: Henssler u.a., Grundfragen, S. 15, 28; *Dannecker/Biermann*, in: Immenga/Mestmecker, WettbR, § 81 GWB Rn. 440; *v. Freier*, Verbandsstrafe, S. 220 ff; siehe auch Monopolkommission, XX. Hauptgutachten, abgedruckt in: BT-Drs. 18/2150, Rn. 147; vgl. auch *Brettel/Thomas*, Compliance, S. 77 sowie *Rust*, ZWeR 2015, 299, 309 (zur Kartellbuße); vgl. ferner Kölner Entwurf, S. 13 (zur Verbandsstrafe).

400 OECD-Bericht (s. oben Fn. 178), S. 45.

401 Etwa *Rogall*, in: KarlsKomm-OWiG, § 30 Rn. 31, mit Verweis auf die Entscheidung des LG Düsseldorf (siehe oben Fn. 373), in der das Gericht den Ahndungsanteil der Geldbuße auf die Höchstgrenze von 1 Mio. beschränken musste, zugleich aber einen Abschöpfungsanteil i.H.v. 149 Mio. festsetzte.

402 Siehe BT-Drs. 17/11053, S. 21; hierzu auch *Beulke/Moosmayer*, CCZ 2014, 146.

403 Ob diese Höchstgrenzen nunmehr tatsächlich geeignet sind, eine effektive Präventionswirkung zu erreichen, ist eine andere Frage. Berücksichtigung finden muss hierbei auch, dass eine Abschreckungswirkung nur dann realistisch ist, wenn das angedrohte Übel den erwarteten Nutzen des Verstoßes erheblich übersteigt, s. hierzu Schünemann, ZIS 2014, 1, 2.

Bestätigt wird die präventive, verhaltenssteuernde Zwecksetzung auch vom LAG Düsseldorf, das sie bei seiner Argumentation ausdrücklich heranzieht.[404] Der Verweis des Gerichts auf die „generalpräventive Wirkung“ scheint zwar im Widerspruch zu seinen eigenen Ausführungen zu stehen. Das Gericht stellt ausdrücklich auf das zu beeinflussende „zukünftige Verhalten des Unternehmensträgers“ ab, der im konkreten Fall betroffen ist, was auf spezialpräventive Erwägungen hindeutet. Im weiteren Verlauf bezieht sich das Gericht sodann aber auch selbst ausdrücklich auf die spezialpräventive wie auf die generalpräventive Wirkung der Sanktion.[405] Richtigerweise sind diese beiden Ansätze präventiver Normwirkung ohnehin nicht isoliert voneinander zu betrachten, sondern gehen stets miteinander einher.[406]

Ungeachtet dessen, dass die tatsächliche Eignung von Sanktionsnormen zur Verhaltenssteuerung und damit zur Tatverhinderung vereinzelt grundsätzlich in Zweifel gezogen wird, ist jedenfalls für den Bereich der von Gewinnerzielungsabsicht getriebenen unternehmerischen Betätigung eine solche Eignung anzunehmen.[407] In einem Bereich, in dem Entscheidungen der angesprochenen Personenkreise in der Regel nach vorhersehbaren rationalen Kriterien einer Kosten-Nutzen-Rechnung vorgenommen werden, bei der auch die Endeckungswahrscheinlichkeit eines Verstoßes in die Kalkulation einbezogen wird, kann grundsätzlich von einer funktionsfähigen Präventivwirkung ausgegangen werden.

Zu trennen von der Frage der Präventionswirkung als Zwecksetzung der Verbandsgeldbuße ist die anderweitige Frage, welchem Rechtssubjekt gegenüber eine solche Abschreckungswirkung bei der juristischen Person eintreten soll, die als solche weder handlungsfähig noch dazu in der Lage ist, die Androhung eines finanziellen Nachteils als zu vermeidendes Übel zu empfinden.[408]

---

404 LAG Düsseldorf, Urt. v. 20.1.2015 – 16 Sa 459/14, juris Rn. 284; hierzu auch Reuter, BB 2016 1283, 1286.

405 LAG Düsseldorf, Urt. v. 20.1.2015 – 16 Sa 459/14, juris Rn. 287.

406 Siehe auch *Thomas*, Haftungsfreistellung, S. 144 („Doppelgleisigkeit“ der Präventionswirkung).

407 *Dreier*, Kompensation und Prävention, S. 130; *Sieme*, Gewinnabschöpfungsanspruch, S. 44.

408 Siehe hierzu unten, D.V.2.

d) Gleichstellungszweck

Neben der Abschöpfung der rechtswidrig erlangten Vorteile und der Sicherstellung der zukünftigen Einhaltung von Rechtsnormen im unternehmerischen Bereich durch Abschreckung verfolgt der Gesetzgeber mit der Verbandsgeldbuße ausweislich der amtlichen Begründung noch einen weiteren Zweck. Die Verbandsgeldbuße soll auch „einen Ausgleich dafür ermöglichen, dass der juristischen Person, die nur durch ihre Organe zu handeln im Stande ist, zwar die Vorteile dieser in ihrem Interesse vorgenommenen Betätigung zufließen, dass sie aber beim Fehlen einer Sanktionsmöglichkeit nicht den Nachteilen ausgesetzt wäre, die als Folge der Nichtbeachtung der Rechtsordnung im Rahmen der für sie vorgenommenen Betätigung eintreten können“.[409] Mit anderen Worten soll die juristische Person also nicht davon profitieren, dass sie aufgrund ihrer Eigenschaft als rechtliches Konstrukt Organwalter einschaltet, die für sie handeln und damit wiederum bei der juristischen Person anfallende Gewinne erzeugen, dass sie selbst bei bloßer Sanktionsmöglichkeit gegenüber natürlichen Personen aber nicht den Nachteilen einer Sanktion ausgesetzt ist. „Die juristische Person wäre dann gegenüber der natürlichen Person besser gestellt.“[410] Der Gesetzgeber führt fort mit einem Beispiel, das den Hintergrund des Gleichstellungszwecks verdeutlicht. Es könne nämlich ansonsten gegenüber einem Einzelunternehmer, der unter Verletzung der ihm obliegenden Pflichten als Unternehmer eine Straftat oder Ordnungswidrigkeit selbst begeht, die Strafe oder Geldbuße unter Berücksichtigung des wirtschaftlichen Wertes seines Unternehmens und der für das Unternehmen erzielten oder beabsichtigten Vorteile festgesetzt werden, während bei einer entsprechenden Pflichtverletzung durch das Organ einer juristischen Person die Sanktion nur unter Berücksichtigung der persönlichen wirtschaftlichen Verhältnisse festzusetzen sei.[411]

Die Gleichstellung soll also gerade in Bezug auf Einzelunternehmer – typischerweise Einzelkaufleute im Sinne des § 1 HGB – erfolgen, um der juristischen Person als Unternehmensträgerin im Wirtschaftsverkehr keinen strukturellen Vorteil zu verschaffen. Diese Gleichstellungsfunktion der

409 BT-Drs. V/1269, S. 59, linke Spalte.
410 BT-Drs. V/1269, S. 59, linke Spalte.
411 BT-Drs. V/1269, S. 59, linke Spalte.

Verbandsgeldbuße wird auch im Schrifttum allgemein bestätigt.[412] Angesichts der deutlichen Herausstellung in der Gesetzesbegründung vor Erwähnung der Abschöpfung und der Prävention scheint der Gesetzgeber dieser Zwecksetzung gar eine herausgehobene Stellung beizumessen.

Erreicht werden soll die angestrebte Gleichstellung allein durch die Zufügung eines finanziellen Nachteils, der an den wirtschaftlichen Verhältnissen der juristischen Person zu orientieren ist. Ausreichend ist dafür eine bloße Zahlungspflicht, die nicht mit einem sozialethischen, repressiven Vorwurf verbunden ist. Für die sanktionsmäßige Gleichstellung mit Einzelunternehmern ist es unerheblich, ob mit der Sanktion gegen den Verband auch ein Vorwurf im Sinne einer Verwerflichkeitskomponente einhergeht. Entscheidend ist die Belastung mit einem finanziellen Übel. Für den Gleichstellungszweck genügt allein das finanzielle Einstehenmüssen.

4. Rechtsgebietsübergreifende Geltung der Zwecksetzung

Die festgestellten Zwecke der Abschöpfung, der Prävention sowie der Gleichstellung beanspruchen für sämtliche nach deutschem Recht verhängte Verbandsgeldbußen Geltung. Sie gelten damit auch für diejenigen spezialgesetzlichen Vorschriften, die eine Bußgeldverhängung gegen juristische Personen bzw. gegen Unternehmen außerhalb von § 30 OWiG vorsehen, wie etwa das Kartellrecht. Auch diese Geldbußen ergehen auf Grundlage von § 30 OWiG, sodass sich die Zwecksetzung auch insoweit stets nach der Grundnorm des § 30 OWiG bestimmt.

Aus diesem Grund überzeugt auch die § 87 S. 2 GWB heranziehende Verweisungs-Entscheidung des BAG im Schienenkartell-Fall, die eine Zuständigkeit der ordentlichen Gerichte annimmt, nicht vollends.[413] Das BAG sieht die sanktionsrechtliche Zwecksetzung der Kartellbuße als entscheidungserheblich an. Indes handelt es sich bei der bußgeldrechtlichen Zwecksetzung und dem Verhältnis zwischen Sanktionsrecht und Innenausgleich um rechtsgebietsübergreifende Systemfragen, die nicht allein nach kartellrechtlichen Gesichtspunkten zu bewerten sind.[414] Trotz Besonderheiten des kartellrechtlichen Bußgeldregimes bezüglich Höchstgrenzen

412 *Meyberg*, in: BeckOK-OWiG, § 30 Rn. 8; *Rogall*, in: KarlsKomm-OWiG, § 30 Rn. 17; *Gürtler*, in: Göhler, OWiG, Vor § 29a Rn. 9; *Rebmann/Roth/Herrmann*, OWiG, Vor § 30 Rn. 8.

413 Hierzu oben, B.I.

414 *Lotze/Heyers*, NZKart 2018, 29, 30; *Baur/Holle*, ZIP 2018, 459, 462).

und Bemessungsgrundlage gelten die Sanktionszwecke für Verbandsgeldbußen generell.[415] Diese rechtsgebietsübergreifende Bedeutung spricht gegen eine Spezialzuweisung. Damit wird zugleich deutlich, dass es sich bei der Entscheidung im Schienenkartell keineswegs um eine rein kartellrechtliche Frage handelt.[416] Die sanktionsrechtlichen Erwägungen, die einer Innenhaftung für Verbandsgeldbußen potentiell entgegenstehen, gelten vielmehr für sämtliche Formen der Verbandsgeldbuße.

5. Zwischenergebnis

Die vom Gesetzgeber mit der Verbandsgeldbuße verfolgten Zwecksetzungen decken sich nur zum Teil mit den Zwecken von Individualsanktionen. Wie die Individualgeldbuße soll auch die Verbandsgeldbuße der Abschreckung dienen und damit die Rechtsdurchsetzung fördern. Eine gegenüber der Individualsanktion besondere Bedeutung kommt indes der Abschöpfungsfunktion der Verbandsgeldbuße zu, die eine wirtschaftliche Besserstellung der juristischen Person vermeiden soll. Darüber hinaus dient die finanzielle Nachteilszufügung durch die Verbandsgeldbuße auch dem spezifischen Zweck, eine sanktionsmäßige Gleichstellung der juristischen Person mit Einzelunternehmern zu erreichen.

IV. Innenregress und Vorteilsabschöpfung

1. Ausgangslage

Da Gesetzesverstöße im unternehmerischen Bereich in der Regel mit dem Ziel einer Profitsteigerung vorgenommen werden, führen solche Rechtsverletzungen meist zunächst adäquat kausal zu wirtschaftlichen Vorteilen der Unternehmen und damit zu Gewinnsteigerungen.[417] Der Abschöp-

---

415 Siehe auch *Labusga*, VersR 2015, 629, 635; *dies.*, VersR 2017, 394, 395; *Ackermann* NZKart 2018, 1; *Lotze/Heyers*, NZKart 2018, 29, 30 („rechtsgebietübergreifenden Systemfrage“, kritisch auch *Baur/Holle*, ZIP 2018, 459, 462); dem BAG zustimmend dagegen *Bauer*, FD-ArbR 2017, 393433; *Bunte* NJW 2018, 123, 124.

416 Das LAG Düsseldorf stützt seine Verweisung an das Kartellgericht indes in erster Linie auf beweisrechtliche Besonderheiten, siehe LAG Düsseldorf, Beschl. v. 29.1.2018 – 14 Sa 591/17, juris Rn. 296.

417 Siehe hierzu bereits oben, D.III.3.b).

fungsanteil der Verbandsgeldbuße soll dem entgegenwirken und dem Unternehmen die rechtswidrig erzielten Gewinne wieder abnehmen.

Bei einem zulässigen Haftungsrückgriff in voller, also auch den Abschöpfungsanteil erfassenden Höhe der Verbandsgeldbuße, wäre dieser Abschöpfungszweck gefährdet.[418] Die rechtswidrig erlangten Vorteile würden dem Gesellschaftsvermögen auf diesem Wege über den Schadenersatz im Ergebnis wieder zufließen. Damit wäre die juristische Person gegenüber anderen unternehmerisch handelnden Bußgeldadressaten privilegiert, was dem Gesetzeszweck diametral zuwider liefe.

Auch das LAG Düsseldorf stützt seine Entscheidung zum Regressausschluss unter anderem auf die Unterwanderung des Abschöpfungszwecks. Dieser werde konterkariert, wenn der Abschöpfungsanteil an den Geschäftsführer weitergereicht werden könnte und so im Ergebnis Einzelpersonen getragen werde.[419] Es stellt sich allerdings die Frage, ob einer Gefährdung des Abschöpfungszwecks tatsächlich nur mithilfe eines Regressausschlusses oder einer Regressbeschränkung beizukommen ist, oder ob hinsichtlich der erzielten Vorteile eine Ersatzfähigkeit nicht bereits nach allgemeinen haftungsrechtlichen Grundsätzen ausgeschlossen ist, sodass es eines – als Ausnahme von der Ersatzpflicht nach § 93 AktG bzw. § 43 GmbHG rechtfertigungsbedürftigen – Regressausschlusses insoweit gar nicht bedürfte.

2. Berücksichtigung rechtswidrig erzielter Vorteile

a) Abzug über die Grundsätze der Vorteilsausgleichung

Nach einhelliger Ansicht kommt eine Ersatzfähigkeit der Verbandsgeldbuße nur insoweit in Betracht, als die Gesamtbußgeldsumme den mit dem Verstoß erwirtschafteten Vorteil des Unternehmens übersteigt. Der Großteil der Stimmen erreicht dieses Ergebnis über eine Anwendung der schadensrechtlichen Vorteilsausgleichung.[420] Nach den Grundsätzen der Vorteilsausgleichung sind bestimmte positive Auswirkungen im Zusammen-

---

418 *Rust*, ZWeR 2015, 299, 308; *Grunewald*, NZG 2016, 1121, 1122; *Thole*, ZHR 173 (2009), 504, 528; *Wilsing*, in: Krieger/Schneider, Hdb. Managerhaftung, § 31 Rn. 34.

419 LAG Düsseldorf, Urt. v. 20.1.2015 – 16 Sa 459/14, juris Rn. 286.

420 *Bayer/Scholz*, GmbHR 2015, 449, 454 f.; *Rust*, ZWeR 2015, 299, 308; *Eufinger*, WM 2015, 1265, 1271; *Fleischer*, DB 2014, 345, 350; *Fabisch*, ZWeR 2013, 91, 106; *Zimmermann*, WM 2008, 433, 437; *Spindler*, in: MünchKomm-AktG, § 93

hang mit dem schädigenden Ereignis auf den Schadenersatz anzurechnen. Voraussetzung einer Anrechnung ist nach der Rechtsprechung, dass der Vorteil adäquat kausal durch das schädigende Ereignis verursacht wurde. Zudem muss die Anrechnung auch dem Zweck der Ersatzpflicht entsprechen, insbesondere dem Geschädigten zumutbar sein, und darf den Schädiger nicht unangemessen entlasten.[421]

Die Rechtsprechung wendet die Regeln der Vorteilsausgleichung ohne Einschränkungen auch auf die Ansprüche der Innenhaftung an.[422] Dies entspricht der überwiegenden Ansicht im Schrifttum.[423] Dagegen wird vereinzelt vorgebracht, dass die Vorteilsausgleichung mit Blick auf den Zweck der gesellschaftsrechtlichen Innenhaftung, der auch die Verhaltenssteuerung des Organwalters umfasse, ausscheiden müsse, da die verhaltenssteuernde Präventionswirkung anderenfalls unterlaufen werden könnte.[424] Hiergegen lässt sich jedoch einwenden, dass die Haftungsvorschriften der Innenhaftung in erster Linie dem Schadensausgleich dienen.[425] Dieser wird durch eine Anrechnung der erzielten Vorteile gerade nicht beeinträchtigt, sondern vielmehr exakt durchgeführt.[426] Unabhängig davon, ob eine Steuerungsfunktion der Innenhaftung für den Fall des Bußgeldregresses überhaupt unterstellt werden kann,[427] bliebe es selbst bei Berücksichtigung eines solchen Steuerungszwecks beim schadensrechtlichen Bereiche-

---

Rn. 172; *Krause*, BB-Spezial 8/2007, 2, 13; *Glöckner/Müller-Tautphaeus*, AG 2001, 344, 346; *Wilsing*, in: Krieger/Schneider, Hdb. Managerhaftung, § 31 Rn. 33 f.; *Hack*, Vorstandsverantwortlichkeit, S. 83; *Twele*, Haftung, S. 169; *Koch*, in: Hüffer/Koch, AktG, § 93 Rn. 48; siehe auch *Ackermann*, NZKart 2018, 1, 2.

421 BGH, Urt. v. 28.6.2011 – KZR 75/10, BGHZ 190, 145, 163 = NJW 2012, 928 Rn. 58; Urt. v. 17.11.2005, III ZR 350/04, NJW 2006, 499 Rn. 7; *Grüneberg*, in: Palandt, BGB, Vor § 249 Rn. 68; *Oetker*, in: MünchKomm-BGB, § 249 Rn. 233 ff.; siehe auch *Wilsing*, in: Krieger/Schneider, Hdb. Managerhaftung, § 31 Rn. 33; *Fabisch*, ZWeR 2013, 91, 107.

422 BGH, Urt. v. 20.9.2011 – II ZR 234/09, NZG 2011, 1271 Rn. 31; Urt. v. 15.1.2013 – II ZR 90/11, NJW 2013, 1958 Rn. 26.

423 *Spindler*, in: MünchKomm-AktG, § 93 Rn. 171; *Hölters*, in: ders., AktG, § 93 Rn. 256; *Fleischer*, in: Spindler/Stilz, AktG, § 93 Rn. 38 ff.; *Habersack*, in: Karlsruher Forum, S. 5, S. 33; *Scholz*, Existenzvernichtende Haftung, S. 57 ff.

424 *Lohse*, in: FS Hüffer, S. 581, 599; vgl. zu diesem Einwand auch *Thole*, ZHR 173 (2009), 504, 527 f.

425 *Wilsing*, in: Krieger/Schneider, Hdb. Managerhaftung, § 31 Rn. 34; siehe hierzu auch oben § 2 A.III.

426 Siehe auch *Wilsing*, in: Krieger/Schneider, Hdb. Managerhaftung, § 31 Rn. 34; *Hack*, Vorstandsverantwortlichkeit, S. 83.

427 Siehe hierzu unten, § 4 E.I.

rungsverbot, das eine Einbeziehung der Vorteilsausgleichung erforderlich macht.[428]

Die wirtschaftlichen Vorteile wären hiernach von der Bußgeldsumme in Abzug zu bringen, und zwar auch in den Fällen, in denen zwar keine explizite Ausweisung als Abschöpfungsanteil erfolgen muss (etwa bei § 81 Abs. 5 S. 1 GWB), die Vorteile aber dennoch bei der Zumessung der Geldbuße Berücksichtigung finden.[429] Soweit die Vorteile – wie typischerweise der Fall – bereits vom Abschöpfungsanteil erfasst sind, besteht zwar kein Raum mehr für eine Anrechnung. Allerdings muss die Ersatzfähigkeit als Schaden insoweit ausscheiden, da der Gesellschaft die Vorteile anderenfalls wieder zuflössen.[430] Diese materielle Rechtslage zugrunde gelegt wäre grundsätzlich also keine Unterwanderung des Abschöpfungszwecks durch einen Bußgeldregress zu befürchten, da der abschöpfende Anteil der Geldbuße nicht ersatzfähig ist.

b) Problem der Beweislast

Bei anerkannter Anrechnung des wirtschaftlichen Vorteils stellt sich damit das Problem einer Unterwanderung des Abschöpfungszwecks eigentlich nicht. Dennoch sehen einzelne Stimmen mit Verweis auf vermeintliche Beweisprobleme des Organwalters den Abschöpfungszweck beim Bußgeldregress gefährdet.[431]

Nach allgemeiner Ansicht trägt der Schädiger die Beweislast für den Eintritt und die Höhe des wirtschaftlichen Vorteils, der im Wege der Vorteilsausgleichung dem Schaden entgegengehalten werden soll.[432] Die beim Unternehmen eingetretenen wirtschaftlichen Vorteile aus der Gesetzesverletzung sind vom Organwalter jedoch in der Regel kaum mit der Sicher-

---

428 Vgl. BGH, Urt. v. 28.6.2011 – KZR 75/10, BGHZ 190, 145, 163 = NJW 2012, 928 Rn. 58 (zum kartelldeliktsrechtlichen Schadenersatz).

429 Siehe *Zimmermann*, WM 2008, 433, 438.

430 Siehe auch *Labusga*, VersR 2017, 394, 400; *Binder*, Vorstandshaftung, S. 234 ff.; *Seibt*, NZG 2015, 1097, 1101.

431 LAG Düsseldorf, Urt. v. 20.1.2015 -16 Sa 459/14, juris Rn. 286; *Thomas*, NZG 2015, 1409, 1415 f.; *Baur/Holle*, ZIP 2018, 459, 465.

432 BGH, Urt. v. 24.4.1985 – VIII ZR 95/84, BGHZ 94, 195, 217 = NJW 1985, 1539, 1544; *Fleischer*, in: Fleischer, Hdb. Vorstandsrecht, § 7 Rn. 24; *Bayer*, in: FS K. Schmidt, S. 85, 98; *Flume*, in: BeckOK-BGB, § 249 Rn. 342.

heit belegbar, die seiner Darlegungs- und Beweislast genügen würde,[433] und zwar auch dann, wenn man die Vorteilsausgleichung der tatrichterlichen Beurteilung nach § 287 ZPO unterstellt.[434] Der Organwalter müsste eine nachvollziehbare Berechnung der erzielten Vorteile vornehmen können und im Prozess vorlegen.[435] Eine derartige Darlegung von gesteigerten Umsatzzahlen, die sich womöglich über einen längeren Zeitraum aus einem Rechtsverstoß ergeben haben, dürfte dem Organwalter in der Regel nicht gelingen. Ganz besonders gilt dies für Fälle, in denen die in Anspruch genommene Person ihre Organstellung nicht mehr innehat.[436] Insofern wurde bereits aufgezeigt, dass auch der Informationsanspruch des ehemaligen Organwalters gegenüber der Gesellschaft in Gestalt eines Einsichtsrechts in Geschäftsunterlagen die Beweisprobleme in den meisten Fällen nicht beseitigen kann.[437] Gerade bei den komplexen Vorgängen zur Darlegung einer Vorteilsausgleichung dürfte die Einsichtnahme bereits daran scheitern, dass dem ehemaligen Organwalter eine hinreichend konkrete Bennenung sämtlicher relevanter Unterlagen kaum möglich sein wird. Eine pauschale Einsichtnahme in sämtliche Geschäftsunterlagen, um sich hieraus zunächst einen Überblick über relevante Vorgänge zu beschaffen, ist vom Einsichtsrecht indes nicht umfasst.

Auch der im Bußgeldbescheid ausgewiesene Abschöpfungsanteil der Geldbuße hilft über die Beweisproblematik nicht hinweg. Zwar soll der abzuschöpfende wirtschaftliche Vorteil von den Verfolgungsbehörden vorrangig durch eine Berechnung ermittelt werden.[438] Wegen der Komplexität einer solchen Berechnung legen die Behörden wie auch die Gerichte den Abschöpfungsanteil aber regelmäßig im Wege einer bloßen Gewinnschätzung fest.[439] Wenngleich hierfür nachprüfbare Angaben in den tragenden Urteilsgründen erforderlich sind,[440] bietet die Festsetzung des Abschöpfungsanteils daher regelmäßig keine präjudiziellen Feststellungen

433 *Marsch-Barner*, ZHR 173 (2009), 723, 726; *J. Koch*, LA Winter, S. 327, 330 f.; *Baur/Holle*, ZIP 2018, 459, 464.

434 So BGH, Urt. v. 5.2.2005 – VI ZR 74/04, NJW 2005, 1041, 1043.

435 Vgl. BGH, Urt. vom 31.5.2010 – II ZR 30/09, NJW 2010, 2506, 2508 (zu einer Haftung nach § 280 BGB); zur Problematik insbesondere bei Kartellfällen *Konrads*, Entschärfung des Haftungsrisikos, S. 50.

436 *R. Koch*, VersR 2015, 655, 659; *Binder/Kraayvanger*, BB 2015, 1219, 1229.

437 Hierzu oben, unter § 2 D.III.

438 Siehe *Mitsch*, in: KarlsKomm-OWiG, § 17 Rn. 117.

439 Siehe aus der Rechtsprechung LG Düsseldorf, Beschl. v. 21.11.2011 – 10 KLs 14/11, wistra 2013, 80; ebenso OECD-Bericht (s. oben Fn. 178), S. 44.

440 BGH, Urt.v. 18.5.2017 – 3 StR 103/17, NJW 2017, 2565 Rn. 45.

zum tatsächlich erzielten Gewinn, auf die sich der Organwalter für die Vorteilsausgleichung berufen könnte.[441] Der tatsächliche Gewinn kann ohne Weiteres über oder auch unter dem ausgewiesenen Abschöpfungsteil liegen.[442] Hinzu kommen die Fälle mit bloß fakultativer Ausweisung des Abschöpfungsanteils.

c) Lösungsansätze

aa) Sekundäre Darlegungslast

Eine Gefährdung des Abschöpfungszwecks allein mit Verweis auf praktische Beweisschwierigkeiten zu begründen, erscheint problematisch. Allerdings kommen Lösungen in Betracht, die dem Organwalter über die Beweisproblematik hinweg helfen können, sodass sich die Frage der Zweckgefährdung insoweit gar nicht stellt.

Zum einen erscheint es möglich, in einer solchen Konstellation die Grundsätze der sekundären Darlegungslast zur Anwendung zu bringen.[443] In bestimmten Konstellationen ist es Sache der an sich nicht beweisbelasteten Partei, sich im Rahmen der ihr nach § 138 Abs. 2 ZPO obliegenden Erklärungspflicht substantiiert zu den Behauptungen der Gegenseite zu äußern.[444] Voraussetzung hierfür ist, dass dem Beweisbelasteten eine nähere Darlegung seiner Behauptung nicht möglich ist, während der anderen Partei die wesentlichen Tatsachen zugänglich sind und ihr zugemutet werden kann, nähere Angaben zu machen.[445]

Auch bei der Vorteilsausgleichung hält der BGH die sekundäre Darlegungslast ausdrücklich für anwendbar, wenn Vermögensbereiche des Geschädigten betroffen sind, die allein diesem zugänglich sind.[446] So dürfte der Fall in der Regel auch bei wirtschaftlichen Vorteilen liegen, die von

---

441 Siehe aber *Binder/Kraayvanger*, BB 2015, 1219, 1229 (Anwendung der Grundsätze des Anscheinsbeweises auf den ausgewiesenen Abschöpfungsanteil).

442 *Zimmermann*, WM 2008, 433, 438; *Wilsing*, in: Krieger/Schneider, Hdb. Managerhaftung, § 31 Rn. 35; *Labusga*, VersR 2017, 394, 401; siehe auch LAG Düsseldorf, Urt. v. 20.1.2015 – 16 Sa 459/14, juris Rn. 286.

443 In diese Richtung auch *Bayreuther*, NZA 2015, 1239, 1242.

444 BGH, Urt. v. 10.2.2015 – VI ZR 343/13, NZG 2015, 645, Rn. 11.

445 BGH, Urt. v. 10.2.2015 – VI ZR 343/13, NZG 2015, 645 Rn. 11.

446 BGH, Urt. v. 31.1.1991 – IX ZR 124/90, NJW-RR 1991, 794, 795; BGH, Urt. vom 31.5.2010 – II ZR 30/09, NJW 2010, 2506, 2508; siehe hierzu auch *Hömig/Meixner*, DStR 2007, 739.

der Gesellschaft zwar auch nicht ohne Weiteres, aber wesentlich leichter darzulegen sind, als vom einzelnen Organwalter. Dies gilt jedenfalls beim Vorgehen gegen eine bereits ausgeschiedene Person. Tritt im Prozess die Gesellschaft der Behauptung des Organwalters über die Entstehung relevanter Vorteile, die eine hinreichende Konkretisierung erreichen muss und sich nicht allgemein auf die rechtliche Möglichkeit einer Vorteilsausgleichung beschränken darf,[447] nicht mit substantiiertem Vortrag entgegen, müsste dies nach prozessrechtlichen Grundsätzen also zulasten der klagenden Gesellschaft gehen. Der Vortrag des beklagten Organwalters zur Höhe der Vorteile müsste als zugestanden betrachtet werden. Ist dem Organwalter eine konkrete Bezifferung der Vorteile nicht möglich, kann das Gericht die Höhe der entstandenen Vorteile gem. § 287 ZPO unter Würdigung aller Umstände nach freier Überzeugung schätzen.[448] Eine Lösung der Beweisproblematik über die Grundsätze der sekundären Darlegungslast, kominiert mit der Beweismaßreduzierung des § 287 ZPO, steht daher im Einklang mit der allgemeinen Rechtsprechung zur Beweislastverteilung bei der Vorteilsausgleichung.

bb) Verortung der Vorteile im Rahmen der Differenzhypothese

Möglich erscheint es jedoch auch, den Organwalter grundsätzlich von der Darlegungs- und Beweislast hinsichtlich der erzielten Vorteile zu befreien, indem man diese Vorteile nicht erst im Rahmen der Vorteilsausgleichung berücksichtigt, sondern sie von vornherein als Abzugsposten im Rahmen der Differenzhypothese betrachtet. Die gesamte Geldbuße wäre dann bloß ein erster Berechnungsposten, von dem die Vorteile abzuziehen wären.[449]

Angesprochen ist hierbei die Abgrenzung zwischen den Anwendungsbereichen der Differenzhypothese und der Vorteilsausgleichung. Gerade für die Frage der Darlegungs- und Beweislast ist diese Abgrenzung und mit ihr die Verortung der in Ansatz zu bringenden Vorteile von großer Relevanz.[450] Die Beweislast für die Anwendung der Vorteilsausgleichung trifft

---

447 BGH, Urt. v. 31.1.1991 – IX ZR 124/90, NJW-RR 1991, 794, 795.

448 Für eine Anwendung des § 287 ZPO auf die vorliegende Konstellation auch *Rust*, ZWeR 2015, 299, 308; *Reuter*, BB 2016, 1283, 1288; vgl. auch OLG Schleswig, Urt. v. 7.5.2009 – 7 U 26/08, juris Rn. 11 (Vorteilsausgleichung bei Verdienstausfallschaden), BGH, Urt. v. 5.2.2005 – VI ZR 74/04, NJW 2005, 1041, 1043 (zur Vorteilsausgleichung bei Verkehrsunfall).

449 *Pant*, CCZ 2015, 224, 226.

450 *Ganter*, NJW 2012, 801; siehe auch *Labusga*, VersR 2017, 394, 401.

den Schädiger.[451] Den Eintritt und die Höhe des geltend gemachten Schadens im Sinne der Differenzhypothese muss dagegen der Geschädigte darlegen und beweisen.[452] Stehen dem zugefügten Nachteil von vornherein Abzugsposten gegenüber, handelt es sich hierbei um Umstände, die für den Gesamtvermögensvergleich relevant sind, weil ansonsten nach der natürlichen Schadensbetrachtung bereits ein Schaden teilweise ausscheidet. Bei Bestreiten der Schadenshöhe durch die Gegenseite müsste der Geschädigte also darlegen, dass ein negatives Saldo nicht durch anderweitige positive Auswirkungen entfällt oder reduziert wird.[453] Angewendet auf den Bußgeldregress hätte damit die Gesellschaft darzulegen und zu beweisen, dass der Abschöpfungsanteil die tatsächlichen Gewinne übersteigt.[454]

cc) Stellungnahme

Die angesprochene Abgrenzung zwischen einer schadensrechtlichen Vorabsaldierung bestimmter Posten im Rahmen der Differenzhypothese und der Anwendung der Grundsätze der Vorteilsausgleichung wird sowohl für den konkreten Fall des Bußgeldregresses als auch im allgemeinen schadensrechtlichen Schrifttum selten thematisiert.[455]

Die Vorteilsausgleichung wird überwiegend als eigenständiges zurechnungssystematisches Institut erachtet, das sich an die natürliche Schadensberechnung nach der Differenzhypothese anschließt, um unbillige Ergebnisse der Differenzhypothese zu korrigieren. Bei konsequenter Umsetzung dieser Vorgaben setzt die Vorteilsausgleichung also voraus, dass bereits ein Schaden entstanden ist.[456] Die Vorteilsausgleichung im engeren Sinn betrifft damit nur die spätere Beseitigung oder Minderung eines zuvor eingetretenen Vermögensschadens.[457]

---

451 BGH, Urt. v. 5.11.1992 – IX ZR 200/91, NJW 1993, 1320, 1323; siehe auch *Labusga*, VersR 2017, 394, 401; *Bayer*, in: FS K. Schmidt, S. 85, 98.

452 BGH, Urt. v. 4.12.2012 – VI ZR 378/11, DStRE 2013, 702, 703; *Labusga*, VersR 2017, 394, 401.

453 *Ganter*, NJW 2012, 801, 806.

454 *Labusga*, VersR 2017, 394, 401.

455 Die Abgrenzung aufgreifend etwa *Ganter*, NJW 2012, 801, 803; speziell zur Regressthematik *Baur/Holle*, ZIP 2018, 459, 462.

456 *Ganter*, NJW 2012, 801, 802; siehe auch BGH, Urt. v. 31.1.1991 – IX ZR 124/90, NJW-RR 1991, 794; siehe auch *Binder*, Vorstandshaftung, S. 236.

457 So explizit *Pardey*, in: Geigel, Haftpflichtprozess, Kap. 9 Rn. 2.

Insofern spricht vieles dafür, bestimmte Konstellationen von vornherein aus dem Anwendungsbereich der Vorteilsausgleichung herauszunehmen und den anfallenden Vorteil stattdessen im Sinne einer Vorabsaldierung unmittelbar bei dem Gesamtvermögensvergleich der Differenzhypothese einzustellen.[458] Dies gilt dann, wenn der Vorteil einen unmittelbaren Zusammenhang mit der Pflichtverletzung aufweist, weil er sich quasi zwangsläufig aus dem pflichtverletzenden Ereignis ergibt und dem Eintritt des Vermögensnachteils zeitlich vorgeschaltet ist.[459] Bei derartigen Vorteilen nicht bereits den Eintritt eines Schadens nach der Differenzhypothese abzulehnen, sondern die Vorteilsausgleichung zur Anwendung kommen zu lassen, erscheint dogmatisch angreifbar, wenn man die Grundsätze der Vorteilsausgleichung nicht als Bestandteil der Differenzhypothese begreift, sondern als wertungsmäßiges Korrektiv für Fälle, in denen die Differenzhypothese zu unbefriedigenden Ergebnissen führt. Aussagen wie solche, es sei nicht von Bedeutung, ob der Vorteil darin besteht, dass ein zunächst entstandener Schaden später wieder ausgeglichen wird oder darin, dass von vornherein ein Schaden nicht entsteht, erscheinen vor diesem Hintergrund problematisch.[460] Wenn nach der Differenzhypothese von vornherein ein Schaden nicht entsteht, ist gerade kein Raum für die Grundsätze der Vorteilsausgleichung.[461]

So liegt der Fall bei wirtschaftlichen Vorteilen aus einem Rechtsverstoß, die im Vorfeld einer – unter Umständen erst Jahre später – festgesetzten Geldsanktion für ebendiesen Verstoß eingetreten sind, etwa durch eine

---

458 *Labusga*, VersR 2017, 394, 400 ff.; siehe auch *Flume*, in: BeckOK-BGB, § 249 Rn. 337 f., der in der Vorteilsausgleichung ausdrücklich einen Anrechnungsposten für die Differenzhypothese sieht, die Vorteilsausgleichung andererseits aber dennoch als eigenes Rechtsinstitut erachtet und die Beweislast dem Schädiger auferlegt.

459 *Ganter*, NJW 2012, 801, 806.

460 So aber *Oetker*, in: MünchKomm-BGB, § 249 Rn. 230; *Wilsing*, in: Krieger/Schneider, Hdb. Managerhaftung, § 31 Rn. 34; kritisch hierzu auch *Labusga*, VersR 2017, 394, 401.

461 *Labusga*, VersR 2017, 394, 401 f.; siehe hierzu auch KG, Urt. v. 1.10.2009 – 2 U 10/03 Kart, juris Rn. 117; vgl. auch BGH, Urt. v. 28.6.2011 – KZR 75/10, BGHZ 190, 145, 162 f. = NJW 2012, 928 Rn. 57 ff. (ausdrücklich differenzierend zwischen der Entstehung eines Schadens einerseits und der nach den Grundsätzen der Vorteilsausgleichung zu beantwortenden Frage nach dessen Ausschluss oder Minderung andererseits).

kartellabsprachenbedingte Besserstellung auf dem Markt.[462] Der wirtschaftliche Vorteil ist hier gerade das Ziel der Pflichtverletzung des Organwalters. Dagegen sind die Grundsätze der Vorteilsausgleichung anwendbar, wenn die Vorteile nicht unmittelbar aus dem pflichtverletzenden Ereignis folgen, sondern auf einen zusätzlichen Umstand zurückzuführen sind. Eine solche Einordnung entspräche im Übrigen auch weitgehend den anerkannten Fallgruppen der Vorteilsausgleichung. Diese erfassen überwiegend diejenigen Vorteile, die erst in unmittelbarem Zusammenhang mit der Vermögenseinbuße entstehen, im Gegensatz zu solchen, die zwar aus der Pflichtverletzung resultieren, aber völlig unabhängig von der Vermögenseinbuße auftreten.[463]

3. Zwischenergebnis

Die wirtschaftlichen Vorteile aus einem bußgeldbegründenden Rechtsverstoß sind beim Schadenersatzanspruch gegen den Organwalter in Abzug zu bringen. Vorzugswürdig ist dabei eine Verortung bei der Schadensermittlung im Rahmen der Differenzhypothese. Der Abschöpfungsanteil der Verbandsgeldbuße ist damit nicht ersatzfähig. Als Abzugsposten in der Differenzhypothese trifft den Organwalter insofern auch nicht die Beweislast für den Eintritt der Vorteile bei der Gesellschaft, sodass der Abzug in der Praxis auch nicht an Beweisschwierigkeiten scheitern dürfte. Zum gleichen Ergebnis gelangt man bei Anwendung der Grundsätze der Vorteilsausgleichung, da insofern von einer sekundären Darlegungslast der Gesellschaft auszugehen ist. Eine Unterwanderung des Abschöpfungszwecks durch eine Regressnahme beim Organwalter droht daher von vornherein nicht und kann folglich auch einen Regressausschluss nicht begründen.

462 Ausdrücklich für eine Berücksichtigung im Rahmen der Differenzhypothese *Labusga*, VersR 2017, 394, 401 f.; sympathisierend auch *Baur/Holle*, ZIP 2018, 459, 462; ebenfalls dafür, aber ohne nähere Problemerörterung, *Pant*, CCZ 2015, 224, 226; *Binder*, Vorstandshaftung, S. 236; wohl auch *Fleischer*, in: Spindler/Stilz, AktG, § 93 Rn. 213c; *Spindler*, in: MünchKomm-AktG, § 93 AktG Rn. 172.

463 Typischerweise der Fall bei Aufwendungen, die sich der Geschädigte durch Umstände im Zusammenhang mit der Schadensbehebung erspart, z.B. Krankenauskosten; zur Berücksichtigung von Verspätungszuschlägen als abzugsfähige Betriebsausgaben siehe BGH, Urt. v. 31.1.1991 – IX ZR 124/90, NJW-RR 1991, 794; für weitere Beispiele siehe *Ganter*, NJW 2012, 801, 805.

V. Innenregress und Präventionszweck

1. Problemstellung

Scheidet ein Regressausschluss unter Berufung auf eine Unterwanderung des Abschöpfungszwecks aus, bliebe zunächst der weitergehende Präventionszweck der Verbandsgeldbuße, der durch eine schadensrechtliche Abwälzungsmöglichkeit gefährdet sein und deshalb einen Ausschluss der Innenhaftung rechtfertigen könnte. Um mit der Präventionswirkung argumentieren zu können, bedarf es jedoch an erster Stelle einer Erörterung der Frage, auf welches Rechtssubjekt sich diese Wirkung nach dem Willen des Gesetzgebers überhaupt zu richten hat, wer also durch die Androhung der Geldbuße in seinem Verhalten gesteuert werden soll. Diese Frage wirft bei einer Sanktion gegenüber einer juristischen Person besondere Probleme auf.

2. Zielobjekt der präventiven Steuerungswirkung

a) Bedeutung für die Regressproblematik

Dem Ziel einer Abschreckung durch sanktionelle Ahndung liegt grundsätzlich die Idee einer Steuerungswirkung im Sinne einer Einflussnahme auf zukünftiges Verhalten zugrunde.[464] Die auf Verhaltenssteuerung ausgerichtete Zielsetzung von Sanktionen ist dabei nicht bloß dem Kriminalstrafrecht vorbehalten, sondern ebenso Grundlage des Ordnungswidrigkeitenrechts.[465] Anders als bei einer Individualsanktion gegenüber natürlichen Personen stellt sich bei einer an juristische Personen gerichteten Sanktion, die im natürlichen Sinne nicht handlungsfähig sind und sich daher ihrer Organwalter bedienen, die Frage, welches konkrete Rechtssubjekt der vom Gesetzgeber anvisierte Adressat dieser Steuerungswirkung sein soll, der durch Androhung der Verbandsgeldbuße zu einem bestimmten Verhalten motiviert werden soll.[466] Dies gilt vor allem mit Blick auf

464 *Dreier*, Kompensation und Prävention, S. 128; siehe auch LAG Düsseldorf, Urt. v. 20.1.2015 – 16 Sa 459/14, juris Rn. 284.

465 *Ackermann*, ZWeR 2010, 329, 332 f.; siehe auch *Naucke*, Wechselwirkung, S. 179.

466 Vgl. auch *Strasser*, VersR 2015, 65, 70; vgl. ferner *Kennedy*, (1985) 73 Cal. L. Rev. 443, 448 (zum amerikanischen Unternehmensstrafrecht).

die Existenz der nach der Systematik des § 30 OWiG strukturell grundsätzlich vorrangigen Möglichkeit der Individualbuße gegen Leitungspersonen.[467] Mit einer Gefährdung des präventiven Sanktionszwecks kann in der Debatte zum Bußgeldregress nur argumentiert werden, wenn diese Frage beantwortet ist.

b) Ansatzpunkte

Eine präventive Verhaltenssteuerung durch die Verbandsgeldbuße erscheint auf den ersten Blick in verschiedene Richtungen denkbar. Berücksichtigt man, dass im natürlichen Sinne für die juristische Person nach außen – unabhängig davon, ob man eine eigene Handlungsfähigkeit des Unternehmens im rechtlichen Sinne annehmen will oder nicht – stets eine natürliche Person in Gestalt der Geschäftsleitung handelt, könnte man in Anbetracht dieser Prinzipal-Agenten-Konstellation eine präventive Steuerungsausrichtung der Geldbuße auf die Leitungsorgane für zielführend halten, um die Ordnungsdurchsetzung zu fördern. Gestützt auf den bloßen Wortlaut des § 30 OWiG erscheint dagegen auch eine steuernde Ausrichtung auf den das Unternehmen tragenden Verband selbst möglich. Der Gesetzgeber könnte dadurch, dass er die juristische Person als eigenständigen Sanktionsadressaten definiert hat, zugleich entschieden haben, dass diese juristische Person auch das Objekt der Steuerungswirkung der Sanktion sein soll. Zu klären wäre hier, welchen Inhalt die Verhaltenssteuerung in diesem Fall konkret haben kann.[468] Denkbar wäre weiterhin, dass gerade die hinter der juristischen Person stehenden Anteilseigner als Eigentümer der Gesellschaft durch die Verbandssanktion getroffen werden sollen, um diese zu einem bestimmten der Rechtsdurchsetzung zuträglichen Verhalten zu bewegen.

c) Meinungsstand im Schrifttum

Das Schrifttum zeichnet kein einheitliches Bild zu dieser Frage. Einerseits äußern sich sämtliche Bearbeiter der einschlägigen bußgeldrechtlichen Kommentarliteratur sowie die überwiegenden Stimmen zum Bußgeldre-

---

467 Zur strukturellen Vorrangigkeit der Individualsanktion siehe *Dannecker/Biermann*, in: Immenga/Mestmäcker, WettbR, § 81 GWB Rn. 20.

468 Diese Frage ebenfalls aufwerfend *Strasser*, VersR 2017, 65, 70.

gress übereinstimmend dahingehend, die Präventionswirkung der Verbandsgeldbuße solle durch Einwirkung auf den Verband bzw. dessen Mitglieder insofern erreicht werden, bei der Auswahl und Überwachung der Leitungspersonen die erforderliche Sorgfalt walten zu lassen, um die Rechtstreue dieser Repräsentanten sicherzustellen.[469] In die gleiche Richtung zielen Stimmen, wonach das Unternehmen durch die Bußgeldandrohung veranlasst werden soll, Präventionsmaßnahmen zu ergreifen.[470] Diese Äußerungen deuten auf eine Steuerungsausrichtung auf die juristische Person bzw. auf deren Mitglieder hin. Jedoch werden hier auch zum Teil bereits Widersprüche deutlich, wenn trotz angestrebter Aktivierung der Kontrolle durch die Verbandsmitglieder zugleich gemahnt wird, bei der Bußgeldbemessung müsse eine unangemessene Betroffenheit der Mitglieder berücksichtigt werden.[471]

Die Stellungnahmen werden zumeist um die Äußerung ergänzt, dass mit der Sanktion zugleich eine Beeinflussung des Bewusstseins der für das Unternehmen handelnden Organwalter bezweckt sei. Den Organwaltern werde durch die Androhung der Verbandsgeldbuße verdeutlicht, dass von ihnen begangene Rechtsverstöße nicht lediglich für sie persönlich, sondern auch für den Verband nachteilige Folgen mit sich bringen können.[472] Andere Stimmen im Schrifttum wiederum sehen eine Präventionsfunktion offenbar von Vornherein allein in Richtung der Leitungsorgane. Diese sollen durch die Verbandsgeldbuße motiviert werden, eigene Rechtsverstöße zu unterlassen und dafür Sorge zu tragen, dass Rechtsverstöße anderer

---

469 *Meyberg*, in BeckOK-OWiG, § 30 Rn. 11; *Rogall*, in: KarlsKomm-OWiG, § 30 Rn. 16; *Mitsch*, in: KarlsKomm-OWiG, § 17 Rn. 11; *Gürtler*, in: Göhler, OWiG, Vor § 29a Rn. 11; *Lemke/Mosbacher*, OWiG, § 30 Rn. 7; *Rebmann/Roth/Herrmann*, OWiG, Vor § 30 Rn. 8; *v. Jeger*, Geldbuße, S. 9; *Hack*, Vorstandsverantwortlichkeit, S. 79; *Kröger*, Korruptionsschäden, S. 205 f.; *Kirch-Heim*, Sanktionen, S. 19; *Brender*, Verbandstäterschaft, S. 85; *Kleinheisterkamp*, Kreditwesengesetz und Strafverfahren, S. 400; *Ackermann*, ZHR 179 (2015), 538, 540; *Heile*, WiJ 2014, 228, 234.

470 *Grunewald*, NZG 2016, 1121, 1122.

471 So *Gürtler*, in: Göhler, OWiG, § 30 Rn 36a; auf diesen Widerspruch hinweisend auch *v. Freier*, Verbandsstrafe, S. 237 (Fn. 250).

472 *Rogall*, in: KarlsKomm-OWiG, § 30 Rn. 16; *Meyberg*, in: BeckOK-OWiG, § 30 Rn. 11; *Lemke/Mosbacher*, OWiG, § 30 Rn. 7; *Gürtler*, in: Göhler, OWiG, Vor § 29a Rn. 11; *Rebmann/Roth/Herrmann*, OWiG, Vor § 30 Rn. 8; *Heile*, WiJ 2014, 228, 234; *Brender*, Verbandstäterschaft, S. 85; wiederholt hierzu auch *Kirch-Heim*, Sanktionen, S. 19, 70, 79.

aus dem Unternehmen heraus unterbleiben.[473] Wegen der Handlungsunfähigkeit der Gesellschaft sei die Verhaltenssteuerung beim Leitungsorgans gleichermaßen eine Verhaltenssteuerung des Unternehmens.[474]

Übergreifend bleibt festzustellen, dass der Aspekt des Steuerungsobjekts der Verbandsgeldbuße im Schrifttum zwar im Rahmen der präventiven Zwecksetzung häufig thematisiert, jedoch kaum eingehend erörtert wird.[475]

d) Stand der Rechtsprechung

Aus der spärlichen – und nicht gänzlich widerspruchsfreien – Rechtsprechung zur Vorschrift des § 30 OWiG lässt sich ebenfalls kein eindeutiges Bild zur Steuerungsausrichtung der Verbandsgeldbuße ableiten. Noch vor Abschaffung der Nebenfolgenlösung stellte der BGH in einer Entscheidung zur Rechtsnachfolge in die Bußgeldhaftung fest, die Sanktion des § 30 OWiG solle das rechtlich selbständige, in erster Linie zu bestimmten wirtschaftlichen Zwecken eingesetzte und auch gegenüber den Mitgliedern der juristischen Person verselbständigte Vermögen treffen und gegebenenfalls die durch eine Ordnungswidrigkeit erlangten Vorteile ausgleichen.[476] Dabei soll es nach Ansicht des BGH nicht darauf ankommen, ob die Mitglieder und Träger des wirtschaftlichen Risikos der juristischen Person zumindest ein Auswahlverschulden trifft. Die Nebenfolge des § 30 OWiG sei daher – so der BGH weiter – keine originäre Sanktion als Ant-

---

473 So ausdrücklich *Letzien*, Korruption, S. 153 f.; siehe auch *Laue*, Jura 2010, 339, 342; *Hauger/Palzer*, ZGR 2015, 33, 54; *Bayer/Scholz*, GmbHR 2015, 449, 452; sich anschließend *Wacker*, Persönliche Schadensersatzhaftung, S. 113 (Fn. 553), der jedoch an anderer Stelle (s. etwa S. 125) wiederum von einer Verhaltenssteuerung auf das Unternehmen bzw. die Unternehmensträger auszugehen scheint; ähnlich *Wilsing*, in: Krieger/Schneider, Hdb. Managerhaftung, § 31 Rn. 6 einerseits sowie Rn. 36 andererseits.

474 *Wacker*, Persönliche Schadensersatzhaftung, S. 121 und S. 137; siehe auch *Bayreuther*, NZA 2015, 1239, 1241.

475 Vgl. auch *v. Freier*, Verbandsstrafe, S. 238 f. (kritisch zur verbreiteten Offenlassung dieser Frage in der Diskussion um eine Verbandsstrafe).

476 BGH, Beschl. v. 11.3.1986 – KRB 8/85, wistra 1986, 221, 222; siehe hierzu auch BKartA, Stellungnahme zum Referentenentwurf der 9. GWB-Novelle, 25. Juli 2016, S. 5, abrufbar unter: https://www.bundeskartellamt.de/SharedDocs/Publikation/DE/Stellungnahmen/Stellungnahme-Regierungsentwurf_GWB9.pdf?__blob=publicationFile&v=2 (zuletzt besucht am 31.5.2020).

wort auf eine eigene Pflichtwidrigkeit dieser Mitglieder und könne auch keine spezialpräventive, auf Mitglieder einer bestimmten juristischen Person zielende Maßnahme sein.[477]

Diese Rechtsprechung ließe sich einerseits gegen eine Steuerungsintention gegenüber den Leitungsorganen deuten, indem sie das rechtlich verselbständigte Vermögen der juristischen Person in den Blick nimmt und gerade nicht auf eine Wirkung gegenüber den Leitungspersonen abstellt. Zugleich scheint der BGH aber auch eine präventive Ausrichtung der Sanktion auf die Anteilseigner der juristischen Person abzulehnen.[478] Mitglieder der juristischen Person sind nach herkömmlichem Verständnis gerade die Gesellschafter in Abgrenzung zu den Organen der juristischen Person.[479] Auf ein anderes Verständnis des Begriffs deutet indes die Begründung zur 9. GWB-Novelle hin. Der Regierungsentwurf zitiert die benannte Entscheidung des BGH, ersetzt dabei jedoch gerade den Begriff der Mitglieder durch den der Leitungspersonen.[480] Im Ergebnis bleibt der vom BGH zugrunde gelegte Adressat der Steuerungswirkung der Verbandsgeldbuße somit jedenfalls unklar.

In einer Entscheidung des Kammergerichts aus dem Jahr 1986 heißt es dagegen zunächst mit Verweis auf die Gesetzesbegründung zur Verbandsgeldbuße und unter Heranziehung der Kommentarliteratur, die Verbandsgeldbuße ziele unter anderem darauf ab, den Mitgliedern der juristischen Person Veranlassung zu geben, bei der Auswahl der Organe auf deren Rechtschaffenheit zu achten.[481] Das Gericht führt an anderer Stelle weiter aus, die Verbandsgeldbuße solle die Mitglieder der juristischen Person veranlassen, für ein gesetzestreues Verhalten ihrer Organe Sorge zu tragen.[482] Gerade die angesprochene Einwirkung auf die Organe macht deutlich, dass mit den Mitgliedern hier nur die Gesellschafter gemeint sein können. In Abweichung vom BGH geht diese Rechtsprechung somit von einer Steuerungsfunktion in Richtung der Trägerpersonen hinter der juristischen Person aus. Dies untermauert das Gericht, indem es mit Blick auf die normtechnische Konstruktion und die zum Entscheidungszeitpunkt

---

477 BGH, Beschl. v. 11.3.1986 – KRB 8/85, wistra 1986, 221, 222.

478 *Bayer/Scholz*, GmbHR 2015, 449, 453.

479 Zum so verstandenen Mitgliedsbegriff siehe auch *Schöpflin*, in: BeckOK-BGB, § 21 Rn. 17 f.; siehe auch *Gürtler*, in: Göhler, OWiG, Vor § 29a Rn. 11.

480 BT-Drs. 18/10207, S. 88.

481 KG, Beschl. v. 18.3.1986 – 1 Kart 18/85, NJW-RR 1987, 637, 638.

482 KG, Beschl. v. 18.3.1986 – 1 Kart 18/85, NJW-RR 1987, 637, 639.

noch geltende Nebenfolgenlösung anschließend feststellt, die juristische Person selbst könne niemals zur Betroffenen werden.[483]

Ohne sich mit der Rechtsprechung des BGH und des Kammergerichts auseinanderzusetzen oder die Frage weitergehend zu problematisieren, legt auch das LAG Düsseldorf seiner Entscheidung zum Bußgeldregress den Ansatz einer unternehmensbezogenen Steuerungsfunktion der Verbandsgeldbuße zugrunde.[484] Die Geldbuße müsse beim Unternehmen verbleiben und die Unternehmensträger treffen, um deren zukünftiges Verhalten zu beeinflussen. Unternehmen und Unternehmensträger sollen durch fühlbare Einbußen zu einer angemessenen Kontrolle angehalten werden.[485] Vertreter des im Verfahren hinzugezogenen Bundeskartellamts äußerten sich Presseberichten zufolge ebenfalls ablehnend gegenüber einer Steuerungswirkung auf die Leitungsorgane durch Verbandsgeldbußen.[486]

Im Ergebnis bleibt damit auch in der Rechtsprechung zu § 30 OWiG das Steuerungssubjekt der Verbandsgeldbuße unzureichend erörtert. Die juristische Person als solche, deren Leitungsorgane oder aber deren Mitglieder bzw. Anteilseigner werden als mögliche Zielobjekte der Präventionswirkung genannt. Ein Grund für die mangelnde Klarheit dürfte maßgeblich darin liegen, dass diese Frage erst bei der Problematik des Bußgeldregresses praktische Bedeutung erlangt, die bis zur Entscheidung des LAG Düsseldorf nicht Gegenstand richterlicher Entscheidungen gewesen ist.

e) Steuerung der Leitungsorgane

aa) Grundgedanke

Die zahlreichen Literaturstimmen, denen zufolge die Verbandsgeldbuße den Leitungsorganen verdeutlichen soll, dass aus dem Rechtsverstoß auch für den Verband negative Folgen resultieren, gehen von einer Steuerungsausrichtung der Sanktion auf die Leitungsorgane aus. Das Gleiche gilt für die Stimmen, die eine Präventionswirkung auf die Leitungsorgane mit einer Präventionswirkung gegenüber dem Verband gleichsetzen. Dieser

483 KG, Beschl. v. 18.3.1986 – 1 Kart 18/85, NJW-RR 1987, 637, 638.
484 Siehe auch *Thomas*, NZG 2015, 1409.
485 LAG Düsseldorf, Urt. v. 20.1.2015 – 16 Sa 459/14, juris Rn. 284.
486 Siehe etwa F.A.Z. v. 29.6.2017, abrufbar unter: http://www.faz.net/aktuell/wirtschaft/unternehmen/thyssen-krupp-will-kartellbusse-nicht-zahlen-15083612.html (zuletzt besucht am 31.5.2020).

Sichtweise liegt der Gedanke zugrunde, dass die juristische Person als solche im natürlichen Sinne keine Handlungsfähigkeit besitzt, dass Handlungen im natürlichen Sinne also nur die Leitungsorgane vornehmen können.[487]

bb) Bewertung

Zutreffend an dieser Sichtweise ist, dass im Ergebnis das Verhalten der Leitungsorgane beeinflusst werden muss, um eine Rechtsdurchsetzung zu erzielen.[488] Dass der Gesetzgeber aber eine Steuerungswirkung auf die Leitungsorgane gerade durch die Androhung der Verbandsgeldbuße erzeugen möchte, erscheint sowohl unter historischer und systematischer Auslegung des Gesetzes als auch aus materiellen Erwägungen fragwürdig.

(1) Erkenntnisse aus den Gesetzesmaterialien

Die Gesetzesbegründung selbst liefert keinen Hinweis darauf, dass die Verbandsgeldbuße nach dem Willen des Gesetzgebers als ein zusätzliches, die Individualsanktion ergänzendes Präventionsinstrument in Richtung der Leitungsorgane wirken solle. Der präventive Zweck der Verbandsgeldbuße lässt sich ohnehin nur in Ansätzen aus der Gesetzesbegründung herauslesen. Auf eine präventive Zwecksetzung deutet lediglich die Aussage hin, die Geldbuße solle der Bekämpfung der Erzielung unrechtmäßiger Gewinne für die Zukunft dienen.[489] Eine Äußerung dahingehend, dass mit der Geldbuße gegen den Verband gerade das Verhalten der Leitungsorgane gesteuert werden soll, lässt sich den Materialen nicht entnehmen.[490] Hätte der historische Gesetzgeber – entgegen der formalen Adressatenstellung der juristischen Person und zusätzlich zur Individualsteuerung durch die persönliche Sanktionsmöglichkeit – auch mit der Verbandsgeldbuße eine Steuerung der Leitungsorgane bezweckt, wäre zu erwarten gewesen, dass

487 Siehe etwa *J. Koch*, in: LA Winter, S. 327, 335 (Fn. 42); *Bayreuther*, NZA 2015, 1239, 1241; *Werner*, CCZ 2015, 224, 227; *Hauger/Palzer*, ZGR 2015, 33, 54; *Hack*, Vorstandsverantwortlichkeit, S. 78.

488 *Grunewald*, NZG 2016, 1121, 1122.

489 BT-Drs. V/1269, S. 59 f.; siehe hierzu auch bereits oben unter D.III.3.c).

490 Anders mit Verweis auf die Gesetzesbegründung offenbar *Brender*, Verbandstäterschaft, S. 95, wenngleich aus der Begründung ein solcher Ansatz gerade nicht ablesbar ist.

ein solches Anliegen jedenfalls in den Materialien deutlich zum Ausdruck gebracht wird.

Stattdessen lässt sich aus der Regierungsbegründung zur 9. GWB-Novelle, deren Änderungen am 9. Juni 2017 in Kraft getreten sind, herauslesen, dass auch der moderne Gesetzgeber nicht von einer Steuerungsausrichtung auf die Leitungsorgane auszugehen scheint. Im Zuge der Einführung einer konzernbezogenen Sanktionsmöglichkeit im Kartellrecht nach § 81 Abs. 3a GWB, bei der nicht mehr nur die einzelne Konzerngesellschaft, deren Leitungsperson die Anknüpfungstat begangen hat, sondern auch die Konzernmutter mit einer Verbandsgeldbuße belegt werden kann, betont die amtliche Begründung vermehrt die Unternehmensbezogenheit der Sanktion. Zudem stellt sie deutlich heraus, dass es sich bei der Geldbuße nicht um eine originäre Sanktion als Antwort auf eine eigene Pflichtwidrigkeit der Leitungspersonen und auch nicht um eine spezialpräventive, auf die Leitungspersonen abzielende Maßnahme handle.[491]

(2) Systematik der Verbandsgeldbuße

Ganz entscheidend gegen eine Steuerungsausrichtung auf die Leitungsorgane scheint jedoch die Möglichkeit der Individualsanktion gegen diesen Personenkreis zu sprechen.[492] Der deutsche Gesetzgeber sieht bei Gesetzesverstößen eine persönliche Sanktionierung der Leitungsorgane mit Geldbußen oder Geldstrafen vor, die ihrerseits eine präventive Zwecksetzung verfolgen.[493] Die persönliche Sanktionsandrohung gegenüber den Leitungsorganen soll der Abschreckung dieser Adressaten vor Verstößen gegen die Rechtsordnung dienen. Speziell mit der individuellen Sanktionsandrohung ist also eine Verhaltenssteuerung der Repräsentanten bezweckt.[494] Die Sanktionierung der juristischen Person tritt nach der gesetzlichen Konzeption ja gerade zu der Individualsanktion hinzu.[495] Das deutsche Sanktionssystem unterscheidet sich in diesem Punkt etwa vom

---

491 BT-Drs. 18/10207, S. 88.

492 *Wilsing*, in: Krieger/Schneider, Hdb. Managerhaftung, § 31 Rn. 36; siehe auch *Baur/Holle*, ZIP 2018, 459, 466.

493 Siehe oben D.III.2.

494 Vgl. auch *Bachmann*, BB 2015, 907, 911 (zur Kartellbuße); siehe auch *Lotze/Heyers*, NZKart 2018, 29, 31; dies anerkennend auch *Thole*, ZHR 173 (2009), 504, 533.

495 *Hauff*, Regress, S, 141 f.; *Hack*, Vorstandsverantwortlichkeit, S. 79; *Bachmann*, BB 2015, 907, 911; siehe hierzu auch bereits *Brüggemann*, GA 1968, 161, 175 f.

europäischen Kartellrecht und anderen Rechtsordnungen, die allein eine Sanktion gegenüber der juristischen Person vorsehen. Vor diesem Hintergrund erschiene es aber zweifelhaft, wenn der Gesetzgeber auch mit der Verbandsgeldbuße auf eine Steuerung der Leitungsorgane abzielen würde.[496] In solch einer Zielsetzung läge eine Präventionskumulation über zwei verschiedene Sanktionsmittel, deren Sinn sich nicht ohne Weiteres erschließt.

Noch deutlicher werden diese Zweifel, bezieht man die konstruktive Anknüpfung der Verbandsgeldbuße nach § 30 OWiG an eine mit einer Individualsanktion zu ahnende Tat des Leitungsorgans ein. Da die Verbandsgeldbuße strukturell die Anknüpfungstat und damit immer die Möglichkeit einer gleichzeitigen persönlichen Sanktion gegen das Leitungsorgan voraussetzt, wäre es kaum nachvollziehbar, dass der Gesetzgeber mit beiden, an jeweils unterschiedliche Adressaten gerichteten Sanktionen, die Steuerung desselben Subjekts in Gestalt der Leitungsorgane verfolgt. Die Geldbuße gegen die juristische Person muss damit sinnvoller Weise die Sanktionierung eines anderen Rechtssubjektes voraussetzen, da anderenfalls kein von der Vorschrift ausgehender Präventionsgewinn zu erwarten wäre.[497] Stimmen im Schrifttum, die allein auf eine von der Regressmöglichkeit ausgehende präventive Wirkung auf die Leitungsorgane abstellen, lassen diese Konzeption des § 30 OWiG außer Acht. Auf eine Steuerung der Leitungsorgane kann es bei der Verbandsgeldbuße gerade nicht ankommen, wenn man die normative Konzeption im Auge behält.

Ergänzend lässt sich in systematischer Hinsicht anführen, dass gegen eine Ausrichtung der Steuerungswirkung auf die Leitungsorgane auch die zulässige Verhängung der Verbandsgeldbuße gegenüber einer Personengesellschaft spricht. § 30 Abs. 3 OWiG lässt eine Verbandsgeldbuße auch gegen Personengesellschaften zu, wenn ein vertretungsberechtigter Gesellschafter eine Anknüpfungstat begangen hat. In solch einer Konstellation steht von Vornherein fest, dass der Täter der Anknüpfungstat schon über die – strukturell vorrangige – Individualsanktion sanktioniert wird.[498] Dennoch sieht das Gesetz mit der Verbandsgeldbuße eine weitere Sanktion vor, von der der Individualtäter als Gesellschafter zwangsläufig mitbetroffen wird.[499] Wäre mit der Verbandsgeldbuße lediglich eine steuernde

496 *Wilsing*, in: Krieger/Schneider, Hdb. Managerhaftung, § 31 Rn. 36.
497 Vgl. hierfür auch *Wagner*, ZGR 2016, 112, 136 (zu Fragen einer Verbandsstrafe).
498 Hierzu auch *Wegner*, Systematik, S. 93 f.
499 Zur Anwendung des Doppelbestrafungsverbots auf solche Konstellationen siehe *Gürtler*, in: Göhler, OWiG, § 30 Rn. 29.

Einwirkung auf den handelnden Geschäftsleiter intendiert, wäre diese Konstellation sinnlos, da der handelnde Geschäftsleiter in diesem Fall ja bereits der Steuerung durch die Individualsanktion unterliegt. Das Gesetz wäre in diesem Punkt widersprüchlich. Dass es sich hierbei jedoch um eine bewusste Entscheidung des Gesetzgebers handelt, wird mit der Gesetzesbegründung deutlich. Diese weist ausdrücklich darauf hin, dass eine mögliche Doppelsanktionierung des Organs verhindert werden muss.[500]

(3) Materielle Erwägungen: Übelszufügung

In materieller Hinsicht kommt hinzu, dass die Verbandsgeldbuße beim Leitungsorgan auch keine unmittelbare Übelszufügung verursacht. Die monetären Folgen, das Übel der Verbandssanktion, treffen primär das Gesellschaftsvermögen und die Anteilseigner, nicht aber die Leitungsorgane persönlich, deren Vermögen vom Verbandsvermögen getrennt ist.[501] Die Geschäftsleitung einer juristischen Person handelt – mit Ausnahme gesellschaftergeführter GmbHs – in der Regel fremdnützig.[502] Mögliche mittelbare Auswirkungen auf das Leitungsorgan, etwa durch Aktienbeteiligungen, sind dabei nicht zu berücksichtigen, da sie nicht unmittelbar aus der hoheitlichen Sanktion gegen den Verband folgen und zudem stets vom Einzelfall abhängen.

Eine Übelszufügung ist jedoch stets Voraussetzung für eine präventive Steuerungsausrichtung.[503] Es ist – mit den Worten des Strafrechtsausschusses der Bundesrechtsanwaltskammer – nicht ersichtlich, weshalb sich Organwalter, die sich durch die Androhung persönlicher Strafen oder Bußgelder nicht von verbandsbezogenen Rechtsverstößen abhalten lassen, dies dann tun sollten, nur weil zusätzlich auch der Verband mit einer Sanktion belegt wird.[504] Das auf einer Anreizwirkung basierende Konzept von Abschreckung bzw. Prävention funktioniert nur, wenn die Übelszufügung

---

500 BT-Drs. 14/8998, S. 8; siehe auch *Meyberg*, in: BeckOK-OWiG, § 30 Rn. 27.

501 *Prüfer*, Korruptionssanktionen, S. 83; *Kubiciel*, ZRP 2014, 133, 135; siehe auch Monopolkommission, XX. Hauptgutachten, abgedruckt in: BT-Drs. 18/2150, Rn. 160; siehe auch *Seiler*, Strafrechtliche Maßnahmen, S. 108 und S. 214; dies verkennend etwa *Brender*, Verbandstäterschaft, S. 95.

502 *Ackermann*, NZKart 2018, 1.

503 *Hombrecher*, NZKart 2017, 143, 144; *Kirch-Heim*, Sanktionen, S. 199.

504 BRAK, Stellungnahme Nr. 15/2014 zum Entwurf eines Gesetzes zur Einführung der strafrechtlichen Verantwortlichkeit von Unternehmen und sonstigen Verbänden, S. 8, abrufbar unter:

beim Adressaten der Steuerungsfunktion selbst eintritt und nicht lediglich bei einem Dritten ohne unmittelbare Folgen für die eigene Person. Eine mit der Verbandssanktion angestrebte Präventionswirkung gegenüber den Organwaltern ist also auch mit Blick darauf fraglich, dass beim Organwalter keine unmittelbare Anreizwirkung ausgelöst wird.[505]

Über die fehlende unmittelbare Übelszufügung könnte dann nur hinweghelfen, dass das drohende Regressszenario dem Leitungsorgan eine mögliche eigene Einbuße vor Augen hält. Dass der Gesetzgeber jedoch den gesellschaftsinternen Regress tatsächlich einkalkuliert hat, um mit der an den Verband adressierten Sanktion im Ergebnis eine Steuerung der Leitungsorgane zu erzeugen, vermag nicht zu überzeugen.[506] Darin läge nicht nur eine äußerst umständliche und zudem auch sehr unsichere Konzeption, da ein tatsächlicher Rückgriff schon nicht zwingend vorhersehbar ist. Die bisherigen Erkenntnisse zur Geltendmachung von Innenhaftungsansprüchen in der Praxis sprechen gegen einen Erfahrungssatz, dass sich Leitungsorgane gerade wegen drohender Innenhaftung von rechtswidrigem Verhalten abhalten lassen würden. Es wäre außerdem bei unterstellter Annahme eines erhöhten Präventionsbedarfs in Richtung der Leitungsorgane auch wesentlich naheliegender gewesen, dass der Gesetzgeber diesen Bedarf schlicht durch eine schärfere Individualsanktion statt über den Umweg der Regresshaftung realisiert hätte. Dies hat er jedoch nicht getan, sondern stattdessen die Geldbuße gegen den Verband geschaffen.

Eine Ausrichtung der Verbandsgeldbuße auf die Steuerung der Leitungsorgane zusätzlich zur Individualsanktion würde überdies die Frage aufwerfen, ob der Gesetzgeber dadurch indirekt eingestünde, dass die präventive Wirkung der – nach der Gesetzesstruktur primären – Individualsanktion nicht ausreichend ist, um die gewünschte Abschreckung beim Leitungsorgan zu erreichen. Zudem wären einer solchen Konstruktion Grenzen der Verhältnismäßigkeit gesetzt, ebenso wie bei der Individualsanktion. Der einkalkulierte Regress würde einer signifikanten Erhöhung des individuellen Bußgeldrahmens gleichkommen, die unter dem Aspekt

---

https://www.brak.de/zur-rechtspolitik/stellungnahmen-pdf/stellungnahmen-deutschland/2014/april/stellungnahme-der-brak-2014-15.pdf (zuletzt besucht am 31.5.2020).

505 *Wagner*, ZGR 2016, 112, 132 f.; siehe auch *Gauer*, Panel Two, ECLA 2002, 155, 157; Monopolkommission, XX. Hauptgutachten, abgedruckt in: BT-Drs. 18/2150 Rn. 160; fragwürdig daher auch *Kirch-Heim*, Sanktionen, S. 172.

506 Zur dahingehenden ausdrücklichen Zwecksetzung einer sportrechtlichen Verbandssanktion nach den Regelwerken des DFB siehe ausführlich unten D.V.3.b)dd)(3).

der Verhältnismäßigkeit kritisch zu beurteilen wäre. Die der Individualsanktion durch den Grundsatz der Verhältnismäßigkeit gesetzten Grenzen dürfen nicht durch einen legislativ bezweckten Haftungsrückgriff umgangen werden.

Festzuhalten bleibt somit, dass der von zahlreichen Stimmen im Schrifttum aus der Verbandssanktion abgeleitete Appell an die Leitungsorgane, dass ihre Rechtsverstöße auch negative Auswirkung auf den Verband haben können, allenfalls als mittelbare, reflexartige Folge der Verbandsgeldbußenandrohung angesehen werden kann, statt einer bewussten Zwecksetzung mit eigener Präventivwirkung.[507] Eine vom Gesetzgeber intendierte präventive Steuerungsausrichtung der Verbandsgeldbuße auf die Leitungsorgane lässt sich im Ergebnis nicht überzeugend begründen.

(4) Materielle Erwägungen: Rückschlüsse aus der Bußgeldzumessung

Auch die etablierten Bemessungsgrundlagen der Verbandsgeldbuße lassen gewisse Rückschlüsse auf die Steuerungsrichtung der Sanktion zu.

(a) Unternehmensbezogenheit der Zumessungskriterien

Die Kriterien, die in der Rechtspraxis für die Bemessung der Verbandsgeldbuße angewendet werden, wurden bereits dargestellt.[508] Neben der Bedeutung der Anknüpfungstat und dem individuellen Vorwurf gegenüber dem Anknüpfungstäter kommt es sowohl auf die wirtschaftlichen Verhältnisse der juristischen Person an als auch darauf, ob aus dem Unternehmen heraus bereits in der Vergangenheit Rechtsbrüche begangen wurden, ob eine einverständliche Zusammenarbeit mit den Verfolgungsbehörden möglich war sowie nach nunmehr bestätigender Rechtsprechung des BGH insbesondere auch, ob Compliance-Maßnahmen im Vorfeld der Tat ergriffen bzw. nach Entdeckung der Tat implementiert wurden.

Diese Zumessungskriterien machen deutlich, dass der Zumessungsvorgang stark unternehmensbezogen und zumindest teilweise dem Einfluss durch das betroffene Leitungsorgan entzogen ist.[509] Berücksichtigt man,

---

507 Ähnlich offenbar *Mitsch*, Ordnungswidrigkeiten, S. 118 („mittelbar präventiven Einfluss auf das Verhalten der für den Verband agierenden Einzelpersonen").

508 Siehe oben § 3 D.2.a).

509 Hierzu auch *Bunte*, NJW 2018, 123, 125.

dass zwischenzeitlich durchaus ein Wechsel auf der Leitungsebene erfolgt sein kann, wird dies besonders deutlich. Denn für die beschriebenen Kriterien ist unerheblich, ob Personenidentität zwischen dem damaligen Täter der Anknüpfungstat und dem aktuellen Leitungsorgan besteht, die mit Blick auf die Fluktuation bei Geschäftsleiterpositionen keineswegs zwingend ist. Bei einzubeziehenden früheren Rechtsverstößen aus dem Unternehmen heraus muss das Leitungsorgan beispielsweise noch gar nicht in seiner Position gewesen sein. Gleiches gilt für die positive Berücksichtigung von Compliance-Maßnahmen. Wenn z.B. auch nachträglich nach Entdeckung rechtswidriger Taten eingerichtete Compliance-Maßnahmen zu einer Minderung der Verbandsgeldbuße führen können, ist dies ein Umstand, auf den das für die Anknüpfungstat verantwortliche Leitungsorgan häufig keinen Einfluss hat, nämlich dann, wenn sich die Gesellschaft bereits von ihm getrennt hat.[510] Auch im Vorfeld installierte Compliance-Maßnahmen müssen nicht notwendig auf das Leitungsorgan zurückgehen, wenn sich dieses erst kurzzeitig im Unternehmen befindet.

Auch diese nunmehr anerkannte Berücksichtigung von Compliance-Maßnahmen bei der Bemessung der Verbandsgeldbuße passt in das Bild einer Zumessung anhand von unternehmensbezogenen Kriterien. Zwar sind die Leitungsorgane gegenüber dem Unternehmen für die Einrichtung effektiver Compliance-Systeme verantwortlich und können bei Fehlern vom Unternehmen auf Schadenersatz in Anspruch genommen werden.[511] Dennoch bleibt die Pflicht zur Compliance, wie sich auch aus § 130 OWiG ergibt, originär eine Aufgabe des Unternehmens.[512] Auch der BGH betont in seiner jüngsten Entscheidung zur Berücksichtung von Compliance-Maßnahmen bei der Zumessung, es sei von Bedeutung, inwieweit die Nebenbeteiligte, also die juristische Person, ihrer Pflicht zur Unterbindung

510 Hierzu auch *Baur/Holle*, ZIP 2018, 459, 464 (Fn. 71).

511 LG München I, Urt. v. 10.12.2013 – 5 HKO 1387/10, NZG 2014, 345, 346 ff.; *Pelz*, in: Hauschka/Moosmayer/Lösler, Corporate Compliance, § 5 Rn. 45.

512 *Tiedemann*, NJW 1988, 1169, 1173; siehe auch *Beck*, in: BeckOK-OWiG, § 130 Rn. 35; *Mohamed*, Jura 2016, 1039, 1042; *Holle*, Legalitätskontrolle, S. 397; *Kleszewski*, in: FS Seebode, S. 179, 187; *Conrad*, in: Auer-Reinsdorff/Conrad, Hdb. IT/DS, § 33 Rn. 113; anders offenbar *Labusga*, VersR 2017, 394, 395, wonach § 130 OWiG unmittelbar die Leitungsorgane anspreche, was allerdings nach der Gesetzessystematik erst über § 9 OWiG geschieht. Zur anderweitigen Frage, ob § 130 OWiG im Rahmen von Konzernstrukturen auch auf die Muttergesellschaft Anwendung findet, siehe *Holle*, Legalitätskontrolle, S. 400 ff.; *Brettel/Thomas*, Compliance, S. 36 ff.

von Rechtsverletzungen aus der Sphäre des Unternehmens genügt und ein effizientes Compliance-Management installiert hat.[513]

(b) Folgerungen für die Ausrichtung der Sanktionswirkung

Diese unternehmensbezogenen Zumessungskriterien lassen auch Rückschlüsse zu, auf wen die Verbandsgeldbuße abzielt.[514] Die auf das Unternehmen zugeschnittene Bemessung der Geldbuße müssten hinterfragt werden, wenn eine – direkte oder über das Regressszenario vermittelte – Steuerungswirkung auf die Leitungsorgane bezweckt wäre. Die Einbeziehung der Bedeutung der Bezugstat als ein Zumessungskriterium unter vielen spricht dann nicht zwingend gegen eine anderweitige Steuerungsrichtung, da der Grad des Individualverschuldens auch für den Organisationsvorwurf relevant sein kann, den man in Richtung der juristischen Person ausspricht.

Die Zumessung einer Geldsanktion ist unmittelbar verknüpft mit den verfolgten Sanktionszwecken. Sie dient dazu, dass der Sanktionszweck beim Sanktionsobjekt optimal erreicht wird und garantiert, dass sich die verhängte Sanktion im Rahmen der Verhältnismäßigkeit bewegt. Damit zählt die Zumessung zu den Belangen der Strafrechtspflege.[515] Bei der Abschreckungswirkung einer Sanktion muss die Zumessung daher so ausgestaltet sein, dass von der zu erwartenden Strafe auch tatsächlich eine Abschreckung ausgeht. Bei Einkalkulierung einer Weiterleitung machen sämtliche Vorgaben zur Zumessung keinen Sinn.

Insbesondere die durch die jüngste BGH-Rechtsprechung anerkannte bußgeldmindernde Berücksichtigung von Compliance-Maßnahmen im Rahmen der Zumessung der Verbandsgeldbuße, die auch der jüngste Verbandssanktionen-Referentenentwurf kodifizieren zu sucht, spricht gegen eine Steuerungsausrichtung auf die Leitungsorgane. Eine bußgeldmindernde Berücksichtigung von Compliance-Maßnahmen bei der Zumessung der gegen das Unternehmen gerichteten Verbandsgeldbuße erscheint nämlich nur dann sinnvoll, wenn man von einer täterschaftlichen Anknüpfung der Verbandsgeldbuße nach § 30 OWiG, basierend auf dem Ge-

513 BGH, Urt. v. 9.4.2017 – 1 StR 265/16, wistra 2017, 390, 399.

514 Siehe auch *Bachmann*, BB 2015, 907, 911; *Lotze*, NZKart 2015, 162, 167; vgl. ferner bereits *Brüggemann*, GA 1968, 161, 176 (zur Rechtslage vor Einführung einer einheitlichen Verbandsgeldbußennorm).

515 Vgl. *Scholl*, NStZ 1999, 599, 600 (zu Drittzahlungen auf fremde Geldstrafen).

danken eines Auswahl- und Überwachungsversäumnisses, und daran anknüpfend von einer anvisierten Steuerungswirkung der Verbandsgeldbuße in Richtung des Unternehmensträgers ausgeht. Gerade beim Unternehmen – in Abgrenzung zu den Leitungsorganen – sollen durch Anerkennung einer solchen „compliance defense“ Anreize gesetzt werden, in unternehmensinterne Präventionsmaßnahmen zu investieren.[516] Wäre nämlich mit der Verbandsgeldbuße eine Steuerung der Leitungsorgane bezweckt, ließe es sich nicht erklären, wenn wiederum der von der Unternehmensleitung zu unterscheidende Unternehmensträger als Adressat und Schuldner der Geldbuße für das Vorhandensein von Compliance-Strukturen in Form eines Rabatts auf die Verbandsgeldbuße belohnt werden würde.[517] Compliance-Maßnahmen dürften dann konsequenter Weise nur den Leitungsorganen bei der Bemessung der Individualsanktion zugute kommen und müssten bei der Verbandsgeldbuße unberücksichtigt bleiben. Dem lässt sich auch nicht entgegenhalten, dass der Unternehmensträger gerade durch seine Leitungsorgane handelt und damit auch Compliance-Maßnahmen regelmäßig durch Letztere initiiert werden. Dies mag zwar zutreffen, berücksichtig aber nicht, dass sowohl der BGH als auch die gesetzgeberischen Bestrebungen eine bußgeldmindernde Wirkung von Compliance-Programmen unabhängig davon befürworten, wann und durch wen diese Programme im Unternehmen implementiert wurden. Im Ergebnis scheinen deshalb die eine Einbeziehung von Compliance-Maßnahmen bei der Verbandsbußgeldzumessung befürwortenden Gesetzesvorschläge, die Äußerungen des Gesetzgebers und nunmehr auch die höchstrichterliche Rechtsprechung eine Steuerungsfunktion der Verbandsgeldbuße in Richtung des Unternehmensträgers implizit zu bestätigen.

cc) Steuerungswirkung der Regressmöglichkeit

(1) Problemstellung und Bedeutung für die Untersuchung

Im Schrifttum zum Bußgeldregress findet sich häufig der Hinweis, dass gerade der drohende Regress die Leitungsorgane zu rechtstreuem Verhalten motiviere. Ein Regressausschluss sei daher in präventionsmäßiger Hinsicht kontraproduktiv. Es leuchte nicht ein, die spezialpräventive Wirkung in Abrede zu stellen, wenn über den Rückgriff der für die Tatbestandsver-

516 *Baur/Holle*, ZIP 2018, 459, 466; siehe auch *dies.*, NZG 2018, 14, 18.

517 Mit ähnlicher Argumentation *Baur/Holle*, ZIP 2018, 459, 466 (Fn. 85).

wirklichung Verantwortliche herangezogen werde.[518] Durch die zu befürchtende Geltendmachung von Regressansprüchen würde die Geschäftsleitung gerade stärker zu rechtstreuem Verhalten angehalten.[519]

Diese Argumentation zielt auf die vermeintliche tatsächliche Steuerungswirkung durch das Regressszenario, also die Präventionswirkung der Innenhaftung ab. Geht man indes, wie ausgeführt, von einer mit der Verbandsgeldbuße verfolgten Steuerungsintention aus, die sich gerade nicht auf die Leitungsorgane richtet, ist die Frage der durch das Haftungsrisiko vermittelten – gegebenenfalls von der gesetzgeberisch vorgesehenen Zwecksetzung abweichenden – Wirkung für die vorliegende Untersuchung zunächst nicht relevant. Der Versuch, die Präventionswirkung auf dem Umweg über den gesellschaftsrechtlichen Haftungsanspruch zu erreichen, fällt nicht in den Aufgabenbereich des Gesellschaftsrechts und liefe der Entscheidung des Gesetzgebers zuwider.[520] Vielmehr ist die gesetzgeberische Entscheidung für eine Sanktionierung gerade der juristischen Person durch die Verbandsgeldbuße zu berücksichtigen und nicht mit Präventionserwägungen gegenüber dem Leitungsorgan, die erst über die drohende Innenhaftung eintreten, auszuhebeln.[521]

Hiervon abgesehen ist aber auch in grundsätzlicher Hinsicht fraglich, ob eine Kausalbeziehung zwischen abstrakt drohendem Bußgeldregress und einer zusätzlichen Abschreckung der Leitungsorgane überhaupt nachweisbar ist. Dazu müsste die Aussicht, Regressansprüchen der Gesellschaft von erheblichem Umfang ausgesetzt zu sein, einem Organmitglied gegenüber tatsächlich zusätzlich abschreckend wirken.[522] Wäre dies der Fall, könnte bei einem Regressausschluss umgekehrt die Hemmschwelle für die Begehung von Ordnungswidrigkeiten oder Straftaten beim Organwalter sinken, da er von vornherein nicht mit der Geltendmachung solcher Forderungen rechnen müsste. Angesichts der Vielzahl weiterer negativer Konse-

---

518 *Habersack*, Karlsruher Forum, S. 33; *Konrads*, Entschärfung, S. 36.

519 *Blassl*, CCZ 2017, 37, 42; *Bayer/Scholz*, GmbHR 2015, 449, 453; *Binder/Kraayvanger*, BB 2015, 1219, 1225; *Kredel/Kresken*, KSzW 2015, 267, 277; *Kersting*, ZIP 2016, 1266, 1268; *Fleischer*, BB 2008, 1070, 1076; *ders.*, DB 345, 348; *Werner*, CCZ 2010, 143, 145; *Hauger/Plazer*, ZGR 2015, 33, 54; *Kolb*, GWR 2015 169; *R. Koch*, VersR 2015, 655, 658; *Rust*, ZWeR 2015, 299, 305; *Fabisch*, ZWeR 2013, 91, 94 f.; siehe auch *Hack*, Vorstandsverantwortlichkeit, S. 78; *Kröger*, Korruptionsschäden, S. 281; *Wacker*, Persönliche Schadensersatzhaftung, S. 121 f.

520 *Ackermann*, ZHR 179 (2015), 538, 561.

521 *Baur/Holle*, ZIP 2018, 459, 466; *Wilsing*, in: Krieger/Schneider, Hdb. Managerhaftung, § 31 Rn. 36; *Thomas*, NZG 2015, 1409, 1413 f.; in diese Richtung wohl auch *Friedl/Titze*, ZWeR 2015, 318, 325 f.

522 Hierfür *Strasser*, VersR 2017, 65, 70; *Blassl*, CCZ 2017, 36, 42.

quenzen, die einem Leitungsorgan als Folge einer zu einer Verbandsgeldbuße führenden Anknüpfungstat drohen, könnte sich die Aussicht einer Inregressnahme in verhaltenssteuernder Hinsicht aber als unbedeutend erweisen.

(2) Individuelle Sanktionierung

(a) Verhaltenssteuerung durch Androhung persönlicher Sanktionen

Einerseits ist zu berücksichtigen, dass nach deutschem Recht dem Organmitglied in jedem potentiellen Regressfall auch ein persönliches Bußgeld oder sogar eine strafrechtliche Verfolgung droht, da die Verbandsgeldbuße nach § 30 OWiG eine bußgeld- oder strafbewehrte Bezugstat voraussetzt. Bereits diese persönliche Sanktionsandrohung sollte grundsätzlich geeignet sein, eine ausreichende Steuerungswirkung auf das Organ auszuüben.[523] Dann ist aber zumindest zweifelhaft, inwieweit der Wegfall eines lediglich hinzutretenden Regressszenarios die Abschreckungswirkung und damit die effektive Rechtsdurchsetzung tatsächlich beeinträchtigt.[524]

Fraglich ist auch, inwieweit die Erhöhung des finanziellen Risikos durch das hinzutretende Regressszenario die Abschreckungswirkung tatsächlich verstärken kann.[525] Hierzu fehlen sichere empirische Nachweise. Stattdessen legen allgemeine kriminalpolitische Studien nahe, dass die bloße Erhöhung einer monetären Sanktion ab einer gewissen Größenordnung die Abschreckungswirkung nicht zwingend vorantreiben muss.[526] Die bloße Vervielfachung des finanziellen Risikos durch einen Haftungsrückgriff scheint angesichts der ohnehin bestehenden Möglichkeit der persönlichen Sanktionierung, die je nach verwirklichtem Tatbestand und Unrechtsgehalt der Tat durchaus erheblich sein kann, auch in rechtspolitischer Hinsicht daher nicht sinnvoll.[527] Das Ergebnis wäre eine „Überabschreckung" der Leitungsorgane bei gleichzeitigem Wegfall der Präventionswirkung in Richtung des Unternehmensträgers.

---

523 Siehe auch *Kaulich*, Haftung, S. 283; generell zur Abschreckungswirkung persönlicher Sanktionen *Bechthold*, in: Schwarze, Rechtsschutz und Wettbewerb, S. 97, 101.

524 Eine Beeinträchtigung ablehnend etwa *Lotze/Smolinski*, NZKart 2015, 254, 257.

525 Vgl. auch *Hölters*, in: ders.; AktG, § 93 Rn. 406 (zum Selbstbehalt bei der D&O).

526 Siehe hierzu *Bussmann/Salvenmoser*, CCZ 2008, 192, 194.

527 *Ackermann*, NZKart 2018, 1 f.

(b) Versicherung und Erstattungszusagen

Zu beachten ist in diesem Zusammenhang auch, dass eine Versicherung zum Schutz gegen die finanziellen Folgen persönlicher Geldbußen oder Geldstrafen nach nahezu einhelliger Ansicht nicht zulässig ist. Solche Sanktionsversicherungen vereiteln den Sanktionszweck der Strafnorm und sind deshalb nach § 138 BGB als sittenwidrig einzustufen.[528] Die Steuerungswirkung der drohenden Individualsanktion kann somit auch nicht durch eine Versicherung des Sanktionsrisikos entfallen. Darüber hinaus sehen die Versicherungsbedingungen von D&O-Versicherungen regelmäßig ohnehin Deckungsausschlüsse für persönliche Geldbußen und Geldstrafen gegen die versicherten Personen vor.[529] Auch anstellungsvertragliche Vorwegfreistellungen durch die Gesellschaft, mit denen im Vorfeld die Erstattung künftiger persönlicher Geldsanktionen zugesichert werden, sind mit Blick auf § 138 BGB nicht möglich. Ebenso wenig kommt ein gesetzlicher Erstattungsanspruch gegen die Gesellschaft in Betracht.[530] Lediglich eine nach bereits verwirklichter Tat und verhängter Sanktion zugesagte Erstattung der Geldsumme wird als zulässig erachtet.[531] Mangels Zusage vor der Tat wirkt sich eine solche nicht vorhersehbare, nachträgliche Erstattung jedoch nicht auf die Steuerungswirkung aus.

(c) Problematik des Opportunitätsprinzips

Die bereits durch die Androhung der Individualsanktion ausreichende Steuerungswirkung auf die Leitungsorgane ließe sich in Bezug auf ordnungswidrigkeitsrechtliche Geldbußen mit Blick darauf in Zweifel ziehen, dass im Ordnungswidrigkeitenrecht im Gegensatz zum Strafrecht nicht das Legalitätsprinzip gilt.[532] Trotz Nichtverfolgung der Bezugstat kann un-

---

528 *Ruttmann*, Versicherbarkeit, S. 85 ff.; *Armbrüster/Schilbach*, r+s 2016, 109, 111 f.; eine Nichtigkeit dagegen nur bei Erstattungszusagen für vorsätzliche Taten annehmend *Kapp*, NJW 1992, 2796, 2798.

529 *Beckmann*, in: Beckmann/Matusche-Beckmann, VersR-Hdb., § 28 Rn. 131; *Ihlas*, D&O, S. 548; für Klauselbeispiele siehe *Lange*, in: Veith/Gräfe/Gebert, Versicherungsprozess, § 21 Rn. 181.

530 Siehe unten, D.V.3.b)aa)(1).

531 *Holly/Friedhofen*, NZA 1992, 145, 149.

532 *Cordes/Reichling*, NJW 2016, 3209, 3210; *Engelhart*, Sanktionierung, S. 447.

ter den Voraussetzungen des § 30 Abs. 4 OWiG dann unter Umständen eine selbständige Verbandsgeldbuße festgesetzt werden.[533]

Im Schrifttum wird zum Teil kritisiert, dass von dieser Möglichkeit zu häufig Gebrauch gemacht werde.[534] Grund für das Absehen von einer Verfolgung des Handelnden sei mitunter, dass damit die Bereitschaft der Betroffenen aufrechterhalten werden soll, die Aufdeckung des Verstoßes voranzutreiben.[535] Die präventive Steuerungswirkung auf die handelnden Leitungsorgane, die von der individuellen Bußgeldandrohung grundsätzlich ausgeht, werde durch eine solche Praxis geschwächt.

Von einem generellen Durchsetzungsdefizit bei persönlichen Sanktionen gegenüber Leitungsorganen kann indes nicht gesprochen werden. Zahlreiche Beispiele zeigen, dass sich Leitungsorgane keineswegs darauf verlassen können, bei Rechtsverstößen im unternehmerischen Bereich nicht persönlich verfolgt zu werden. Im Bereich des Kartellrechts beispielsweise werden persönliche Sanktionen regelmäßig verhängt.[536] Die künftige Entwicklung in diesem Punkt ist jedoch zu beobachten. Der Gesetzgeber könnte durch eine Förderung der öffentlichen Rechtsdurchsetzung im Bereich der persönlichen Sanktionierung der Leitungsorgane, etwa durch Einführung des Legalitätsprinzips auch im Ordnungswidrigkeitenrecht, einen Beitrag dazu leisten, die Präventionswirkung auf die Leitungsorgane sicherzustellen. Konkrete Vorschläge zur Einführung des Legalitätsprinzips im Ordnungswidrigkeitenrecht gibt es zwar, diese beziehen sich jedoch bislang nicht auf die Bezugstat des Organwalters, sondern auf die „Verfahren gegen Unternehmen", also offenbar allein auf die Sanktion nach § 30 OWiG.[537]

---

533 Zur selbständigen Verbandsgeldbuße siehe oben, § 3 B.II.

534 Siehe etwa *Dörr*, in: Kempf/Lüderssen/Volk, Unternehmensstrafrecht, S. 33; *König*, in: Hettinger, Reform des Sanktionenrechts, S. 39, 49; zu Defiziten des public enforcement durch Individualsanktionen auch *Ackermann*, NZKart 2018, 1, 2 f.; hierzu auch Monopolkommission, XX. Hauptgutachten, abgedruckt in: BT-Drs. 18/2150, Rn. 151.

535 Siehe *Ackermann*, ZHR 179 (2015), 538, 561.

536 Jeweils mit konkreten Zahlen hierzu *Bunte*, NJW 2018, 123, 125; *Hombrecher*, NZKart 2017, 143, 145; *Dreher*, WuW 2009, 133; *Eden*, Persönliche Schadensersatzhaftung, S. 24; siehe auch *Ackermann*, NZKart 2018, 1, 2.

537 Gesetzesantrag der Fraktion Bündnis90/Die Grünen und einzelener Abgeordneter v. 19.10.2016, BT-Drs. 18/10038, S. 7; ebenso Koalitionsvertrag 2018 (s. oben Fn. 10), S. 126. Ebenso jüngst auch der Verbandssanktionen-Referentenentwurf (Begründung S. 59), siehe oben Fn. 121.

(3) Zivilrechtliche Haftungsfolgen

Auch anderweitige zivilrechtliche Haftungsszenarien sind für die Steuerungswirkung auf die Organwalter zu berücksichtigen. Anknüpfungstaten von Leitungsorganen, die zu einer Verbandsgeldbuße gegen die juristische Person führen, bilden in zahlreichen Fällen zugleich die Grundlage für eine zivilrechtliche Schadenersatzhaftung der Gesellschaft gegenüber Dritten. Insbesondere im Kartellrecht können sich Unternehmen neben Verbandsgeldbußen auch erheblichen Ersatzforderungen Dritter ausgesetzt sehen, die durch das wettbewerbsschädigende Verhalten der Kartellbeteiligten finanzielle Einbußen am Markt erlitten haben.[538] Neben Wettbewerbern stehen im Kartellrecht auch Abnehmern Ersatzansprüche zu, etwa für die Nachteile aus sog. Preisschirmeffekten.[539] Generell wird das sog. private enforcement, die privatrechtliche Durchsetzung des Kartellrechts mittels Schadenersatzansprüchen, auch durch den Gesetzgeber zunehmend gefördert.[540]

Zivilrechtliche Schadenersatzforderungen gegen die Gesellschaft sind über das Kartellrecht hinaus zudem auch in vielen anderen Fällen von Verbandsgeldbußen möglich, die zum Gegenstand einer Innenhaftung gemacht werden können. Bei Bestechungstaten beispielsweise sind Schadenersatzansprüche des geschädigten Geschäftsherrn anerkannt, gestützt auf § 823 Abs. 1, § 823 Abs. 2 oder § 826 BGB sowie bei Vorliegen eines Wettbewerbsverhältnisses zusätzlich auf § 9 UWG.[541] Im sog. Abgasskandal sehen sich die betroffenen Autokonzerne ebenfalls nicht nur mit Geldbußen, sondern auch mit privatrechtlichen Schadenersatzansprüchen in erheblichem Ausmaß konfrontiert.[542]

Anders als der Bußgeldregress ist die Ersatzfähigkeit eines solchen sog. Haftungsschadens der Gesellschaft im Wege der Innenhaftung, der durch die Geltendmachung von Ersatzansprüchen Dritter entsteht, allgemein an-

538 *Thomas*, NZG 2015, 1409, 1414.

539 EuGH, Urt. v. 05.6.2014 – C-557/12, Slg. 2014, I-2533 Rn. 34; *Stöber*, EuZW 2014, 257; zum erhöhten kartellrechtlichen Schadenersatzrisiko siehe auch *Dreher*, VersR 2015, 781, 786.

540 Siehe hierzu *Eden*, Persönliche Schadensersatzhaftung, S. 18 ff.; *Dreher*, in: Krieger/Schneider, Hdb. Managerhaftung, § 35 Rn. 80; *Dreher/Kulka*, Wettbewerbs- und Kartellrecht, Rn. 1760; *Hombrecher*, NZKart 2017, 143, 144, 145 f.

541 Hierzu *Sethe*, WM 1998, 2309, 2320 f.

542 Siehe etwa die beim OLG Braunschweig anhängige Musterfeststellungsklage gegen die Volkswagen AG gem. § 606 ZPO (AZ: 4 MK 1/18).

erkannt.[543] Die als Folge rechtswidrigen Verhaltens drohende Konfrontation mit derartigen Ersatzansprüchen, die Einbußen aus einer zivilrechtlichen Schadenersatzhaftung der Gesellschaft beseitigen sollen, dürfte geeignet sein, eine bedeutsame verhaltenssteuernde Wirkung auf Leitungsorgane zu erzeugen. Speziell für das Kartellrecht kommt nach der Rechtsprechung noch die Möglichkeit hinzu, dass ein Geschäftsleiter neben der Gesellschaft auch den geschädigten Wettbewerbern im Wege einer Außenhaftung persönlich unmittelbar auf Schadenersatz haftet.[544] Dass ein Regressausschluss für Verbandsgeldbußen die Steuerungswirkung beim Organwalter tatsächlich maßgeblich beeinträchtigt, erscheint vor dem Hintergrund der steuernden Wirkung sonstiger Haftungsfolgen somit insgesamt eher unwahrscheinlich.

(4) Gewerbe- und anstellungsrechtliche Konsequenzen für Organwalter

Neben drohenden Individualsanktionen und möglichen Ersatzansprüchen für Haftungsschäden der Gesellschaft müssen Leitungsorgane bei der Begehung von Gesetzesverstößen noch mit weiteren nachteiligen Konsequenzen rechnen. Rechtskräftige Bußgeldentscheidungen zu betriebsbezogenen Taten sowie gewisse strafgerichtliche Verurteilungen ziehen gemäß § 149 Abs. 2 Nr. 3 und Nr. 4 GewO einen Eintrag in das Gewerbezentralregister nach sich. Für bestimmte Branchen kann ein solcher Eintrag mit Blick auf das gewerberechtliche Zuverlässigkeitskriterium erhebliche Folgen haben und für manchen Manager einem „wirtschaftlichen Vorstrafeneintrag" gleichkommen, der sich bei der Suche neuen Leitungstätigkeiten in erheblicher Weise negativ auswirken kann.[545]

Darüber hinaus ist in schwerwiegenden Fällen oder bei wiederholten Verstößen auch eine persönlich an den Geschäftsleiter gerichtete gewerberechtliche Untersagungsverfügung denkbar, die einen Amtsverlust der betroffenen Person zur Folge hat. Gemäß § 35 Abs. 7a i.V.m. Abs. 1 S. 1 GewO kann eine gewerberechtliche Untersagungsverfügung auch gegenüber dem Vertretungsberechtigten ergehen, sofern in dessen Person die

543 *Koch*, in: Hüffer/Koch, AktG, § 93 Rn. 48; *Fleischer*, in: Spindler/Stilz, AktG, § 93 Rn. 213a; *Hack*, Vorstandsverantwortlichkeit, S. 73.

544 OLG Düsseldorf, Urt. v. 13.11.2013 – VI-U (Kart) 11/13, NZKart 2014, 68, 72; hierzu auch *Dreher*, VersR 2015, 781, 786; eingehend zur persönlichen Außenhaftung *Eden*, Persönliche Schadensersatzhaftung, S. 99 ff.

545 Siehe auch *Dreher*, WuW 2009, 133.

Untersagungsvoraussetzungen, insbesondere das Erfordernis der gewerberechtlichen Unzuverlässigkeit, vorliegen. Zwar ermächtigt § 35 Abs. 7a S. 1 GewO nur zur Untersagung der Ausübung eines künftigen selbständigen Gewerbes, das der derzeitigen abhängigen Beschäftigung entspricht. Die Geschäftsleitertätigkeit wäre davon also nicht betroffen und dem Geschäftsleiter nach wie vor gestattet. Allerdings wird das Unternehmen, dessen Geschäftseiter mit einer persönlichen Untersagungsverfügung belegt worden ist, in der Regel den Betroffenen von seinem Amt abberufen, um einer gegen sich selbst gerichteten Untersagungsverfügung die Grundlage zu entziehen.[546] Zudem ist in diesem Zusammenhang zu beachten, dass sowohl § 6 Abs. 2 S. 2 Nr. 2 GmbHG als auch § 76 Abs. 3 S. 2 Nr. 2 AktG ein Bestellungshindernis und Tätigkeitsverbot als Geschäftsführer bzw. Vorstand vorsehen, wenn durch gerichtliches Urteil oder durch vollziehbare behördliche Entscheidung die Ausübung eines Berufs oder Gewerbes – insbesondere also durch eine Entscheidung nach § 35 GewO – untersagt worden ist.[547]

Neben den gewerberechtlichen Folgen kann dem rechtswidrig handelnden und damit eine Verbandsgeldbuße verursachenden Geschäftsleiter in anstellungsrechtlicher Hinsicht zudem die Kündigung seines Anstellungsverhältnisses und darüber hinaus die Abberufung aus der Organwalterstellung drohen.[548] Der hierfür jeweils erforderliche wichtige Grund[549] kann sich auch aus den Folgen des Verstoßes für die Gesellschaft, also insbesondere einer hohen Verbandsgeldbuße sowie einer mit dem Bußgeldverfahren häufig einhergehenden Reputationsbeeinträchtigung ergeben.[550]

546 *Ennuschat*, in: Tettinger/Wank/Ennuschat, GewO, § 35 Rn. 238.

547 Die weitergehende Möglichkeit, dem Vertretungsberechtigten nach § 35 Abs. 7a i.V.m. Abs. 1 S. 2 GewO auch die unselbständige Betätigung auf leitender Ebene in einem anderen Unternehmen zu verbieten, kommt dagegen aus Verhältnismäßigkeitsgründen nur in Ausnahmefällen in Betracht, siehe hierzu *Twele*, Haftung, S. 253.

548 Zur Trennung dieser beiden Rechtsverhältnisse siehe *Jaeger*, in: MünchKomm-GmbHG, § 35 Rn. 248.

549 Trotz eigenständiger Auslegung dieses Merkmals bei Abberufung und Kündigung stellt ein wichtiger Grund für die Abberufung aber grundsätzlich auch einen wichtigen Grund i.S.d. § 626 Abs. 1 BGB dar, siehe hierzu auch *Spindler*, in: MünchKomm-AktG, § 84 Rn. 161.

550 *Twele*, Haftung, S. 265 f.; zum Vorliegen eines wichtigen Grundes bei schwerwiegenden Rechtsverstößen siehe auch *Wiesner*, in: Münch.Hdb.GesR, § 20 Rn. 53.

(5) Kriminalpolitische Argumente gegen den Rückgriff

Aus kriminalpolitischer Sicht ließe sich ergänzen, dass auch positive Auswirkungen eines Regressausschlusses denkbar sind. So erscheint es nicht ausgeschlossen, dass ein Organmitglied, das von vornherein einen Regress nicht zu fürchten braucht, sich im Verfahren zur Aufklärung etwaiger Verstöße kooperativer zeigt als dies der Fall wäre, müsste es bei ermitteltem Rechtsverstoß zusätzlich zur persönlichen Sanktion noch mit Haftungsansprüchen rechnen.[551] Dies dürfte jedenfalls dann gelten, wenn der Verstoß bereits entdeckt ist und ohnehin verfolgt wird. Mit Blick auf das nach der Gesetzeskonzeption grundsätzlich vorgesehene Verfahren gegen das Leitungsorgan persönlich spricht für eine derartige Bereitschaft zur Zusammenarbeit, dass man dem kooperativen Anknüpfungstäter in der Regel in Form einer Absenkung der persönlichen Sanktion entgegenkommen wird.[552] Sowohl bei den Strafzumessungsgrundsätzen im Rahmen des § 46 StGB als auch bei der Zumessung der Geldbuße ist das Nachtatverhalten des Täters zu berücksichtigen, welches den den Täter treffenden Vorwurf im Sinne des § 17 Abs. 3 OWiG mitbestimmt.[553]

dd) Zwischenergebnis

Eine vom Gesetzgeber intendierte Steuerungswirkung der Verbandssanktion auf die Leitungsorgane eines Unternehmens kann nicht nachgewiesen werden. Ein unmittelbarer Steuerungsansatz überzeugt schon aufgrund der Tatsache nicht, dass die Verbandssanktion beim Organwalter selbst nicht zwingend eine Übelszufügung herbeiführt und daher für sich genommen keine für einen Präventionseffekt notwendige Anreizwirkung ausübt. Auch eine bewusst verfolgte mittelbare Steuerung der Leitungsorgane durch das Risiko einer potentiellen Regresshaftung für Verbandsgeldbußen liegt fern. Dagegen sprechen eine Reihe gesetzlicher Indizien, die auf eine unternehmensbezogene Steuerungswirkung hindeuten. Hiervon abgesehen ist auch in tatsächlicher Hinsicht bei Rechtsverletzungen, die zu einer Verbandssanktion führen, mit Blick auf die weitreichenden anderweitig drohenden Negativfolgen für Leitungsorgane, wie eine individuelle

551 *Bachmann*, BB 2015, 907, 911; *J. Koch*, in: LA Winter, S. 327, 323; siehe auch *Kröger*, Korruptionsschäden, S. 249.

552 Hierzu auch *Wils*, Enforcement, S. 218.

553 *Mitsch*, in: KarlsKomm-OWiG, § 17 Rn. 53.

hoheitliche Sanktionierung, Innenhaftungsansprüche wegen Haftungsschäden der Gesellschaft oder möglicher gewerbe- und anstellungsrechtlicher Konsequenzen, ein entscheidender abschreckender Einfluss einer hinzutretenden Bußgeldregresshaftung nicht belegbar. Ein auf Verhaltenssteuerung der Leitungsorgane ausgerichteter Präventionszweck der Verbandsgeldbuße wäre vor diesem Hintergrund dem Einwand der Ungeeignetheit ausgesetzt und damit verfassungsrechtlich bedenklich.[554] Im Ergebnis kann damit eine Sanktionszweckgefährdung der Verbandsgeldbuße für den Fall eines Regresses nicht mit dem Argument ausgeschlossen werden, dass die Verbandsgeldbuße auf eine Abschreckung der Leitungsorgane ausgerichtet sei, die durch einen drohenden Rückgriff intensiviert werde.

f) Steuerung des Verbands

aa) Ausgangslage

Aus der Ablehnung einer Steuerungsausrichtung auf die Organwalter folgt, dass mit der Verbandsgeldbuße nach § 30 OWiG die verhaltenssteuernde Einwirkung auf ein anderes Rechtssubjekt bezweckt sein muss. Insofern ist in Erinnerung zu rufen, dass die bußgeldrechtliche Literatur, bestätigt durch große Teile des Schrifttums zum Bußgeldregress, der Verbandsgeldbuße zumindest auch die Funktion beimisst, eine rechtmäßiges Leitungsverhalten fördernde Einwirkung auf die Leitungsorgane aus dem Unternehmen heraus zu bewirken.[555] Es kommt damit also eine zusätzliche, auf ein anderes Rechtssubjekt abzielende Steuerungskomponente ins Spiel, die über die Individualsteuerung der Leitungsorgane hinausgeht. Hierbei stellt sich die Frage, welches Rechtssubjekt von dieser Steuerungskomponente konkret angesprochen sein soll.[556]

bb) Präventionsfunktion gegenüber dem Verband als „soziales Subjekt"

In Ermangelung einer eingehenden Auseinandersetzung des bußgeldrechtlichen Schrifttums mit der Frage nach der Bestimmung des Steuerungsob-

---

554 Allgemein zum Geeignetheitskriterium in der verfassungsrechtlichen Verhältnismäßigkeitsprüfung *Wienbracke*, ZJS 2013, 148, 150 f.

555 Siehe oben D.V.2.c).

556 Kritisch insofern *v. Freier*, Verbandsstrafe, S. 238.

jekts einer unternehmensbezogenen Sanktion liegt es nahe, sich für Anhaltspunkte der Diskussion zur Einführung eines Strafrechts für Verbände zuzuwenden.

Die Debatte über ein Verbandsstrafrecht wird in Deutschland seit vielen Jahrzehnten kontrovers geführt.[557] Dabei scheinen auch hier einige Stimmen nicht das Konzept einer präventiven Steuerung einzelner Mitarbeiter oder der Leitungsorgane vor Augen zu haben. Stattdessen wird offenbar der Verband als solcher als Zielobjekt der Präventionswirkung ausgemacht. In diese Richtung können zumindest Äußerungen verstanden werden, die in dem über die Einzelpersonen hinausgehenden Verband als soziales Subjekt bzw. als soziales Gefüge den Steuerungsadressaten einer präventiven Zwecksetzung sehen, ohne persönliche, individuelle Anknüpfung an eine oder mehrere natürliche Personen.[558] Der Verband wird dabei als korporativer, individueller Akteur gesehen, der als „aggregierte Resultante des kollektiven Handelns natürlicher Personen" genauso handeln könne, als wäre er selbst intelligent und konsistent handelnder Akteur.[559] Da der Verband ein „sinnkonstituierendes System" sei, könnten Strafzwecke grundsätzlich auch bei diesem verfolgt und erreicht werden.[560] Gerade in generalpräventiver Hinsicht sei die Wirkung einer Sanktion auf andere Verbände mit einer Wirkung vergleichbar, die gegenüber natürlichen Personen verhängte Geldstrafen auf andere ausüben.[561] Die Androhung einer Verbandssanktion soll bei dem Verband zu Effekten der Selbststeuerung führen, um im Ergebnis aus dem Verband heraus begangene Rechtsverstöße zu vermeiden.[562] Dabei wird erwartet, dass der Verband selbst disziplinarisch gegen die individuellen Verantwortungsträger vorgeht, indem gefahrregulierende Kräfte des Betriebs für die Zukunft aktiviert werden.[563]

In der Debatte zum Bußgeldregress stellen zahlreiche Stellungnahmen ebenfalls auf den Verband oder das Unternehmen als Präventionsadressa-

557 Für eine grundlegende Darstellung siehe etwa *Dannecker*, GA 2001, 101 ff.; zum Überblick über die Entwicklung der Diskussion siehe *Rogall*, in: KarlsKomm-OWiG, § 30 Rn. 258 ff.

558 *Dannecker*, GA 2001, 101, 108 sowie 114 f.; *Hirsch*, Straffähigkeit, S. 17; *Strasser*, VersR 2015, 65, 70; siehe auch *Dannecker/Dannecker*, NZWiSt 2016, 162, 172; *Bertossa*, Unternehmensstrafrecht, S. 67 f.

559 Siehe hierzu *Theile*, Wirtschaftskriminalität, S. 49; *Boers*, MschrKrim 2001, 335, 349.

560 *Dannecker*, GA 2001, 101, 114.

561 *Dannecker*, GA 2001, 101, 114.

562 *Heine*, Strafrechtliche Verantwortlichkeit, S. 310.

563 *Heine*, Strafrechtliche Verantwortlichkeit, S. 308, siehe hierzu auch *Bosch*, Organisationsverschulden, S. 66.

ten ohne nähere individuelle Anknüpfung ab. Soweit beispielsweise formuliert wird, bei der Verbandsgeldbuße handle es sich um eine „gezielt an das Unternehmen gerichtete Pflichtenmahnung"[564], die Verbandsgeldbuße bezwecke eine „Verhaltenssteuerung in Bezug auf das Unternehmen"[565] oder, durch die Sanktion werde „das Unternehmen veranlasst, Straftaten durch organisatorische oder unternehmenspolitische Maßnahmen entgegenzuwirken"[566], scheinen diese Stimmen von einer ähnlichen Grundannahme geleitet zu sein. Eine Auseinandersetzung mit der Frage der Sanktionsfähigkeit von Verbänden im Hinblick auf die präventive Wirkrichtung erfolgt dabei jedoch nicht. Diese wird stattdessen offenbar vorausgesetzt.[567]

cc) Stellungnahme

Das so verstandene Konzept einer präventiven Wirkung der Verbandssanktion auf den Verband als solchen bedarf einer kritischen Hinterfragung. Zwar könnte der Wortlaut des § 30 OWiG als Argumentationshilfe für diese Auffassung dienen. Die Festlegung des Verbands als Adressaten und Schuldner der Bußgeldforderung durch den Gesetzgeber könnte als Indiz für eine angestrebte Steuerungswirkung gerade in Richtung dieses Rechtssubjekts gewertet werden.[568]

Eine solche Ausrichtung auf den unternehmenstragenden Verband als überpersonelles Konstrukt mit einer von seinen Mitgliedern abstrahierten „Überpersönlichkeit"[569] stößt jedoch auf erhebliche Einwände. Voraussetzung einer präventiven Steuerungswirkung ist stets, dass der Adressat das mit der Sanktion angedrohte Übel als solches erkennen und sein Verhalten entsprechend der normativen Zwecksetzung ausrichten kann. Aufgeworfen ist damit die Frage der Sanktionsempfindlichkeit und der normativen Ansprechbarkeit von Verbänden, die sich unter dem übergeordneten Begriff der Sanktionsfähigkeit zusammenfassen lassen.[570] Im Zusammenhang mit der Verbandsstrafe wird dieser Aspekt häufig bezogen auf die der Kri-

---

564 *Thomas*, VersR 2017, 596, 599; *ders.* NZG 2015, 1409, 1411.
565 *Dreher*, VersR 2015, 781, 787; *Labusga*, VersR 2015, 629, 635.
566 *Kirch-Heim*, Sanktionen, S. 70.
567 Kritisch insofern auch *Reuter*, BB 2016, 1283, 1291.
568 Vgl. auch *Strasser*, VersR 2017, 65, 70 (zur Rechtslage in Österreich).
569 Zu diesem Begriff *Pohl-Sichtermann*, Geldbuße, S. 9.
570 Zum Begriff der normativen Ansprechbarkeit siehe etwa *Lütolf*, Strafbarkeit, S. 169; *Dannecker*, GA 2001, 101, 115; *Brettel/Thomas*, Compliance, 94.

minalstrafe beigemessene Vergeltungsfunktion in Gestalt einer sozialethischen Missbilligung thematisiert.[571] Insofern wird eingewendet, der Verband sei nicht in der Lage, diese Vergeltung als Sühne zu empfinden, und eigne sich daher nicht als Sanktionsobjekt staatlichen Strafens.[572] Zwar wird der Geldbuße eine vergleichbare Vergeltungsfunktion ganz überwiegend nicht beigemessen.[573] Der diesem Einwand zugrunde liegende Gedanke ist aber auch auf die präventive Steuerungsfunktion einer Sanktion übertragbar. Insofern überrascht es, dass ein Transfer der Problematik auf die Verbandsgeldbuße im Schrifttum kaum erfolgt.[574] Das gilt auch für die Entscheidung des LAG Düsseldorf zum Schienenkartell, die für den Präventionszweck der Verbandsgeldbuße explizit einen organwalterbezogenen Ansatz ablehnt und stattdessen das Unternehmen als Präventionsobjekt hervorhebt.[575]

Sowohl die präventive als auch eine vergeltende Zwecksetzung setzen beim Sanktionsobjekt kognitive Fähigkeiten voraus, die ausschließlich natürlichen Personen zuzusprechen sind.[576] Der bloße Umstand, dass juristische Personen auch in anderen Rechtsbereichen als Normadressaten anerkannt sind, lässt keinen Rückschluss auf ihre Sanktionsfähigkeit zu.[577] Mit der Stellung als Normadressat ist lediglich die Trägerschaft von Rechten und Pflichten anerkannt, was jedoch aus einer Entscheidung des Gesetzgebers folgt und mit der allein unter tatsächlichen Gesichtspunkten zu beurteilenden Sanktionsfähigkeit nicht gleichzusetzen ist. Die Frage nach der Sanktionsfähigkeit von Verbänden hängt nicht von rechtlichen Bewertungen ab, sondern beantwortet sich in erster Linie nach tatsächlichen, empi-

---

571 Siehe in diesem Zusammenhang auch den aus dem Common Law stammenden Ausspruch „no soul to be damned, no body to be kicked", diesen aufgreifend etwa *Wohlers*, in: Kempf/Lüderssen/Volk, Unternehmensstrafrecht, S. 231, 233; *Volk*, JZ 1993, 429, 431.

572 *Lüderssen*, in: Kempf/Lüderssen/Volk, Unternehmensstrafrecht, S. 79, 96 f.; *Wohlers*, in: Kempf/Lüderssen/Volk, Unternehmensstrafrecht, S. 231, 233 f.; *Jescheck*, ZStW 1953, 201, 213; *Brender*, Verbandstäterschaft, S. 61 ff.; siehe auch *Müller*, Juristische Person, S. 24; aus dem angloamerikanischen Schrifttum siehe *Khanna*, (1996) 109 Harv. L. Rev. 1477, 1494; a.A. etwa *Dannecker*, GA 2001, 101, 115.

573 Siehe hierzu oben unter D.III.2.

574 Soweit ersichtlich nur *Reuter*, BB 2016, 1283, 1291; das Problem zumindest andeutend *Müller*, Juristische Person, S. 27.

575 Hierzu bereits oben unter D.V.2.d).

576 *Schmitt-Leonardy*, Unternehmenskriminalität, S. 441; *Brettel/Thomas*, Compliance, S. 94; siehe auch *Peglau*, JA 2001, 606, 609.

577 In diese Richtung aber *Trüg*, StraFo 2011, 471, 482.

risch zu bewertenden Aspekten.[578] Die Idee einer Steuerungs- und Sanktionsfähigkeit von Verbänden beruht auf einer Anthropomorphisierung von Unternehmenstätigkeit, indem Eigenschaften und Fähigkeiten von natürlichen Personen schlicht dem Verband als solchem zugeordnet werden, ohne hierüber einen empirischen Nachweis führen zu können.[579] Ein solcher Nachweis, wie eine präventive Steuerungswirkung bei einem überpersonellen Konstrukt erreicht werden soll, scheint aber kaum möglich, solange man im Ergebnis nicht doch auf konkrete Individuen abstellt. Abgeschreckt werden können einzig natürliche Personen, nicht aber der Verband als überpersonelles Gebilde oder die juristische Person als künstlich geschaffenes Rechtskonstrukt.[580] Zudem bliebe bei einer unterstellten normativen Ansprechbarkeit des Verbands letztlich auch unklar, welches konkrete Verhalten mit der Sanktion erreicht werden soll. Eine spezifische Benennung wäre nicht möglich. Es bliebe bei dem diffusen Ziel, eine Selbstkontrolle oder Selbststeuerung innerhalb des Verbands auszulösen.[581]

Das Konzept einer auf den Verband oder die juristische Person abzielenden Steuerungsausrichtung ist daher zu vage, um damit eine Verbandssanktion rechtfertigen zu können. Dies gilt insbesondere aus einem verfassungsrechtlichen Blickwinkel, da die Einschätzungsprärogative des Gesetzgebers bei einem derart unkonkreten Ansatz überschritten sein dürfte.[582]

g) Weitere potentielle Steuerungsadressaten

aa) Einführende Überlegungen

Kommt der Verband als solcher bzw. die juristische Person nicht als Steuerungsobjekt der Verbandsgeldbuße in Betracht, bedeutet dies notwendigerweise eine Spaltung zwischen formeller Sanktionsadressatenschaft und

578 Ähnlich *Brettel/Thomas*, Compliance, S. 94 (Fn. 355).

579 *Boers*, MschrKrim 2001, 335, 349; Reuter, ZIP 2018, 2298, 2303; siehe auch *Theile*, Wirtschaftskriminalität, S. 50.

580 Siehe auch BRAK, Stelln. 15/2014 (siehe oben Fn. 504), S. 8; DAV-Strafrechtsausschuss, Stelln. 54/2013, S. 3; *Reuter*, BB 2016, 1283, 1291; siehe auch *v. Freier*, Verbandsstrafe, S. 205; dahin auch *Köllner/Mück*, NZI 2018, 311, 313.

581 Kritisch auch *Kirch-Heim*, Sanktionen, S. 152; *Sachs*, in: Kempf/Lüderssen/Volk, S. 195, 203; siehe auch *Köhler*, Strafrecht AT, S. 561.

582 Grundlegend zur Einschätzungsprärogative *Bickenbach*, Einschätzungsprärogative, 128 ff.

präventivem Steuerungssubjekt.[583] Im gesellschaftsrechtlichen Kontext verbleiben damit als Rechtssubjekte, auf deren Steuerung die Verbandsgeldbuße abzielen könnte, in erster Linie die hinter der juristischen Person stehenden Anteilseigner oder – soweit vorhanden – die Mitglieder eines zwischengeschalteten Kontrollorgans wie dem Aufsichtsrat. Insofern ist erneut auf den Ansatz im Schrifttum zurückzukommen, der in der Verbandssanktion auch den Zweck erblickt, eine sorgfältige Auswahl und Verbesserung der internen Kontrolle und dadurch eine erhöhte Rechtstreue der Leitungsorgane zu erreichen.[584] Diesen Ansatz zu Ende gedacht erschiene es konsequent, als Objekt der Steuerungswirkung die Mitglieder derjenigen Gruppe anzusehen, die – zumindest theoretisch – über eine entsprechende Rechtsstellung zur Auswahl und präventiven Kontrolle der Leitungsorgane verfügen.

Diese Stellung könnte gerade den Anteilseignern zukommen. Als Anteilseigner angesprochen sind dabei zum einen die natürlichen Trägerpersonen, etwa die Gesellschafter einer GmbH oder einzelne Aktionäre.[585] Zum anderen aber auch juristische Personen als Anteilseigner, die wiederum durch ihre Leitungsorgane handeln und Adressaten der Steuerungswirkung sein können. Gerade in Richtung der Anteilseigner scheint eine Steuerungswirkung Sinn zu machen, die ergänzend zu einer Steuerung der Leitungsorgane durch die Individualsanktion hinzutritt, da ihnen die Fähigkeit zur Rezeption der Übelsansdrohung – bei juristischen Personen vermittelt durch die Leitungsorgane – und zur Vornahme der angestrebten Verhaltensweisen in Gestalt einer Einwirkung auf die Leitungsorgane zukommen kann.[586] Bei Vorhandensein eines Aufsichtsrates als Organ zur Kontrolle der Leitungsorgane erscheinen auch die Aufsichtsratsmitglieder als naheliegende Steuerungsadressaten. Immerhin fungiert der Aufsichtsrat als unmittelbares Kontrollorgan bei der Aktiengesellschaft und verfügt daher über eigene Kontrollmechanismen gegenüber dem Vorstand.[587] Scheidet eine Präventionswirkung auf den Verband als solchen aus, kann eine

583 Siehe auch *v. Freier*, Verbandsstrafe, S. 237 (Fn. 250).

584 Siehe oben, D.V.2.c).

585 Zum Begriff der natürlichen Trägerperson in diesem Sinne *Reuter*, in: MünchKomm-BGB, § 21 Rn. 22 (7. Aufl.); zur Ausrichtung der Steuerungswirkung einer Unternehmenssanktion auf die hinter dem Unternehmen stehenden natürlichen Personen siehe auch *Peglau*, ZRP 2001, 406, 408.

586 *Wagner*, ZGR 2016, 112, 135; ähnlich auch *Bosch*, Organisationsverschulden, S. 46.

587 Näher zur Stellung des Aufsichtsrats und seinen Kontrollinstrumenten siehe unten, D.VI.4.e)bb).

monetäre Verbandssanktion also nur in eine dieser Richtungen funktionieren.[588]

Dass es insoweit an einer ausdrücklichen Pflichtenbeschreibung durch den Gesetzgeber fehlt, kann diesem Verständnis nicht entgegengehalten werden.[589] Die Pflichtenbeschreibung folgt vielmehr aus der Sanktionsnorm und der zugrundeliegenden Zwecksetzung. Jede Sanktionsnorm, die ein unterlassenes Verhalten sanktioniert, enthält gleichzeitig ein Handlungsgebot und damit eine inzidente Pflichtenbeschreibung. So ergibt sich beispielsweise aus § 323c StGB die Pflicht zur Hilfeleistung in einem Unglücksfall, ohne die geforderte Handlung konkret zu beschreiben, da diese stets von den Umständen des Einzelfalles anhängt. Gleiches muss für die Einwirkung auf die Leitungsorgane gelten, wenn die Verbandsgeldbuße auf ein solches Verhalten abzielt. Die Anteilseigner sind hiernach als Überwacher der Gefahrenquelle Geschäftsleitung quasi „Garant" für eine rechtstreue Unternehmensleitung.

bb) Adressat der Übelszufügung

Wie bereits an anderer Stelle herausgearbeitet, ist Voraussetzung für das Konzept einer präventiven, verhaltenssteuernden Zielsetzung einer Sanktion stets die Zufügung eines Übels beim Steuerungsadressaten.[590] Wie beim Leitungsorgan tritt jedoch auch bei den Mitgliedern des Aufsichtsrates als Kontrollorgan keine Übelszufügung ein. Eine Eignung des Aufsichtsrats als Steuerungsadressat scheidet bereits aus diesem Grund aus. Dagegen werden die Anteilseigner von den finanziellen Folgen durch die Geldbuße gegen die juristische Person selbst getroffen.[591] Die Anteilseigner sind in rechtlicher und in wirtschaftlicher Hinsicht die Eigentümer des Unternehmens. Zwar ist das Verbandsvermögen rechtlich verselbständigt.[592] Dennoch ist es gleichermaßen „Zweckvermögen" der Anteilseig-

---

588 Siehe auch *Kirch-Heim*, Sanktionen, S. 178.

589 So aber *v. Freier*, Verbandsstrafe, S. 242 ff.; in diese Richtung auch *Wegner*, Systematik, S. 92; für eine Umschreibung des Pflichtenprogramms siehe *Busch*, Grundfragen, S. 168 ff.

590 Siehe oben D.V.2.e)bb)(3).

591 *Reuter*, BB 2016, 1283; ders., ZIP 2018, 2298, 2301; ders., NZG 2019, 321, 322; *Hauff*, Regress, S. 153.

592 *Bunte*, NJW 2018, 123, 125.

ner, welches diesen wirtschaftlich zusteht.[593] In diesem Sinne setzen zahlreiche Stimmen den mit der Verbandsgeldbuße eintretenden Schaden am Gesellschaftsvermögen mit einem Vermögensnachteil bei den Gesellschaftern gleich.[594]

Zum einen sinkt mit einer finanziellen Belastung des Gesellschaftsvermögens auch für die Anteilseigner der Wert ihrer Beteiligung.[595] Evident wird das Übel bei den Anteilseignern zudem dadurch, dass sich bei einer Minderung des Unternehmensgewinns infolge einer Geldbuße auch der unter den GmbH-Gesellschaftern auszuschüttende Gewinn bzw. die den Aktionären nach §§ 58 Abs. 4, 60 AktG zustehende Dividende als Beteiligung am Bilanzgewinn reduziert.[596] Als Reaktion des Kapitalmarktes sinkt zudem zumindest bei Bekanntgabe erheblicher Geldbußen regelmäßig zugleich auch der Kurswert einer Aktie. Dies stellt zwar ein mittelbares, da von der Marktreaktion und damit von verschiedenen Faktoren abhängiges, aber dennoch ein bezwecktes weiteres finanzielles Übel für den Anteilseigner dar.[597] Die Verbandsgeldbuße wirkt sich damit auf den shareholder value und auch auf diese Weise auf das Vermögen der Anteilseigner aus.[598]

Jedenfalls handelt es sich um eine gezielte Belastung der Anteilseigner.[599] Zur Vermeidung dieser Übelszufügung sollen die Anteilseigner angehalten werden, durch eine besonders sorgfältige Auswahl und Überwachung der Leitungsorgane im Rahmen der Ausgestaltung der Corporate Governance auf ein rechtskonformes Verhalten des Unternehmens im

---

593 *Klesczewski*, in: FS Seebode, S. 179, 189; siehe auch BGH, Urt. v. 8.7.2014 – II ZR 174/13, NZG 2014, 1058, 1060.

594 *Reuter*, NJW 2016, 1283, 1288 ff.; *Prüfer*, Korruptionssanktionen, S. 83 ff.; *Wagner*, ZGR 2016, 112, 134; siehe auch *Schünemann*, ZIS 2014, 1, 12; *Fisch*, (2007) J. Bus. & Tech. L. 91, 93; aus der US-amerikanischen Literatur siehe ferner *Arlen*, in: Harel/Hylton, Economics of Criminal Law, S. 144, 181; *Posner*, Economic Analysis of Law, S. 577; *Coffee*, (1981) 79 Mich. L. Rev. 386, 416; *Kennedy*, (1985) 73 Cal. L. Rev. 443, 448 f.

595 *Wagner*, ZGR 2016, 112, 138; Reuter, ZIP 2018, 2298, 2301.

596 *Reuter*, BB 2016, 1283, 1290; *v. Rosen*, in: Kempf/Lüderssen/Volk, Unternehmensstrafrecht, S. 263, 266; siehe auch *Peglau*, ZRP 2001, 406, 408.

597 Anders (unmittelbare Übelszufügung durch Kurswertverluste) DAV-Strafrechtsausschuss, Stelln. 54/2013, S. 18 f..

598 *Reuter*, BB 2016, 1283,1290; ders., ZIP 2018, 2298, 2301; *Wagner*, ZGR 2016, 112, 138; *Ackermann*, ZHR 179 (2015), 538, 555; *v. Rosen*, in: Kempf/Lüderssen/Volk, S. 263, 266.

599 *Reuter*, ZIP 2018, 2298, 2301.

Rechtsverkehr hinzuwirken.[600] Die präventive Einwirkung auf die Anteilseigner ist also nicht ungewollte Nebenfolge, sondern muss im Gegenteil geradezu als kriminalpolitisch erwünschte Zielsetzung einer jeden Verbandssanktion angesehen werden.[601] Sie ist bei einer Verbandssanktion für betriebsbezogene Taten zwingend zur Erreichung eines präventiven Effekts, der beim Verband als solchem gerade nicht eintreten kann und der bei den handelnden Leitungsorganen wegen zahlreicher weiterer Nachteile unsicher ist und zudem mit Blick auf die gesetzliche Verknüpfung der Verbandssanktion mit der Individualsanktion auch nicht gewollt sein kann.[602] Vor diesem Hintergrund wäre es nicht zutreffend, die Anteilseigner lediglich als sekundäre Betroffene einer Verbandssanktion zu verstehen, die primär auf die juristische Person abzielt.[603] Die Anteilseigner sind vielmehr von der Sanktion gleichermaßen primär betroffen wie die juristische Person selbst.

Dieser Übelszufügung kann auch nicht entgegengehalten werden, dass die Gesellschaft eine Geldbuße beispielsweise auf die Preisgestaltung weitergeben und auf diesem Wege die finanzielle Belastung – auch für die Anteilseigner – abmildern könne.[604] Jedenfalls auf einem funktionierenden Markt mit ausreichendem Wettbewerb unterliegt die Preisgestaltung für Produkte oder Dienstleistungen stets den Grenzen dieses Marktes und kann daher in der Regel nicht beliebig in die Höhe gesetzt werden, um damit anderweitige Belastungen aufzufangen.[605] Wäre eine Preiserhöhung auf dem jeweiligen Markt ohne Weiteres möglich, ist davon auszugehen,

---

600 *Kindler*, Unternehmen als Täter, S. 308 ff.; *Ehrhardt*, Unternehmensdelinquenz, S. 201 f.; *Busch*, Grundfragen, S. 115; siehe auch *Peglau*, ZRP 2001, 406, 408; *ders.*, JA 2001, 606, 609; *Trüg*, StraFO 2011, 471, 482; *Wagner*, ZGR 2016, 112, 135; *Khanna*, (1996) 109 Harv. L. Rev. 1477, 1495; siehe auch *Ackermann*, ZHR 179 (2015), 538, 555 f., der jedoch gleichzeitig auch die Nicht-Individuenbezogenheit der Verbandssanktion hervorhebt, was einen gewissen Widerspruch in sich trägt und sich nur in dem Sinne verstehen lässt, dass keine Steuerung der Leitungspersonen bezweckt ist.

601 *Ehrhardt*, Unternehmensdelinquenz, S. 209; siehe auch *v. Freier*, Verbandsstrafe, S. 236.

602 *V. Freier*, Verbandsstrafe, S. 239 ff., wenngleich die Verbandssanktion im Ergebnis als Bestrafung Unschuldiger ablehnend, S. 261.

603 *Kubiciel*, ZRP 2014, 133, 135.

604 So aber *Wagner*, ZGR 2015112, 134 f.; siehe hierzu bereits *v. Spiegel*, Drittwirkung der Geldstrafe, S. 148 ff.

605 *Engelhart*, Sanktionierung, S. 85; dahin auch *Ackermann*, ZHR 179 (2015), 538, 556; ähnlich auch Monopolkommission, 72. Sondergutachten zu strafrechtlichen Sanktionen bei Kartellverstößen, abgedruckt in BT-Drs. 18/7508, S. 47; siehe auch *Kennedy*, (1985) 73 Cal. L. Rev. 443, 449.

dass ein auf Gewinnmaximierung ausgerichtetes Unternehmen solche Maßnahmen bereits unabhängig von einer Sanktion trifft und den theoretisch möglichen Preisrahmen ausschöpft.

cc) Ansätze im Schrifttum und in der Rechtsprechung

(1) Verbandsgeldbuße

Das Konzept einer angestrebten Steuerung der hinter dem Unternehmen stehenden Anteilseigner durch Androhung einer unternehmensbezogenen Sanktion bleibt in der Diskussion zum Bußgeldregress weitgehend unerörtert. Nur wenige Stimmen identifizieren ausdrücklich die Anteilseigner als Adressaten der Übelszufügung.[606] Eine explizite Ausweisung als Zielobjekt der Steuerungswirkung erfolgt noch seltener.

Von einer Abschreckung gegenüber den Anteilseignern spricht etwa *Hombrecher*, soweit er ausdrücklich die Unternehmenseigentümer in Bezug nimmt.[607] Auch *Bunte* scheint von einem solchen Ansatz auszugehen, soweit er nach der Feststellung, dass die Unternehmensgeldbuße einen auf Verhinderung von Verstößen gerichteten Präventionszweck verfolge, weiter ausführt, dieser Zweck ziele nicht auf die für das Unternehmen handelnden Individuen ab, sondern auf die Unternehmensträger.[608] Das Unternehmen selbst müsse Maßnahmen wie z.B. geeignete Compliance-Strukturen etablieren. Mit der gleichzeitigen Ablehnung einer auf die Leitungsorgane ausgerichteten Steuerungsfunktion kann es sich bei derartigen Maßnahmen dann aber nur um solche der hierarchisch über den Leitungsorganen stehenden Unternehmensebene handeln, mithin um solche der Gesellschafter, wenngleich Unternehmensträger im eigentlichen Sinne die juristische Person selbst ist. Ausdrücklich auf die Rolle der Anteilseigner bei der Einführung unternehmensinterner Präventionsmaßnahmen, die durch die Sanktionsandrohung angesprochen würden, weisen auch *Baur/Holle* hin.[609]

606 Siehe etwa *Bachmann*, BB 2015, 907, 911; *Thomas*, NZG 2015, 1409, 1414 (jeweils ohne Bezug auf eine Abschreckungswirkung).

607 *Hombrecher*, NZKart 2017, 143, 144; siehe auch *Lotze/Smolinski*, NZKart 2015, 254, 256.

608 *Bunte*, NJW 2018, 123, 125.

609 *Baur/Holle*, ZIP 2018, 459, 466; siehe auch *Wagner*, ZGR 2015, 112, 135.

Das allgemeine Schrifttum zur Verbandsgeldbuße sowie speziell zur Kartellbuße setzt sich mit dieser Fragestellung kaum, zumindest aber nicht vertieft auseinander.[610] In der Kommentarliteratur zu § 30 OWiG gibt *Rogall* gegenüber dem vereinzelten Einwand, bei der Bemessung der Verbandsgeldbuße müsse eine unangemessen harte Belastung der tatunbeteiligten Gesellschafter vermieden werden,[611] immerhin zu bedenken, dass die präventive Wirkung der Geldbuße auch gegenüber diesem Personenkreis in Ansatz gebracht werden müsse.[612]

Auch die Entscheidung des LAG Düsseldorf zum Schienenkartell lässt die zu wünschende Klarheit vermissen.[613] Das Gericht führt aus, die Geldbuße müsse beim Unternehmen verbleiben und die Unternehmensträger treffen, um deren zukünftiges Verhalten zu beeinflussen. Unternehmen und Unternehmensträger sollten durch fühlbare Einbußen zu einer angemessenen Kontrolle angehalten werden. Die Unternehmensträger seien diejenigen, die die Organvertreter ausgewählt, angestellt und bestellt hätten, sodass sie auch die finanzielle Verantwortung für alle Folgen des Organhandelns zu tragen hätten.[614] Die präventive Wirkung beim Unternehmen würde bei einer Entlastungsmöglichkeit im Innenverhältnis entfallen.

Indem es hier explizit auf die Auswahl- und Bestellungsentscheidung für die Organwalterposten Bezug nimmt, scheint das Gericht auf die Gesellschafter abzuzielen. Schließlich sind es die Gesellschafter, in deren Verantwortungsbereich diese Personalentscheidungen für die höchste Leitungsebene fallen. Ausdrücklich wird das Gericht insoweit jedoch nicht, sondern verwirrt stattdessen eher mit der gleichzeitigen Nennung „des Unternehmens" als Steuerungsadressaten. Ob es mit den Unternehmensträgern nicht die juristische Person als Rechtsträger im Sinne des Rechtsträgerprinzips, sondern gerade die Gesellschafter als natürliche Trägerpersonen meint, wird nicht deutlich.[615] Wenngleich sprachlich unglücklich ausgedrückt, könnte hierauf aber zumindest die Verwendung des Plurals beim Verweis auf „die Unternehmensträger" hindeuten. Unternehmensträger kann nur eine einzelne juristische Person sein, wohingegen in der Regel mehrere hinter der juristischen Person stehende Anteilseigner existieren.

---

610 Für eine verhaltenssteuernde Einwirkung auf die Unternehmenseigentümer *Eden*, Persönliche Schadensersatzhaftung, S. 51 f.

611 So etwa *Meyberg*, in: BeckOK-OWiG, § 30 Rn. 130; hierzu bereits oben unter D.V.2.c).

612 *Rogall*, in: KarlsKomm-OWiG, § 30 Rn. 139.

613 Kritisch auch *Reuter*, BB 2016, 1283, 1287 und 1291.

614 LAG Düsseldorf, Urt. v. 20.1.2015 – 16 Sa 459/14, juris Rn. 283 f.

615 Hierzu auch *Reuter*, BB 2016, 1283, 1287.

Letztendlich macht die Entscheidung die Ambivalenz gegenüber der Frage der Steuerungsausrichtung deutlich.

Auf der Linie einer mit der Verbandsgeldbuße angestrebten Einwirkung auf die Anteilseigner bewegt sich auch die bereits erwähnte Entscheidung des Kammergerichts, die als Zwecksetzung ausdrücklich eine Förderung der Rechtschaffenheit bei den Organen durch die Mitglieder der juristischen Person benennt.[616]

(2) Verbandsstrafrecht

Generell weiter verbreitet erscheint der Ansatz einer anteilseignerbezogenen Steuerungsfunktion bei der Verbandsstrafe. Eine verhaltenssteuernde Ausrichtung auf die Anteilseigner wird vorrangig im angloamerikanischen Rechtskreis diskutiert. Zahlreiche Autoren setzen sich im Kontext des US-amerikanischen Unternehmensstrafrechts – häufig kritisch – mit diesem Konzept auseinander oder gehen zumindest davon aus, dass einer Unternehmenssanktion dieses Konzept zugrunde liege.[617]

Auch im deutschen Schrifttum werden im Kontext der andauernden Diskussion um die Einführung eines Verbandsstrafrechts die Anteilseigner thematisiert. Dabei werden vorrangig lediglich die Auswirkungen einer Verbandssanktion auf die Anteilseigner als faktische oder mittelbare Folgen kritisiert.[618] Vereinzelt werden die Auswirkungen aber auch als Teil des wirtschaftlichen Risikos eingestuft, das jedes Mitglied stets und automatisch zu tragen habe.[619]

Eine gezielte Ausrichtung einer Verbandsstrafe zur Verhaltenssteuerung der Anteilseigner, um diese zu Rechtsverstößen der Leitungsorgane vorbeugenden Maßnahmen zu veranlassen, wird dagegen seltener explizit vertreten. Dabei wird zum Teil für eine „Gesamtsteuerung“ aller dem sozialen Subjekt Unternehmen angehörenden Individuen in Gestalt von Gesell-

---

616 KG, Beschl. v. 18.3.1986 – 1 Kart 18/85, NJW-RR 1987, 637, 639; siehe hierzu bereits oben unter D.V.2.d).

617 *Posner*, Economic Analysis of Law, S. 577 ff.; *Arlen*, in: Harel/Hylton, Economics of Criminal Law, S. 144, 181; *Etzioni/Mitchell*, in: Pontell/Geis, Intl. Handbook Corporate Crime, S. 187, 187 f., *Coffee*, (1981) 79 Mich. L. Rev. 386, 416; siehe bereits *Mueller*, (1957) 19 Pitt. L. Rev. 21, 39.

618 *Heine*, Strafrechtliche Verantwortlichkeit, S. 309; *Busch*, Grundfragen, S. 188; *Bertossa*, Unternehmensstrafrecht, S. 94.

619 *Hirsch*, ZStW 1995, 288, 297; kritisch hierzu *Peglau*, ZRP 2004, 406, 408; *v. Freier*, Verbandsstrafe, S. 243 und S. 260.

schaftern, Organen und Mitarbeitern plädiert.[620] Andere Stimmen stellen aber auch allein und ausdrücklich auf die Anteilseiger ab, die sich durch die Sanktionsandrohung zu unternehmerischen Veränderungen veranlasst sehen sollen.[621] Nach *Wagner* etwa beruht die der Verbandsstrafe beigemessene Präventivwirkung auf der „unausgesprochenen Annahme, dass die Sanktionierung des Unternehmens den Unternehmenswert senkt, was zu Lasten der Anteilseigner geht, die hierdurch einen Anreiz erhalten, auf rechtskonformes Verhalten der Manager hinzuwirken".[622] In die gleiche Richtung zielen auch die Feststellungen *v. Freiers*, der von einem „präventiven Durchgriff" auf die Mitglieder und insoweit von einer „staatlich intendierten Wirkung" der Verbandsstrafe spricht.[623] Auch *Kindler* sieht in den finanziellen Auswirkungen einer Verbandsstrafe auf die Aktionäre eine nachgerade beabsichtigte, „gezielte motivatorische Beeinflussung" der Anteilseigner, um diese über ihr Stimmrecht zu einer Einflussnahme zu veranlassen.[624] In diesem Sinne stellt auch *König* fest, es könne nicht in Abrede gestellt werden, dass die Verbandsstrafe auf die hinter dem Unternehmen stehenden Personen wirken solle.[625]

Auch der Entwurf des Landes Nordrhein-Westfahlen für ein Verbandsstrafengesetz scheint auf der Annahme zu beruhen, die Anteilseigner zu einer sorgfältigen Auswahl und Einwirkung auf die Leitungsorgane motivieren zu können.[626] Zwar spricht auch der Entwurf davon, dass die Folgewirkungen auf die Anteilseigner aus der Risikogemeinschaft resultieren, die mit dem Beitritt zum Verband verbunden seien.[627] Andererseits nennt er als Grund für die Sanktion ausdrücklich die fehlerhafte Personalauswahl und Einwirkung auf die Leitungsorgane, die sich durch die von den Leitungsorganen begangenen Rechtsbrüche manifestiere, und die gerade den Gesellschaftern obliegt, nicht dem Verband als Ganzem.[628] Die perso-

620 *Ehrhardt*, Unternehmensdelinquenz, S. 201 f.

621 *Peglau*, ZRP 2001, 406, 408; *ders.*, JA 2001, 606, 609; *Trüg*, StraFO 2011, 471, 482; *Köhler*, Strafrecht AT, S. 563; *Kirch-Heim*, Sanktionen, S. 178;

622 *Wagner*, ZGR 2016, 112, 133.

623 *V. Freier*, Verbandsstrafe, S. 236 und S. 260.

624 *Kindler*, Unternehmen als Täter, S. 308 und S. 311 f.

625 *König*, in: Hettinger, Reform des Sanktionenrechts, S. 39, 64 f.

626 Zur offenbar gleichen Lesart des Entwurfs siehe auch DRB, Stelln. 16/14 (s. oben Fn. 140): „Durchgriff der Eigentümer (...) auf die Entscheidungsträger".

627 Entwurf-NRW (oben Fn. 118), S. 32 unten.

628 Entwurf-NRW (oben Fn. 118), S. 45.

nelle Fehlauswahl sei insoweit vergleichbar mit dem Handlungsunrecht bei der Individualsanktion.[629]

Da eine kriminalstrafrechtliche Verbandssanktion in Deutschland de lege lata nach wie vor nicht existiert, bewegen sich sämtliche dieser Äußerungen im hypothetischen Bereich. Jedoch stellen sich bei der Verbandsgeldbuße nach § 30 OWiG mit Blick auf die Steuerungswirkung identische Fragen, sodass es verwundert, dass ein Transfer dieser Problemstellung bislang kaum erfolgt.[630]

dd) Weitere Argumente für eine Anteilseignersteuerung

(1) Gesetzesbegründung zur 9. GWB-Novelle

Auch aus jüngeren gesetzgeberischen Entwicklungen lässt sich ablesen, dass die Verbandsgeldbuße als anteilseignerbezogenes Steuerungsinstrument verstanden wird, mit dem den Anteilseignern finanzielle Belastungen für die Gesellschaft und damit auch ihrer Beteiligungen angedroht werden, um sie zu einer Einflussnahme auf das Verhalten der Leitungsorgane zu motivieren und damit – ergänzend zur Individualsanktion – eine Einhaltung rechtlicher Rahmenbedingungen im Wirtschaftsverkehr zu sichern.

Die Begründung zur 9. GWB-Novelle nimmt zur Zwecksetzung der Verbandsgeldbuße dahingehend Stellung, die Geldbuße sei keine originäre Sanktion als Antwort auf eine eigene Pflichtwidrigkeit der Leitungspersonen und auch keine spezialpräventive, auf die Leitungspersonen abzielende Maßnahme. Sie solle vielmehr dazu dienen, das zu bestimmten wirtschaftlichen Zwecken eingesetzte Vermögen der Wirtschaftsteilnehmer zu treffen, die von der Ordnungswidrigkeit profitieren, damit die Unternehmen angehalten werden, die erlassenen Ge- und Verbote zu beachten.[631]

Diese Einlassung erteilt nicht nur denjenigen Stimmen eine klare Absage, die mit der Verbandssanktion eine Steuerung der Leitungsorgane bezweckt sehen. Sie deutet auch ein anteilseignerbezogenes Verständnis der Verbandsgeldbuße zumindest an. Die Anteilseigner sind es gerade, die ihr

629 Entwurf-NRW (oben Fn. 118), S. 58.

630 Besonders deutlich wird dies etwa bei DAV-Strafrechtsausschuss, Stelln. 54/2013, S. 3, die eine präventive Ausrichtung gegenüber dem Verband kritisiert, gleichzeitig aber das Problem bei der Verbandsgeldbuße nicht aufwirft.

631 BT-Drs. 18/10207, S. 88.

Vermögen – oder im Falle institutioneller Investoren das ihrer Kunden – in die Gesellschaft einbringen, um damit gewisse wirtschaftliche Zwecke, in erster Linie nämlich die Erzielung von Gewinnbeteiligungen verfolgen, und von gewinnsteigernden Rechtsverstößen der Leitungsorgane profitieren.

(2) Stärkung der Unternehmenseigentümer bei der Corporate Governance

Das Verständnis der Verbandsgeldbuße als ein anteilseignerbezogenes Steuerungsinstrument fügt sich auch ein in eine erkennbare Rechtsentwicklung auf nationaler und europäischer Ebene. Diese zeigt eine Tendenz zur verstärkten Inanspruchnahme der Unternehmenseigentümer für Fragen der Corporate Governance.

Der Begriff der Corporate Governance bezeichnet den rechtlichen und faktischen Ordnungsrahmen für die Leitung und Überwachung eines Unternehmens. Dabei kann unterschieden werden zwischen einer internen Sichtweise, die sich insbesondere auf die Kompetenzen und das Zusammenwirken der Organe bezieht, und einer externen Sichtweise, die insbesondere das Verhältnis der Leitungsorgane zu den Anteilseignern in den Blick nimmt.[632] Bei Letztgenanntem geht es allgemein gesprochen um eine Verbesserung der internen Verbandskontrolle durch die den Rechtsträger bildenden Unternehmenseigner im Rahmen der diesen offenstehenden Möglichkeiten der Corporate Governance, insbesondere durch die Implementierung von Compliance-Strukturen.[633]

Der deutsche Gesetzgeber zeigt seit Längerem insbesondere im Aktienrecht eine klare Tendenz zur Verbesserung der Unternehmenskontrolle durch die Aktionäre, die sich insbesondere in Regelungen für Kleinanleger und Minderheitsaktionäre niederschlägt. Verschiedene Rechtsakte haben die Mitverwaltungsrechte und damit die Einflussnahmemöglichkeiten von Aktionärsminderheiten gezielt und systematisch gestärkt.[634] Zu dieser Entwicklung zählt etwa die Einführung der elektronischen Hauptversammlung, über die gem. § 118 Abs. 1 S. 2 AktG die Stimmrechtsausübung mittels elektronischer Kommunikation möglich ist und die einer sinkenden

632 *V. Werder*, in: Kremer u.a., DCGK, 2. Teil Rn. 1.

633 So bereits *Schünemann*, Unternehmenskriminalität und Strafrecht, S. 238; *Eden*, Persönliche Schadensersatzhaftung, S. 51 f.

634 Hierzu auch *Bergbach*, Anteilseigentum, S. 238 ff.

Beteiligung von Kleinaktionären entgegenwirken soll.[635] Die damit geschaffenen Erleichterungen für die Aktionäre zielen auf eine Verminderung der sog. Agenturkosten der Aktionäre ab und sind geeignet, die tatsächlichen Kontrolldefizite innerhalb der Aktiengesellschaft zu verringern.[636] Relevant sind in diesem Zusammenhang ferner die Erleichterungen bei der Stimmrechtsvertretung. Als Interessenwalter privater Kleinanleger treten zunehmend Anlegerschutzvereinigungen auf Hauptversammlungen auf. Sie sind hierbei in der Lage, durch Stimmrechtsvertretung oder Abstimmungsempfehlungen einen nicht zu unterschätzenden Druck auf Aufsichtsrat und Vorstand auszuüben.[637] Die Stimmrechtsvertretung wurde insofern erleichtert, als dass mit Abschaffung des Schriftformerfordernisses für die Vollmachterteilung nunmehr sämtliche Rechte aus den Aktien über das Internet ausgeübt werden können.[638]

Weitere Maßnahmen zielen darauf ab, die Kommunikation zwischen den Aktionären zu erleichtern und damit Koordinationsmöglichkeiten für die Ausübung bestimmter Beteiligungsrechte zu schaffen. Im Zusammenhang mit dem Recht auf Sonderprüfung etwa soll insbesondere das mit der Vorschrift des § 127a AktG eingeführte Aktionärsforum dem Einzelaktionär als eine nicht der Einflusssphäre der Gesellschaft unterliegende Plattform dienen, um gewisse Schwellenwerte für an Minderheitsquoren gebundene Rechte zu erreichen und damit den Einfluss auf die Unternehmenskontrolle zu stärken.[639] Dabei ist gerade die Verbesserung der Eigentümerkontrolle durch die Aktionäre das erklärte gesetzgeberische Motiv für die Einführung dieses Instituts. In der amtlichen Begründung qualifiziert der Gesetzgeber die als mangelhaft kritisierte Ausgestaltung der Eigentumerkontrolle in der Aktiengesellschaft als ein „grundlegendes Corporate Governance-Defizit", dem entgegenzuwirken sei.[640] Der Gesetzgeber wirkt damit – wie bereits im Schrifttum vereinzelt gefordert – auf eine

635 *Beck*, RNotZ 2014, 160.
636 Siehe auch *Dieling*, Kontrolle des Managements, S. 46; *Bergbach*, Anteilseigentum, S. 238.
637 Hierzu auch *Wettich*, NZG 2011, 721, 726. Nicht eingegangen wird an dieser Stelle auf die Stimmrechtvertretung durch depotführende Banken, die aufgrund von Interessenkollisionen und zunehmendem Bedeutungsverlust in der Praxis kein effektives Kontrollinstrument darstellt, siehe hierzu Dieling, Kontrolle des Managements, S. 19 ff.
638 *Dieling*, Kontrolle des Managements, S. 39.
639 *Koch*, in: Hüffer/Koch, AktG, § 127a Rn. 1.
640 BT-Drs. 15/5092, S. 15.

Rechts- und Kontrollausübung durch die Aktionäre hin.[641] Die Gesetzesbegründung zum Aktionärsforum verdeutlicht, dass die Kontrollausübung durch die Anteilseigner vom Gesetzgeber als eigenständige Ausprägung einer effizienten Corporate Governance für notwendig erachtet wird.

(3) Deutscher Corporate Governance Kodex

Auch der Grundprinzipien für Unternehmen formulierende Deutsche Corporate Governance Kodex spiegelt die Bedeutung wider, die den Anteilseignern für eine funktionierende Corporate Governance beigemessen wird.[642]

Die Kodex-Präambel hebt die Bedeutung institutioneller Anleger und die an diese gerichtete Erwartung, ihre Eigentumsrechte aktiv und verantwortungsvoll auszuüben, besonders hervor. Der daraus abzulesende Appell an die Anteilseigner macht deutlich, dass die Aktionäre, insbesondere große (institutionelle) Anleger, als „Wächter" für Corporate Governance und damit als Kontrollinstanz gegenüber der Leitungsebene angesehen werden.[643] Die Aufnahme der Anteilseigner in den Kodex ist Ausdruck einer allgemeinen Entwicklung hin zu einer verstärkten Einbeziehung und letztendlich auch Verpflichtung der Aktionäre in Corporate Governance-Fragen. Sie deutet darauf hin, dass Aktionäre künftig vermehrt auch in den Fokus des Kodex' rücken könnten.[644]

Der Kodex greift damit offenbar den Themenkomplex sog. aktivistischer Aktionäre auf, der die aus den USA stammende und zunehmend auch in deutschen Unternehmen zu beobachtende Entwicklung beschreibt, dass sich Aktionäre mit großen Beteiligungen bei Unzufriedenheit mit der Un-

---

641 *Hirt*, ZGR 2012, 280, 283; siehe auch *Schneider/Burgard*, in: FS Beusch, S. 783, 784 („ordnungspolitische Aufgabe des Gesetzgebers").

642 Zur Rechtsnatur des Kodex siehe *Bachmann*, in: Kremer u.a., DCGK, Teil 2 Rn. 80 f.

643 So ausdrücklich die Begründung der Kodex-Kommission in den Erläuterungen der Änderungsvorschläge, S. 2, abrufbar unter: http://www.dcgk.de/de/konsultationen/aktuelle-konsultationen.html (zuletzt besucht am 31.5.2020).

644 *Mense/Klie*, GWR 2017, 1; begrüßend *Nikoleyzik/Graßl*, NZG 2017, 161, 162; *v. Werder*, in: Kremer u.a., DCGK, Präambel Rn. 113e; kritisch DAV-Handelsrechtsausschuss, NZG 2017, 57 f.; zur Ansicht, die bei institutionellen Anlegern sogar eine Pflicht zur Stimmrechtsausübung annimmt, siehe *Winkler*, Verantwortung institutioneller Anleger, S. 132; hierzu auch *Bergbach*, Anteilseigentum, S. 264.

ternehmensführung nicht mehr durch Anteilsveräußerung aus dem Unternehmen zurückziehen, sondern aktiv ihre Rechte und Möglichkeiten zur Einflussnahme auf die Geschäftspolitik des Vorstands ausüben.[645]

(4) Unionsrechtliche Entwicklungen

Auch auf europäischer Ebene sind Bestrebungen zur Stärkung der Kontrolle durch die Aktionäre zu beobachten. Die Kommission geht dabei vom Leitbild eines sich im Unternehmen engagierenden und Maßnahmen der Geschäftsleitung laufend reflektierenden Aktionärs aus. Die Förderung einer proaktiven Haltung der Anteilseigner in Fragen der Corporate Governance ist erklärte Zielsetzung der europäischen Aktivitäten.[646] Dabei zeichnet sich ein Paradigmenwechsel weg von der bloßen Stärkung von Aktionärsrechten hin zu Aktionärspflichten ab.[647] Diese Bestrebungen kumulieren in der kürzlich geänderten Aktionärsrechte-Richtlinie.[648]

Auch in anderen unionsrechtlichen Sekundärrechtsakten kommt die Bedeutung der Anteilseigner für Fragen der Corporate Governance und dabei auch für eine funktionierende Compliance zum Ausdruck. So verlangt beispielsweise die den Versicherungssektor regulierende Solvency-II-Richtline die Einrichtung eines Governance-Systems, das unter anderem die Errichtung eines internen Kontrollsystems und dessen Überwachung durch eine Compliance-Funktion erfordert.[649] Zur Absicherung dieser Anforderungen enthält die Richtlinie – und zu deren Umsetzung auch das deutsche Versicherungsaufsichtsrecht – neben organbezogenen Sanktionsmöglichkeiten auch anteilseignerbezogene Sanktionsmöglichkeiten, soweit die Unternehmensbeteiligung eine gewisse Größenordnung erreicht.[650] Dies belegt, dass der Ansatz einer Einwirkung auf die Anteilseigner für die Ein-

645 *Schneider*, ZGR 2012, 518, 520 f.; *Nikoleyzik/Graßl*, NZG 2017, 161, 162 f.; näher zur aktuellen Diskussion um aktivistische Aktionäre siehe *Plagemann/Rahlmeyer*, NZG 2015, 895 f.; *Kocher*, DB 2016, 2887.

646 Siehe EU-Kommission, Grünbuch Europäischer Corporate Governance-Rahmen, KOM(2011) 164, S. 3 f.

647 Hierzu *Weber-Rey*, AG 365, 367.

648 Richtlinie (EU) 2017/828, ABl. EU 2017, L132/1.

649 Art. 41 ff. der Richtlinie 2009/138/EG, ABl. EU 2009, L 335/1; hierzu eingehend *Bürkle*, WM 2012, 878.

650 Hierzu *Bürkle*, in: Hauschka/Moosmayer/Lösler, Corporate Compliance, § 49 Rn. 18 f.

richtung effektiver Compliance-Maßnahmen auch in der Rechtspraxis bereits verfolgt wird.

Des Weiteren deuten auch Äußerungen der Generalanwältin beim EuGH in der Rechtssache Kendrion auf ein anteilseignerbezogenes Verständnis von Unternehmensgeldbußen hin.[651] Da die Gewinne aus Wettbewerbsverstößen den Anteilseignern zuflössen, sei es billig, dass die mit Aufsichtsmacht ausgestatteten Anteilseigner für illegales Verhalten ihrer Tochtergesellschaft einzustehen haben. Wenngleich von solchen Äußerungen zum europäischen Unternehmensbußgeldregime keine direkten Rückschlüsse auf das deutsche Recht zulässig sind, bestätigen sie gleichwohl die Grundidee eines solchen Ansatzes.

h) Zwischenergebnis

Der Verbandsgeldbuße liegt eine präventive, auf Verhaltenssteuerung abzielende Zwecksetzung zugrunde. In diesem Abschnitt wurde herausgearbeitet, dass Steuerungsobjekt dieses Sanktionszwecks nicht das individuelle, für die juristische Person im Rechtsverkehr handelnde Leitungsorgan ist, welches stattdessen mittels der drohenden Individualsanktion gesteuert werden soll. Auch das überpersonelle Rechtskonstrukt des Verbands als solchem, dem mangels kognitiver Fähigkeiten keine Sanktionsempfindlichkeit beizumessen ist und dem damit eine Voraussetzung für eine präventive Steuerung fehlt, kommt nicht als Steuerungsadressat in Betracht. Es spricht daher einiges dafür, dass die präventive Zwecksetzung der Verbandsgeldbuße auf die Unternehmenseigentümer, also die hinter dem Unternehmen stehenden Anteilseigner gerichtet ist.[652] Ziel einer so verstandenen Verbandsgeldbuße ist es, die Anteilseigner zu einer Einwirkung auf die Leitungsorgane zu motivieren, um diese zu einem gesetzestreuen Verhalten bei der Unternehmensführung anzuhalten. Die Verbandsgeldbuße ergänzt damit die unmittelbar auf die Leitungsorgane ausgerichtete Individualsanktion, um eine gesetzeskonforme Unternehmensleitung zu erreichen.

Dieses Verständnis der Verbandsgeldbuße hat zugleich auch Konsequenzen für die dogmatische Einordnung des § 30 OWiG. Die fehlerhafte Per-

---

651 Schlussanträge der Generalanwältin Sharpston v. 30.5.2013, Rs. C-50/12, Tz. 80; hierzu auch *Thomas*, NZG 2015, 1409, 1414.

652 Vergleichbar etwa mit dem Präventionskonzept hinter § 831 BGB im Hinblick auf eine sorgfältige Auswahl von Verrichtungsgehilfen.

sonalauswahl bzw. die unzureichende Einwirkung auf die Leitungsorgane, die sich in von diesen begangenen Rechtsverstößen manifestiert, hat die Qualität eines Organisationsversagens. Dieses Organisationsversagen stellt sich nicht als eines des Verbands als solchem dar, sondern wird personell vermittelt durch die Anteilseigner. Da die Anteilseigner den Verband konzipieren, kommt der Verbandsgeldbuße also eine täterschaftsbegründende Qualität zu. Dieses Verständnis löst auch den Konflikt auf, dass für das täterschaftsbegründende Organisationsversagen zum Teil auf unzureichende Vorsorgemaßnahmen durch die Organe des Verbandes angeknüpft wird.[653] Der hierin liegende Zirkelschluss[654] kann auf diesem Weg vermieden werden.

3. Auswirkungen einer Regressmöglichkeit auf die Präventionswirkung

a) Meinungsstand beim Bußgeldregress

Sind die konzeptionellen Grundlagen des sanktionsrechtlichen Präventionszwecks der Verbandsgeldbuße festgelegt, kann nun der Frage nachgegangen werden, welche Auswirkungen sich von einer potentiellen Regressmöglichkeit bei den Leitungsorganen auf diese Zwecksetzung ergeben könnten.

In der Debatte zum Bußgeldregress nimmt der Aspekt einer Sanktionszweckgefährdung – trotz seltener Auseinandersetzung mit den Grundlagen der Sanktionswirkung – eine hervorgehobene Stellung ein. Die Sanktionszweckgefährdung bildet das Hauptargument der Regressgegner. Das LAG Düsseldorf etwa bezieht sich maßgeblich auf die vermeintliche Gefährdung der präventiven Zwecksetzung der Sanktion durch den Innenregress. Die Unternehmensgeldbuße habe den ausdrücklichen Zweck, das Unternehmen bzw. den Unternehmensträger selbst zu treffen, was auch für das Zivilrecht zu berücksichtigen sei, da dieser Zweck bei einer zulässigen Weitergabe an die Geschäftsleiter nicht erreicht würde.[655] Ein Rückgriff – so das Gericht weiter – würde dazu führen, dass die ordnungsrechtliche Entscheidung ins Leere liefe und der Zweck der Verbandsgeldbuße, das Unternehmen über die spezial- und generalpräventive Wirkung zur

653 *Tiedemann*, NJW 1988, 1169, 1172.
654 *Bosch*, Organisationsverschulden, S. 48 f.
655 LAG Düsseldorf, Urt. v. 20. Januar 2015 – 16 Sa 459/14, juris Rn. 283.

Einhaltung der bußgeldbewehrten Vorschriften zu veranlassen, verfehlt würde.[656]

Das regresskritische Schrifttum argumentiert ebenfalls mit den Sanktionszwecken der Verbandsgeldbuße, wobei nicht durchweg explizit der Präventionszweck Erwähnung findet, sondern häufig – allgemeiner formuliert – die Ableitung der Wirkrichtung der Verbandsgeldbuße weg vom Unternehmen bemängelt wird.[657] Zum Teil wird aber auch die Einschätzung des LAG Düsseldorf zum Präventionszweck ausdrücklich bestätigt.[658] Dies kommt etwa zum Ausdruck, wenn die Wirkungen eines möglichen Rückgriffs gegen die Geschäftsleitung als „präventionstechnischer Flurschaden" bezeichnet werden.[659]

Die Anhänger einer dem Grunde nach möglichen Regresshaftung lehnen dagegen eine Sanktionszweckgefährdung in der Regel konsequenter Weise bereits aus dem Grund ab, dass sie von vornherein eine Präventionswirkung der Verbandsgeldbuße in Richtung der Leitungsorgane zugrunde legen. Auf die Unstimmigkeiten dieser Sichtweise wurde bereits eingegangen.[660] Sofern nicht auf eine organwalterbezogene Wirkung der Verbandsgeldbuße abgestellt wird, wird angenommen, die Sanktionszwecke seien jedenfalls mit Festsetzung[661] oder spätestens mit Begleichung[662] der Geldbuße endgültig erreicht, sodass sich ein nachträglicher Haftungsrückgriff nicht zweckbeeinträchtigend auswirke.

Vereinzelte Stimmen argumentieren zudem mit einer potentiellen Reputationsbeeinträchtigung für das Unternehmen durch die Bußgeldfestsetzung, die ganz unabhängig von einem möglichen Ausgleich für die finanzielle Beeinträchtigung zu einer Sanktionszweckerreichung führe.[663] Insofern bestehen Parallelen etwa zur Diskussion um die Zulässigkeit der

---

656 LAG Düsseldorf, Urt. v. 20. Januar 2015 – 16 Sa 459/14, juris Rn. 279, 284.

657 Etwa *Thomas*, NZG 2015, 1409, 1411; siehe auch *Bachmann*, BB 2015, 907, 911.

658 *Ackermann*, ZHR 179 (2015), 538, 560; *ders.*, NZKart 2018, 1, 2; *Bunte*, NJW 2018, 123, 125; siehe ferner bereits *Dreher*, in: FS Konzen, S. 85.

659 *Ackermann*, NZKart 2018, 1, 2.

660 Siehe oben unter D.V.2.e).

661 Dafür *Suchy*, NZG 2015, 591, 592; *Eufinger*, WM 2015, 1265, 1270; *Zimmermann*, WM 2008, 433, 437; *Binder/Kraayvanger*, BB 2015, 1219, 1225; *Fleischer*, BB 2008, 1070, 1073; *Blassl*, CCZ 2017, 36, 41; siehe auch *Möller*, Vorteilsanrechnung, S. 106; *Wacker*, Persönliche Schadensersatzhaftung, S. 129; so jüngst auch *Hauff*, Regress, S. 152.

662 Dafür *Kredel/Kresken*, KSzW 2015, 276, 277; *Pant*, CCZ 2014, 224, 226; *Thole*, ZHR 173 (2009), 504, 532 f.; *Kaulich*, Haftung, S. 28; *Pant*, CCZ 2015, 224, 226.

663 Hierzu *Suchy*, NZG 2015, 591, 592; *Twele*, Haftung, S. 162; *Kredel/Kresken*, KSzW 2015, 276, 277; *Konrads*, Entschärfung des Haftungsrisikos, S. 36.

D&O-Versicherung. Auch dort wurde gegen den Einwand, eine Versicherbarkeit der Innenhaftung führe zu einem Verlust der Präventionswirkung der Haftungsandrohung, entgegnet, dass bereits andere Folgen von haftungsbegründendem Verhalten, insbesondere ein damit regelmäßig einhergehender Reputationsverlust, die Verhaltenssteuerung sicherstellten.[664]

b) Andere Regresskonstellationen

Der Regress für Verbandsgeldbußen betrifft insoweit ein nicht gänzlich neues Phänomen, als dass sich sowohl das Schrifttum als auch die zivilgerichtliche Rechtsprechung in verschiedenen Konstellationen schon lange mit der Frage einer Abwälzbarkeit hoheitlicher Individualsanktionen auf Dritte beschäftigen. Lediglich die Art der Geldbuße als verbandsbezogene Sanktion nach § 30 OWiG sowie der spezielle haftungsrechtliche Kontext im Rahmen der gesellschaftsrechtlichen Innenhaftung stellen neue Aspekte dar. Es erscheint daher auch im Rahmen der Regressdebatte bei Verbandsgeldbußen notwendig, die Außeinandersetzung mit einer möglichen Sanktionszweckgefährdung in diesen Fallgruppen zu beleuchten und die Argumentation zu analysieren. Hierbei geht es zum einen um die Frage der Abwälzbarkeit von Individualsanktionen über privatrechtliche Abreden (nachfolgend aa)) und zum anderen um die Frage des Sanktionsregresses in den sog. Berater-Fällen (nachfolgend bb)). Auch ein jüngst vom BGH entschiedener „Flugreise-Fall“ (nachfolgend unter cc)) und die Debatte um die Regressfähigkeit von sportrechtlichen Verbandssanktionen (nachfolgend unter dd)) soll Beachtung finden.

aa) Meinungsstand zur Abwälzbarkeit von Individualsanktionen

Sowohl die Rechtsprechung als auch das Schrifttum erkennen das Problem der Auswirkungen von Erstattungsaussichten auf die bezweckte Präventionswirkung von Geldsanktionen grundsätzlich an. Sie versagen daher sowohl privatrechtlichen Abwälzungsversuchen als auch privatrechtlichen Erstattungsversprechen regelmäßig die Zulässigkeit.

---

664 *Peltzer*, in: FS Hoffmann-Becking, S. 861, 867.

(1) Abwälzbarkeit dienstlich veranlasster Individualsanktionen

Insbesondere in der arbeitsgerichtlichen Rechtsprechung war die Frage der Ersatzfähigkeit von hoheitlichen Geldsanktionen bereits Gegenstand mehrerer Entscheidungen. Den Ausgangspunkt bildete dabei stets die Frage, ob ein Arbeitnehmer von seinem Arbeitgeber eine Geldsanktion ersetzt verlangen kann, die im Zusammenhang mit der Erfüllung seiner dienstvertraglichen Aufgaben gegen ihn verhängt wurde.

In gefestigter Rechtsprechung lehnen die Arbeitsgerichte solche Erstattungsverlangen insbesondere mit Verweis auf die Zwecksetzung der Sanktion ab. Das LAG Schleswig-Holstein etwa sieht in der Individualsanktion eine öffentlich-rechtliche Buße, die der Betroffene aus seinem eigenen Vermögen selbst tragen müsse. Eine Abwälzung laufe dem öffentlich-rechtlichen Zweck der Maßregelung zuwider.[665] Mit ähnlicher Argumentation entschied das LAG Rheinland-Pfalz gegen eine Abwälzung. Mit Blick auf Wesen und Zweck der Geldbuße sei es bedenklich, den in der Geldbuße liegenden Vermögensnachteil als Schaden im Sinne der §§ 249 BGB anzusehen.[666] Das Wesen der Geldbuße bestehe darin, ein bestimmtes staatliches Ordnungsgefüge in seinem Bestand zu bewahren. Es solle den Täter von zukünftigen Zuwiderhandlungen abhalten. Billigte die Rechtsordnung dem Täter einen Anspruch zu, von der finanziellen Belastung des Bußgeldes freigestellt zu werden, dann würde die Geldbuße den mit ihr verfolgten Zweck verfehlen. Darin bestünde eine ernste Gefahr, dass das Prinzip der Unverbrüchlichkeit der Rechtsordnung in Frage gestellt würde.[667]

Ebenfalls unter Berufung auf den Präventionszweck lehnt auch das gesellschaftsrechtliche Schrifttum Ersatzansprüche von Gesellschaftern nach § 110 HGB ab, gegen die eine persönliche Geldsanktion verhängt wurde. Ein solcher Anspruch – so auch hier die Begründung – sei mit dem Präventivcharakter der Sanktionsnormen unvereinbar. Die Einheit der Rechtsordnung spreche dagegen, diesen individual-präventiven Zweck durch eine vermögensmäßige Risikoverteilung zu konterkarieren.[668]

---

665 LAG Schleswig-Holstein, Urt. v. 30.3.2000 – 4 Sa 450/99, juris Rn. 23.

666 LAG Rheinland-Pfalz, Urt. v. 26.1.2010 – 3 Sa 497/09, juris.

667 LAG Rheinland-Pfalz, Urt. v. 26.1.2010 – 3 Sa 497/09, juris; siehe auch bereits LAG Hamm, Urt. v. 30.7.1990 – 19 (14) Sa 1824/89, NJW 1991, 861.

668 *Langhein*, in: MünchKomm-HGB, § 110 Rn. 21; *Roth*, in: Baumbach/Hopt, HGB, § 110 Rn. 14; siehe auch *Weitemeyer*, in: Oetker, HGB, § 110 Rn. 16; Thole, ZHR 173 (2009), 504, 530.

(2) Erstattungszusagen für Indivdualsanktionen

Mit der gleichen auf die Sanktionszweckgefährdung abstellenden Argumentation versagt die allgemeine Meinung auch privatrechtlichen Zusagen, die auf die Erstattung von Geldbußen oder Geldstrafen gerichtet sind, die Zulässigkeit. Erstattungsversprechen kommen insbesondere in solchen Beziehungen in Betracht, in denen ein Vertragspartner dem erhöhten Risiko ausgesetzt ist, bei der Erfüllung seiner Pflichten bestimmte Sanktionstatbestände zu erfüllen, weil er seine Leistung in einem besonders regulierten Bereich erbringt. Dies betrifft z.B. Kraftfahrer als Arbeitnehmer, ist aber auch in Handelsverträgen möglich.

Gegenstand einer Entscheidung des OLG Hamm war etwa die Zusage eines Handelsunternehmens an dessen Vertragspartner, zukünftig Geldsanktionen aus lebensmittelrechtlichen Straf- oder Ordnungswidrigkeitsverfahren im Zusammenhang mit dem Inverkehrbringen des Vertragsgegenstands, der Lieferung von Fleisch aus dem Ausland, zu erstatten.[669] Das Gericht bewertete diese Zusage als nichtig. Zur Begründung verwies es nicht nur auf § 134 BGB und die angenommenen Strafbarkeit einer solchen Erstattung, sondern gleichsam auf die Sittenwidrigkeit solch einer Vereinbarung, mit der die lebensmittelrechtlichen Bußgeldvorschriften umgangen würden. Dem Händler werde jeder Anreiz genommen, die importierte Ware selbst zu überprüfen, um möglichen Sanktionen zu entgehen, die dem Schutz wichtiger Belange der Allgemeinheit dienten.[670]

Noch deutlicher positionierte sich das BAG im Jahr 2001 bei der Beurteilung einer angeblichen Erstattungszusage eines Arbeitgebers, die Grundlage für ein Ersatzverlangen seines Arbeitnehmers wegen einer für mehrere Lenkzeitverstöße verhängten Geldbuße bildete.[671] Das BAG stufte eine solche Erstattungszusage für künftige Geldsanktionen als sittenwidrig und daher nichtig nach § 138 BGB ein. Der Täter einer Straftat oder Ordnungswidrigkeit habe grundsätzlich die gegen ihn verhängte Sanktion nach deren Sinn und Zweck selber zu tragen und müsse damit eine Geldstrafe oder Geldbuße aus dem eigenen Vermögen aufbringen. Eine Erstattungszusage liefe daher dem Zweck von Straf- und Bußgeldvorschriften zuwider und sei geeignet, die Hemmschwelle des Arbeitnehmers, Straftaten oder

669 OLG Hamm, Urt. v. 9.1.1984 – 8 U 161, 83, ZIP 1984, 1382.
670 OLG Hamm, Urt. v. 9.1.1984 – 8 U 161, 83, ZIP 1984, 1382, 1384.
671 BAG, Urt. v. 25.1.2001 – 8 AZR 465/00, ZIP 2001, 850.

Ordnungswidrigkeiten zu begehen, herabzusetzen.[672] Die instanzgerichtliche Rechtsprechung schloss sich dieser Beurteilung an.[673]

Die arbeitsgerichtliche Rechtsprechung differenziert dabei auch nicht zwischen Erstattungszusagen für Vorsatztaten einerseits und solchen für fahrlässige Verstöße andererseits, die im Schrifttum zum Teil von der Bewertung als sittenwidrig ausgenommen werden.[674] Gleiches gilt für die teilweise befürwortete Differenzierung nach der Sanktionsart, die Erstattungszusagen für Geldbußen wegen deren sozialethischer Neutralität von der Sittenwidrigkeit ausnehmen will.[675] Gegen eine dahingehende Unterscheidung spricht insbesondere, dass sich die Sittenwidrigkeit nicht aus dem sozialethischen Gehalt der Sanktionsnorm ergibt, sondern aus der Unterwanderung des Präventionszwecks, der vom sozialethischen Vorwurf zu trennen ist und bei Geldstrafen wie Geldbußen gleichermaßen zugrunde liegt.[676]

bb) Privatrechtlicher Sanktionsregress in sog. Berater-Fällen

(1) Hintergrund

Im Gegensatz zu den unter aa) beschriebenen Konstellationen hat sich zu einer anderen Fallgruppe eine mittlerweile gefestigte höchstrichterliche Rechtsprechung entwickelt, die eine schadensrechtliche Abwälzung von persönlichen Geldbußen oder Geldstrafen ausdrücklich gestattet. Dieser Rechtsprechung liegen meist Sachverhalte zugrunde, in denen die mit einer Individualsanktion belegten Kläger geltend machen, die jeweiligen Beklagten seien im Rahmen eines Beratungsverhältnisses verpflichtet gewesen, eine Sanktion zu vermeiden. Auch die Befürworter eines Innenre-

---

672 BAG, Urt. v. 25.1.2001 – 8 AZR 465/00, ZIP 2001, 850, 851 f.

673 Siehe etwa LAG Köln, Urt. v. 29.2.2012 – 9 Sa 1464/11, juris.

674 Siehe *Armbrüster*, in: MünchKomm-BGB, § 138 Rn. 42; gegen eine solche Differenzierung auch *Armbrüster/Schilbach*, r+s 2016, 109, 111 f.; dafür *Zöllner/Noack*, in: Baumbach/Hueck, GmbHG, § 35 Rn. 63; *Kapp*, NJW 1992, 2796, 2798; *Kapp/Gärtner*, CCZ 2009, 168, 173; ohne Differenzierung für eine Sittenwidrigkeit plädierend auch *Holly/Friedhofen*, NZA 1992, 145, 148 f.; *Hölters*, in: Hölters, AktG, § 93 Rn. 392; *Fleischer*, in: Spindler/Stilz, AktG § 84 Rn. 72; vgl. auch LG für ZRS Wien, Urt. v. 25.1.2011 – 34 R 163/10p, SpuRt 2012, 198; *Strasser*, VersR 2015, 65, 69 (jeweils zu Österreich).

675 Dafür *Rehbinder*, ZHR 187 (1984), 555, 566; *Kapp*, NJW 1992, 2796, 2798; *Bastuck*, Enthaftung, S. 136 f.; *Kapp/Gärtner*, CCZ 2009, 168, 173.

676 *V. Freier*, Verbandsstrafe, S. 311; *Armbrüster/Schilbach*, r+s 2016, 109, 111.

gresses bei Verbandsgeldbußen ziehen diese Rechtsprechung als Argumentationshilfe heran. Die schadensrechtliche Abwälzbarkeit von Sanktionen sei mit Blick auf diese Berater-Rechtsprechung höchstrichterlich geklärt und ein Regressausschluss für Verbandsgeldbußen daher unzulässig.[677] Hinzu kommt, dass der BGH in einer weiteren jüngeren Entscheidung zum Sanktionsregress einer Fluggesellschaft gegen einen Passagier die Abwälzbarkeit von Sanktionen vorauszusetzen scheint.[678]

(2) Gegenstand der sog. Berater-Fälle

Bereits im Jahr 1942 urteilte das Reichsgericht, dass ein Mandant von seinem Steuerberater Ersatz einer Steuergeldstrafe verlangen könne, wenn er durch schuldhaft fehlerhaften Rechtsrat des Beraters von einer strafbefreienden Selbstanzeige abgehalten worden war.[679] Zur Begründung verwies das Gericht einerseits darauf, dass eine solche nachträgliche Erstattung strafrechtlich nicht verboten sei.[680] Zudem würde der Berater bei Ablehnung einer Haftung unzulässiger Weise von jeder Verantwortung für seine Falschberatung freigestellt.[681]

Eine Auseinandersetzung mit der Frage, ob eine mögliche Vereitelung des Sanktionszwecks der Steuerstrafe dem Anspruch entgegenstehen könnte, enthält das Urteil nicht. Die Vorinstanz hatte den Anspruch noch mit der Begründung abgelehnt, die höchstpersönliche Sühne der Strafe mache einen Rückgriff gegen einen Dritten unmöglich. Einen solchen Anspruch vermöge die Rechtsordnung nicht anzuerkennen. Der Täter dürfe sich nicht über einen Schadenersatzanspruch von den Folgen der Tat befreien, sondern müsse diese endgültig selbst tragen.[682] Dieser Einwand scheint die Strafzweckerreichung durch eine Dritterstattung als gefährdet und diese Gefährdung gleichzeitig als maßgebliches Kriterium für den Ausschluss des Anspruchs anzusehen.

Der BGH schloss sich später zu einem vergleichbaren Sachverhalt der Entscheidung des Reichsgerichts an, wiederum entgegen der Vorinstanz, die einen Regress unabhängig von einem möglichen bürgerlich-rechtli-

---

677 *Schrader*, GWR 2014, 287; *R. Koch*, VersR 2015, 655, 656 ff.
678 Hierzu sogleich unter D.V.3.b)cc).
679 RG, Urt. v. 10.6.1943 – III 14/42, RGZ 169, 267.
680 RG, Urt. v. 10.6.1943 – III 14/42, RGZ 169, 267, 268.
681 RG, Urt. v. 10.6.1943 – III 14/42, RGZ 169, 267, 270.
682 Siehe die Wiedergabe der Gründe des OLG Köln in RG, Urt. v. 10.6.1943 – III 14/42,RGZ 169, 267, 268.

chen Ersatzanspruch grundsätzlich verneint hatte.[683] Gegenstand dieses Verfahrens war das Schadenersatzverlangen eines Bankkunden, gegen den eine Geldbuße wegen devisenrechtlicher Verstöße verhängt worden war und der hierfür mit Verweis auf Beratungspflichtverletzungen von seiner Bank Ersatz verlangte. Wie das Reichsgericht stellte der BGH zunächst fest, dass das Ersatzverlangen keinen Straftatbestand verwirklichte. Sodann führt er – wiederum ohne ausdrückliche Auseinandersetzung mit dem Problem der Strafzweckunterlaufung – aus, für die Abwälzung einer Strafe bedürfe es stets eines besonderen Rechtsgrundes. Der besondere Rechtsgrund liege im konkreten Fall darin, dass die Bank ihrem Kunden aufgrund vertraglicher Verpflichtung durch Warnungen oder Hinweise Schutz vor der Begehung devisenrechtlicher Verstöße schuldete.[684]

Das damit erschaffene Kriterium des besonderen Rechtsgrunds für die Abwälzbarkeit einer Geldstrafe wiederholte der BGH auch in nachfolgenden Entscheidungen. Gegenstand war erneut die Ersatzpflicht eines Steuerberaters hinsichtlich einer verhängten Geldbuße wegen Steuerverkürzung aufgrund fehlerhafter Beratung. Der BGH deutet hier ein Bewusstsein für die Sanktionszweckproblematik an, indem er zunächst anerkennt, dass der Täter grundsätzlich die aufgrund einer Straftat oder Ordnungswidrigkeit verhängte Sanktion nach deren Sinn und Zweck in eigener Person zu tragen habe.[685] Diese Aussage deutet darauf hin, dass das Problem einer Strafzweckunterlaufung durchaus identifiziert wurde.[686] Anschließend schiebt das Gericht diesen Einwand jedoch mit der bereits aus den früheren Entscheidungen geläufigen Begründung beiseite, die Erstattung einer vom Täter gezahlten Geldstrafe sei nicht strafbar, sodass es für die Frage eines Ersatzanspruchs allein darauf ankommen könne, ob sich ein solcher aus den allgemeinen Regeln des bürgerlichen Rechts ergebe.[687] Dies ist insbesondere auch vor dem Hintergrund beachtlich, dass die Vorinstanz eine Ersatzpflicht noch mit der Begründung abgelehnt hatte, Sinn und Zweck einer Strafe oder Buße sei es, dass der Betroffene diese gerade aus seinem eigenen Vermögen zu erfüllen habe.[688]

In einer weiteren Entscheidung zur Steuerberaterhaftung aus dem Jahr 2010 lehnte der BGH einen Regressausschluss mit wortgleicher Begrün-

683 BGH, Urt. v. 31.1.1957 – II ZR 41/56, BGHZ 23, 222, 225 f. = NJW 1957, 586.
684 BGH, Urt. v. 31.1.1957 – II ZR 41/56, BGHZ 23, 222, 227 = NJW 1957, 586.
685 BGH, Urt. v. 14.11.1996 – IX ZR 215/95, NJW 1997, 518, 519.
686 Siehe auch *Kröger*, Korruptionsschäden, S. 227.
687 BGH, Urt. v. 14.11.1996 – IX ZR 215/95, NJW 1997, 518, 519.
688 OLG Hamm, Urt. v. 2.6.1995 – 25 U 162/94, n.v., wiedergegeben in BGH, Urt. v. 14.11.1996 – IX ZR 215/95, NJW 1997, 518.

dung zu seinem Urteil aus 1997 ab, nachdem er auch hier zunächst festgestellt hatte, dass Sinn und Zweck einer Geldsanktion grundsätzlich eine Belastung des Täters selbst verlangten.[689]

(3) Stellungnahme zur Berater-Rechtsprechung

Der BGH geht in seiner Rechtsprechung zur Abwälzung monetärer Individualsanktionen auf die Frage der Sanktionszweckvereitelung nicht ausdrücklich ein. In ständiger Rechtsprechung gewährt er einen Ersatzanspruch, wenn dem Inanspruchgenommenen aus einem Vertragsverhältnis eine Pflicht zur Vermeidung von Rechtsverstößen und damit einhergehender Sanktionen obliegt.

Die Rechtsprechung überzeugt schon mit Blick auf ihr Hauptargument nicht, das auf die Straflosigkeit der Übernahme fremder Geldsanktionen verweist.[690] Wie noch zu zeigen sein wird, lässt die Ablehnung der Strafwürdigkeit von Fremdzahlungen auf Geldstrafen Dritter keinen Rückschluss auf die Unzulässigkeit der zivilrechtlichen Abwälzbarkeit von Geldsanktionen im Wege eines Schadenersatzanspruchs zu.[691]

Hiervon abgesehen deutet der BGH mit dem Hinweis darauf, dass Sinn und Zweck einer Geldsanktion grundsätzlich eine Tragung durch den Täter selbst verlangten, zwar ein Bewusstsein für das Problem der Sanktionszweckvereitelung an. Ein Problembewusstsein müsste sich ohnehin daraus ergeben, dass die jeweiligen Vorinstanzen einen Rückgriff mit einer Argumentation versagt haben, die den Sanktionszweck sehr deutlich hervorhebt. Dennoch scheint der BGH über das Problem der Sanktionszweckunterlaufung mit der vom ihm aufgestellten Formel, dass sich ein Regressanspruch aus den allgemeinen Regeln des bürgerlichen Rechts ergeben und ein besonderer Rechtsgrund bestehen müsse, hinweg zu gehen.[692] Zwar formuliert er damit eine zusätzliche Anforderung, die über die allgemeinen zivilrechtlichen Anspruchsvoraussetzungen eines Schadenersatzanspruchs hinausgeht. Der Vertragspartner müsse aus dem Vertrag gerade zur Abwendung der Tatbestandsverwirklichung durch seinen Gegenüber verpflichtet sein. Hierbei handelt es sich jedoch um ein Kriterium, das für

689 BGH, Urt. v. 15.4.2010 – IX ZR 189/09, DStRE 2010, 1219 Rn. 8.
690 *Baur/Holle*, ZIP 2018, 459, 464 (Fn. 66).
691 Siehe unten, D.V.3.f)cc).
692 Ähnlich *Holly/Friedhofen*, NZA 1992, 145, 159; *Bastuck*, Enthaftung, S. 128; siehe auch *Binder/Kraayvanger*, BB 2015, 1219, 1226.

die Frage der Zweckvereitelung keinen Erkenntnisgewinn bringt. Es bringt lediglich das Problem zum Ausdruck, dass die zivilrechtliche Ebene, nämlich die Pflicht zur Abwendung von Rechtsverletzungen, mit der sanktionsrechtlichen Zwecksetzung in Konflikt steht. Eine Auseinandersetzung mit dem Problem oder gar eine Entkräftung der Einwände liefert das zusätzliche Kriterium nicht.[693] Vor diesem Hintergrund ist die Rechtsprechung bereits für die ihr zugrunde liegenden Konstellationen kritisch zu betrachten.[694]

(4) Keine Übertragbarkeit auf den Innenregress

Abgesehen von der Überzeugungskraft der Entscheidungen stellt sich für den Innenregress bei Verbandsgeldbußen die Frage, ob die Rechtsprechung überhaupt auf diese Konstellation übertragbar ist. Der laut BGH die Abwälzung rechtfertigende besondere Rechtsgrund in Gestalt einer vertraglichen Verpflichtung des Regressgegners, den Täter von der Begehung der Tat abzuhalten und ihn damit auch vor den finanziellen Folgen einer Sanktion zu bewahren, müsste hierfür in der Person des Leitungsorgans vorliegen.

Nicht zu folgen ist insofern dem LAG Düsseldorf, das eine solche Verpflichtung pauschal und ohne inhaltliche Begründung ablehnt.[695] Auf der Hand liegt hier nämlich die Legalitätspflicht des Leitungsorgans. Dass diese sich vorrangig aus dem Gesetz ergibt, bietet keinen Grund für einen differenzierenden Ansatz. Zum einen kann bereits der Berater-Rechtsprechung keine explizite Beschränkung auf vertragliche Pflichten entnommen werden.[696] Die Tatsache, dass die Rechtsprechung bisher stets an eine vertragliche Pflicht anknüpft, bedeutet nicht, dass sie nicht auch in Fällen einer gesetzlichen Pflicht gleichen Inhalts zum selben Ergebnis gelangen würde. Jedenfalls aber ist die Legalitätspflicht auch dem Anstellungsvertrag immanent. Sie stellt sich damit nicht nur als gesetzliche, sondern zugleich auch als vertragliche Pflicht dar.[697]

---

693 Ähnlich *Kröger*, Korruptionsschäden, S. 229.

694 Kritisch auch *Kollmann/Aufdermauer*, BB 2015, 1018, 1024; siehe auch *Holly/Friedhofen*, NZA 1992, 145, 151; *Grunewald*, NZG 2016, 1121, 1123.

695 LAG Düsseldorf, Urt. v. 20.1.2015 – 16 Sa 459/14, juris Rn. 296.

696 *Bayreuther*, NZA 2015, 1239, 1241; allein auf vertragliche Pflicht abstellend aber LAG Hamm, Urt. v. 30.7.1990 – 19 (14) Sa 1824/89, NJW 1991, 861; *Wacker*, Persönliche Schadensersatzhaftung, S. 138.

697 *Bayreuther*, NZA 2015, 1239, 1240 f.; *R. Koch*, VersR 2015, 655, 658.

Die Legalitätspflicht verpflichtet das Organmitglied auch im Außenverhältnis zur Einhaltung sämtlicher Rechtsvorschriften, die das Unternehmen als Rechtssubjekt treffen. Sie dient daher vorrangig dem Schutz des Gesellschaftsvermögens, welches durch Schadenersatzzahlungen oder Geldbußen geschmälert würde. Insofern besteht eine ähnliche Zielsetzung wie bei einer vertraglichen Pflicht zur Schadensabwehr durch Geldsanktionen in einem Beratungsvertrag.[698] Zwar verfügt das Organmitglied typischerweise nicht für sämtliche Geschäftsbereiche und den jeweiligen rechtlichen Rahmen über eine Sachkunde, die ein Steuerberater oder Bankberater in seinem Fachgebiet besitzt.[699] Der BGH stellt in seinen Urteilen zur Pflicht des Beraters zur Sanktionsvermeidung nämlich auch stark auf die besondere Komplexität der – im dortigen Kontext steuerrechtlichen – Regelungsbereiche ab.[700] Allerdings obliegt es auch gerade dem Geschäftsleiter im Rahmen der Legalitätspflicht, Rechtsverletzungen abzuwenden und bei fehlender eigener Rechtskenntnis gegebenenfalls internen oder externen Rechtsrat einzuholen. Das Leitungsorgan befindet sich in einer Garantenstellung gegenüber dem Gesellschaftsvermögen.[701]

Unter Zugrundelegung der Kriterien der Rechtsprechung scheint die Rechtsstellung des Geschäftsleiters daher grundsätzlich mit der eines zur Schadensabwendung verpflichteten Beraters vergleichbar zu sein. Der in der Entscheidung des LAG Düsseldorf anklingende Einwand gegen einen Gleichlauf mit der Rechtsprechung des BGH, dass es im Beratungsverhältnis der BGH-Fälle gerade der Hauptgegenstand des Vertrages gewesen sei, Bußgelder gegen den Mandanten zu verhindern,[702] überzeugt nicht. Dass es sich um Hauptpflichten handeln müsse, lässt sich der Rechtsprechung an keiner Stelle entnehmen.[703] Die vom BGH zu beurteilenden Verträge bezogen sich auf eine allgemeine steuerrechtliche Beratung, die vornehm-

---

698 Siehe auch *R. Koch*, VersR 2015, 655, 657; *Rust*, ZWeR 2013, 299, 306 f. *Bayer/Scholz*, GmbHR 2015, 449, 451; *Gädtke/Ruttmann*, VP 2015, 30, 31; *Binder/Kraayvanger*, BB 2015, 1219, 1226; *Kolb*, GWR 2015, 169; *Suchy*, NZG 2015, 591, 593; *Kaulich*, Haftung, S. 290.

699 *Labusga*, VersR 2017, 394, 399; *Fleischer*, DB 2014, 345, 346 f.; *Wacker*, Persönliche Schadensersatzhaftung, S. 138.

700 Siehe hierzu *Grunewald*, NZG 2016, 1121, 1123.

701 *Bayreuther*, NZA 2015, 1239, 1240; *Wacker*, Persönliche Schadensersatzhaftung, S. 138 f.

702 Siehe LAG Düsseldorf, Urt. v. 20.1.2015 – 16 Sa 459/14, juris Rn. 293; dahingehend auch *Lotze/Smolinski*, NZKart 2015, 254, 257 f.

703 *Binder/Kraayvanger*, BB 2015, 1219, 1226.

lich auf die Ausschöpfung von Steuervorteilen gerichtet war.[704] Wird hierbei zwar grundsätzlich auch die Vermeidung von Geldstrafen und Geldbußen erfasst sein, so liegt darin gleichwohl nicht der Hauptzweck der Beratung.

Dennoch muss man sich die grundlegende Frage stellen, ob die Konstellation des Rückgriffs auf das Organmitglied für eine gegen die juristische Person verhängte Verbandsgeldbuße wertungsmäßig mit den vom BGH entschiedenen Fällen vertraglicher Beratungsverhältnisse vergleichbar ist. Dieser Aspekt wird in der Debatte zum Bußgeldregress nur äußerst selten thematisiert. Aussagen wie solche, die zulässige Inanspruchnahme eines falsch beratenden externen Anwalts für Unternehmensgeldbußen bei gleichzeitig unzulässigem Rückgriff gegen die Geschäftsleitung wäre ein eklatanter Wertungswiderspruch,[705] deuten aber darauf hin, dass eine vergleichbare Ausgangssituation angenommen wird.

Die unbesehene Übertragung der Rechtsprechung zum Rückgriff in Beraterfällen erscheint aber dann zweifelhaft, wenn man die Besonderheiten der rechtstechnischen Konstruktion der Verbandsgeldbuße nach § 30 OWiG in die Betrachtung einbezieht. Eine Verbandsgeldbuße gegen ein Unternehmen kommt von vornherein nur in Situationen in Betracht, in denen eine Bezugstat des Organs vorliegt. Der Gesetzgeber setzt für die Verhängung der Verbandsgeldbuße also ein eigenes Fehlverhalten des Regressgegners – des Organwalters – zwingend voraus. Dieses Fehlverhalten, an das die Verbandsgeldbuße anknüpft, ist zwangsläufig auch immer eine Pflichtverletzung im Innenverhältnis. Hierin liegt ein entscheidender Unterschied zu den Sachverhalten der Berater-Rechtsprechung. Die Berater-Rechtsprechung betrifft dagegen Fälle, in denen der in Anspruch genommene Berater und Vertragspartner an der konkreten Verwirklichung des zur Geldsanktion führenden Tatbestands selbst unbeteiligt ist. Die Verwirklichungshandlung nimmt der Sanktionsadressat völlig eigenständig ohne Mitwirkung des Beraters vor.[706] Es geht nur darum, dass der Berater ein rechtswidriges Verhalten seines Mandanten hätte erkennen und selbigen darauf hinweisen müssen. Im Unterlassen dieses Erkennens oder des

---

704 Siehe etwa BGH, Urt. v. 14.11.1996 – IX ZR 215/95, NJW 1997, 518; Urt. v. 15.4.2010 – IX ZR 189/09, DB 2010, 1171. Gleiches gilt für BGH, Urt. v. 31.1.1957 – II ZR 41/56, BGHZ 23, 222 = NJW 1957, 586, wo es um einen Bankberatungsvertrag ging, der ebenfalls auf die Abwicklung von Devisengeschäften gerichtet war und nicht vorrangig einer Vermeidung von Geldbußen diente.

705 So *Rust*, ZWeR 2015, 299, 307; siehe auch *Binder/Kraayvanger*, BB 2015, 1219, 1226.

706 Siehe auch *Binder/Kraayvanger*, BB 2015, 1219, 1226.

Hinweises sieht die Rechtsprechung die haftungsbegründende Pflichtverletzung des Beraters.

Wenn bei der Verbandsgeldbuße das Gesetz nun trotz bzw. gerade aufgrund der Pflichtverletzung des Organmitglieds bewusst den Rechtsträger des Unternehmens über die Norm des § 30 heranzieht, erscheint es schwer begründbar, dieses Ergebnis einfach durch den gesellschaftsrechtlichen Innenregress rückgängig zu machen.[707] Eine Ablehnung des Innenregresses für Verbandsgeldbußen steht damit nicht im Widerspruch zur Berater-Rechtsprechung des BGH, da die Konstellationen in diesem entscheidenden Punkt nicht vergleichbar sind.

Ergänzend ist darauf hinzuweisen, dass auch ein weiterer Aspekt, mit dem die Rechtsprechung des BGH in rein praktischer Hinsicht häufig gerechtfertigt wird, beim Regress für Verbandsgeldbußen nicht greift. Der Rückgriff auf den Berater wird nämlich auch auf Gerechtigkeitserwägungen gestützt. Es wird argumentiert, ohne eine Regressmöglichkeit würde der Berater von den Folgen seiner Falschberatung freigestellt und damit in unzulässiger Weise privilegiert.[708] Bei sonstigen Beratungsfehlern, die zu einem Vermögensschaden führen, der nicht in einer staatlichen Geldsanktion bestehe, komme ein derartiger Haftungsausschluss nämlich nicht in Betracht.

Es kann dahin stehen, ob eine solche Unterscheidung nicht bereits dadurch praktische Relevanz einbußt, dass bei einer Inanspruchnahme aus sonstigen Beratungsfehlern regelmäßig die Berater-Haftpflichtversicherung eingreift und der Berater damit auch in diesen Konstellationen im Ergebnis keinen Schaden trägt. Eine Privilegierung des Organmitlieds durch den Regressausschluss ist nämlich nicht zu befürchten. Das Ordnungswidrigkeitenrecht sieht gerade vor, dass das für die Handlung unmittelbar verantwortliche Leitungsorgan selbst mit einer persönlichen Sanktion belegt wird, damit es zu einer Verbandsgeldbuße kommen kann. Dass im Falle von Ordnungswidrigkeiten ein individuelles Bußgeldverfahren aufgrund des geltenden Opportunitätsprinzips nicht zwingend eröffnet werden muss bzw. eingestellt werden kann und so im Ergebnis auch eine isolierte Verbandsgeldbuße verhängt werden kann, betrifft eine rechtspolitische Frage, die es zu überdenken gilt. Jedenfalls nach der Gesetzeskonzeption kommt es aber nicht zu einer Verschonung des Organwalters, der mit

707 *Baur/Holle*, ZIP 2018, 459, 464; siehe hierzu auch *Thomas*, NZG 2015, 1409, 1413.

708 *Krieger*, in: FS Bezzenberger, S. 211, 213; siehe auch RG, Urt. v. 10.6.1943 – III 14/42, RGZ 169, 267, 270.

einer persönlichen Sanktion rechnen muss. Die Unterscheidung der Innenhaftung danach, ob es sich bei dem geltend gemachten Schadensposten um eine staatliche Sanktion oder um einen privaten Schadenersatzanspruch handelt, ist zudem nicht willkürlich, sondern mit Blick auf den speziellen Zweck staatlicher Sanktionen gerechtfertigt.

cc) Privatrechtlicher Sanktionsregress im BGH-Flugreisefall

In einem jüngeren Fall hatte der BGH über die Regressklage einer Fluggesellschaft zu befinden, gegen die wegen der Beförderung eines Fluggastes ohne gültiges Visum von den indischen Behörden ein Bußgeld auferlegt wurde. Der BGH nimmt zwar ein Mitverschulden der Fluggesellschaft wegen unterlassener Visakontrolle an, bejaht im Ergebnis aber den Regressanspruch gegen den Passagier wegen der verhängten Sanktion.[709]

Auch diese Entscheidung betrifft somit die Frage der privatrechtlichen Abwälzbarkeit einer Sanktion.[710] Das Verhältnis zwischen sanktionsrechtlicher und privatrechtlicher Ebene und insbesondere die Frage, ob sanktionsrechtliche Zwecksetzungen einem Regress entgegenstehen könnten, thematisiert der BGH hier indes nicht. Dies ließe den Rückschluss zu, dass der Senat von einer grundsätzlichen Zulässigkeit eines Sanktionsregresses ausgeht.[711] Sicher ist das jedoch keineswegs. Die Tatsache, dass sich die Entscheidung nicht einmal im Ansatz mit den Fragen eines Bußgeldregresses und der bisherigen Rechtsprechung hierzu beschäftigt, kann ebenso darauf hindeuten, dass der X. Zivilsenat des BGH, dem unter anderem Rechtsstreitigkeiten im Bereich der Reise- und Personenbeförderungsverträge zugewiesen sind, sich der bei einem Sanktionsregress aufgeworfenen Problematik nicht bewusst war.

dd) Regressdebatte bei sportrechtlichen Verbandssanktionen

(1) Hintergrund

Im Zusammenhang mit der Frage nach einer Sanktionszweckvereitelung durch einen möglichen Rückgriff erscheint auch eine Auseinandersetzung

---

709 BGH, Urt. v. 15.5.2018 – X ZR 79/17, NJW 2018, 2954.
710 *Scheuch*, JZ 2018, 1001.
711 *Scheuch*, JZ 2018, 1001, 1002.

mit der Parallelproblematik zu Verbandsstrafen im Profisport notwendig, die sich seit einigen Jahren im Bereich der Störerhaftung bei Sportveranstaltungen entwickelt hat. Bei Fehlverhalten von Anhängern eines Sportvereins, etwa in Form von Pyrotechnikeinsätzen, dem Werfen von Gegenständen in den Stadioninnenraum oder diskriminierenden Verlautbarungen auf der Tribüne, sehen die Regelwerke der Verbände, in dem der betroffene Verein organisiert ist, meist Geld-Sanktionen gegen den Verein vor.[712] Für den bei Fußballspielen häufig vorkommenden Missbrauch von Feuerwerkskörpern beispielsweise werden vom Sportgericht des Deutschen Fußballbunds (DFB) auf Grundlage der DFB-Rechts- und Verfahrensordnung in Verbindung mit der DFB-Satzung oft erhebliche Geldstrafen gegen die Vereine ausgesprochen. Satzungsmäßig vorgesehen sind Geldstrafen gegen die Vereine von bis zu 250.000 Euro.[713] Auch bei solchen Sanktionen stellt sich die Frage nach einem haftungsrechtlichen Regress gegen das verantwortliche Individuum.[714]

(2) Meinungsstand

Die höchstrichterliche Rechtsprechung in Deutschland lässt in solchen Fällen den haftungsrechtlichen Rückgriff des vom Sportgericht verurteilten Vereins auf den verantwortlichen Stadionbesucher zu.[715] Die Verbandsgeldbuße sei zurechenbare Folge der Pflichtverletzung des Zuschau-

712 Bei Sportverbänden wie dem Deutschen Fußball Bund handelt es sich um einen Zusammenschluss mehrerer Sportvereine unterschiedlicher Organisationsform (meist Vereine im Sinne von §§ 21 ff. BGB, zum Teil aber auch Aktiengesellschaften), der seinerseits ebenfalls als rechtsfähiger Verein im Sinne der §§ 21 ff. BGB organisiert ist.

713 Hierzu und zu weiteren Sanktionen siehe auch *Oberholz*, in: Kauerhof/Nagel/Zebisch, Zuschauer als Störer, S. 85, 89 f.

714 Für Beispiele von Regressnahmen bei Zuschauern siehe *Walker*, in: FS Rössner, S. 701 f.

715 BGH, Urt. v. 22.9.2016 – VII ZR 14/16, BGHZ 211, 375, 379 f. = NJW 2016, 3715 Rn 14 ff.; siehe bereits OLG Rostock, Urt. v. 28.4.2006 – 3 U 106/05, NJW 2006, 1819, 1820 f.; LG Düsseldorf, Urt. v. 25.8.2011 – 11 O 339/10, SpuRt 2012, 161, 162; LG Karlsruhe, Urt. v. 29.5.2012 – 8 O 78/12, Rn. 22 (n.v.); LG Köln, Urt. v. 8.4.2015 – 7 O 231/14, SpuRt 2015, 258, 259 f.; gegen eine Regressmöglichkeit aber LG Hannover, Urt. v. 26.5.2015 – 2 O 289/14, juris Rn. 49 ff.; zur Höhe des Schadenersatzanspruchs, wenn die Gesamtsumme der verhängten Verbandsstrafe auf Verstößen mehrerer Zuschauer beruht, siehe BGH, Urt. v. 9.11.2017 – VII ZR 62/17, NJW 2018, 394 Rn. 12 ff.

ers, sodass der Zuschauer aus vertraglichem Anspruch hafte.[716] Das von den Beklagten unter anderem auch in dieser Konstellation hervorgebrachte Argument einer Unterwanderung des Sanktionszwecks der Strafe gegen den Verein greift nach der Rechtsprechung nicht durch.[717] Das Schrifttum bewegt sich ebenfalls überwiegend auf dieser regressfreundlichen Linie.[718] Zum Teil finden sich jedoch Stimmen, die den Regress ausschließen wollen.[719] Vereinzelt wird auch hierbei mit dem Präventionszweck der Verbandsstrafe argumentiert.[720] Auch ein Urteil des LG Wien befindet sich auf dieser Linie.[721]

(3) Grundlagen der verbandsrechtlichen Sanktionierung von Sportvereinen

Die Vereine der Deutschen Fußball-Liga unterliegen nach den satzungsmäßigen Vorschriften des Ligaverbands den Rechtsvorschriften und der Sportsgerichtsbarkeit des DFB.[722] § 9a der DFB-Rechts- und Verfahrensordnung legt ausdrücklich fest, dass ein Verein für Fehlverhalten von Mitgliedern oder Zuschauern unabhängig von einer eigenen Verantwortlichkeit haftet. Bei der Sanktionierung des Vereins wegen Zuschauer-Fehlverhaltens handelt es sich um eine strikte, verschuldensunabhängig Haftung für Rechtsverstöße Dritter. Das Verhalten der Zuschauer wird dem Verein objektiv zugerechnet.[723]

---

716 BGH, Urt. v. 22.9.2016 – VII ZR 14/16, NJW 2016, 3715 Rn. 19 ff.; anders die Vorinstanz OLG Köln, Urt. v. 17.12.2015 – 7 U 54/15, SpuRt 2016, 83, 84 ff.

717 Siehe hierzu etwa LG Köln, Urt. v. 8.4.2015 – 7 O 231/14, SpuRt 2015, 258, 259.

718 Eingehend *Walker*, in: FS Rössner, S. 701, 704 ff., *Pommerening*, SpuRt 2012, 187, 189 f.; *Scheuch*, SpuRt 2016, 58, 59 ff.; *Bagger/Kober*, JM 2015, 360, 361 f.; *Bernard*, SpuRt 2013, 8, 9.

719 *Pfister*, SpuRt 2014, 10, 11 f.; *Jedamzig*, in: Kauerhof/Nagel/Zebisch, Zuschauer als Störer, S. 105, 120 ff.; *Grunewald*, NZG 2016, 1121, 1123 f.; siehe auch *Martens*, NJW 2016, 3691, 3693 ff., der eine Ersatzfähigkeit jedoch abweichend vom Schrifttum mit der Begründung ablehnt, die verbandsgerichtlichen Verfahren seinen wegen der bezweckten Belastung Dritter unzulässig.

720 *Pfister*, SpuRt 2014, 10, 11 f.; *Grunewald*, NZG 2016, 1121, 1124.

721 LG für ZRS Wien, Urt. v. 25.1.2011 – 34 R 163/10p, SpuRt 2012, 198 f.; dagegen *Pommerening*, SpuRt 2012, 187, 189.

722 Hierzu *Pommerening* SpuRt 2012, 187, 188.

723 *Oberholz*, in: Kauerhof/Nagel/Zebisch, Zuschauer als Störer, S. 85, 94; *Martens*, NJW 2016, 3691, 3693; vgl. auch CAS, Schiedsspruch v. 20.4.2007 – CAS 2007/A/1217, SpuRt 2007, 164, 165 (zu Verbandsstrafen des europäischen Fußballverbands UEFA); kritisch hierzu *Orth*, SpuRt 2009, 10, 11 ff.

Es geht also nicht um eine eigene Verantwortlichkeit des Vereins. Der DFB als Normgeber geht selber davon aus, dass Verbandsstrafen aus Präventionsgründen im Wege des Regresses an die eigentlichen Täter weitergegeben werden sollen.[724] Die Sanktion dient also von vornherein vorrangig einer Präventionswirkung gegenüber den Zuschauern. Sie ist lediglich aus praktischen Gründen originär gegen den Verein gerichtet, da der Verband gegenüber den Zuschauern keine Strafgewalt und damit keine effektive Verfolgungsmöglichkeit besitzt und ferner auch keine vertraglichen Ansprüche bestehen.[725] Vertragliche Ansprüche gegen den Zuschauer haben nur die Vereine, die zudem mit Hilfe der überwachungstechnischen Ausstattung in ihren Stadien Störer im Nachhinein wesentlich leichter identifizieren können. In einem 9-Punkte-Papier des DFB zur Verfolgung von Zuschauerfehlverhalten heißt es dementsprechend, die Ermittlung des Täters und dessen Inregressnahme durch den Verein und dadurch die Verhinderung künftiger Verstöße sei das primäre Ziel des sportstrafrechtlichen Handelns der DFB-Rechtsorgane.[726] Hieraus ergibt sich eine intendierte Wirkrichtung gegenüber den Zuschauern statt auf den Verein selbst.[727]

In diesem Punkt liegt zugleich auch ein wesentlicher Unterschied zu dem vom LG Wien zu beurteilenden Sachverhalt, das eine ausschließliche Zwecksetzung der Verbandsstrafe der österreichischen Fußball-Liga ausdrücklich in der Gewährleistung ausreichender Sicherheitsvorkehrungen des Vereins erblickte.[728]

Gegen eine intendierte Steuerungswirkung auf den Verein spricht in praktischer Hinsicht zudem, dass die verhängten Strafsummen kaum spürbare Belastungen für die finanziell regelmäßig solide ausgestatteten Profivereine darstellen. Hinzu kommt, dass die Vereine als Mitglieder des Verbands, an den die Strafen zu zahlen sind, mittelbar selbst hiervon profitie-

724 Hierzu auch *Scheuch*, SpuRt 2016, 58, 59; a.A. *Grunewald*, NZG 2016, 1121, 1124.

725 *Martens*, NJW 2016, 3691, 3693; *Oberholz*, in: Kauerhof/Nagel/Zebisch, Zuschauer als Störer, S. 85, 95.

726 DFB, 9-Punkte-Papier Verfolgung und Ahndung Zuschauerfehlverhaltens, Ziff. 2, abrufbar unter: https://www.dfb.de/fileadmin/_dfbdam/55113-9-Punkte-Plan.pdf (zuletzt besucht am 31.5.2020); siehe auch LG Köln, Urt. v. 8.4.2015 – 7 O 231/14, SpuRt 2015, 258, 259 f.

727 *Walker*, in: FS Rössner, S. 701, 707; siehe auch BGH, Urt. v. 22.9.2016 – VII ZR 14/16, NJW 2016, 3715, 3717; kritisch zu dieser Zwecksetzung *Martens*, NJW 2017, 3691, 3692 f.

728 LG für ZRS Wien, Urt. v. 25.1.2011 – 34 R 163/10p, SpuRt 2012, 198, 198.

ren.[729] Eine gezielte Belastung des Vereins im Sinne einer Übelszufügung aus präventiven, auf den Verein ausgerichteten Zwecken, verfolgt der DFB gerade nicht, zumindest nicht primär.[730]

(4) Folgerungen für den Regress gegenüber Organwaltern

Für die Frage der Innenhaftung für Verbandsgeldbußen nach § 30 OWiG ist vor diesem Hintergrund zu untersuchen, ob die Rechtsprechung, die sich ausdrücklich auf die Grundlagen einer Sanktionierung durch das DFB-Sportgericht bezieht, Rückschlüsse zulässt.[731] Dies ist nur der Fall, wenn die Rechtsnatur und der Zweck der verhängten Sanktion vergleichbar sind.[732]

Es ließe sich einwenden, die Verbandsstrafe im Sportbereich sei eher mit einer privatrechtlichen Vertragsstrafe im Sinne von § 339 BGB vergleichbar als mit einer hoheitlichen Sanktion. Die Vereine sind Mitglieder des Verbands und haben dessen Regelwerk anerkannt. Sieht ein solches Regelwerk eine Strafzahlung für bestimmte definierte Tatbestände vor, so ähnelt diese Konstellation einer privatrechtlich vereinbarten Vertragsstrafe.[733] Bei Vertragsstrafen ist anerkannt, dass diese im Rahmen eines Schadenersatzanspruchs an Dritte – beispielsweise an Subunternehmer im Bereich des Baugewerbes – weitergereicht werden können.[734] Dabei tritt aber das Problem einer Unterwanderung des hoheitlichen präventiven Sanktionszwecks, welcher die Sanktion als staatlichen Eingriff auf verfassungsrechtlicher Ebene rechtfertigt, nicht auf. Hintergrund von Vertragsstrafenabreden ist in erster Linie die Vermeidung von Beweisproblemen und langwieriger Schadenersatzprozesse. Zwar sollen sie zudem als Druckmittel gegenüber dem Schuldner dienen, die geschuldete Leistung ordnungsgemäß zu er-

729 *Martens*, NJW 2017, 3691, 3693; siehe auch LG Hannover, Urt. v. 26.5.2015 – 2 O 289/14, juris Rn. 67.

730 *Martens*, NJW 2016, 3691, 3693.

731 Dafür ausdrücklich *Zimmer/Walther*, BB 2017, 629, 632; in diese Richtung auch *Wacker*, Persönliche Schadensersatzhaftung, S. 141.

732 Hierzu auch LG für ZRS Wien, Urt. v. 25.1.2011 – 34 R 163/10p, SpuRt 2012, 198, 199.

733 Siehe auch LG Hannover, Urt. v. 26.5.2015 – 2 O 289/14, juris Rn. 52.

734 BGH, Urt. v. 25.1.2000 – X ZR 197/97, NJW-RR 2000, 684, 685; *Grunwald*, NZG 2016, 1121, 1124; *Martens*, NJW 2016, 3691, 3692; a.A., jedoch ohne Nachweise, LG Hannover, Urt. v. 26.5.2015 – 2 O 289/14, juris Rn. 52 f.

bringen.[735] Bedient der Schuldner sich zur Erfüllung eines Dritten, ist es also mit Blick auf das Ziel einer ordnungsgemäßen Erfüllung eher zielführend, wenn die Weiterreichung der Vertragsstrafe an den Dritten möglich ist und dieser somit damit rechnen muss. Bei der sportrechtlichen Verbandsstrafe liegt die Situation anders, da sich die Vereine den Verbandssatzungen und damit der Hoheitsgewalt des Verbands unterworfen haben. Die mit Verbandsstrafen verfolgten repressiven und präventiven Zwecke dienen nicht der erfolgreichen Durchführung von Verträgen, sondern allein dem Ziel, bestimmte missbilligte Verhaltensweisen zu unterbinden.

Dennoch unterscheiden sich die Grundprinzipen sportrechtlicher Verbandsstrafen erheblich vom Konzept der Verbandsgeldbuße nach § 30 OWiG, wie sie in dieser Untersuchung zugrund gelegt wird. Der Verbandsgeldbuße nach § 30 OWiG liegt eine eigene Verantwortlichkeit des Unternehmens wegen unzureichender Organisation und Einflussnahme auf die Leitungsorgane zugrunde, personell vermittelt durch die Anteilseigner. Sie bezweckt daher gerade eine Übelszufügung bei der Gesellschaft bzw. bei deren Anteilseignern, die zur Steuerungswirkung der Individualsanktion auf die Organwalter ergänzend hinzutritt.

Die sportrechtliche Verbandsstrafe des DFB, die Gegenstand der aktuellen Rechtsprechung und der Beiträge des Schrifttums ist, bezweckt dagegen eine unmittelbare Steuerung der Zuschauer. Dies ergibt sich eindeutig aus den Erläuterungen des DFB in seinem 9-Punkte-Papier.[736] Vom Verband selbst kann diese Zuschauersteuerung mangels ausreichender rechtlicher Zugriffsmöglichkeiten nicht erreicht werden. Sie wird daher über den Umweg des Regresses verfolgt, der vom normgebenden Verband ausdrücklich bezweckt ist.[737] Anders als bei der ordnungsrechtlichen Geldbuße gegen juristische Personen nach § 30 OWiG macht diese Einkalkulierung des Rückgriffs bei der verbandsrechtlichen Sanktion Sinn, da der Sportverband – anders als der Staat – mangels Vertragsbeziehung und Hoheitsgewalt keine rechtliche Möglichkeit zur Sanktionierung des einzelnen Zuschauers besitzt. Zudem ist die Inanspruchnahme eines Zuschauers durch den Verein wesentlich wahrscheinlicher als ein Rückgriff innerhalb eines Unternehmens, der in der Regel nicht allein von finanziellen Erwägungen

735 BGH, Urt. v. 20.1.2000 – VII ZR 46/98, NJW 2000, 2106, 2107.

736 Siehe schon oben Fn. 726.

737 Siehe auch *Scheuch*, SpuRt 2016, 58, 59.

geleitet wird.[738] Die beabsichtigte Wirkrichtung der Sanktionen unterscheidet sich also erheblich.

Vor diesem Hintergrund erscheint es problematisch, die für hoheitliche Sanktionen nach § 30 OWiG aufgeworfenen Fragen anhand von Entscheidungen zu verbandsrechtlich verhängten Sanktionen im Sport beantworten zu wollen. Dass die Rechtsprechung in dieser speziellen Konstellation den Rückgriff erlaubt, lässt keinen Rückschluss zu, dass sie sich auch in genereller Hinsicht ablehnend gegenüber einer Sanktionszweckvereitelung bei der Abwälzung positionieren würde. Bei der Abwälzung einer sportrechtlichen Verbandsstrafe auf die verantwortlichen Zuschauer tritt das Problem einer Unterlaufung des Sanktionszwecks, den der Normgeber der Sanktion beigemessen hat, wegen der expliziten Steuerungsausrichtung auf die Zuschauer gar nicht auf. Stattdessen verwirklicht gerade der Regress diesen Zweck. Soweit in der Regressdebatte zu Geldbußen nach § 30 OWiG auf die sportrechtliche Thematik verwiesen und behauptet wird, der BGH habe hierbei seine frühere Rechtsprechung zum Sanktionsregress in Beratungsverhältnissen bestätigt und damit auch für den Verbandsbußgeldregress maßgeblich entschieden, kann dem also nicht gefolgt werden.[739] Rückschlüsse für den Innenregress bei Verbandsgeldbußen sind daher nicht möglich.

ee) Zusammenfassung

Der Blick auf die vorgestellten Konstellationen zeigt, dass das Problem einer Zweckvereitelung bei der Abwälzung von Geldsanktionen zwar nicht unbekannt ist, aber dennoch nicht durchweg Beachtung findet. Wird der Aspekt problematisiert, wie etwa bei der Bewertung privatrechtlicher Erstattungszusagen, führt dies meist dazu, dass der Abwälzung die Zulässigkeit versagt wird. Sowohl die BGH-Rechtsprechung zu den Berater-Fällen als auch zum Regress bei sportrechtlichen Verbandssanktionen, die eine Sanktionsabwälzung zulässt und sich dabei mit einer Sanktionszweckgefährdung nicht näher auseinandersetzt, ist auf die Konstellation des Innenregresses bei Verbandsgeldbußen nicht übertragbar.

---

738 Bei der Verbandsgeldbuße nach § 30 OWiG kann dagegen nicht davon ausgegangen werden, dass der Gesetzgeber den Innenregress bewusst einkalkuliert hat, siehe oben, D.V.2.e)bb)(3).

739 So aber die Eingangsthese bei *Zimmer/Walther*, BB 2017, 629, 632, die jedoch im Verlauf der Abhandlung nicht näher begründet wird.

c) Erforderlichkeit einer wirtschaftlichen Gesamtbetrachtung

Um die Auswirkungen einer in Aussicht stehenden Bußgelderstattung auf die Präventionswirkung zu beurteilen, hat man sich zunächst erneut die Funktionsweise der Präventionswirkung von Sanktionen vor Augen zu führen. Die Sanktion droht dem visierten Objekt der Steuerungswirkung für ein bestimmtes Verhalten einen Nachteil an, um damit ein bestimmtes Verhalten zu erzeugen. Diese Androhung einer Übelszufügung, die bei monetären Sanktionen auf finanzielle Einbußen gerichtet ist, ist also Kernelement einer auf Prävention ausgerichteten Norm.

Für den Präventionszweck kommt es allein auf die psychologische Wirkung beim Sanktionsadressaten an.[740] Maßgeblich für die Präventionswirkung sind die Vorstellungen des Steuerungsobjekts vor der Tat.[741] Stellt sich die Wahrscheinlichkeit, von dem angedrohten Übel tatsächlich betroffen zu werden, aus der Perspektive des Sanktionsadressaten als nicht groß genug dar, geht die bezweckte Verhaltenssteuerung fehl.[742] Kann der Steuerungsadressat bei einer Geldsanktion damit rechnen, dass ihm nur ein vorübergehender Abfluss aus seinem Vermögen droht, dieses aber wegen einer zu erwartenden Kompensation nicht dauerhaft beeinträchtigt sein wird, ist der Präventionszweck also gefährdet. Der mit einer – wenn auch bloß nachträglich erfolgenden – Sanktionsverschiebung[743] auf einen Dritten und somit mit einem Ausgleich für die Einbuße rechnende Sanktionsadressat sieht sich vielmehr nur als Zwischenstation, welche die finanziellen Mittel für die Sanktionsbegleichung lediglich verauslagt, ohne damit aber eine dauerhafte Entäußerung aus dem eigenen Vermögen vorzunehmen. Er unterliegt keiner vergleichbaren Anreizwirkung, die von einer endgültig selbst zu tragenden Einbuße in der Regel ausgehen wird. Die eigenhändige Entrichtung der Geldsumme lässt den Sanktionsadressaten das Übel lediglich primär, vordergründig und äußerst kurzzeitig erfahren. Dieser vorübergehende Abfluss ist für die Präventionswirkung jedoch nicht ausreichend, da es auf die Aussicht auf eine längerfristige Einbuße an-

---

740 So bereits *Stree*, JZ 1964, 588, 589; siehe auch *Müller-Christmann*, JuS 1992, 379, 381.

741 *Bastuck*, Enthaftung, S. 131.

742 Siehe auch *Schünemann*, ZIS 2014, 1, 2.

743 Zum Begriff des „sanction shifting" im Common Law bei der Frage der schadensrechtlichen Abwälzbarkeit strafrechtlicher Sanktionen vgl. etwa *Goudkamp*, (2006) 14 Torts Law Journal, 20; *ders.*, (2010) 34 Melb. U. L. Rev. 425, 450.

kommt, die sich spürbar negativ in der Vermögenslage bzw. der Bilanz niederschlägt.[744]

Ähnlich stellt sich die Situation auch bei einer vertraglich vereinbarten Haftungsübernahme dar. Für die Verhaltenssteuerung macht es keinen wesentlichen Unterschied, ob sich die Aussicht auf Kompensation der finanziellen Einbuße aus einer vertraglichen Abrede oder aus einem konkret zu erwartenden gesetzlichen Ersatzanspruch ergibt.[745] Neben den bereits erwähnten Erstattungsversprechen in Arbeitsverhältnissen oder Handelsbeziehungen erhellt insofern auch ein Blick auf die Diskussion zur Versicherbarkeit des Selbstbehalts in der D&O-Versicherung. Die Zulässigkeit einer D&O-Versicherung für Haftungsschäden von Leitungsorganen ist mittlerweile anerkannt.[746] Der Präventionszweck der Haftung wird von einer solchen Versicherung zwar berührt.[747] Dennoch verbleibt auch mit D&O-Versicherung eine Abschreckungswirkung, sofern bei der Ausgestaltung der Absicherung von ergänzenden Instrumenten Gebrauch gemacht wird, die eine gewisse Steuerungswirkung erhalten. Hierzu zählt neben Ausschlussklauseln und Deckungsobergrenzen insbesondere die Einrichtung eines ausreichenden Selbstbehaltes, den die versicherte Person im Versicherungsfall aus dem eigenen Vermögen aufbringen muss.[748] § 93 Abs. 2 S. 3 AktG sieht vor diesem Hintergrund einen verpflichtenden Selbstbehalt für die D&O-Versicherung vor, wenn die Gesellschaft – wie im Regelfall – Vertragspartner des D&O-Versicherers ist und die Prämienzahlungen übernimmt. Der Gesetzgeber begründete den obligatorischen Selbstbehalt ausdrücklich mit der Sicherstellung der Präventionswirkung der Haftung.[749] Durch den Selbstbehalt verbleibt für die Leitungsorgane trotz Deckung durch eine D&O-Versicherung ein bedeutsames Risiko einer persönlichen Haftung.[750]

---

744 *Wohlers*, in: Kempf/Lüderssen/Volk, Unternehmensstrafrecht, S. 230, 243; a.A. *Hauff*, Regress, S. 149, die das Fortbestehen einer wirtschaftlichen Belastung aus der Geldbuße für irrelevant hält.

745 Anders *Suchy*, NZG 2015, 591, 592; wie hier *Scheuch*, JZ 2018, 1001, 1003.

746 Der Gesetzgeber hat die Zulässigkeit der D&O-Versicherung mit der Regelung zum zwingenden Selbstbehalt in § 93 Abs. 2 S. 3 AktG implizit anerkannt.

747 Vgl. auch *Armbrüster*, NJW 2009, 189, 191 f. (allg. zum Wegfall verhaltenssteuernder Haftungswirkung bei Versicherbarkeit).

748 *Ulmer*, in: FS Canaris, S. 451, 464 f.; dagegen die anderen oben genannten Aspekte für eine Präventionswirkung für ausreichend erachtend und deshalb gegen eine eigenständige Bedeutung des Selbstbehalts *Armbrüster*, NJW 2009, 189, 192; *Gädtke*, VersR 2009, 1565, 1567 (Fn. 15).

749 BT-Drs. 16/13433, S. 11; siehe auch *Fleischer*, NZG 2009, 801, 806.

750 *Gädtke*, VersR 2009, 1565.

Vor diesem Hintergrund ist die verbreitete Praxis, den verpflichtenden Selbstbehalt wiederum versichern zu lassen, wobei die Gesellschaft über bestimmte Anrechnungsmodelle im Ergebnis sogar teilweise die Versicherungssumme anstelle des Leitungsorgans trägt,[751] kritisch zu betrachten. Ein finanzielles Aufkommen für die Selbstbehaltsversicherung durch die Gesellschaft bedeutet eine klare Umgehung der Regelung des § 93 Abs. 2 S. 3 AktG.[752] Doch selbst wenn das Leitungsorgan für die Versicherung selbst aufkommt,[753] ist die angestrebte Präventionswirkung, die mit dem Selbstbehalt gerade sichergestellt werden soll, gefährdet.[754] Ist der Selbstbehalt versichert, folgt im Haftungsfall dem Vermögensabfluss durch Begleichung des Eigenanteils alsbald der Ausgleich durch den Versicherer. Da das Organmitglied mit dieser Erstattung rechnen kann, ist die verhaltenssteuernde Wirkung des Selbstbehalts unterwandert.

Dieselben Gründe, die gegen die Wirkung eines versicherbaren Selbstbehalts sprechen, sprechen auch gegen eine privatrechtliche Abwälzbarkeit von Sanktionen mit Präventivfunktion. Die Konstellation eines dem Täter vertraglich in Aussicht gestellten Ausgleichs für die von ihm selbst zu entrichtende Zahlung mit präventiver Wirkrichtung – sei es durch ein Erstattungsversprechen für eine Geldbuße oder durch eine Versicherung des zwingenden Selbstbehalts im Haftungsfall – steht der eines gesetzlichen Regressanspruchs für Verbandsgeldbußen wertungsmäßig sehr nahe.[755] Aus der Perspektive des Steuerungsadressaten macht es keinen wesentlichen Unterschied, ob die zu erwartende Kompensation aus einem vertraglichen Anspruch oder aus einem – tatsächlich durchsetzbaren[756] – gesetzlichen Schadenersatzanspruch folgt.

Die von der Verbandsgeldbuße angesprochenen Anteilseigner verlören also den Anreiz zur sorgfältigen Auswahl und Kontrolle der Leitungsorgane, falls die mit der Verbandsgeldbuße intendierte Belastung im Innenver-

751 Hierzu *Spindler*, in: MünchKomm-AktG, § 93 Rn. 235.

752 *Lange*, r+s 2010, 92, 97; *Spindler*, in: MünchKomm-AktG, § 93 Rn. 235; a.A. *Gädtke/Wax*, AG 2010, 851, 853 f.

753 Häufig wird die Gesellschaft zumindest mittelbar die Versicherungskosten tragen, indem die Prämien bei der Vergütung des Leitungsorgans berücksichtigt werden, siehe *Spindler*, in: MünchKomm-AktG, § 93 Rn. 235; *Gädtke*, VersR 2009, 1565, 1572.

754 *Vorrath*, VW 2010, 1196. Zum Teil wird die Selbstbehaltsversicherung trotz dieser Erkenntnis als zulässig erachtet, siehe etwa mit verfassungsrechtlichen Erwägungen *Gädtke*, VersR 2009, 1565, 1569 f.

755 Siehe bereits *Stree*, JZ 1964, 588, 590.

756 Zum Einwand des Durchsetzungsrisikos siehe sogleich unter D.V.4.

hältnis ausgeglichen werden könnte. Die Etablierung gesetzgeberisch angestrebter Maßnahmen der Corporate Governance auf Ebene der Anteilseigner würde konterkariert. Es ließe sich sogar weitergehend argumentieren, die Auswahl der verantwortlichen Leitungsorgane würde bei einer anerkannten Regressmöglichkeit eher dahingehend beeinflusst, dass solche Manager bevorzugt werden könnten, deren Rechtstreue vor dem Hintergrund einer angestrebten Gewinnmaximierung als geringer eingeschätzt wird. Da in erster Linie die Anteilseigner von Steigerungen des Unternehmensgewinns durch rechtswidriges Verhalten profitieren, wäre darüber hinaus auch nicht nur eine Inkaufnahme, sondern gar die aktive Förderung rechtswidriger, gewinnbringender Praktiken durch die Anteilseigner wahrscheinlicher.[757] Dieses Argument wird häufiger verwendet, um die Notwendigkeit einer unternehmensbezogenen Sanktion ergänzend zur Sanktion gegen die handelnden natürlichen Personen zu unterstreichen.[758] Es muss jedoch in gleicher Weise Geltung beanspruchen, wenn es um die Frage der Regressmöglichkeit geht, denn auf die Anteilseigner sind die Wirkungen einer von Vornherein nicht bestehenden Sanktionsmöglichkeit und einer nachträglichen Rückgriffsoption identisch. Worin trotz Regressaussicht dennoch eine Steuerungsfunktion auf die Unternehmensträger liegen soll, wenn diese den Schaden nicht endgültig zu tragen haben, ist nicht ersichtlich.[759] Im Ergebnis lässt sich damit feststellen, dass durch eine zivilrechtliche Abwälzungsmöglichkeit der Sanktion das Sanktionsrecht „sabotiert" würde.[760]

Der Einwand im Schrifttum, durch die Begleichung der Bußgeldforderung aus Unternehmensmitteln und dem damit eintretenden Vermögensabfluss sei der Sanktionszweck erfüllt, überzeugt vor diesem Hintergrund nicht. Der Eintritt einer präventiven Wirkung kann nicht unabhängig von einer nachträglichen Erstattungsmöglichkeit bewertet werden, da es eben nicht auf den reinen Vermögensabfluss, sondern auf die Erwartung einer langfristigen Einbuße zu dem Zeitpunkt bzw. in dem Zeitraum ankommt, in dem die angestrebte Verhaltensweise vorgenommen werden soll.

Erst recht abzulehnen ist somit auch die Ansicht, dass bereits die Festsetzung der Verbandsgeldbuße zur Zweckerreichung ausreiche. Der formelle Akt der Bußgeldverhängung kann für sich betrachtet nicht als Anknüp-

---

757 Siehe auch *Lotze/Smolinski*, NZKart 2015, 254, 256.
758 *Wils*, Enforcement, S. 198; *Eden*, Persönliche Schadenersatzhaftung, S. 51; *Hempel*, Rechtsschutz, S. 276.
759 So aber *Kersting*, ZIP 2016, 1266, 1268.
760 Vgl. hierzu schon *Geiler*, JW 1919, 837.

fungspunkt für eine Erfüllung der präventiven Zwecksetzung dienen. Eine vergleichbare These wurde bereits im Rahmen der langjährigen Diskussion zur strafrechtlichen Beurteilung von Drittzahlungen auf fremde Geldstrafen formuliert.[761] Die Strafbarkeit solcher Drittzahlungen wurde hierbei von einer Mindermeinung mit der Begründung abgelehnt, dass die Strafzwecke der Geldstrafe bereits mit dem Urteilsspruch erfüllt seien. Nicht die nachgeschaltete Übelszufügung durch finanzielle Belastung, sondern die der Kriminalstrafe allgemein zugesprochene sozialethische Missbilligung, deren moralisch deklassierende Wirkung der Täter gerade durch den Urteilsspruch erfahre,[762] sei der maßgebliche Sinn der Strafe und könne auch durch eine Erstattung der Strafsumme nicht rückgängig gemacht werden.[763]

Dieser Ansatz überzeugt schon für die Kriminalstrafe nicht, da er fortgedacht dazu führen müsste, dass eine Vollstreckung des strafgerichtlichen Urteils zur Strafzweckerreichung nicht mehr notwendig wäre. Das Strafrecht verzichtet bei Geldstrafen indes nur ausnahmsweise auf das wirtschaftliche Übel, namentlich allein bei der Möglichkeit einer Verwarnung mit Strafvorbehalt nach § 59 StGB.[764] Ihre repressive und präventive Wirkung kann eine Sanktion aber nur entfalten, wenn dem Betroffenen nach dem Strafausspruch auch ein fühlbares Opfer abverlangt wird.[765]

Für die Verbandsgeldbuße kann man einem solchen Ansatz darüber hinaus zum einen die überwiegend angenommene sozialtethische Neutralität der Sanktion entgegenhalten, womit es an einem der kriminalstrafrechtlichen Verurteilung anhaftenden Unwerturteil fehlt. Zum anderen ist bei einer angenommenen Steuerungsausrichtung auf die Anteilseigner eine persönliche Stigmatisierung durch die Bußgeldfestsetzung ohnehin kaum wahrscheinlich, da diese bei der formal gegen die juristische Person festzusetzenden Sanktion nicht individualisiert werden.

761 Eingehend hierzu unter D.V.3.f)bb).

762 Hierzu *Meier*, Strafrechtliche Sanktionen, S. 16 f.; *Kühl*, in: FS Eser, S. 149, 154; siehe auch *Roxin*, FS Volk, S. 601, 602.

763 *Lange*, in: FS Engisch, S. 621, 622.

764 Zum Ausnahmecharakter dieses Rechtsinstituts siehe *Stree/Kinzig*, in: Schönke/Schröder, StGB, § 59 Rn. 1.

765 Eingehend hierzu *v. Spiegel*, Drittwirkung der Geldstrafe, S. 82 ff,: *Hillenkamp*, in: FS Lackner, S. 455, 461; hierzu auch *Baur/Holle*, ZIP 2018, 459, 463; vgl. auch *Stree*, JZ 1964, 588, 589.

d) Bedeutung einer Reputationsbeeinträchtigung

Soweit für eine Sanktionszweckerreichung vereinzelt mit einer potentiellen Reputationsbeeinträchtigung für das Unternehmen durch die Bußgeldfestsetzung argumentiert wird, überzeugt auch dieser Ansatz nicht.[766] Mit Blick auf die ähnliche Argumentation bei der Diskussion um die D&O-Versicherung lässt sich zunächst sagen, dass der dortige Ansatz jedenfalls nicht auf die Frage einer Steuerungswirkung der Verbandsgeldbuße auf die Anteilseigner einer Gesellschaft übertragbar ist. Die beiden Konstellationen unterscheiden sich erheblich. Zwar ist es grundsätzlich denkbar, dass neben unmittelbaren finanziellen Einbußen auch drohende Rufschädigungen für ein Unternehmen die Gesellschafter zu einer Einwirkung auf die Leitungsorgane motivieren können.[767] Dass das Image eines Unternehmens in der Öffentlichkeit oder gegenüber Geschäftspartnern empfindlich leiden kann, wenn rechtswidriges Verhalten der Leitungspersonen der Öffentlichkeit bekannt wird, ist unbestritten.[768] Hierbei ist jedoch zu berücksichtigen, dass ein erfolgreicher Haftungsrückgriff gegen die Leitungsorgane durchaus auch genutzt werden kann, das Unternehmen bzw. die Gesellschafter in der Öffentlichkeit zu rehabilitieren.[769] Eine strikte – und vor allem öffentlich gemachte – Kampagne zur internen Verfolgung der verantwortlichen Leitungspersonen könnte so als Gelegenheit verstanden werden, sich von einem eigenen unternehmensbezogenen Vorwurf reinzuwaschen und Reputationsschäden damit gering zu halten, indem die Verantwortlichkeit nach außen hin auf die Manager abgewälzt wird.[770] Durch eine Regressnahme beim Leitungsorgan könnte versucht werden, in der Öffentlichkeit das Bild zu vermitteln, die Geldbuße gegen das Unternehmen sei allein Folge einer individuellen Verfehlung Einzelner, für die das Unternehmen als Ganzes und die dahinter stehenden Gesellschafter keine

---

766 Dafür aber *Suchy*, NZG 2015, 591, 592; *Twele*, Haftung, S. 162; *Kredel/Kresken*, KSzW 2015, 276, 277; Konrads, Entschärfung des Haftungsrisikos, S. 36; *Hauff*, Regress, S. 149 f.

767 Allgemein zur Abschreckungswirkung von Reputationsbeeinträchtigungen im Unternehmenskontext *Boers*, MschrKrim 2001, 335, 343; *Peglau*, ZRP 2001, 406, 407; *Wohlers*, in: Kempf/Lüderssen/Volk, Unternehmensstrafrecht, S. 231, 242; grundlegend zu Imageschäden aus rechtwidrigem Verhalten *Kröger*, Korruptionsschäden, S. 255 ff.

768 *Peglau*, ZRP 2001, 406, 407; *König*, in: Hettinger, Reform des Sanktionenrechts, S. 39, 50.

769 Hierzu auch *Hack*, Vorstandsverantwortlichkeit, S. 79.

770 Zu diesem Aspekt siehe auch *Kubiciel*, ZRP 2014, 133, 136.

eigene Verantwortung tragen. Damit erscheint es fraglich, ob die potentielle Rufbeeinträchtigung überhaupt abschreckende Wirkung im Sinne eines präventiven Effekts hervorzurufen im Stande ist.

e) Gleichlauf mit dem steuerrechtlichen Abzugsverbot für Geldsanktionen

Die Erkenntnis, dass die finanzielle Belastung langfristig beim Verband verbleiben muss, um die Erreichung der mit der Geldbuße verfolgten Zwecke zu gewährleisten, bestätigt auch der Umgang des Steuerrechts mit der Verbandsgeldbuße.

aa) Entwicklung und Begründung des Abzugsverbots

Das Steuerrecht erkennt bestimmte berufliche oder betriebliche Aufwendungen des Steuerpflichtigen als abzugsfähige Betriebsausgaben oder Werbungskosten an, die die Steuerlast mindern. Ob dies auch für gegenüber Individuen oder juristischen Personen verhängte staatliche Geldsanktionen gelten soll, war lange Zeit umstritten. Auch die finanzgerichtliche Rechtsprechung vollzog in dieser Hinsicht mehrere Kehrtwendungen.[771]

Der Reichsfinanzhof, der Geldstrafen und -bußen zuvor als abzugsfähige Ausgaben behandelt hatte,[772] änderte in den 1930er Jahren seine Rechtsprechung und lehnte fortan eine Abzugsfähigkeit ab. Dabei sah das Gericht den Hintergrund dieses Abzugsverbots ursprünglich weniger in der drohenden Sanktionszweckbeeinträchtigung als in der Idee, dass derartige Sanktionen nicht dem beruflichen oder betrieblichen Bereich des Sanktionsadressaten zuzuordnen seien, den eine steuerliche Geltendmachung voraussetzt.[773] Der Bundesfinanzhof folgte dieser Rechtsauffassung zunächst, begründete das Abzugsverbot dabei allerdings maßgeblich damit, dass eine Geldbuße mittelbar dadurch gemildert würde, wenn sich durch ihre Entrichtung zugleich die Steuerlast für das bebußte Individuum oder Unternehmen reduzierte. Dies führe zu einer Abwälzbarkeit der Geldbuße auf die Allgemeinheit, welche mit dem Sanktionszweck der Geldbuße

---

771 Anschaulich hierzu BFH, Beschl. v. 21.11.1983 – GrS 2/82, juris Rn. 38 ff.

772 RFH, Urt. v. 20.1.1937 – VI 22/37, RStBl. 1937, S. 427; siehe hierzu auch *Felix*, Einheit der Rechtsordnung, S. 126 (Fn. 795).

773 Siehe hierzu auch BFH, Beschl. v. 28.4.1982 – I R 89/77, juris Rn. 13.

nicht zu vereinbaren sei.[774] Nicht die noch vom Reichsfinanzhof angeführte fehlende Zuordnung der Sanktionen zum betrieblichen oder beruflichen Bereich, sondern die Beeinträchtigung des Sanktionszwecks wurde mithin als Begründung für das Abzugsverbot bemüht.

Von dieser Rechtsprechung rückte der Bundesfinanzhof im Jahre 1983 wieder ab und entschied zugunsten der Abzugsfähigkeit von Geldbußen als Betriebsausgaben. Auch hierbei erkannten die Richter den Umstand an, dass die Härte der Geldbuße durch ihre Abziehbarkeit erheblich gemindert und der Sanktionszweck dadurch vereitelt werde.[775] Mangels einer gesetzlichen Regelung für ein Abzugsverbot müsse die Abzugsfähigkeit jedoch aus dem steuerrechtlichen Nettoprinzip folgen, welches Ausdruck des Gebots der Besteuerung nach der wirtschaftlichen Leistungsfähigkeit und damit der Steuergerechtigkeit sei. Im Einkommensteuerrecht werde das Nettoprinzip dadurch verwirklicht, dass bei den Gewinneinkünften nur der Saldo zwischen Einnahmen und Ausgaben der Einkommensteuer unterliege.[776]

Diese Entscheidung veranlasste den Gesetzgeber im Jahre 1984 zu einer Änderung des Einkommensteuerrechts. Die Änderung erweiterte den Katalog nicht abzugsfähiger Betriebsausgaben in § 4 Abs. 5 Satz 1 EStG um Geldbußen, Ordnungsgelder und Verwarnungsgelder, die von deutschen Gerichten oder Behörden oder von Organen der Europäischen Gemeinschaft festgesetzt wurden, und stellte damit den Rechtszustand vor der Entscheidung des Bundesfinanzhofs wieder her. Zugleich erfolgte in § 12 Nr. 4 EStG eine entsprechende Regelung für Geldstrafen.

In der amtlichen Begründung verweist der Gesetzgeber wiederum explizit auf den Sanktionszweck der Geldbuße. Dieser Zweck, den Verstoß zu ahnden, die Einhaltung der Rechtsordnung zu sichern und unlauteres Gewinnstreben zu bekämpfen, sei nur dann erfüllbar, wenn die Geldbuße das Unternehmen in der vollen festgesetzten Höhe treffe. Eine Verfehlung des Zwecks sei deshalb anzunehmen, wenn die mit der Geldbuße verbundene finanzielle Einbuße durch eine Abzugsfähigkeit als Betriebsausgabe gemildert werde.[777] Das Ergebnis der finanzgerichtlichen Rechtsprechung sei aus diesem Grund rechtspolitisch nicht hinnehmbar.[778]

---

774 BFH, Urt. v. 21.7.1955 – IV 373/54 U, NJW 1956, 79, 80; Urt. v. 10.9.1957 – I 322/56 S, NJW 1958, 119, 120.

775 BFH, Beschl. v. 21.11.1983 – GrS 2/82, NJW 1984, 1054, 1055.

776 BFH, Beschl. v. 21.11.1983 – GrS 2/82, NJW 1984, 1054, 1055; siehe hierzu auch *Felix*, Einheit der Rechtsordnung, S. 128.

777 BT-Drs. 10/1314, S. 5.

778 BR-Drs. 87/84.

Zwar erklärte das Bundesverfassungsgericht auf einen Vorlagebeschluss des Bundesfinanzhofs[779] dieses Betriebsausgabenabzugsverbot nur insoweit als verfassungsgemäß, als der Abschöpfungsteil einer Geldbuße davon nicht erfasst sei.[780] Soweit der durch eine Ordnungswidrigkeit erlangte Gewinn nach einkommensteuerrechtlichen Regeln zu versteuern sei, dürfe in den auf seine Abschöpfung gerichteten Teil des Bußgeldes nur der um den absehbaren Steueranteil verminderte Gewinnbetrag einbezogen werden. Umgekehrt dürfe die Absetzung der Geldbuße als Betriebsausgabe in Höhe des Abschöpfungsbetrages dann nicht ausgeschlossen werden, wenn deren Bemessung vom Bruttobetrag des erzielten Gewinns ausgeht.[781] Es käme in diesem Fall nämlich zu einer doppelten Abschöpfung des erlangten Vorteils durch die Einkommensbesteuerung und die Geldbuße. In Reaktion auf diese Entscheidung stellte der Gesetzgeber im Einkommensteuergesetz klar, dass das Abzugsverbot nicht gilt, soweit der wirtschaftliche Vorteil mit der Geldbuße abgeschöpft worden ist.[782] Das Abzugsverbot für den Ahndungsanteil von Geldbußen sowie generell für Geldstrafen hatte dagegen Bestand.

bb) Rückschlüsse für den Bußgeldregress

Das steuerrechtliche Abzugsverbot für Geldsanktionen unterstreicht, dass das finanzielle Übel der Sanktion den Verband nachhaltig treffen soll. Die gesetzgeberischen Erwägungen, die das steuerliche Abzugsverbot begründen, decken sich mit den bereits behandelten Argumenten, die gegen eine Abwälzbarkeit der finanziellen Belastung der Geldbuße auf einen Geschäftsleiter sprechen. Die steuerrechtliche Einschränkung soll dazu dienen, der Geldbuße ihre Sanktionswirkung zu erhalten.[783] Die nachträgliche Einschränkung des Abzugsverbots bezüglich des Abschöpfungsanteils ändert an dieser Motivation für die Schaffung der Regelung nichts, sondern stellt lediglich eine sachgerechte Einschränkung zur Vermeidung einer doppelten Inanspruchnahme des Unternehmens dar.

Der Wertungswiderspruch innerhalb der Rechtsordnung, das Unternehmen mit der Geldbuße sanktionieren zu wollen, die finanzielle Belastung

779 BFH, Vorlagebeschl. v. 21.10.1986 – VIII R 1 /85, juris.
780 BVerfG, Beschl. v. 23.1.1990 – 1 BvL 4–7/87, NJW 1990, 1900, 1901.
781 BVerfG, Beschl. v. 23.1.1990 – 1 BvL 4–7/87, NJW 1990, 1900, 1901.
782 BT-Drs. 12/1108, S. 52.
783 Siehe BFH, Vorlagebeschl. vom 21.10.1986 – VIII R 1 /85, juris Rn. 30.

jedoch durch eine steuerliche Abzugsfähigkeit gleichzeitig erheblich zu mindern, kommt auch beim Bußgeldregress zum Tragen. In der finanziellen Gesamtbetrachtung käme es in beiden Konstellationen zu dem Ergebnis, dass der Adressat der Geldbuße diese zumindest teilweise nicht zu spüren bekommt. Wenn der Gesetzgeber davon ausgeht, dass die Reduzierung der Steuerlast durch Ansetzung einer Verbandsgeldbuße als Betriebsausgabe den Sanktionszweck der Geldbuße unterwandert, so ist dies erst recht bei einer Weiterleitung der Belastung als Schadenersatzanspruch der Fall.

f) Keine Rückschlüsse aus der strafrechtlichen Beurteilung von Drittzahlungen

aa) Hintergrund

Die Befürworter einer Regresshaftung verweisen häufig auf die strafgerichtliche Rechtsprechung zu Drittzahlungen auf fremde Geldstrafen, um damit die Ablehnung einer Sanktionszweckgefährdung zu untermauern. Im Strafrecht herrschte lange Uneinigkeit darüber, wie das finanzielle Eintreten Dritter für eine fremde Geldstrafe im Hinblick auf den Tatbestand der Strafvereitelung zu beurteilen ist. In einer Grundsatzentscheidung hat sich der BGH schließlich gegen die Strafbarkeit von Drittzahlungen in jeglichen Konstellationen ausgesprochen.

Aus dieser strafgerichtlichen Rechtsprechung folgern zahlreiche Regressbefürworter, dass auch auf der zivilrechtlichen Ebene der haftungsrechtliche Rückgriff für Verbandsgeldbußen möglich sein müsse. Wenn die persönliche Betroffenheit des Sanktionsadressaten noch nicht einmal strafrechtlich geschützt bzw. durchsetzbar sei, spreche auch nichts gegen einen zivilrechtlichen Rückgriff.[784] Die strafgerichtliche Rechtsprechung beinhalte eine Absage an die sog. Lehre von der Höchstpersönlichkeit von Strafzahlungen – und damit ebenso von Bußgeldern, auf die § 258 StGB selbst nicht anwendbar ist –, die auch für das Zivilrecht Geltung beanspruche.[785] Die Rechtsprechung bringe zum Ausdruck, dass es im Ergebnis unerheblich sei, wer für die Sanktion aufkomme und das finanzielle Übel da-

---

784 So etwa *Kaulich*, Haftung, S. 290; *Wacker*, Persönliche Schadensersatzhaftung; siehe auch *Bayreuther*, NZA 2015, 1239, 1241.

785 *Holle*, Legalitätskontrolle, S. 32 f.; *J. Koch*, in: LA Winter, S. 327, 335; *Thole*, ZHR 173 (2009), 504, 532; *Möller*, Vorteilsanrechnung, S. 108; siehe auch *Habersack*, Karlsruher Forum, S. 5, 32.

mit letztendlich zu spüren bekomme. Diese Wertung müsse auch für das Zivilrecht gelten. Aus der Einschränkung der Höchstpersönlichkeit folge vielmehr, dass der Sanktionszweck mit der Begleichung der Geldstrafe oder Geldbuße – ganz gleich durch wen – erfüllt sei und deshalb von einem nachträglichen Rückgriff nicht mehr tangiert werde.[786]

bb) Überblick zur strafrechtlichen Diskussion

Die strafrechtliche Bewertung von Sachverhalten, in denen ein Dritter anstelle des Verurteilten finanziell für die verhängte Geldstrafe aufkommt, gehört zu den meist diskutierten Fragen im Kontext des Strafvereitelungstatbestands. Dabei spielen die Auswirkungen solcher Drittzahlungen auf die der Strafe zugrundeliegenden Sanktionszwecke eine entscheidende Rolle. Insofern lohnt ein Blick auf die historische Entwicklung des Meinungsstreits bis zum aktuellen Stand.

Während einige Stimmen die Erstattung von Geldstrafen in jeglicher Form stets als strafbar ansahen, differenzierten andere zwischen einer als strafbar erachteten unmittelbaren Zahlung des Dritten bzw. einer schenkweisen Überlassung des Betrags vor dessen Begleichung und einer als strafrechtlich unbedenklich eingestuften nachträglichen Erstattung. Eine weitere Strömung lehnte dagegen bereits früh die Strafbarkeit jeglicher Drittzahlungen ab.[787]

Die Rechtsprechung beurteilte die unmittelbare Begleichung einer Geldstrafe durch einen Dritten zunächst als strafbar.[788] Das Tatbestandsmerkmal „Bestrafung" des früher für die Beurteilung von Drittzahlungen einschlägigen Begünstigungstatbestands umfasse – so das Reichsgericht – auch die Vollstreckung der Strafe. Zahle jemand die Geldstrafe für den

786 *Thole*, ZHR 173 (2009), 504, 533; *Binder*, Vorstandshaftung, S. 280 f.; dahingehend auch *Hauff*, Regress, S. 117, 121 f.

787 Zur Entwicklung des Streitstands mit Nachweisen zu den einzelnen Strömungen siehe BGH, Urt. v. 7.11.1990 – 2 StR 439/90, NJW 1991, 990, 992; siehe auch *Hillenkamp*, in: FS Lackner, S. 455, 566 f.; *Scholl*, NStZ 1999, 599, 600 f.

788 Im Reichsstrafgesetzbuch von 1871 wurde die persönliche Besserstellung des Täters durch Strafentziehung noch vom damaligen Begünstigungstatbestand des § 257 erfasst, der Strafe für denjenigen anordnete, der „nach Begehung eines Verbrechens oder Vergehens dem Täter oder Teilnehmer wissentlich Beistand leistete, um denselben der Bestrafung zu entziehen". Nach heute geltendem Recht erfasst § 257 StGB dagegen lediglich eine sachliche Besserstellung des Täters, da die persönliche Besserstellung durch Strafentziehung nunmehr vom Strafvereitelungstatbestand des § 258 StGB abgedeckt wird.

Verurteilten mit dem Willen, diesem das Strafübel der Vermögensminderung zu ersparen, so werde der Verurteilte der Bestrafung entzogen.[789] Das Reichsgericht setzte damit die Strafvollstreckung gleich mit der persönlichen Spürbarkeit.

Eine bloß nachträgliche Erstattung der Strafsumme an den Verurteilten, der die Geldstrafe zunächst selbst entrichtet hatte, wurde dagegen von den Gerichten schon früh als straflos eingestuft.[790] Unter dem 1975 eingeführten Strafvereitelungstatbestands des § 258 StGB in der noch heute geltenden Fassung weitete der BGH diese Beurteilung schließlich auf sämtliche Konstellationen von Drittzahlungen auf fremde Geldstrafen aus. Damit soll nunmehr insbesondere auch eine direkte Entrichtung der Geldstrafe für den Verurteilten aus strafrechtlicher Perspektive unbedenklich sein.[791] Die überwiegende Meinung im Schrifttum schließt sich dieser Beurteilung an.[792]

cc) Stellungnahme

(1) Bewertung der Rückschlüsse für den Bußgeldregress

Die Schlussfolgerungen, die Befürworter des Bußgeldregresses aus der strafrechtlichen Beurteilung von Drittzahlungen auf fremde Geldstrafen ziehen wollen, bedürfen einer kritischen Überprüfung. Die Entwicklung der strafgerichtlichen Rechtsprechung zu Direktzahlungen oder Erstattungen Dritter für fremde Geldstrafen vermag dazu verleiteten, eine vorschnelle Analogie zum Bußgeldregress zu ziehen und auch diesem jegliche Bedenklichkeit im Hinblick auf eine Sanktionszweckgefährdung abzusprechen. Betrachtet man allein das wirtschaftliche Ergebnis, führt eine freiwillige Drittzahlung zu dem gleichen Resultat, das auch ein gesetzlicher Regressanspruch herbeiführt.

Ein solcher genereller Rückschluss aus der strafrechtlichen Beurteilung von Drittzahlungen erweist sich indes als nicht haltbar. Dass die Herbeiführung eines bestimmten Erfolgs durch ein bestimmtes Verhalten nicht

789 RG, Urt. v. 21.9.1897 – 1946/97, RGSt 30, 232, 235; siehe auch OLG Frankfurt, Beschl. v. 5.11.1987 – 1 Ws 194/87, StV 1990, 112.

790 RG, Urt. v. 10.6.1942 – III 14/42, RGZ 169, 267 268.

791 BGH, Urt. v. 7.11.1990 – 2 StR 439/90, BGHt 37, 226, 229 = NJW 1991, 990, 992 f.

792 *Heger*, in: Lackner/Kühl, StGB, § 258 Rn. 13; *Cramer*, in: MünchKomm-StGB, § 258 Rn. 35; differenzierend *Hecker*, in: Schönke/Schröder, StGB, § 258 Rn. 29.

als strafwürdig erachtet wird, bedeutet nicht, dass die Herbeiführung dieses Erfolgs durch einen gesetzlichen bürgerlich-rechtlichen Anspruch gefördert werden soll, wenn dieser Erfolg mit anderweitigen gesetzlichen Wertungen kollidiert.[793] Strafrechtliche Sanktionierung hat lediglich fragmentarischen Charakter und ist zudem stets ultima ratio. Die Qualifizierung eines Verhaltens als strafrechtlich zulässig erlaubt daher keinen Rückschluss dahin, dass die Rechtsordnung selbst – in Gestalt eines gesetzlichen Regressanspruchs – zur Vereitelung der Sanktionsziele einer Strafe oder Geldbuße beitragen darf, sofern eine solche Vereitelung droht, indem die Rechtsordnung einen Dritten zum Ersatz einer Geldsanktion verpflichtet.

Aus der strafgerichtlichen Rechtsprechung müssten sich vielmehr überzeugende Anhaltspunkte dafür ergeben, dass der Sanktionszweck auch dann erreicht wird, wenn der Sanktionsadressat die Belastung nicht selbst zu tragen hat, weil ein Dritter sie übernimmt. Eine Äußerung dahingehend, dass der Strafzweck der Geldstrafe bei jeder Art der Begleichung egal durch wen und unabhängig von einer Erstattung erfüllt werde, ist der grundlegenden Entscheidung des BGH jedoch nicht zu entnehmen. Ebenso wenig ergibt sich diese Schlussfolgerung mittelbar aus den Ausführungen des Gerichts. Insofern beruht die Argumentation der Regressbefürworter auf einer Fehlinterpretation der Rechtsprechung.

Die Entscheidung, Drittzahlungen nicht einer Strafbarkeit zu unterwerfen, beruht vielmehr auf dem ganz anderen Grund, dass der BGH nicht die Sanktionszweckerreichung als Schutzgut des Strafvereitelungstatbestands ansieht, sondern lediglich den ungestörten äußeren Ablauf des Vollstreckungsverfahrens.[794] Dies verkennen aber solche Stimmen, die einwenden, nach der Rechtsprechung sei für die Erfüllung des staatlichen Sanktionsanspruchs allein entscheidend, dass die Strafe überhaupt beglichen werde, nicht aber, von wem.[795] Der Sanktionsanspruch ist jedoch vom Vollstreckungsanspruch zu unterscheiden. Während es bei Ersterem um die Erreichung der Sanktionswirkung geht, betrifft Letzterer bloß den Zahlungseingang in der Staatskasse. Die persönliche Betroffenheit des Verurteilten

793 *Stoll*, Haftungsfolgen, S. 245; *Kröger*, Korruptionsschäden, S. 230; *Holly/Friedhofen*, NZA 1992, 145, 148; *J. Koch*, in: LA Winter, S. 327, 334; *Bayer/Scholz*, GmbHR 2015, 449, 451, *Kredel/Kresken*, KSzW 2015, 267, 278; *Hauger/Palzer*, ZGR 2015, 33, 54; *Baur/Holle*, ZIP 2018, 459, 463 f.; *Krieger*, in: FS Bezzenberger, S. 211, 213; siehe auch BAG, Urt. v. 25.1.2001 – 8 AZR 465/00, NZA 2001, 653, 645.

794 BGH, Urt. v. 7.11.1990 – 2 StR 439/90, BGHt 37, 226, 229 f. = NJW 1991, 990, 992 f.

795 *Kaulich*, Haftung, S. 289.

ist nach der Rechtsprechung nicht mit Vollstreckungsmaßnahmen durchsetzbar und daher nicht Angriffsobjekt des Strafvereitelungstatbestands. Vollstreckungsvereitelung sei daher nur bei einer Beeinflussung des ungestörten äußeren Ablaufs des Vollstreckungsverfahrens verwirklicht. Eine lediglich zur Minderung oder zum Wegfall der persönlichen Betroffenheit des Verurteilten führende Drittzahlung vereitele den Strafanspruch nicht.[796]

Insofern fällt es schwer, aus dieser Rechtsprechung den Rückschluss zu ziehen, der Sanktionszweck einer Geldsanktion sei auch bei einer Weiterreichung an Dritte stets erreicht, da dies bereits mit der Erfüllung der Zahlungspflicht vollständig geschehe, unabhängig davon, woher die finanziellen Mittel zu dieser Erfüllung stammen oder ob mit dem Akt der Erfüllung gleichsam ein Ersatzanspruch entsteht.[797] Stattdessen lässt sich gerade das Gegenteil dieser Behauptung aus der Rechtsprechung herauslesen. Die Entscheidung bringt das Anerkenntnis zum Ausdruck, dass der Strafzweck bei einer Drittzahlung oder Dritterstattung gerade nicht erreicht wird.[798] Diese Vereitelung der Strafzweckerreichung stuft die Rechtsprechung lediglich nicht als strafwürdig im Sinne einer ultima ratio ein, die eine strafrechtliche Reaktion darstellen würde. Grund hierfür ist aber wiederum allein, dass die Rechtsprechung den Tatbestand nicht in der Lage erachtet, Umgehungsmöglichkeiten zu erfassen und daher eine Strafbarkeit lieber vollständig ablehnt. Die Rechtsprechung wird daher auch als „Ausdruck pragmatischer Resignation“[799] gewertet und von zahlreichen Stimmen – wenngleich der Lösung des BGH zum Teil zustimmend – unter kriminalpolitischen Gesichtspunkten als bedauernswert beurteilt, da die Sanktionszweckunterlaufung bei Drittzahlungen gerade als Defizit erkannt wird.[800]

Vor diesem Hintergrund kann auch nicht eingewendet werden, ein Regressausschluss führe die durch diese strafgerichtliche Rechtsprechung überwundene Lehre von der Höchstpersönlichkeit der Strafe wieder ein.

---

796 BGH, Urt. v. 7.11.1990 – 2 StR 439/90, BGHt 37, 226, 229 f. = NJW 1991, 990, 992 f.

797 So aber wohl *Krause*, NStZ 2000, 225, 229 f.; dagegen *Bachmann*, BB 2015, 907, 911.

798 Für eine Strafzweckverfehlung siehe auch: *Radtke*, in: MünchKomm-StGB, § 40 Rn. 14; *v. Selle*, Gerechte Geldstrafe, S. 78 f.; *Häger*, in: LK-StGB, Vor § 40 Rn. 30, 32; siehe auch *Horrer/Patzschke*, CCZ 2013, 94; *Kranz*, ZJS 2008, 471, 473.

799 *Bachmann*, BB 2015, 907, 911; siehe auch *J. Koch*, in: LA Winter, S. 327, 334; („Kapitulation vor den tatsächlichen Gegebenheiten“); *Baur/Holle*, ZIP 2018, 459, 464 („pragmatischer Natur“).

800 *Heger*, in: Lackner/Kühl, StGB, § 258 Rn. 13.

Diese Lehre besagt, dass Strafe den Verurteilten individuell treffen muss, um zu wirken. Im Strafrecht wird die höchstpersönliche Wirkung der Strafe auf den verurteilten Täter grundsätzlich von den Straftheorien und der Strafzumessungslehre vorausgesetzt.[801] Wenn die individuelle Schuld des Täters – wie es im Übrigen § 46 Abs. 1 Satz 1 StGB vorschreibt – Grundlage für die Zumessung der Strafe ist, ergibt dies nur Sinn, wenn die so bemessene Strafe den Täter auch persönlich, also selbst und individuell trifft. Bei der Freiheitsstrafe kann man von einer solchen höchstpersönlichen Wirkung ohne Weiteres ausgehen, da der persönliche Freiheitsentzug dem Täter nie abgenommen wird.[802] Wenngleich auch die Freiheitsstrafe unter Umständen belastende Drittwirkungen auf weitere Personen erzeugen kann, insbesondere z.B. auf Angehörige des inhaftierten Täters, so entstehen solche allenfalls zusätzlich zur Belastung des Täters, jedoch in anderer Form und vor allem nie an deren Stelle.[803]

Die Verwirklichung und Sicherstellung dieser höchstpersönlichen, den Täter in jedem Falle selbst treffenden Wirkung der Sanktion ist indes bei der Geldsanktion problematisch.[804] Anders als die persönliche Freiheit ist das Leistungsobjekt der Geldsanktion ein vertretbares Gut, das aus verschiedenen Quellen stammen kann.[805] Es sind diverse Konstellationen denkbar, in denen rein wirtschaftlich gesehen ein Dritter die Geldstrafe für den Verurteilten aufbringt. Diesem Problem struktureller Natur kann das Strafrecht kaum vollständig entgegenwirken.[806] Dies erkennt der BGH in seiner Entscheidung zur Strafvereitelung an. Dennoch kann die Rechtsprechung nicht dahingehend verstanden werden, dass diese höchstpersönliche Wirkung für Geldstrafen nicht relevant sei.[807] Wäre dies tatsächlich der

801 *Hillenkamp*, in: FS Lackner, S. 455; siehe zu den Straftheorien *Kühl*, in: FS Stöckel, S. 117, 122.

802 Siehe auch *Meier*, Strafrechtliche Sanktionen, S. 65.

803 *V. Selle*, Gerechte Geldstrafe, S. 80; *Häger*, in: LK-StGB, Vor § 40 Rn. 29.

804 *Hillenkamp*, in: FS Lackner, S. 455, 459; *Meier*, Strafrechtliche Sanktionen, S. 66; *Streng*, Strafrechtliche Sanktionen, S. 63 f.; *Mitsch*, JA 1993, 304; *Müller-Christmann*, JuS 1992, 379, 392.

805 *Eisenberg/Kölbel*, Kriminologie, § 33 Rn. 24; *Meier*, Strafrechtliche Sanktionen, S. 65.

806 *V. Selle*, Gerechte Geldstrafe, S. 80; siehe auch *Streng*, Strafrechtliche Sanktionen, S. 63 („Systemschwäche").

807 So aber *Thole*, ZHR 173 (2009), 504, 532 f.; *Holle*, Legalitätskontrolle, S. 32 f.; *Fabisch*, ZWeR 2013, 91, 105; *Kaulich*, Haftung, S. 288 („in der strafrechtlichen und zivilrechtlichen Rechtsprechung überkommenes Dogma"); vgl. auch *Kapp*, NJW 1992, 2796, 2800 (zu Erstattungszusagen bzw. Erstattungsansprüchen für Geldstrafen und -bußen bei Arbeitnehmern und Organen).

Fall, müsste sich hieran zwangsläufig die Frage anschließen, ob die Geldstrafe in ihrer jetzigen Form als ein der Freiheitsstrafe grundsätzliches Äquivalent überhaupt zu rechtfertigen ist.[808] Wie für Freiheitsstrafen leuchtet vielmehr auch für die Geldstrafen ein, dass diese ihre Sanktionswirkungen nicht entfalten kann, wenn der Täter das angedrohte Strafübel nicht spürt. Die Anerkennung der Problematik bedeutet daher zum einen nicht, dass die Geldsanktion nach der gesetzgeberischen Konzeption nicht mehr höchstpersönlich gelten *soll*. Die Rechtsprechung hat den Grundsatz der Höchstpersönlichkeit der Geldstrafe also nicht aufgegeben in dem Sinne, dass die höchstpersönliche Wirkung nicht mehr Zielsetzung der Geldstrafe sei und damit für die Gesamtrechtsordnung nicht mehr zu beachten wäre.[809] Lediglich wird diese höchstpersönliche Wirkung nicht strafrechtlich dadurch abgesichert, dass Drittzahlungen als strafbare Vereitelungshandlungen nach § 258 StGB eingestuft werden. Dies ist zwar bedauerlich und – wie zu zeigen sein wird – nicht unbedingt zwingend.[810] Es kann aber angesichts der gerichtlichen Begründung nicht als Wertentscheidung dahingehend ausgelegt werden, dass die Erreichbarkeit der höchstpersönlichen Wirkung überhaupt nicht mehr von rechtlicher Relevanz wäre. Die Rechtsprechung ist vielmehr als Ausdruck der Kapitulation vor dem Problem der als unkontrollierbar erachteten Umgehungsmöglichkeiten anzusehen.[811]

(2) Kritik an der Rechtsprechung

Abgesehen davon, dass die Rechtsprechung zu § 258 StGB also keinen Rückschluss zulässt, dass die Sanktionszwecke von Geldbußen oder -strafen auch bei Eintreten Dritter erreicht werden, überzeugt sie auch in der Sache nicht.

Das Urteil des BGH stützt sich im Wesentlichen auf drei Argumente, von denen keines zwingend ist. Zum einen erfasse der Wortlaut des Strafvereitelungstatbestands lediglich Störungen des äußeren Ablaufs des Vollstreckungsverfahrens, sodass eine Beeinträchtigung der persönlichen Be-

808 Siehe auch *Hillenkamp*, in: FS Lackner, S. 459.
809 Zur Anerkennung der Höchstpersönlichkeit der Verbandssanktion durch den österreichischen Gesetzgeber siehe *Strasser*, VersR 2015, 65, 69.
810 Hierzu sogleich unter D.V.3.f)cc)(2).
811 Siehe auch *Holly/Friedhofen*, NZA 1992, 145, 148 („aus formalen Erwägungen und Praktikabilitätsgründen“); *Meier*, Strafrechtliche Sanktionen, S. 67.

troffenheit des Verurteilten nicht ohne Verstoß gegen das Analogieverbot darunter subsumierbar sei.[812] Der Begriff der Vollstreckung könnte jedoch ohne Verstoß gegen das Analogieverbot[813] auch so ausgelegt werden, dass er den Vollzug der Verurteilung im Sinne einer Zufügung des Strafübels in Form von Vermögenseinbußen beim Verurteilten erfasst.[814] Dies wird insbesondere deutlich, wenn man das Schutzgut des § 258 StGB in die Betrachtung einbezieht, das nach übereinstimmender Meinung die Strafrechtspflege in Gestalt des staatlichen Strafanspruchs ist.[815] Die Verwirklichung des Strafanspruchs setzt die Übelszufügung beim Verurteilten, also die persönliche Betroffenheit, aber gerade voraus.[816] Es genügt damit zur Erfüllung des staatlichen Vollstreckungsanspruchs im Sinne des § 258 StGB nicht, dass die Strafsumme an die Staatskasse geleistet wurde. Dies muss vielmehr aus dem Vermögen des Verurteilten geschehen sein und dieses Vermögen gemindert haben.[817]

Auch das weitere Argument, es seien zahlreiche Formen einer Strafzweckumgehung durch Drittzahlungen denkbar, zwischen denen aber keine sinnvolle Differenzierung möglich sei,[818] überzeugt nicht. Eine sinnvolle Differenzierung zwischen den verschiedenen denkbaren Möglichkeiten der Strafzweckumgehung ist nicht ausgeschlossen. Die Rechtsprechung verweist pauschal auf mehrere Konstellationen und erfasst dabei etwa auch die Fälle vorheriger Vereinbarungen, in denen der Präventionszweck der Strafe eklatant leidet. Da sich eine solche Differenzierung maßgeblich an subjektive Tatsachen und an Abreden zwischen zwei Personen orientiert, die die gleiche Zielsetzung verfolgen, besteht insoweit offenkundig ein Kontroll- und Nachweisproblem und damit die Gefahr einer Tatbestands-

---

812 BGH, Urt. v. 7.11.1990 – 2 StR 439/90, BGHt 37, 226, 230 = NJW 1991, 990, 992 f.

813 Maßgeblich ist der äußerste mögliche Wortsinn, siehe BVerfG, Beschl. v. 23.20.1985 – 1 BvR 1053/82, NJW 1986, 1671, 1672.

814 *Wodicka*, NStZ 1991, 487; *Häger*, in: LK-StGB, Vor §§ 40 bis 43 Rn. 31; *Mitsch*, JA 1993, 304 f.; siehe hierzu ausdrücklich auch OLG Frankfurt, Beschl. v. 5.11.1987 – 1 Ws 194/87, StV 1990, 112 f.

815 *Walter*, in: LK-StGB, § 258 Rn. 4; *Müller-Christmann*, JuS 1992, 379, 380; *Ostendorf*, NJW 1978, 1345, 1346; ausdrücklich auf die Erhöhung der präventiven Kraft der Strafe abstellend *Miehe*, in: FS Honig, S. 91, 105.

816 *Scholl*, NStZ 1999, 599, 604.

817 *Scholl*, NStZ 1999, 599, 605.

818 BGH, Urt. v. 7.11.1990 – 2 StR 439/90, BGHt 37, 226, 230 f. = NJW 1991, 990, 993.

umgehung. Dieser Umstand kann indes nicht zur Begründung einer Straflosigkeit dienen.[819]

Zuletzt vermag auch der weitere Einwand, ein Verbot jeglicher Zuwendungen greife in nicht tragbarer Weise in private Beziehungen ein und stelle sozialadäquates Verhalten unter Strafe,[820] nicht restlos zu überzeugen.[821] Gegen eine allgemeine gesellschaftliche Billigung von Drittzahlungen auf fremde Geldstrafen spricht bereits die langjährige gegenteilige bzw. differenzierte Rechtsprechung zur Strafbarkeit solcher Zuwendungen.[822] Zudem sind Zuwendungen von Angehörigen im Sinne des § 11 Abs. 1 Nr. 1 StGB ohnehin bereits vom persönlichen Strafausschließungsgrund des § 258 Abs. 6 StGB erfasst, sodass bezüglich der vom BGH angeführten Gefahr untragbarer Eingriffe in private Beziehungen von vornherein nur ein sehr geringer Anwendungsbereich verbliebe.[823]

Im Schrifttum sprechen sich angesichts der genannten Kritikpunkte einige Stimmen dafür aus, unmittelbare Drittzahlungen unter § 258 StGB zu subsumieren oder insofern eine gesetzliche Klarstellung aufzunehmen.[824] Würde die Rechtsprechung direkte Zahlungen auf fremde Geldstrafen sowie im Vorfeld zugesagte nachträgliche Erstattungen als strafbare Vollstreckungsvereitelung einstufen, weil hierdurch eine Strafzweckerreichung verhindert wird, wäre die auf § 258 StGB verweisende Argumentation für einen Bußgeldregress ihrer Grundlage beraubt. Ohne die Rechtsprechungsänderung des BGH wäre es womöglich gar nicht zu einer Debatte um die Zulässigkeit des Bußgeldregresses gekommen. Stattdessen hat der BGH mit dieser Entscheidung nicht nur ohne zwingende Notwendigkeit das Institut der Geldstrafe erheblich geschwächt, sondern auch vielen Regressbefürwortern den Weg bereitet.

---

819 *Müller-Christmann*, JuS 1992, 379, 381; *Hillenkamp*, JR 1992, 74, 76; *Walter*, in: LK-StGB, § 258 Rn. 51.

820 BGH, Urt. v. 7.11.1990 – 2 StR 439/90, BGHt 37, 226, 231 = NJW 1991, 990, 993.

821 Zur Lehre der Sozialadäquanz siehe *Rönnau*, in: LK-StGB, Vor § 32 Rn. 48; aus der Rspr. siehe OLG München, Beschl. v. 3.4.1985 – 2 Ws 232/85, NStZ 1985, 549, 550.

822 *Scholl*, NStZ 1999, 599, 604 f.; *Hillenkamp*, JR 1992, 74, 76.

823 *v. Freier*, Verbandsstrafe, S. 307; *Hillenkamp*, JR 1992, 74, 76.

824 *Radtke*, in: MünchKomm-StGB, § 40 Rn. 14; *Walter*, in: LK-StGB, § 258 Rn. 52 f.; *Hillenkamp*, JR 1992, 74, 76; *v. Freier*, Verbandsstrafe, S. 307; *Scholl*, NStZ 1999, 599, 605 (mit Formulierungsvorschlag).

g) Zwischenergebnis

Die Zulässigkeit eines Innenregresses der Gesellschaft gegen die Leitungsorgane für Verbandsgeldbußen führt zu einer Gefährdung des Präventionszwecks gegenüber den Anteilseignern. Die Aussicht auf eine Entlastung im Innenverhältnis ist geeignet, die angestrebte Wirkung der Verbandsgeldbuße auf die Anteilseigner, die zu einer rechtstreues Verhalten der Leitungsorgane fördernden Einflussnahme angehalten werden sollen, zu konterkarieren. Auch eine drohende Reputationsbeeinträchtigung kann die Präventionszweckerreichung nicht sicherstellen. Die Behandlung von Abwälzungsversuchen dienstlich veranlasster Geldsanktionen, von privatrechtlichen Erstattungszusagen und letztlich auch ein Blick auf die Versagung einer steuerrechtlichen Abzugsfähigkeit von Geldsanktionen bestätigen diesen Befund. Die diesem Befund vermeintlich entgegenstehende Rechtssprechung in den Berater-Fällen und zum Regress bei sportrechtlichen Verbandssaktionen ist dagegen schon wegen grundlegender Abweichungen der verglichenen Konstellationen nicht auf den Innenregress bei Verbandsgeldbußen übertragbar. Auch aus der strafgerichtlichen Rechtsprechung zur Begleichung von Geldstrafen durch Dritte lässt sich eine Zulässigkeit des Bußgeldregresses nicht ableiten. Die strafrechtliche Freistellung von Geldstrafenerstattungen beruht nicht auf der Erwägung, dass die der Strafe zugrundeliegenden Sanktionszwecke trotz Übernahme der Belastung durch einen Dritten erreicht werden und damit die höchstpersönliche Betroffenheit für die Sanktionszwecke keine Rolle spielt. Sie ergibt sich vielmehr allein daraus, dass die Rechtsprechung allein in der Sicherung des ungestörten äußeren Vollstreckungsvorgangs den Zweck des § 258 erblickt.

4. Der Einwand des Durchsetzungsrisikos

a) Hintergrund

Eine Unterwanderung des Präventionszwecks durch einen möglichen Rückgriff beim Leitungsorgan ließe sich noch mit Blick auf das Durchsetzungsrisiko anzweifeln, das dem Regressanspruch anhaftet. Dieses könnte im Vergleich zu einer vertraglich zugesicherten Erstattung erhöht sein. Einige Regressbefürworter weisen darauf hin, dass eine erfolgreiche Abwälzung der Schadenssumme auf das Leitungsorgan mit Blick auf das hierfür notwendige Vorliegen sämtlicher Haftungsvoraussetzungen keinen Automatismus darstelle.[825] Dass in Einzelfällen ein Rückgriff möglich sei, unterlaufe die abschreckende Wirkung der Verbandsgeldbuße nicht. Zudem trage die Gesellschaft stets das Insolvenzrisiko des Organmitglieds, das bei hohen, die finanzielle Leistungsfähigkeit des Anspruchsgegners meist übersteigenden Bußgeldsummen ein erheblicher Faktor sei.[826]

In der Tat unterscheidet sich die Regresskonstellation insofern von einer im Vorhinein zugesagten freiwilligen Erstattung der Bußgeldsumme, als dass sich bei einer Zusage die tatsächliche Realisierung der Erstattung zu dem für die Präventionswirkung maßgeblichen Zeitpunkt aus der Täterperspektive als sehr wahrscheinlich darstellt. Der Zusageempfänger wird ohne entgegenstehende Hinweise grundsätzlich keinen Anlass haben, die Erstattungsbereitschaft des Zusagenden in Frage zu stellen. Daher sind die präventionsbeeinträchtigenden Auswirkungen einer Erstattungszusage sehr wahrscheinlich. Bei einem auf eine gesetzliche Haftungsnorm gestützten Regressanspruch können dagegen aus Sicht des Bußgeldadressaten größere Unwägbarkeiten bestehen, ob es nach Begleichung der Bußgeldforderung aus dem eigenen Vermögen tatsächlich zu einem Ersatz der Einbuße kommen wird. Der Inhaber eines gesetzlichen Ersatzanspruchs kann sich grundsätzlich nicht in gleichem Maße wie bei einer Erstattungszusage auf den finanziellen Eintritt des Dritten verlassen.

b) Vorliegen der Haftungsvoraussetzungen

Allerdings weist der Bußgeldregress einige Besonderheiten gegenüber einem allgemeinen Haftungsanspruch auf. So überzeugt schon der Einwand bezüglich der Haftungsvoraussetzungen für den Bußgeldregressanspruch nicht. Zwar folgt ein Schadenersatzanspruch nicht unmittelbar aus der Festsetzung der Verbandsgeldbuße, sondern knüpft seinerseits an die Pflichtverletzung des Organwalters im Innenverhältnis an. Ein Unterschied zu einer Erstattungszusage besteht also dahingehend, dass bei einer Zusage als vertraglichem Anspruch keine weiteren Voraussetzungen mehr vorliegen müssen.

Dennoch unterscheidet sich der Regress für Verbandsgeldbußen auch erheblich von sonstigen Innenhaftungskonstellationen. Die spezielle Kon-

---

825 *Binder/Kraayvanger*, BB 2015, 1219, 1225; *Rust*, ZWeR 2015, 299, 307.

826 *Bayer/Scholz*, GmbHR 2015, 449, 451 f.; *Kersting*, ZIP 2016, 1266, 1267; *J. Koch*, AG 2012, 429, 434; *Binder/Kraayvanger*, BB 2015, 1219, 1225; *Rust*, ZWeR 2015, 299, 307.

struktion der Verbandsgeldbuße, die nur unter der Voraussetzung einer Bezugstat desjenigen ergeht, gegen den sich der Regressanspruch richtet, bringt es mit sich, dass eine haftungsbegründende Pflichtverletzung nahezu zwangsläufig vorliegt.[827] Aus der Bezugstat im Außenverhältnis folgt daher regelmäßig eine Pflichtverletzung im Innenverhältnis und damit auch ein möglicher Rückgriff.[828] Dieser gesetzlich angelegte Automatismus nähert die Konstellation einem vertraglichen Erstattungsanspruch an und lässt eine Gleichstellung daher zu. Die Regresshaftung kann allein am Verschulden scheitern, wobei es sich dabei um vergleichsweise seltene Fälle von Verbotsirrtümern handeln dürfte, für die hohe Anforderungen gelten. Mit Blick auf den bei Leitungsorganen anzulegenden typisierten Verschuldensmaßstab kommt dem Verschuldenserfordernis bei Vorliegen einer Pflichtverletzung kaum eigenständige Bedeutung zu.[829] Dabei ist auch von Bedeutung, dass ein Verschulden durch die Beweislastverteilung nach geltendem Recht indiziert ist.[830]

c) Realisierbarkeit des Anspruchs

Der Einwand einer zu erwartenden finanziellen Überforderung des in Anspruch genommenen Organwalters scheint dagegen mit Blick auf die mitunter enormen Bußgeldsummen, insbesondere bei einer umsatzbezogenen Bemessung wie im Kartellrecht oder im Wertpapierrecht, werthaltiger.

Ein den Organwalter finanziell stützender Deckungsanspruch gegen die auch in Deutschland mittlerweile flächendeckend anzutreffende D&O-Versicherung, der in der Regel im Anstellungsvertrag sogar im Voraus an die Gesellschaft abgetreten wird,[831] kann dem nicht entgegen gehalten werden.[832] Zwar kann bei unterstellter Regressmöglichkeit nicht die Versicherbarkeit der Regressforderung nach § 138 BGB abgelehnt werden, da die rechtliche Bewertung bei Zulassung einer Regresshaftung auch für die

827 Siehe hierzu bereits oben § 2 C.II.
828 *Wilsing*, in: Krieger/Schneider, Hdb. Managerhaftung, § 31 Rn. 20; *Meyer-Lindemann*, in: Loewenheim u.a., Kartellrecht, § 81 GWB Rn. 54; *Glöckner/Müller-Tautphaeus*, AG 2001, 344, 346; siehe auch *Wagner*, ZGR 2016, 112, 138.
829 *Wilsing*, in: Krieger/Schneider, Hdb. Managerhaftung, § 31 Rn. 28.
830 Siehe hierzu oben, § 2 D.I.
831 Siehe hierzu BGH, Urt. v. 13.4.2016 – IV ZR 304/13, NJW 2016, 2184, Rn. 20.
832 Dafür aber wohl *Lotze/Smolinski*, NZKart 2015, 254, 256.

Deckung identisch ausfallen muss.[833] Eine Deckung für Bußgeldregressforderungen dürfte darüber hinaus, entgegen einer teilweise vertretenen Ansicht,[834] auch nicht am Begriff des Vermögensschadens im Sinne der Versicherungsbedingungen scheitern.[835] Bei der Regressforderung handelt es sich aus Sicht des Versicherers um einen rein privatrechtlichen Schadensersatzanspruch, dessen sanktionsrechtliche Vorgeschichte seiner Entstehung für die versicherungsrechtliche Beurteilung nicht relevant sein darf. Jedenfalls aber wird die Deckung bei Regressschäden für Verbandsgeldbußen häufig an Ausschlussgründen in den Versicherungsbedingungen scheitern. Zwar greift der herkömmliche Deckungsausschluss für Geldstrafen und Geldbußen insoweit nicht ein, da dieser sich nur auf Sanktionen gegenüber den Organwaltern richtet, nicht aber auf Regressforderungen wegen Geldbußen, die gegenüber dem Unternehmen verhängt wurden.[836] Ohnehin enthalten viele Bedingungswerke ausdrücklich einen sog. „carve in" zugunsten von Regressansprüchen für Verbandsgeldbußen.[837] Ein typischer Ausschlussgrund in den Bedingungswerken betrifft jedoch wissentliche Pflichtverletzungen der versicherten Organwalter und führt daher bei vorsätzlichen Anknüpfungstaten in der Regel zum Deckungsausschluss.[838] Davon abgesehen führen auch die Besonderheiten der D&O-Versicherung, die als Gruppenversicherung nur eine einzige Deckungssumme für mehrere Personen bereithält und dabei häufig auch Mitarbeiter der nächsten Führungsebene und weitere Positionen erfasst, dazu, dass die Deckungssumme, die zudem stets für mehrere Versicherungsfälle in einer Versicherungsperiode von einem Jahr ausreichen muss, aufgebraucht sein kann.[839]

---

833 *Thomas*, NZG 2015, 1409, 1416 f.; *Hauger/Palzer*, ZGR 2015, 33, 64; Gädtke/Ruttmann, VP 2015, 30, 32; Reuter, BB 2016, 1283, 1287.

834 *Ihlas*, in: MünchKomm-VVG, D&O, Rn. 213; *Wilsing*, in: Krieger/Schneider, Hdb. Managerhaftung, § 31 Rn. 48.

835 So auch Gädtke, in: Bruck/Möller, VVG, AVB-AVG 2011/2013 Ziff. 5, Rn. 108; *Dreher*, VersR 2015, 781, 788; *Thomas*, NZG 2015, 1409, 1417.

836 *Wilsing*, in: Krieger/Schneider, Hdb. Managerhaftung, § 31 Rn. 50.

837 *Rahlmeyer/von Eiff*, CCZ 2015, 91, 93; *Lange*, in: Veith/Gräfe/Gebert, Versicherungsprozess, § 21 Rn. 182 (mit Klauselbeispiel); *Ihlas*, in: Krieger/Schneider, Hdb. Managerhaftung, § 19 Rn. 82; *Reuter*, BB 2016, 1283, 1287.

838 *Wilsing*, in: Krieger/Schneider, Hdb. Managerhaftung, § 31 Rn. 48; *Lange*, in: Veith/Gräfe/Gebert, Versicherungsprozess, § 21 Rn. 181 und 183 ff. (mit Klauselbeispiel).

839 *Hoffmann-Becking*, ZHR 2017, 737, 740 f.; siehe auch *Cyrus*, NZG 2018, 7, 9; zur Tendenz zu höheren Versicherungssummen aufgrund sinkender Prämien siehe aber *Lange*, in: Veith/Gräfe/Gebert, Versicherungsprozess, § 21 Rn. 27.

Allerdings kann die Sicherstellung der Sanktionswirkung trotz Regresshaftung nicht allein mit Verweis auf potentiell erhebliche Bußgeldsummen in spezifischen Regelungsbereichen begründet werden.[840] Darüber hinaus ist in die Diskussion auch einzubeziehen, dass Leitungsorgane in der Regel Vergütungen im oberen Bereich der Einkommensskala der Gesamtbevölkerung beziehen und bei mehrjähriger Tätigkeit zumeist über ein vergleichsweise hohes Privatvermögen verfügen.[841] Die für die Geschäftsleitervergütung auch maßgebliche wirtschaftliche Leistungsfähigkeit eines Unternehmens korreliert dabei stets mit der Bußgeldhöhe, da dieser Faktor in die Bemessung einfließt. Vorstandsgehälter börsennotierter Unternehmen bewegen sich meist sogar im Millionenbereich. Die durchschnittliche Gesamtvergütung eines Vorstandsmitglieds von DAX 30-Unternehmen lag bereits im Jahr 2016 bei über drei Millionen Euro. Bei den Vorstandsvorsitzenden liegt der Durchschnittswert der Jahresvergütung bei über fünf Millionen Euro.[842] Privatvermögen einzelner Spitzenverdiener in zwei- oder gar dreistelliger Millionenhöhe sind daher keine Seltenheit. Auch in nicht börsennotierten Aktiengesellschaften und GmbHs liegen die Geschäftsleitervergütungen selbst in mittelständischen Unternehmen im oberen Einkommensbereich. Zum Gehalt hinzu kommen Rentenansprüche der Manager, die abhängig von der Tätigkeitsdauer ebenfalls bedeutende Ausmaße erreichen. Gerade für die Sicherung von Innenhaftungsansprüchen sind Rentenansprüche besonders bedeutsam, da insoweit kein Verbrauchsrisiko besteht, die Gesellschaft als Gläubiger also – lediglich beschränkt durch die geringen Pfändungsfreigrenzen – auf diese zugreifen kann, sei es durch Aufrechnung oder durch Pfändung im Rahmen der Zwangsvollstreckung.[843] Der Regressforderung steht damit zumeist ein leistungsfähiger privater Schuldner gegenüber.

Zudem beschränkt sich der Schaden der Gesellschaft und damit der durchsetzbare Anspruch ohnehin auf den Ahndungsanteil der Geldbuße, wohingegen der Abschöpfungsanteil aus der Summe herauszurechnen ist. Ist die Ersatzfähigkeit dieses Anteils von Vornherein ausgeschlossen, kann nicht die fehlende Leistungsfähigkeit des Schuldners herangezogen werden, um eine verminderte Präventionswirkung zu begründen. Die Vereite-

---

840 Siehe auch *Baur/Holle*, ZIP 2018, 459, 465 („rechtstatsächliche Zufälligkeiten"); dahin auch *Grunewald*, NZG 2016, 1121, 1122.

841 *Lange*, in: Veith/Gräfe/Gebert, Versicherungsprozess, § 21 Rn. 41.

842 Siehe *Habersack*, NZG 2018, 127, 129.

843 Zur Zulässigkeit einer solchen sog. Eigenpfändung einer dem Schuldner gegen den Gläubiger selbst zustehenden Forderung siehe BGH, Beschl. v. 18.1.2017 – VII ZB 9/14, juris Rn. 6 ff.; Beschl. v. 5.5.2011 – VII ZB 17/10, juris Rn. 7.

lung des Präventionszwecks kann von Vornherein nur durch eine Ersatzaussicht auf den Sanktions- bzw. Ahndungsanteil ausgelöst werden, über den ja gerade die Präventionswirkung erzielt werden soll. Der Abschöpfungsanteil der Geldbuße ist von der Konzeption her gar nicht auf eine Präventionswirkung ausgerichtet, da hiermit eben nur die rechtswidrig erzielten Gewinne abgegriffen, also eine Bereicherung des Täters aus der Tat vermieden werden und der vermögensrechtliche status quo ante wiederhergestellt werden sollen.[844] Extreme Gesamtbußgeldsummen sind aber zumeist auf besonders hohe Abschöpfungsanteile zurückzuführen.[845] Die Eintreibbarkeit des bloßen Ahndungsanteils beim Haftungsschuldner ist daher wesentlich wahrscheinlicher.

d) Unbeachtlichkeit des Einwands

Letztendlich ist aber ohnehin davon auszugehen, dass dem Präventionszweck auch dann eine Beeinträchtigung droht, wenn nur Aussicht auf einen teilweise möglichen Regress besteht.[846] Dies lässt sich im Übrigen auch mit den folgenden Erwägungen stützen:

Im Rahmen der allgemeinen zivilrechtlichen Diskussion zur Versicherbarkeit von Geldsanktionen wird ebenfalls davon ausgegangen, dass mit solch einer Versicherung eine Sanktionszweckbeeinträchtigung droht.[847] Dabei erfolgt diese Bewertung unabhängig davon, ob das konkrete Bußgeld möglicherweise eine Deckungsgrenze der Versicherung übersteigt. Die gleiche Wertung findet sich auch in der steuerrechtlichen Behandlung von Verbandsgeldbußen wieder.[848] Der Ahndungsanteil der Geldbuße ist

---

844 Siehe oben, D.III.3.c).

845 Siehe etwa LG Düsseldorf, Beschl. v. 21.11.2011 – 10 KLs 14/11, wistra 2013, 80 (Geldbuße i.H.v. 149 Millionen Euro, davon Ahndungsanteil i.H.v. einer Million und Abschöpfungsanteil i.H.v. 148 Millionen); LG München I, Urt. v. 10.12.2013 – 5 HKO 1387/10, NZG 2014, 345, 346 (Geldbuße i.H.v. 201 Millionen Euro, davon Ahndungsanteil i.H.v. einer Million und Abschöpfungsanteil i.H.v. 200 Millionen), jeweils unter Geltung der mittlerweile auf zehn Millionen angehobenen Höchstgrenze des Ahndungsanteils von einer Million Euro.

846 Anders *Wacker*, Persönliche Schadensersatzhaftung, S. 118, der nur bei vollständiger Regressierbarkeit der Verbandsgeldbuße die Präventionswirkung gefährdet sieht.

847 *Thomas*, NZG 2015, 1409, 1416; *Olbrich*, D&O, S. 134; *Ihlas*, in: MünchKomm-VVG, D&O, Rn. 213; *Gruber/Mitterlechner/Wax*, D&O, § 7 Rn. 7; *Fleischer*, in: Fleischer, Hdb. Vorstandsrecht, § 12 Rn. 54.

848 Hierzu näher unten, D.V.3.e)aa).

durch ausdrückliche gesetzliche Anordnung in § 4 Abs. 5 Satz 1 EStG von der steuerlichen Abzugsfähigkeit als Betriebsausgabe ausgenommen. Bei Zulässigkeit der untersagten steuerlichen Geltendmachung würde die finanzielle Belastung zwar keineswegs vollständig entfallen, sondern nur anteilig die Steuerlast des Unternehmens mindern. Dennoch reicht dem Gesetzgeber diese zu erwartende bloße Abmilderung der Belastung aus, um darin die Gefahr einer Sanktionszweckvereitelung zu erblicken und darauf gestützt den Abzug zu untersagen.[849]

5. Zwischenergebnis

Im vorstehenden Abschnitt wurde zunächst aufgezeigt, dass der präventive Sanktionszweck der Verbandsgeldbuße weder auf die Leitungsorgane noch auf die juristische Person als solche ausgerichtet ist, sondern nach hier vertretener Ansicht allein darauf abzielen kann, eine Verhaltenssteuerung bei den Anteilseignern und von diesen ausgehend eine Einwirkung auf die Leitungsorgane zur Förderung einer rechtstreuen Unternehmensleitung zu erzeugen. In der Diskussion wurde dieser Aspekt bislang vernachlässigt. Legt man der Sanktion gegen die juristische Person aber diese Zwecksetzung zugrunde, wird die Gefährdung des Sanktionszwecks bei einer zulässigen Abwälzung auf die Leitungsorgane besonders deutlich. Weder der Festsetzungsakt des Bußgelds noch die Begleichung der Bußgeldforderung aus Unternehmensmitteln sichern die Erreichung dieses Sanktionszwecks, wenn eine Regressmöglichkeit über die Innenhaftung offensteht. Dieses Ergebnis steht im Einklang mit der Rechtsprechung sowie dem überwiegenden Schrifttum zur Ersatzfähigkeit individueller Geldsanktionen sowie zur privatrechtlichen Bewertung der Zulässigkeit von Erstattungszusagen für Geldstrafen oder Geldbußen. Der höchstrichterlich anerkannte Rückgriff von im DFB organisierten Fußballvereinen gegenüber vertragswidrig handelnden Zuschauern für Verbandssanktionen hat aufgrund abweichender Normzwecke keine Aussagekraft für den Innenregress bei Verbandsgeldbußen.

849 Siehe BT-Drs. 10/1314, S. 5.

VI. Verhältnismäßigkeit einer anteilseignerbezogenen Verbandsgeldbuße

1. Hintergrund

Die festgestellte Gefährdung der Präventionswirkung könnte einen Regressausschluss und die damit einhergehende Einschränkung der gesellschaftsrechtlichen Innenhaftung allerdings nur unter der Voraussetzung rechtfertigen, dass eine präventive Ausrichtung auf die hinter der juristischen Person stehenden Anteilseigner im Einklang mit höherrangigen Rechtsgrundsätzen steht. Insofern drängt sich die Frage auf, ob eine Belastung der Anteilseigner mit dem Ziel einer rechtswahrungsfördernden Einwirkung auf die Leitungsorgane einen verfassungsmäßig gerechtfertigten Eingriff in geschützte Rechtspositionen darstellt, oder ob die Position der Anteilseigner im Gesellschaftsgefüge einen derartigen Ansatz nicht zu rechtfertigen vermag. Einwände dieser Art werden bislang nur vereinzelt konkret formuliert.[850] Nach allgemeiner Grundrechtsdogmatik ist hierbei zu prüfen, ob bei Vorliegen eines Eingriffs die Maßnahme einen legitimen Zweck verfolgt, zur Erreichung dieses Zwecks geeignet und erforderlich ist und zudem nicht außer Verhältnis zu den Beeinträchtigungen steht.[851]

2. Eingriff

Staatlich auferlegte Geldsanktionen bilden als bloße Geldleistungspflichten grundsätzlich keinen Eingriff in die Eigentumsgarantie des Art. 14 GG.[852] Da die Eigentumsgarantie nicht das Vermögen als solches, sondern nur einzelne Vermögensrechte schützt, kann ebenso wie im Falle von Steuern und sonstigen Abgaben ein Eingriff in Art. 14 GG erst dann angenommen werden, wenn die Geldleistungspflicht erdrosselnde Wirkung zeigt.[853]

---

850 Ausführlich allein *Reuter*, BB 2016, 1283, 1288 ff.; ders., NZG, 2019, 321, 322; in diese Richtung hindeutend auch DAV-Strafrechtsausschuss, Stelln. 54/2013, S. 18 f. („verfassungsrechtlich nicht hinzunehmen“).

851 Zur Grundrechtsprüfung siehe *Robbers*, in: Bonner Kommentar GG, Art. 20 Rn. 1897.

852 BVerfG, Urt. v. 20.7.1954 – 1 BvR 459/52, juris Rn. 34; *Appel*, Verfassung und Strafe, S. 493.

853 Siehe hierzu BVerfG, Urt. v. 20.3.2002 – 2 BvR 794/95, NJW 2002, 1779, 1787; vgl. auch BVerfG, Beschl. v. 9.3.1971 – 2 BvR 326/69, NJW 1971, 1603, 1605 (zu Steuern).

Dennoch sind die Anteilseigner der juristischen Person durch eine Verbandssanktion in ihren Grundrechten betroffen. Den Anteilseignern ist ein Rückgriff auf eigene Grundrechtspositionen keineswegs mit Verweis auf ihre mediatisierte Stellung und die rechtliche Verselbständigung der juristischen Person verwehrt.[854] Unabhängig von der rechtlichen Selbständigkeit der Gesellschaft werden die Anteilseigner nämlich auch in ihren eigenen Grundrechtspositionen berührt. Dies gilt insbesondere dann, wenn man eine Steuerungsfunktion der Verbandsgeldbuße in diese Richtung annimmt, da der Eingriff insofern Voraussetzung für eine Steuerungswirkung ist.[855] Im Übrigen leitet sich der Grundrechtsschutz der juristischen Person nach der zu Art. 19 Abs. 3 GG entwickelten sog. Durchgriffstheorie[856] gerade umgekehrt von den Grundrechten der hinter der juristischen Person stehenden Personen ab.[857] Die Verbandsgeldbuße kann einen Eingriff in die Rechtsposition aus ihrer Beteiligung an der bebußten Gesellschaft darstellen. Auch die Rechtsprechung des Bundesverfassungsgerichts erkennt das in der Aktie verkörperte Anteilseigentum – und insbesondere die durch die Aktie gewährten Ansprüche auf Gewinnbeteiligung[858] – als vom Schutz der Eigentumsgarantie umfasstes Vermögensrecht an.[859] Gleiches gilt für die Stellung der Gesellschafter einer GmbH.[860]

Fraglich könnte allenfalls sein, ob auch bei Anteilseignern mit im Verhältnis zum Gesamtkapital sehr geringen Beteiligungen ein Eingriff anzunehmen ist. Diese Frage stellt sich vornehmlich bei privaten Kleinanlegern, die von den Wirkungen einer Verbandsgeldbuße auf die Vermögensrechte aus der Aktie in der Regel kaum spürbar getroffen werden dürften. Grundsätzlich kommt indes auch solchen geringfügigen Belastungen uneingeschränkter Eingriffscharakter zu, ohne dass hierfür eine Erheblichkeitsschwelle überschritten sein müsste. Die Geringfügigkeit einer Belastung ist stattdessen allein bei der Frage der Zumutbarkeit einer Maßnahme

854 So aber *Sachs*, in: Kempf/Lüderssen/Volk, Unternehmensstrafrecht, S. 195, 204.

855 Siehe auch *v. Freier*, Verbandsstrafe, S. 242 (Fn. 66).

856 Hierzu *Bergbach*, Anteilseigentum, S. 98.

857 BVerfG, Beschl. v. 2.5.1967 – 1 BvR 578/63, NJW 1967, 1411, 1412; siehe auch *Reuter*, BB 2016, 1283, 1289.

858 BVerfG, Urt. v. 7.8.1962 – 1 BvL 16/60, NJW 1962, 1676; siehe auch *Bergbach*, Anteilseigentum, S. 205.

859 BVerfG, Urt. v. 7.5.1969 – 2 BvL 15/67, NJW 1969, 1203, 1205; Urt. v. 1.3.1979 – 1 BvR 532/77, NJW 1979, 699, 703; Beschl. v. 20.9.1999 – 1 BvR 636/95, NJW 2000, 349, 350; Beschl. v. 23.8.2000 – 1 BvR 68/95, NJW 2001, 279.

860 *Ebbing*, in: Michalski, GmbHG, § 14 Rn. 46; *Wicke*, GmbHG, § 14 Rn. 2; *Wilhelmi*, in: BeckOK-GmbHG, § 14 Rn. 30; *Wagner*, Gutgläubiger Erwerb von Geschäftsanteilen, S. 27 f.

im Rahmen der Angemessenheitsprüfung zu thematisieren.[861] Auch Art. 14 GG differenziert nicht nach dem Grad der finanziellen Beeinträchtigung, sondern gewährt einen Schutz „ab dem ersten Euro“.[862]

Nach dem modernen Eingriffsbegriff kommt es ferner auch nicht darauf an, ob auch kleine Anteilseigner gezielt von der Maßnahme getroffen werden sollen, was mit Blick auf die verringerte Einwirkungsmöglichkeiten von Kleinanlegern fraglich sein könnte.[863] Der moderne Eingriffsbegriff stellt auf die Perspektive des Betroffenen ab und fragt danach, ob ein der Staatsgewalt zuzuordnendes Verhalten zu einer Beeinträchtigung grundrechtlich geschützter Positionen führt, unabhängig davon, ob diese Beeinträchtigung gerade im Sinne eines Handlungsunrechts vom staatlichen Handeln intendiert ist oder stattdessen im Sinne eines bloßen Erfolgsunrechts als Nebenfolge eintritt.[864]

Zwar gibt es Ausprägungen in der Rechtsprechung des Bundesverfassungsgerichts, das jenseits der klassischen rechtsförmlichen Eingriffsmaßnahmen über keinen konsistenten Eingriffsbegriff verfügt,[865] die unter bestimmten Voraussetzungen vom obigen Grundsatz abweichend auf eine Erheblichkeitsschwelle der Beeinträchtigung und damit auf eine Art Bagatellvorbehalt hindeuten.[866] Stellt sich die Beeinträchtigung etwa lediglich als reflexartige Reaktion einer auf Dritte abzielenden Maßnahme dar, könne es sich um die Opfergrenze nicht übersteigende „Fernwirkungen“ handeln, die dem Grundrechtsträger sanktionslos zuzumuten und daher grundrechtlich nicht relevant sein sollen.[867]

Eine solche Konstellation liegt bei der Verbandsgeldbuße aber nicht vor. Bei einem Verständnis als gezieltes Steuerungsinstrument in Richtung der Anteilseigner kommt es zum einen nicht darauf an, dass formaler Normadressat die juristische Person ist. Darüber hinaus kann auch die – wenngleich regelmäßig geringe – Belastung der Anteilseigner mit kleinen Beteiligungsquoten nicht lediglich als Fernwirkung einer auf ein anderes Rechtssubjekt gerichteten Einwirkung im Sinne der Rechtsprechung ange-

---

861 *Hillgruber*, in: Isensee/Kirchhof, Hdb. Staatsrecht, § 200 Rn. 95.

862 *Reuter*, BB 2016, 1283, 1290; ders., ZIP 2018, 2298, 2304.

863 Hierzu sogleich, D.VI.4.f)bb).

864 *Bethge*, in: Merten/Papier, Hdb. Grundrechte, § 58 Rn. 16 ff.; *Hillgruber*, in: Isensee/Kirchhof, Hdb. Staatsrecht, § 200 Rn. 91.

865 Hierzu *Bethge*, in: Merten/Papier, Hdb. Grundrechte, § 58 Rn. 22.

866 *Bethge*, in: Merten/Papier, Hdb. Grundrechte, § 58 Rn. 21.

867 Siehe BVerfG, Nichtannahmebeschluss v. 4.2.2004 – 1 BvR 1103/03, NZS 2005, 479, 480; *Herdegen*, in: Maunz/Dürig, GG, Art. 1 Abs. 3 Rn. 40; *Bethge*, in: Merten/Papier, Hdb. Grundrechte, § 58 Rn. 22.

sehen werden. Die Beeinträchtigung der Kleinanleger erfolgt nicht erst reflexartig durch die Einwirkung auf die übrigen Anteilseigner. Sie stellt sich vielmehr als von vornherein abzusehende Nebenfolge dar, die zur Zielerreichung zwar nicht als notwendig erachtet wird, aber bewusst in Kauf genommen scheint. Die Eingriffsqualität eines solchen „Kollateralschadens" lässt sich damit auch im Hinblick auf finanziell nur gering betroffene Kleinanleger nicht verneinen.

3. Legitimer Zweck

An das Erfordernis eines legitimen Ziels, das der Gesetzgeber mit der zu beurteilenden Vorschrift verfolgt, sind keine hohen Voraussetzungen zu stellen. Innerhalb der Grenzen der verfassungsmäßigen Ordnung ist der Gesetzgeber bei der Zweckwahl grundsätzlich frei.[868] Es genügt, dass es sich bei der Zielsetzung um Interessen des Gemeinwohls handelt, wobei sich diese nicht zwingend aus der Verfassung selbst ergeben müssen.[869]

Die Zielsetzung, durch Ansteuerung der Anteilseigner einer juristischen Person einen zur Individualsteuerung der Leitungsorgane hinzutretenden Effekt zur Förderung einer rechtstreuen Unternehmensleitung zu erreichen, liegt im öffentlichen Interesse an der Einhaltung der Rechtsordnung und stellt sich damit als legitimer Zweck im Sinne dieser Definition dar.

4. Eignung zur Rechtsdurchsetzung

a) Grundlagen

Über die Legitimität des angestrebten Zwecks hinaus muss das Mittel auch zur Zweckerreichung geeignet sein. Wäre die Verbandsgeldbuße als ein die Individualsanktion ergänzendes präventives Instrument von Vornherein nicht in der Lage, einen Beitrag zur Rechtsdurchsetzung zu leisten, ergäben sich daher grundlegende Zweifel im Hinblick auf die verfassungsmäßige Rechtfertigung dieses Sanktionszwecks. In diesem Falle ließe sich auch ein Regressausschluss und die damit einhergehende partielle Ein-

868 BVerfG, Beschl. v. 16.3.1971 – 1 BvR 52/66, NJW 1971, 1255, 1256.
869 *Hufen*, Staatsrecht II, § 9 Rn. 19.

schränkung der Innenhaftungsnormen nicht mit der präventiven Zwecksetzung, sondern allenfalls mit dem Gleichstellungszweck rechtfertigen.[870]

Hierbei ist zunächst erneut auf die denkbare Wirkungsweise einer anteilseignerbezogenen Sanktion zurückzukommen und zu erörtern, welchen Inhalt eine Steuerung der Anteilseigner überhaupt haben kann (nachfolgend b). Daran anschließend stellt sich die Frage, ob den Anteilseignern von Kapitalgesellschaften diese Möglichkeiten tatsächlich und rechtlich offen stehen (nachfolgend c).

b) Wirkungsziel der präventiven Anteilseignersteuerung

aa) Ausgangslage

Zunächst sind die Grundlagen des Konzepts einer Anteilseignersteuerung näher zu beleuchten. Im Zuge der Ausarbeitung zur Zwecksetzung der Verbandsgeldbuße wurde ermittelt, dass die präventive Zielsetzung, die sowohl der Gesetzgeber als auch das Schrifttum der Verbandsgeldbuße nahezu übereinstimmend beimessen, nur auf eine Verhaltenssteuerung der hinter der juristischen Person stehenden Anteilseigner ausgerichtet sein kann. Unter Berücksichtigung ihrer herausgehobenen Stellung als wirtschaftliche Eigentümer des Unternehmens kann dem Ansatz nur der Gedanke zugrunde liegen, dass die Anteilseigner durch die Androhung der auch ihre Beteiligung treffenden finanziellen Nachteile einer Verbandsgeldbuße dazu angehalten werden sollen, bereits eine sorgfältige Auswahl der Leitungsorgane vorzunehmen und zudem fortlaufend durch ihnen zur Verfügung stehende Mittel der Einflussnahme auf eine gesetzestreue Unternehmensleitung hinzuwirken.[871]

Soweit im Schrifttum eine anteilseignerbezogene Steuerungsintention bestätigt wird, bleibt es aber in der Regel bei diesen Feststellungen. Neben der sorgfältigen Personalauswahl durch die Anteilseigner werden kaum konkrete, den Anteilseignern offenstehende Maßnahmen erörtert.[872] Nachfolgend sollen daher denkbare Möglichkeiten der Anteilseigner konkretisiert werden, auf eine rechtstreue Unternehmensleitung der Organwalter hinzuwirken.

---

870 Hierzu unten, D.VII.

871 Siehe oben D.V.2.

872 Ebenfalls lediglich auf die sorgfältige Auswahlentscheidung abstellend *Lütolf*, Strafbarkeit, S. 182; dahin auch *Hirsch*, ZStW 1995, 285, 297.

bb) Negative Anreizsetzung

Abgesehen von einer unmittelbaren Mitwirkung bei der Personalauswahl könnte eine Verhaltensbeeinflussung der Leitungsebene über den konsequenten Einsatz von Überwachungsmöglichkeiten und Sanktionierungsinstrumenten möglich sein.[873] So erscheint es denkbar, die Rechtstreue der Geschäftsleitung generell durch eine deutliche Kommunikation dahingehend zu fördern, dass eine Beteiligung an rechtswidrigem Geschäftsgebaren nicht toleriert wird und nachteilige Konsequenzen bis hin zu einer Abberufung nach sich zieht.[874] Die Möglichkeit der Abberufung als ultima ratio bei schwerwiegenden Gesetzesverstößen wird grundsätzlich als wichtiges und effektives Disziplinierungsmittel gegenüber Leitungsorganen erachtet.[875] Die Kartellbehörden plädieren insoweit beispielsweise für die Möglichkeit, schon bei Verdacht von Kartellverstößen eine Kündigung des Anstellungsvertrages auszusprechen.[876] Um die steuernde Wirkung des drohenden Amtsverlustes nicht zu unterlaufen, muss jedoch zugleich sichergestellt sein, dass bei Abberufung wegen Rechtsverstößen keine Abfindungen geleistet werden, welche die Abberufung finanziell abfedern würden.[877]

Zudem spielen nicht nur der Amtsverlust als solcher, sondern besonders auch die schädlichen Auswirkungen auf die berufliche Reputation sowie die damit einhergehenden Folgen für künftige Beschäftigungen eine wichtige Rolle. Um den Leitungsorganen die Ausübung dieses Instruments bei Gesetzesverstößen bewusst zu machen und so präventiv auf sie einzuwirken, böte sich zunächst die statutarische Festlegung bestimmter Eignungsvoraussetzungen in Bezug auf die Rechtschaffenheit der Leitungsorgane an. So könnte in der Unternehmenssatzung die Eignung zur Amtsausübung daran geknüpft werden, dass sich der Organwalter keine Rechtsverstöße im unternehmerischen Bereich zu Schulden kommen lässt. Im Falle eines Verstoßes würde dann eine Abberufung bzw. zumindest keine Neubestellung nach Ablauf der Amtszeit folgen.

---

873 Siehe auch *Bassler*, Institutionelle Anleger, S. 456.

874 *Wils*, Enforcement, S. 198; vgl. auch *Vetter*, NZG 2014, 921, 923 (Abberufung als Instrument der Verhaltenssteuerung); *Bachmann*, Gutachten E zum 70. DJT, S. E 26.

875 *Bachmann*, Gutachten E zum 70. DJT, S. E 26 f.; *Wiedemann*, Organverantwortung, S. 10; *Roth*, Unternehmerisches Ermessen, S. 31; *Vetter*, NZG 2014, 921, 923; siehe auch *Brettel/Thomas*, Compliance, S. 24; *Wils*, Enforcement, S. 197.

876 Siehe hierzu auch *Wacker*, Persönliche Schadensersatzhaftung, S. 37.

877 *Bachmann*, Gutachten E zum 70. DJT, S. E 27.

Weiterhin böten sich ausdrückliche Regelungen in den Anstellungsverträgen der Organwalter an. Konkreter Ansatzpunkt für eine kritische Betrachtung wäre insoweit z.B. die verbreitete Praxis, dass Gesellschafter bzw. Aktionäre für Mitglieder der Geschäftsleitung die Erstattung von Individualsanktionen für betriebsbezogene Rechtsverstöße beschließen. Die konsequente und grundsätzliche Verweigerung solcher Erstattungen kann – wenn sie im Sinne eines Grundsatzes bereits im Vorfeld kommuniziert wird – die Präventionswirkung der Sanktion stärken und damit zur Vermeidung von Rechtsverstößen beitragen.

Daneben kommt insbesondere die Inaussichtstellung finanzieller Nachteile für die Leitungsorgane aus Rechtsverstößen als präventives Instrument in Betracht. Maßnahmen, die die Vergütung betreffen, sind in präventiver Hinsicht besonders erfolgversprechend. Denkbar wären etwa anstellungsvertragliche Regelungen zum Schicksal von Bonuszahlungen, mit denen Geschäftsleiter grundsätzlich für eine wirtschaftlich positive Unternehmensentwicklung belohnt werden. Mit sog. claw-back-Klauseln, die bereits im Bankensektor zur Vermeidung eines zu risikoträchtigen Verhaltens bei der Unternehmensleitung Verwendung finden, könnte für den Fall von haftungsbegründenden Rechtsverstößen die nachträgliche Rückforderung variabler Vergütungsbestandteile bis über mehrere Jahre geregelt werden. Je nach dem, welchen Anteil eine solche variable Vergütung an der Gesamtvergütung ausmacht, sind insoweit erhebliche Rückzahlungsverpflichtungen denkbar. Für den Widerruf von Sondervergütungen für Arbeitnehmer hat das BAG Höchstgrenzen aufgestellt, wonach der widerrufliche Anteil nicht mehr als 30 % der Gesamtvergütung ausmachen darf.[878] Angewendet auf Leitungsorgane würde dies erhebliche Rückforderungsmöglichkeiten zulassen. Ohnehin wäre hier zu vermuten, dass die für Arbeitnehmer aufgestellten Höchstgrenzen auf Leitungsorgane nicht übertragbar sind und daher überschritten werden können.[879]

Mit Verweis auf das Vorbild der bankenrechtlichen Institutsvergütungsverordnung bringt jüngst *Ackermann* in diesem Kontext eine (kartell-)behördliche Befugnis zum nachträglichen Zugriff auf Bonuszahlungen ins Spiel, die in ihrer Wirkrichtung ebenfalls auf die präventive Verhinderung von Rechtsverstößen abzielen soll.[880] Ungeachtet einer solchen behördlichen Eingriffskompetenz wäre insoweit aber auch eine vertragliche oder satzungsmäßige Steuerung denkbar. Die wiederholte rechtspolitische For-

---

878 BAG v. 12.1.2015 – 5 AZR 364/04, NZA 2005, 465, 467.

879 *Schuster*, in: FS Bauer, S. 973, 986.

880 *Ackermann*, NZKart 2018, 1, 3.

derung nach gesetzlichen Regelungen, die eine Rückforderung variabler Vergütungsbestandteile bei Schlechtleistung oder rechtswidrigem Verhalten unabhängig von einer vertraglichen Grundlage ermöglichen sollen, unterstreicht, dass derartige Maßnahmen als realistische Steuerungsmöglichkeit zur Verhinderung von Rechtsverstößen angesehen werden.[881] Mit Blick auf den erheblichen Anteil, den Bonuszahlungen in Deutschland an der Gesamtvergütung von Managern ausmachen, verstärkt sich die Annahme einer wirksamen Steuerungsfunktion solcher Instrumente. Ebenfalls in Erwägung zu ziehen wäre, unabhängig von Bonuszahlungen eine Vertragsstrafenregelung für Rechtsverstöße aufzunehmen, die das Leitungsorgan sogar über den Verlust von Boni hinaus finanziell belasten würde.[882]

cc) Positive Anreizsetzung

Neben der Inaussichtstellung negativer Konsequenzen, insbesondere in finanzieler Hinsicht, ließe sich überlegen, ob auch in positiver Hinsicht mit Anreizsystemen gearbeitet werden könnte. Diese könnten rechtswidriges Verhalten für die Leitungsorgane wirtschaftlich unattraktiver erscheinen lassen, weil gerade eine rechtstreue Unternehmensleitung finanziell honoriert wird. Vereinzelte Stimmen im Schrifttum äußern sich in diese Richtung.[883] Unter dem Begriff „responsible leadership" behandelt die Wirtschaftswissenschaft die Einwirkung auf das Management durch die Ausgestaltung von Anreizsystemen zur Hervorhebung von Aspekten wie soziale oder gesellschaftliche Verantwortung anstelle lediglich kurzfristiger Gewinnsteigerungen.[884] Wenn mit dem Ziel einer Gewinnsteigerung die Einflussnahme auf das Handeln der Geschäftsleitung durch anreizkompatible Vergütungsmodelle im Anstellungsvertrag der Leitungsorgane für möglich

---

881 Siehe hierzu etwa Beschluss der SPD-Bundestagsfraktion v. 12.1.2017, S. 2, abrufbar unter: https://www.spdfraktion.de/system/files/documents/beschluss_spdbf_manager_boni.pdf (zuletzt besucht am 31.5.2020).

882 Vgl. hierzu *Behrendt/Pretzel*, CB 2017, 454, 457 (für Arbeitnehmer). Typische Vertragsstrafenregelungen in Vorstandsverträgen betreffen bislang z.B. Verschwiegenheitspflichten oder nachvertragliche Wettbewerbsverbote.

883 *Wils*, Enforcement, S. 197; *Khanna*, (1996) 109 Harv. L. Rev. 1477, 1495; wohl auch *Baur/Holle*, ZIP 2018, 459, 466; vgl. auch *Prüfer*, Korruptionssanktionen, S. 104 f. (speziell zu Bestechungstaten).

884 *Maak/Pless*, Responsible Leadership, S. 103; *Miska/Hilge/Mayer*, (2014) 125 J. Bus. Ethics 349, 350 f., siehe auch *Arlen*, in: Harel/Hylton, Economics of Criminal Law, S. 144, 182.

gehalten wird,[885] so sind auch gleichartige Steuerungsmechanismen denkbar, die nicht unmittelbar auf gewinnorientierte Ziele abstellen.[886] Es könnte z.B. die über einen bestimmten Zeitraum nachgewiesene Rechtstreue des Organwalters durch Bonuszahlungen belohnt werden, statt durch extensive wirtschaftliche Zielvorgaben, gekoppelt mit umsatzbezogenen Bonusvereinbarungen, fragwürdige Anreize zu setzen, die im Ergebnis geradewegs zu umsatzfördernden Wirtschaftsdelikten motivieren.[887]

Ein derartiger Ansatz sieht sich jedoch einem gewichtigen Einwand gegenüber. Bereits das gesetzlich verankerte Legalitätsprinzip verpflichtet die Leitungsorgane zu rechtmäßigem Handeln. Wenngleich eine finanzielle Belohnung rechtstreuer Unternehmensleitung in rein tatsächlicher Hinsicht die Rechtsbefolgung durchaus fördern kann, so muss berücksichtigt werden, dass dieses Ziel bereits Gegenstand einer gesetzlichen Verpflichtung ist. Die Ankündigung einer Belohnung rechtmäßigen Verhaltens würde die gesetzliche Pflicht zu ebendiesem geradezu entwerten. Der Geschäftsleiter, dem ein Sonderbonus für die bloße Einhaltung rechtlicher Normen und damit für die Befolgung der gesetzlichen Mindestanforderung in Aussicht steht, wird die eigene Rechtstreue unter Umständen nicht mehr als selbstverständliche Maßgabe für sein Handeln, sondern eher als anzustrebendes Ziel betrachten, bei dessen Verfehlung lediglich ein Wegfall ergänzender Bonuszahlungen droht. Insoweit stünde ein solches Anreizsystem auch im Widerspruch zu den vorgestellten negativen Anreizen durch Androhung finanzieller Sanktionen.

c) Bedeutung der verbandsrechtlichen Organisationsstruktur

Bislang ausgeblendet wurde die Frage, ob das Konzept der Anteilseignersteuerung insoweit tragfähig ist, als dass den Gesellschaftern von Kapitalgesellschaften ein Einfluss auf das Rechtmäßigkeitsverhalten der Geschäftsleitung überhaupt rechtlich und tatsächlich möglich ist. Zu berücksichtigen sind insoweit die unterschiedlichen strukturellen und organisations-

---

885 Hierzu *Prüfer*, Korruptionssanktionen, S. 92; siehe auch *Spindler*, in: MünchKomm-AktG, § 93 Rn. 4.

886 *Kirch-Heim*, Sanktionen, S. 50.

887 Kritisch insoweit auch *Behrends/Pretzel*, CB 2017, 454, 455; siehe auch *Ost/Kallfaß/Roesen*, NZKArt 2016, 447, 454.

rechtlichen Vorgaben juristischer Personen, die je nach Rechtsform variieren.[888]

Die verhaltenssteuernde Zielsetzung einer Ausrichtung auf die Anteilseigner juristischer Personen muss die Stellung der Anteilseigner im Organisations- und Kompetenzgefüge des Verbands im Blick behalten. Liegt das Ziel der Verbandssanktion darin, dass aus der Sphäre des Rechtsträgers eine Kontrolle der Leitungspersonen und eine Einflussnahme auf deren Verhalten erfolgen soll, ist die Realisierbarkeit dieses Ziels daran geknüpft, dass die Anteilseigner über die rechtlichen und tatsächlichen Möglichkeiten zu einer solchen Einflussnahme verfügen.[889] In der Diskussion über die Einführung eines Unternehmensstrafrechts in Deutschland wird die gezielte Herbeiführung einer Übelszufügung bei den Anteilseignern häufig mit dem Hinweis kritisiert, diese seien selbst nicht für den Verstoß verantwortlich und verfügten auch nicht über ausreichende Möglichkeiten, das Verhalten der Leitungsorgane effektiv zu beeinflussen. In der Verbandssanktion liege damit eine verfassungsrechtlich unzulässige Belastung bzw. Bestrafung Unbeteiligter.[890] Die bloße Einordnung als Risikogemeinschaft durch Beitritt des Einzelnen zum Verband könne einen solchen Umstand nicht rechtfertigen.[891]

Zu der nach geltendem Recht allein existierenden Verbandssanktionierung in Form der Geldbuße nach § 30 OWiG findet sich eine vergleichbare Grundsatzkritik im Schrifttum bislang nur ganz vereitelt.[892] Die Betrachtung muss insofern jedoch analog zur Verbandsstrafe ausfallen, da die Anteilseigner durch beide Sanktionsarten gleichermaßen finanziell getroffen werden. Die Bezeichnung bzw. die kriminalpolitische Einordnung des Instruments dürfte für die Übelszufügung dagegen unerheblich sein.[893]

888 *Wagner*, ZGR 2016, 112, 133.
889 *Wagner*, ZGR 2016, 112, 133.
890 *Möllering*, in: Hettinger, Verbandsstrafe, 2002, S. 71,74; *Peglau*, JA 2001, 606, 609; *Trüg*, StraFo 2011, 471, 482; *Schmitt*, Strafrechtliche Maßnahmen, S. 196 f.; *v. Freier*, Verbandsstrafe, S. 232 ff. und S. 261; DAV-Strafrechtsausschuss, Stelln. 54/2013, S. 18 f.; vgl. auch *Coffee*, (1981) 79 Mich. L. Rev. 386, 387 (zur amerikanischen Unternehmensstrafe).
891 *Peglau*, ZRP 2001, 406, 408; *Schünemann*, ZIS 2004, 1, 12.
892 Eingehend nur *Reuter*, BB 2016, 1283, 1288 ff.
893 Siehe auch DAV-Strafrechtsausschuss, Stelln. 54/2013, S. 12.

d) Gesellschaftereinfluss bei der GmbH

Die GmbH ist die zahlenmäßig am weitesten verbreitete Kapitalgesellschaftsform in Deutschland. Weit über eine Million Unternehmen sind in dieser Rechtsform organisiert.[894] Wenngleich die Umsätze von Aktiengesellschaften häufig höher ausfallen und der Aktiengesellschaft insbesondere im internationalen Wirtschaftsverkehr größere Relevanz zukommen mag, ist die gesamtwirtschaftliche Bedeutung der GmbH dennoch sehr groß.[895] Da viele als GmbH geführte Unternehmen in ihrem jeweiligen Sektor Weltmarktspitze oder zumindest nationaler Marktführer sind, sind auch insofern kartellrechtliche, korruptionsrechtliche und andere sanktionsrelevante Fragen tangiert.

Die gesetzlichen Vorgaben zur Verfassung der GmbH gestatten den Gesellschaftern einen weitreichenden Einfluss auf die Auswahl und die Tätigkeit der das Unternehmen leitenden Geschäftsführung.[896] Bestellung und Abberufung der Geschäftsführer unterliegen gemäß § 46 Nr. 5 GmbHG der unmittelbaren Bestimmung der Gesellschafter. Insofern kann bereits auf dieser Stufe von den Gesellschaftern beeinflusst werden, ob ein sich in der Vergangenheit als rechtstreu erwiesener Kandidat die Leitungsposition im Unternehmen einnehmen soll. Zwar können sich die Gesellschafter auch vollständig aus dem operativen Geschäft zurückziehen und der Geschäftsführung freie Hand lassen. Dennoch ermöglicht ihnen das Gesetz zumindest eine strenge Kontrolle der Vorgänge der Geschäftsleitung. Die GmbH-Geschäftsführer unterliegen einem umfassenden Weisungsrecht der Gesellschafter bei sämtlichen Geschäftsführungsmaßnahmen. Auf diesem Weg ist eine unmittelbare Beeinflussung des geschäftlichen Verhaltens der Geschäftsführer gewährleistet. Über Gesellschafterbeschlüsse sind Maßnahmen denkbar, die die Rechtschaffenheit der Geschäftsleitung zu beeinflussen im Stande sind. Auch ein unmittelbarer Einfluss auf die Anstellungsverträge der Geschäftsleiter ist möglich, sodass die bereits genannten Anreizstrukturen ohne Weiteres durch die Gesellschafter implementiert werden könnten. Ebenso ist die Aufnahme von präventiv wirkenden Bestimmungen in die Satzung denkbar, die von den Gesellschaftern jederzeit abgeändert oder ergänzt werden kann.

---

894 Hierzu auch *Bayer*, Gutachten E zum 67. DJT, S. E 21.

895 *Bettermann/Heneric*, in: Hommelhoff/Hopt/v. Werder, Hdb. Corporate Governance, S. 849, 860 ff.

896 *B. Ackermann*, Strafbarkeit juristischer Personen, S. 203.

Bei der GmbH ist die Präventionswirkung auf die Gesellschafter, die zudem häufig große und meist nicht öffentlich gehandelte Geschäftsanteile halten, somit grundsätzlich realisierbar. Im Übrigen bringt auch der Gesetzgeber über die verwaltungsbehördliche Eingriffsnorm des § 62 GmbHG zum Ausdruck, dass er die Gesellschafter in der Lage sieht, rechtswidriges Verhalten ihrer Geschäftsführer abzustellen, im äußersten Falle durch eine Abberufung.[897] Die eine behördliche Auflösungsbefugnis beinhaltende Norm knüpft – wenngleich ohne nennenswerte Bedeutung in der Praxis –[898] unter anderem an ein bewusstes Geschehenlassen rechtswidriger Handlungen der Geschäftsführer durch die Gesellschafter an.

e) Gesellschaftereinfluss bei der Aktiengesellschaft

aa) Problemstellung

Problematischer gestaltet sich die Frage der Einflussmöglichkeiten der Anteilseigner auf das gesetzestreue Verhalten der Leitungsorgane bei der Aktiengesellschaft. Zwar sind die Aktionäre ebenso wie die GmbH-Gesellschafter wirtschaftliche Eigentümer der Gesellschaft und somit zumindest konzeptionell diejenigen, denen die Lenkungsmacht und Kontrolle im Sinne einer Oberaufsicht und Überwachung zukommt.[899] Da die Aktionäre aber gerade bei größeren Publikumsgesellschaften regelmäßig als nicht in der Lage angesehen werden, diese Funktion effektiv auszuüben, ohne dass hierbei zugleich die Verwaltung der Gesellschaft beeinträchtigt würde, kommt dem Vorstand bei der Aktiengesellschaft ein größeres Maß an Unabhängigkeit zu.

§ 76 Abs. 1 AktG legt fest, dass der Vorstand die Gesellschaft in eigener Verantwortung leitet. Das Leitungsorgan der Aktiengesellschaft unterliegt keinerlei Weisungen des Aufsichtsrates oder der Hauptversammlung, weshalb ihm zuweilen eine „königliche Machtfülle“ und „monarchische Unabhängigkeit“ attestiert wird.[900] Diese gesetzlich angeordnete Unabhängigkeit von Weisungen veranlasst Teile des Schrifttums dazu, die Möglichkeit der Aktionäre, einen nennenswerten Beitrag zur rechtstreuen Unterneh-

---

897 Hierzu *Haas*, in: Baumbach/Hueck, GmbHG, § 62 Rn. 8; *Limpert*, in: MünchKomm-GmbHG, § 62 Rn. 25.

898 *Arnold*, in: Henssler/Strohn, GesR, § 62 GmbHG Rn. 1.

899 So *Dieling*, Kontrolle des Managements, S. 16.

900 *Wiedemann*, Organverantwortung, S. 7

mensführung durch den Vorstand leisten können, ausdrücklich zu verneinen.[901] Gegen das Konzept einer präventiven Wirkung der Verbandsgeldbuße auf die Anteilseigner wird dementsprechend eingewendet, es verkenne die Vorgaben des Aktiengesetzes.[902]

Andere Stimmen schließen dagegen auch bei eingeschränktem, nur mittelbarem Einfluss eine Präventionswirkung von Sanktionen in Richtung der Anteilseigner nicht aus.[903] Der mittelbare Einfluss wird häufig für eine Verhaltensbeeinflussung der Leitungsorgane als ausreichend erachtet.[904] In diesem Sinne äußerte etwa auch der ehemalige Präsident des Gerichts der Europäischen Union, Aktionäre hätten es in der Hand, dafür zu sorgen, dass ihr Unternehmen von einem rechtstreuen Management geführt werde.[905]

bb) Aufsichtsrat als unmittelbares Kontrollorgan

Bedingt durch seine Leitungsaufgabe ist der Vorstand Hauptadressat für die Corporate Governance.[906] Daraus muss sich jedoch nicht der zwingende Rückschluss ergeben, dass nicht auch die Anteilseigner in gewissem Umfang in die Pflicht genommen werden können.[907] Die Weisungsfreiheit bedeutet nicht, dass der Vorstand keinerlei Kontrolle unterliegt und dass nicht auf verschiedenen Wegen eine Einflussnahme auf das Handeln der Vorstandsmitglieder denkbar wäre.

Das durch den Ausschluss der Aktionäre von der Geschäftsleitung bedingte Auseinanderfallen von Eigentum an der Gesellschaft und Verfügungsmacht über das Gesellschaftsvermögen erfordert vielmehr gerade

---

901 *Reuter*, BB 2016, 1283, 1291; Reuter, ZIP 2018, 2298, 2303; *Hauff*, Regress, S. 154; siehe auch *Wagner*, ZGR 2016, 112, 134.

902 *Reuter*, BB 2016, 1283, 1291.

903 Siehe *Kröger*, Korruptionsschäden, S. 220; *Schünemann*, Unternehmenskriminalität und Strafrecht, S. 250.

904 *Kindler*, Unternehmen als Täter, S. 311 f.; ähnlich auch *Prüfer*, Korruptionsschäden, S. 86 ff.; *Eden*, Persönliche Schadensersatzhaftung, S. 51 f.; *Horn*, ZIP 1997, 1129, 1130; *Bertossa*, Unternehmensstrafrecht, S. 64; vgl. auch *Brettel/Thomas*, Compliance, S. 24 (ohne Differenzierung nach der Rechtsform).

905 Handelsblatt v. 19.6.2007, abrufbar unter: http://www.handelsblatt.com/politik/international/eu-justiz-kartell-suendern-soll-haft-drohen/2824122-all.html (zuletzt aufgerufen am 31.5.2020).

906 *Koch*, in: Hüffer/Koch, AktG, § 76 Rn. 37.

907 Siehe auch *v. Werder*, in: Kremer u.a., DCGK, Präambel Rn. 113d (zur explizit die Aktionäre ansprechenden Neuregelung des DCGK).

einen Ausgleich in Gestalt einer Kontrollbefugnis.[908] Kontrolle und Überwachung sind allgemein anerkannte Voraussetzungen in Prinzipal-Agenten-Konstellationen, wie sie auch zwischen Aktionären und Vorstand bestehen.[909] Anders als bei der GmbH hat sich der Gesetzgeber bei der Aktiengesellschaft insofern jedoch für ein dualistisches System entschieden, in dem die Überwachung des Agenten nicht unmittelbar von den Anteilseignern ausgeübt wird, sondern stattdessen dem Aufsichtsrat als eigens zu diesem Zweck geschaffenen Organ übertragen ist. Der Aufsichtsrat übernimmt bei der Aktiengesellschaft damit die originäre Überwachungsaufgabe der Gesellschafter.[910]

In dieser Funktion verfügt der Aufsichtsrat über verschiedene Instrumente, mittels derer eine präventiv wirkende Steuerung des Vorstandshandelns grundsätzlich möglich erscheint. Dem Aufsichtsrat ist zum einen die unmittelbare Personalkompetenz für die Geschäftsführungssebene übertragen. Gem. § 84 AktG obliegt ihm die Bestellung der Vorstandsmitglieder und damit die Auswahlentscheidung. Durch eine besondere Beachtung der Gesetzestreue bei der Auswahl der Vorstandsmitglieder, beispielsweise mit Blick auf im Raum stehende Vorwürfe oder sogar nachgewiesene Verstöße im Rahmen vorangegangener Tätigkeiten der Kandidaten, wäre bereits auf dieser Stufe ein gewisser Beitrag zur rechtmäßigen Unternehmensleitung möglich.

Besondere Bedeutung kommt darüber hinaus dem Einsatz von Überwachungsinstrumenten gegenüber der Leitungstätigkeit des Vorstands zu. Die Überwachung der Geschäftsführung durch den Vorstand ist gem. § 111 AktG Hauptaufgabe des Aufsichtsrates. Diese Aufgabe ist nicht lediglich vergangenheitsbezogen ausgerichtet, sondern soll nach allgemeiner Ansicht gerade auch präventiv wirken.[911] Sie erstreckt sich insbesondere auch auf die Rechtmäßigkeit der Geschäftsführung.[912]

Zur effektiven Durchführung der Überwachungsaufgabe muss sich der Aufsichtsrat dabei nicht allein auf die in § 90 AktG angeordnete Berichtspflicht des Vorstands verlassen. Zwar ist diese umfassend und erstreckt sich damit auch auf den Vorstand belastende Umstände. Mit Blick auf die

---

908 *Kutzenberger*, Mitbestimmung, S. 125 und S. 131.
909 *Bergbach*, Anteilseigentum, S. 233 f.
910 *Oetker*, in: Hommelhoff/Hopt/v. Werder, Hdb. Corporate Governance, S. 277, 281.
911 *Grigoleit/Tomasic*, in: Grigoleit, AktG, § 111 Rn. 9; *Henssler*, in: Henssler/Strohn, GesR, § 111 AktG Rn. 9; *Habersack*, in: MünchKomm-AktG, § 111 Rn. 31.
912 *Koch*, in: Hüffer/Koch, AktG; *Grigoleit/Tomasic*, in: Grigoleit, AktG, § 111 Rn. 15; *Dieling*, Kontrolle des Managements, S. 47.

insoweit stets in Aussicht stehende Haftung des Vorstands und die grundsätzliche Pflicht des Aufsichtsrats zur Anspruchsverfolgung ist jedoch die Erfüllung der Berichtspflicht bei einer Selbstbelastung kaum zu erwarten.[913] Aus diesem Grund gewährt das Aktienrecht dem Aufsichtsrat in § 111 Abs. 2 S. 1 AktG umfassende Frage- und Einsichtsrechte, die ihn von der Berichterstattung des Vorstands unabhängig machen.[914] Als weitere wichtige Informationsquelle kann der Aufsichtsrat daneben auf den Abschlussprüfer zurückgreifen. Zwar ist die Abschlussprüfung ihrem Wesen nach nicht auf eine gezielte Aufdeckung straf- oder ordnungsrechtlich relevanter Verstöße angelegt.[915] Gleichwohl ist der Abschlussprüfer gem. § 321 HGB verpflichtet, in seinem Prüfbericht Hinweise auf schwerwiegende Gesetzesverstöße der gesetzlichen Vertreter zu nennen. Hiervon erfasst sind nicht bloß diejenigen Gesetzesverletzungen, die sich unmittelbar auf die Rechnungslegung beziehen, sondern auch solche, von denen lediglich mittelbare Auswirkungen auf den Jahresabschluss in Gestalt von drohenden Bußgeldern oder Ersatzansprüchen folgen können.[916] Dazu zählen sämtliche bußgeldrelevanten Vorschriften im Wirtschaftsrecht wie insbesondere solche des Kartellrechts, Steuerrechts oder auch des Umweltrechts.[917] Der Abschlussprüfer, der gem. § 318 Abs. 1 HGB seinen Prüfauftrag vom Aufsichtsrat erhält, ist insofern Informationsgehilfe des Aufsichtsrats für die Erfüllung der Überwachungsaufgabe. Nach den Empfehlungen des DCGK soll der Aufsichtsrat mit dem Abschlussprüfer eine Offenlegungsvereinbarung schließen, sodass der Aufsichtsrat über alle für seine Aufgabenerfüllung wesentlichen Feststellungen unverzüglich zu unterrichten ist.[918]

Eine konsequente Nutzung dieser Instrumente und Rechte zur Vorstandsüberwachung durch den Aufsichtsrat würde dazu führen, dass der Vorstand mit einer Aufdeckung von Rechtsverstößen durch den Aufsichtsrat mit größerer Wahrscheinlichkeit rechnen müsste. Kombiniert mit der Etablierung bestimmter Anreizstrukturen, die dem Vorstand negative Konsequenzen bei der Aufdeckung von Rechtsverstößen in Aussicht stellen, ist eine verhaltenssteuernde Einwirkung des Aufsichtsrates auf den

---

913 *Rack*, CB 2017, 59, 62.
914 *Rack*, CB 2017, 59, 62.
915 *Ebke*, in: MünchKomm-HGB, § 317 Rn. 66.
916 *Melcher*, Abschlussprüfer, S. 87 f.; siehe auch *Ebke*, in: MünchKomm-HGB, § 321 Rn. 39.
917 *Ebke*, in: MünchKomm-HGB, § 321 Rn. 39; *Langenbucher/Blaum*, DB 1997, 437, 438.
918 Ziff. 7.2.3 DCGK; hierzu auch *Rack*, CB 2017, 105, 106.

Vorstand zu erwarten. Möglich erscheinende Anreizinstrumente wurden insofern in genereller Hinsicht bereits aufgezeigt.[919] Als in präventiver Hinsicht besonders wirkungsvoll dürften sowohl anstellungsrechtliche bzw. die Organstellung betreffende Folgen als auch finanzielle, die individuelle Vermögensposition betreffende Auswirkungen zu bewerten sein. Der Aufsichtsrat, dem gem. §§ 84 Abs. 1 S. 5, 87, 112 AktG die Abschlusskompetenz für die Anstellungsverträge der Vorstandsmitglieder zukommt, könnte insofern die bereits angedachten Anreizinstrumente in den Anstellungsverträgen platzieren, mit denen zum Beispiel klare Regelungen zur Rückerstattungspflicht umsatzorientierter variabler Vergütungsbestandteile bei Aufdeckung von Gesetzesverstößen getroffen werden. Auch die Möglichkeit der Abberufung einzelner Vorstandsmitglieder als ultima ratio dürfte, sofern diese Konsequenz bereits im Vorfeld über anstellungsvertragliche Regelungen eindeutig kommuniziert und ferner auch fortlaufend konsequent ausgeübt wird, eine positive Steuerungswirkung auf die Rechtstreue des Vorstands entfalten können.

cc) Mittelbarer Aktionärseinfluss durch Steuerung des Aufsichtsrats

An die Erkenntnis, dass der Aufsichtsrat grundsätzlich in der Lage sein dürfte, eine nicht unerhebliche Steuerungswirkung im Hinblick auf die Einhaltung gesetzlicher Vorschriften bei der Unternehmensleitung des Vorstands auszuüben, schließt sich die für die Untersuchung bedeutsame Frage an, ob den Aktionären aus ihrer lediglich mittelbaren Stellung heraus eine Einflussmöglichkeit auf den Vorstand über den Aufsichtsrat zukommt.

(1) Kontrolldefizite des Aufsichtsrats

Die Frage nach einer Einflussmöglichkeit der Aktionäre ist auch vor dem Hintergrund besonders relevant, dass es dem Aufsichtsrat aufgrund im Schrifttum bereits seit Langem identifizierter Fehlentwicklungen häufig an einem eigenen Überwachungsinteresse fehlt. Dazu können persönliche Verknüpfungen, Interessenkonflikte oder auch Zeitmangel beitragen.[920] Aufsichtsratsposten werden häufig mit ehemaligen Vorständen oder

919 Siehe oben, D.VI.4.b).
920 *Dieling*, Kontrolle des Managements, S. 72 f. und 82 ff.

gleichzeitig Leitungstätigkeiten in anderen Unternehmen bekleidenden Personen besetzt.[921] Dabei ist nicht nur aufgrund möglicher kollegialer Verbundenheit – auch der BGH spricht in einer jüngeren Entscheidung von der „Gefahr einer kollegialen Verschonung des Vorstands" –[922] sondern auch durch die naheliegende Übertragung der Vorstandsperspektive in die neue Rolle eine bedingungslose Kontrollausübung nicht immer gewährleistet.[923] Zudem sind auf diese Weise Situationen denkbar, in denen der Aufsichtsrat sein eigenes früheres Fehlverhalten als Vorstand aufdecken müsste.[924]

Um dem gegenzusteuern und ein unabhängiges und fachkundiges Überwachungsgremium zu schaffen, welches seiner Kontrollpflicht besser gerecht werden kann, sind Bestrebungen für eine Professionalisierung der Aufsichtsratstätigkeit erkennbar. Im Schrifttum gibt es seit Längerem entsprechende Tendenzen.[925] Diese betreffen nicht nur die – für die Überwachung der Rechtmäßigkeit des Vorstandshandelns eher weniger relevanten – fachlichen Anforderungen, sondern auch die Förderung der Unabhängigkeit von Aufsichtsratsmitgliedern, der eine herausgehobene Bedeutung für die effektive Kontrollausübung beizumessen ist.[926] Interessenkonflikte, die eine sachgerechte Kontrollausübung beeinträchtigen können, sollen so verringert werden. In die gleiche Richtung zielen auch Maßnahmen des Gesetzgebers, wie z.B. die Festlegung einer zweijährigen Karenzzeit für ehemalige Vorstandsmitglieder beim Wechsel in den Aufsichtsrat gem. § 100 Abs. 2 Nr. 4 AktG.[927] Diese Entwicklung ist geeignet, Interessenkonflikte zu verringern und eine sachgerechte Wahrnehmung der Überwachungsaufgabe durch den Aufsichtsrat sicherzustellen. Nach derzeitigem Stand ist eine eigenständige Ausübung der Überwachungsaufgabe durch den Aufsichtsrat jedoch nicht immer gewährleistet.

---

921 Für empirische Befunde zum Wechsel vom Vorstand in den Aufsichtsrat siehe *Dieling*, in: Bayer, Die Aktiengesellschaft im Spiegel der Rechtstatsachenforschung, S. 111, 116 ff; *ders.*, Kontrolle des Managements, S. 127 ff.

922 BGH, Urt. v. 8.7.2014 – II ZR 174/13, BGHZ 202, 26, 35 = NZG 2014, 1058 Rn. 20.

923 *Roth/Wörle*, ZGR 2004, 565, 623 ff.; siehe auch *Bihr/Blättchen*, BB 2007, 1285.

924 *Dieling*, in: Bayer, Die Aktiengesellschaft im Spiegel der Rechtstatsachenforschung, S. 111, 113.

925 *Bihr/Blättchen*, BB 2007, 1285, 1291.

926 *Dieling*, Kontrolle des Managements, S. 81.

927 Hierzu *Dieling*, Kontrolle des Managements, S. 75.

(2) Möglichkeiten der Aktionäre zur Aufsichtsratssteuerung

Die Kontrolldefizite beim Aufsichtsrat machen deutlich, dass es für eine effektive Kontrolle und Steuerung des Vorstands also umso mehr darauf ankommt, dass den Aktionären ihrerseits Steuerungsinstrumente zur Verfügung stehen, die eine tatsächliche Ausübung der Einflussmöglichkeiten des Aufsichtsrat auslösen können. Zwar sind die Einflussnahmemöglichkeiten auf die Auswahl rechtstreuer Vorstandmitglieder und auch die Kontrollausübung durch die mittelbare Stellung geschmälert.[928] Bei hinreichenden Möglichkeiten zu einer Steuerung des Aufsichtsrates im eigenen Interesse könnten sich die Aktionäre dennoch in einer Position befinden, die ihnen in gewissem Umfang eine Förderung der gesetzestreuen Unternehmensleitung des Vorstands ermöglicht.[929]

(a) Personalkompetenz

Der Gesetzgeber ordnet den Aktionären bewusst die Besetzung des Aufsichtsrates zu. Der Einführung des Aufsichtsrats bei der Aktiengesellschaft lag die Erwägung zugrunde, dass der Generalversammlung als ursprüngliches Aktionärsorgan die Gewährleistung einer Überwachung des Vorstands nicht zugemutet wurde. Die zunächst den Aktionärsausschüssen obliegende Überwachung wurde daher dem Aufsichtsrat übertragen, zugleich die Besetzung des Aufsichtsrats aber den Aktionären überlassen.[930]

Gem. § 101 Abs. 1 AktG werden die Mitglieder des Aufsichtsrates durch die Hauptversammlung der Aktionäre gewählt, soweit sie nicht entsendet oder nach den Regeln zur betrieblichen Mitbestimmung durch die Arbeitnehmer bestimmt werden (hierzu sogleich). Nach der gesetzlichen Konzeption haben die Aktionäre also durch Wahl des Aufsichtsrats einen zwar lediglich mittelbaren, aber dennoch existenten Einfluss auf die Besetzung der Vorstandsebene und deren Überwachung. So könnte der Aufsichtsrat mit solchen Mitgliedern besetzt werden, die ihre Aufgaben nach den Vor-

---

928 *Wagner*, ZGR 2016, 112, 134; siehe auch *Dieling*, Kontrolle des Managements, S. 16 f. („konzeptionsbedingte Schwäche der Aktiengesellschaft“).

929 Dahingehend *Kutzenberger*, Mitbestimmung, S. 132 (Aufsichtsrat als „unabhängiges Kontrollorgan, mit dessen Hilfe die Aktionäre nach dem Willen des Gesetzgebers die Kontrolle über die laufende Geschäftsführung ausüben sollen); siehe auch *Dieling*, Kontrolle des Managements, S. 16.

930 *Lutter*, in: Kremer u.a., DCGK, Rn. 1207, m.w.N. zur Historie.

gaben der Aktionäre ausüben.[931] Mit Blick auf das Großaktionären häufig zustehende Entsendungsrecht lässt sich sogar von einem noch weitergehenden, quasi unmittelbaren Einfluss sprechen, da insoweit die Besetzung mit „eigenen Leuten“ erfolgen kann.[932] Solche Entsendungsrechte werden nicht selten auch über sog. Investorenvereinbarungen eingeräumt.[933]

Dieser Rechtsstellung der Aktionäre kann auch nicht die verbreitete Praxis entgegengehalten werden, nach der die Auswahl der Aufsichtsratsmitglieder faktisch häufig durch den Vorstand entscheidend mitbestimmt wird, der auf diesem Wege selbst Einfluss auf die personelle Zusammensetzung des Aufsichtsrats nehmen kann.[934] Zwar stellt ein solcher rechtstatsächlicher Befund eine offensichtliche Gefährdung für die Effektivität der mittelbaren Überwachung der Unternehmensleitung durch den zwischengeschalteten Aufsichtsrat dar.[935] Indes widerspricht dieses Vorgehen gerade dem gesetzlichen Leitbild und kann insofern nicht als Argument gegen eine gesetzgeberisch vorgesehene und ermöglichte Kontrollfunktion der Aktionäre dienen. Für die gem. § 101 Abs. 1 S. 1 AktG von der Hauptversammlung vorzunehmende Wahl der Aufsichtsratsmitglieder ermächtigt und verpflichtet § 124 Abs. 3 AktG den amtierenden Aufsichtsrat explizit ohne Beteiligung des Vorstands zur Unterbreitung von Wahlvorschlägen. Erklärtes Ziel dieser Zuweisung an den Aufsichtsrat ist es gerade, die Besetzung des Kontrollorgans dem Einfluss des Vorstands zu entziehen.[936] Das in der Unternehmenspraxis verbreitete Auswahlverfahren unter Beteiligung des Vorstands und gleichzeitigem Ausschluss der Anteilseigner stellt einen klaren Verstoß gegen den Willen des Gesetzgebers und gegen § 124 Abs. 3 AktG dar.[937] Es obliegt daher den Aktionären, solchen Verletzungen ihrer Beteiligungsrechte nachzugehen und durch Druck auf den Aufsichtsrat abzustellen. Der DCGK empfiehlt insofern etwa die Einsetzung eines ausschließlich mit Anteilseignervertretern besetzten Nominierungsaus-

---

931 *Dieling*, Kontrolle des Managements, S. 17.

932 Hierzu auch *Hüffer*, ZIP 2010, 1979; zur Europarechtskonformität des Entsendungsrechts siehe BGH, Beschl. v. 8.6.2009 – II ZR 111/08, AG 2009, 694.

933 Hierzu *Kiem*, AG 2009, 301, 303.

934 Hierzu *Dieling*, Kontrolle des Managements, S. 64 ff.; siehe auch *Bassen*, Institutionelle Investoren, S. 139 f.

935 Siehe hierzu auch *Cromme*, Ausführungen anlässlich der 6. Konferenz DCGK am 06. Juli 2007 in Berlin, S. 6, abrufbar unter http://www.dcgk.de/files/dcgk/usercontent/de/download/2007/Rede_Cromme_deu_6.pdf (zuletzt besucht am 31.5.2020).

936 Siehe *Dieling*, Kontrolle des Managements, S. 61.

937 *Roth/Wörle*, ZGR 2004, 565, 578 f.

schusses, der dem Aufsichtsrat – ohne Beteiligung des Vorstands –[938] geeignete Wahlkandidaten zum Vorschlag gegenüber der Hauptversammlung nennt.[939]

Neben der Ausarbeitung von Wahlvorschlägen durch den Aufsichtsrat sieht § 127 AktG ferner auch ein Vorschlagsrecht der Aktionäre vor, was die Auswahlmöglichkeiten der Hauptversammlung erweitern und eine Möglichkeit bietet soll, direkten Einfluss auf die Aufsichtsratsbesetzung und damit auf die Steuerung des Vorstandshandelns über den Aufsichtsrat zu nehmen. Gleiches gilt für das bestimmten Aktionären über die Satzung eingeräumte Entsendungsrecht gem. § 101 Abs. 2 AktG. Auch die Rechtsprechung erkennt die durch Besetzung von Aufsichtsratsmandaten gegebene Möglichkeit der Aktionäre zu einer „umfassenden Einflussnahme" auf die Geschäftspolitik grundsätzlich an.[940]

Einer möglichen Einflussnahme auf den Vorstand über den Aufsichtsrat stehen schließlich auch die Regelungen zur Arbeitnehmer-Mitbestimmung nicht entgegen. Zwar ordnet § 7 MitbestG an, dass bei Unternehmen, die aufgrund ihrer Größe in den Anwendungsbereich des Gesetzes fallen, eine Besetzung des Aufsichtsrats mit durch die Anteilseigner einerseits und durch die Arbeitnehmer andererseits zu bestimmenden Mitgliedern zu gleichen Teilen erfolgt. Insofern könnte auch der Einfluss der Anteilseigner auf den Aufsichtsrat abgeschwächt sein. Zu berücksichtigen ist hierbei jedoch auch, dass z.B. eine Beschlussfassung über die so wichtige Bestellung des Vorstands nach § 84 AktG bei mitbestimmten Gesellschaften gem. § 31 Abs. 2 MitbestG mit einer Zweidrittelmehrheit zu erfolgen hat. Hinzu kommt, dass die für die Ausrichtung und Entscheidungen des Aufsichtsrats praktisch besonders wichtige Rolle des Aufsichtsratsvorsitzenden aufgrund des Wahlverfahrens gem. § 27 Abs. 1 und Abs. 2 MitbestG in der Regel von einem Mitglied der Anteilseigner-Seite besetzt wird. In einer Patt-Situation kann der Vorsitzende durch seine Doppelstimme gem. § 31 Abs. 4 MitbestG das Abstimmungsergebnis allein entscheiden.

---

938 Siehe hierzu *Cromme*, 6. Konferenz DCGK (s. oben Fn. 935), S. 6.

939 Ziff. 5.3.3 DCGK; zur Umsetzung dieser Empfehlung siehe *Dieling*, Kontrolle des Managements, S. 67.

940 Siehe hierzu auch BGH, Beschl. v. 17.3.1997 – II ZB 3/96, BGHZ 135, 107, 115 = NJW 1997, 1855, 1857.

(b) Repressionsmöglichkeiten

Neben der gesetzlich vorgesehenen Möglichkeit zur Besetzung des Aufsichtsrats verfügen die Aktionäre auch über Instrumente, mittels derer ein gewisser Druck auf den Aufsichtsrat ausgeübt werden könnte, die präventiv wirkende Überwachung des Vorstands nach Aktionärsvorgaben auszuüben.[941]

Bei Verletzung der Pflicht zur Überwachung drohen dem Aufsichtsrat nicht nur eine öffentlichkeitswirksame Entlastungsverweigerung durch die Hauptversammlung oder erhebliche Opposition bei der Beschlussfassung zur Wiederwahl,[942] sondern auch Ersatzansprüche nach § 116 AktG. Jeder Rechtsverstoß des Vorstands kann so theoretisch als ein haftungsbegründendes Überwachungsversagen des Aufsichtsrats ausgelegt werden.[943] Zur Vorbereitung von Ersatzansprüchen steht den Aktionären beispielsweise das Instrument der Sonderprüfung gem. § 142 AktG zur Verfügung, das eigenständig präventive Wirkung erzeugen kann. Ferner ist den Aktionären eine Entlastungsverweigerung gegenüber dem Aufsichtsrat möglich.[944] Diese Instrumente dienen dazu, eine ordnungsgemäße Vorstandsüberwachung sicherzustellen und können beispielsweise darauf hinwirken, dass die Informationsbeschaffungspflicht ordnungsgemäß ausgeübt wird.

Die – jedenfalls auch – präventiv verhaltenssteuernd wirkende Überwachung des Vorstands durch den Aufsichtsrat kann damit von den Aktionären über die ihrerseits zustehenden Einflussmöglichkeiten auf den Aufsichtsrat in gewissem Maße gesteuert werden. Der Aufsichtsrat agiert insofern nicht als eigenständige Kontrollinstanz, sondern vielmehr als Kontrollinstrument der Anteilseigner.[945] Er steht damit einer Anteilseignerkontrolle nicht entgegen, sondern ermöglicht diese gerade erst.

dd) Aktionärseinfluss durch faktische Zwangswirkung auf den Vorstand

Auch unabhängig von der Beteiligung des zwischengeschalteten Aufsichtsrats erscheint eine verhaltenssteuernde Einflussnahme der Aktionäre auf den Vorstand nicht in jeglicher Hinsicht ausgeschlossen. Über ihr Stimm-

---

941 *Bassler*, Institutionelle Anleger, S. 398 f.

942 Hierzu auch *Bassler*, Institutionelle Anleger, S. 399.

943 *Bachmann*, Gutachten E zum 70. DJT, S. E 68.

944 Siehe hierzu auch *Rack*, CB 2017, 105, 106.

945 *Bergbach*, Anteilseigentum, S. 264.

recht in der Hauptversammlung könnten die Aktionäre mit gezielten Beschlussfassungen unter Umständen eine faktische Zwangswirkung auf den Vorstand erzeugen und damit auch dessen Gesetzestreue positiv beeinflussen.[946] Daneben ist eine Einflussnahme auch auf informellem Wege außerhalb der Hauptversammlung denkbar.

(1) Entlastung und Vertrauensentzug

Ein wichtiges Beschlussinstrument der Hauptversammlung bildet die jährliche Entscheidung über die Entlastung des Vorstands sowie über die Vertrauensaussprache. Beide Instrumente beruhen auf dem Grundsatz, dass der Vorstand wirtschaftlich betrachtet als Treuhänder des Aktionärsvermögens agiert und konzeptionell daher bei der Unternehmensleitung auf das Vertrauen der Aktionäre angewiesen ist.[947]

Beim Entlastungsbeschluss nach § 120 Abs. 1 AktG handelt es sich um ein spezifisches gesellschaftsrechtliches Institut, das dazu dient, die zurückliegende Verwaltung der Gesellschaft zu billigen und eine Rückmeldung der Aktionäre über ihre Zufriedenheit mit der Geschäftsführung gegenüber dem Vorstand zu ermöglichen bzw. Kritik an der Amtsführung zu äußern.[948] Die Entlastungsentscheidung umfasst hierbei insbesondere auch die Billigung der Geschäftsleitung als recht- und gesetzmäßig.[949] Der Beschluss unterstreicht die Vertrauensstellung des Vorstands und die damit verbundene Rechenschaftspflicht gegenüber den Aktionären. Diesen wird ein Forum eröffnet, die Leistung des Vorstands – auch durch Einzelabstimmung über jedes Vorstandsmitglied –[950] zu erörtern und individuell zu bewerten.[951]

946 Eingehend zur Einflussnahmemöglichkeit auf die Leitungsebene durch das Stimmrecht siehe *Dieling*, Kontrolle des Managements, S. 17.

947 *Wiesner*, in: Münch. Hdb. GesR, § 20 Rn. 57; *Fleischer*, in: Spindler/Stilz, AktG, § 84 Rn. 112; siehe auch BGH, Urt. v. 28.4.1954 – II ZR 211/53, BGHZ 13, 188, 192 f. = NJW 1954, 998, 999.

948 *Hoffmann*, in: Spindler/Stilz, AktG, § 120 Rn. 1.

949 BGH, Urt. v. 25.11.2002 – II ZR 133/01, BGHZ 153, 47, 51 = NJW 2003, 1032, 1033.

950 *Liebscher*, in: Henssler/Strohn, GesR, § 120 AktG Rn. 6.

951 *Herrler*, in: Grigoleit, AktG, § 120 Rn. 1.

Zwar sind an den Verweigerungsbeschluss nach allgemeiner Meinung keine unmittelbaren Rechtswirkungen geknüpft.[952] Dennoch könnte sich bereits aus der drohenden Verweigerung der Entlastung eine Steuerungswirkung auf den Vorstand ergeben.[953] Es entspricht allgemeiner Auffassung, dass die Entlastungsverweigerung wegen ihrer prestigeschädigenden Wirkung in der Regel eine erhebliche psychologische Wirkung auf den Vorstand bzw. das betroffene Vorstandsmitglied ausübt.[954] Die im öffentlichen Rahmen der Hauptversammlung kommunizierte Verweigerung führe zu einem Prangereffekt.[955] Aufgrund des großen öffentlichen und medialen Interesses, das eine Entlastungsverweigerung bei börsennotierten Gesellschaften in der Regel auslöst, sei der Druck dieser „psychologischen Waffe der Aktionäre"[956] auf den Vorstand nicht zu unterschätzen.[957] Der öffentliche Druck und die moralische Prangerwirkung werden in ihrer Abschreckungswirkung sogar einer formellen Strafandrohung gleichgestellt.[958] Über das Instrument der Entlastungsverweigerung ist den Aktionären damit eine indirekte Rechtmäßigkeitskontrolle des Vorstandshandelns eröffnet.[959]

Da mit einer Entlastungsentscheidung auch die Gesetzmäßigkeit der Verwaltung bestätigt wird, wäre bei Rechtsverstößen, die durch Bußgeld- oder gar Strafbewehrtheit vom Gesetzgeber als gravierend eingestuft sind, eine Verweigerung naheliegend. Nach der Rechtsprechung ist es auch nicht ins Ermessen der Hauptversammlung gestellt, pflichtvergessenen Vorstandsmitgliedern trotz begangener Gesetzesverstöße die Entlastung zu erteilen.[960] Die Treuepflicht gebietet es vielmehr, jedenfalls bei schwerwiegenden Gesetzesverstößen die Entlastung zu verweigern, da ansonsten der Beschluss seinerseits rechtswidrig im Sinne des § 243 Abs. 1 AktG und nach dieser Norm anfechtbar ist.[961]

---

952 *Herrler*, in: Grigoleit, AktG, § 120 Rn. 1; *Hoffmann*, in: Spindler/Stilz, AktG, § 120 Rn. 1.

953 Siehe auch *Vetter*, NZG 2014, 921, 923; in diese Richtung auch *Habersack*, Karlsruher Forum, S. 5, 34.

954 *Bachmann*, Gutachten E zum 70. DJT, S. E 26; *Hüffer*, in: Hüffer/Koch, AktG, § 120 Rn. 2.

955 *Bachmann*, Gutachten E zum 70. DJT, S. E 26.

956 *Kiethe*, NZG 2006, 888.

957 *Kubis*, in: MünchKomm-AktG, § 120 Rn. 2; *Drinhausen*, in: Hölters, AktG § 120 Rn. 5; *Vetter*, AG 2000, 453, 455.

958 *Bachmann*, Gutachten E zum 70. DJT, S. E 26.

959 *Bachmann*, Gutachten E zum 70. DJT, S. E 26.

960 Siehe hierzu *Kubis*, in: MünchKomm-AktG, § 120 Rn. 15.

961 BGH, Urt. v. 18.10.2004 – II ZR 250/02, BGHZ 160, 385, 388 = NJW 2005, 828.

Weitere Folgen der Entlastungsverweigerung ergeben sich mit Blick auf die Möglichkeit der Hauptversammlung, dem Vorstand das Vertrauen für die künftige Geschäftsführung zu entziehen. Während in einer positiven Entlastungsentscheidung zugleich der Ausspruch des Vertrauens für die künftige Geschäftsführung gesehen wird,[962] wird ein Beschluss über die Verweigerung der Entlastung vereinzelt gleichgesetzt mit dem Entzug des Vertrauens der Hauptversammlung gegenüber dem Vorstand.[963] Auch wenn man einen derartigen Automatismus ablehnt und die Entscheidung über das Vertrauen von der Entlastungsentscheidung trennt,[964] wird im Großteil der Fälle die Entlastungsverweigerung mit einem Vertrauensentzug einhergehen und einen entsprechenden Beschluss nach sich ziehen.[965]

Bedeutung erlangt der Vertrauensentzug insbesondere mit Blick auf die Vorschrift des § 84 Abs. 3 AktG, die ein solches Votum als Grund für den Widerruf der Bestellung des Vorstands durch den Aufsichtsrat qualifiziert und damit die Abberufung des Vorstands nach sich ziehen kann. Zwar ist der Aufsichtsrat nicht an ein solches Abberufungsverlangen gebunden und kann grundsätzlich nach freiem Ermessen darüber befinden. Dennoch dürfte bei einem auf bedeutsame Rechtsverletzungen gestützten Abberufungsverlangen in der Regel eine bestätigende Entscheidung des Aufsichtsrats folgen.[966] Denn auch der Aufsichtsrat muss seine Beschlussfassung vor den Aktionären rechtfertigen.

Mit dem Instrument der Abberufung durch Vertrauensentzug ist damit den Anteilseignern eine Möglichkeit eröffnet, erheblichen Druck auch auf den Vorstand auszuüben.[967] Trotz der Personalkompetenz des Aufsichtsrats, seiner alleinigen Zuständigkeit für Bestellung und Abberufung des Vorstands, sind die Vorstandsmitglieder in ihrer Stellung und ihrem Verbleib also auch vom Gutdünken der Anteilseigner abhängig. Die Entscheidungsbefugnis über die Entlastung ist daher zumindest in psychologischer Hinsicht ein bedeutsames Instrument der Aktionäre und kann damit der

962 *Liebscher*, in: Henssler/Strohn, GesR, § 120 AktG Rn. 2.

963 *Säcker*, WUW 2009, 362, 371.

964 In diesem Sinne *Kubis*, in: MünchKomm-AktG, § 120 Rn. 37; *Hoffmann*, in: Spindler/Stilz, AktG, § 120 Rn. 32; siehe auch *Koch*, in: Hüffer/Koch, AktG, § 120 Rn. 16; *Raiser/Veil*, KapGesR, § 14 Rn. 40.

965 *Twele*, Haftung, S. 273; siehe auch *Koch*, in: Hüffer/Koch, AktG, § 120 Rn. 16.

966 *Adams*, Managementkontrolle, S. 225 f.; siehe auch *Kutzenberger*, Mitbestimmung, S. 145.

967 *Fleischer*, in: Spindler/Stilz, AktG, § 84 Rn. 112; siehe auch *Prüfer*, Korruptionssanktionen, S. 86; in diese Richtung auch *Schünemann*, Unternehmenskriminalität und Strafrecht, S. 250.

lenkenden Einflussnahme auf den Vorstand dienen. Da die Abberufung als Vorstand die berufliche Perspektive erheblich beeinträchtigen kann, könnte der Vertrauensentzug bei Gesetzesverletzungen durchaus als effektives Steuerungsinstrument des Vorstandsverhaltens genutzt werden.[968] Muss der Vorstand bei bekannt gewordenen Rechtsverstößen mit derartigen Maßnahmen der Hauptversammlung rechnen, weil diese konsequent in diese Richtung ausgeübt werden, ist eine präventive Wirkung auf den Vorstand hin zu einer stärkeren Beachtung gesetzlicher Vorschriften möglich.

(2) Vergütungsvotum

Insbesondere solchen Maßnahmen, die sich bei Rechtsverstößen negativ auf die Vergütung der Leitungsorgane auswirken, werden in präventiver Hinsicht als besonders erfolgversprechend erachtet.[969] Ausgehend von der Modellvorstellung eines homo oeconomicus, der ausschließlich nach wirtschaftlichen Gesichtspunkten denkt, scheint eine solche Sichtweise nachvollziehbar.

Da der Aufsichtsrat über die Vergütungskompetenz in Bezug auf den Vorstand verfügt, ist den Aktionären insofern grundsätzlich nur der mittelbare Einfluss durch die Steuerung des Aufsichtsrates eröffnet. Jüngere Rechtsentwicklungen stellen die alleinige Vergütungskompetenz des Aufsichtsrats jedoch zunehmend in Frage und könnten damit auch die Einflussmöglichkeiten der Aktionäre auf den Vorstand erweitern.

Als mit der Entlastung systematisch verwandtes[970] Instrument ist insoweit das Aktionärsvotum zum Vergütungssystem nach § 120 Abs. 4 AktG relevant. Die Vorschrift ermöglicht einen Beschluss der Hauptversammlung über die Billigung des Systems zur Vergütung der Vorstandsmitglieder.[971] Diese vom Gesetzgeber im Jahr 2009 eingeführte Kompetenz soll explizit als weiteres Kontrollinstrument der Aktionäre dienen.[972] Zwar soll ausweislich des klaren Wortlauts die Verpflichtung des Aufsichtsrates und damit dessen Kompetenz zur Vergütungsfestsetzung unberührt bleiben.

---

968 *Adams*, Managementkontrolle, S. 226.

969 *Ackermann*, NZKart 2018, 1, 3.

970 *Liebscher*, in: Henssler/Strohn, Gesellschaftsrecht, § 120 AktG Rn. 12 („Spezialfall" der Entlastung).

971 Eingehend hierzu *Meyer*, Vorstandsvergütung, S. 157 ff.

972 BT Drs. 16/13433 S. 12; *Liebscher*, in: Henssler/Strohn, Gesellschaftsrecht, § 120 AktG Rn. 12.

Dennoch wird auch der unverbindlich ausgestalteten Regelung die Funktion beigemessen, präventive Wirkungen insbesondere auf den Aufsichtsrat im Hinblick auf eine gewissenhafte Festsetzung der Vergütung nach § 87 AktG zu erzielen.[973] So soll gem. § 87 AktG etwa bei der Festsetzung der Vorstandsbezüge gerade auch die Leistung des Vorstands berücksichtigt werden.[974] Mit Blick auf dessen Bindung an Recht und Gesetz bei der Ausübung seiner Leitungsaufgaben nach dem Legalitätsprinzip muss sich die Bewertung der Vorstandsleistung aber nicht nur am reinen Unternehmensergebnis, sondern auch danach beurteilen, ob er gegebenenfalls Rechtsverstöße zu verantworten hat, die eine Unternehmenssanktion nach sich ziehen oder nach sich ziehen könnten.[975] Gleiches gilt für den ebenfalls zu berücksichtigenden Aspekt der Nachhaltigkeit der Unternehmensentwicklung.[976] Dabei dient § 87 AktG gerade dem Schutz der Gesellschaft bzw. der Aktionäre, dem der Aufsichtsrat bei der Vergütungsfestlegung allein verpflichtet ist.[977]

Die Leitungsaufgabe des Vorstands muss im Interesse aller Beteiligter innerhalb der Grenzen der Rechtsordnung erfolgen, selbst wenn die Vermögensinteressen der Aktionäre durch eine rechtswidrige, aber der Umsatzförderung dienende Tat gewahrt werden.[978] Bekannt gewordene Rechtsverstöße des Vorstands müsste der Aufsichtsrat also grundsätzlich, sofern nicht schärfere Maßnahmen wie eine Abberufung in Betracht kommen, zumindest bei der Festlegung der künftigen Vergütung berücksichtigen. Bei entsprechender Ausübung des Vergütungsvotums durch die Aktionäre würde sich der Aufsichtsrat also angesichts einer drohenden Überprüfung durch die Hauptversammlung dem Druck ausgesetzt sehen, diese Aspekte bei der Vergütungsfestsetzung einzubeziehen. Auf diesem Weg könnte also eine faktische Anreizwirkung beim Vorstand erreicht werden, sich zur Vermeidung drohender Vergütungseinbußen rechtstreu zu verhalten.[979]

Die Regelung zum Vergütungsvotum fügt sich ein in eine vor allem auf unionsrechtlicher Ebene festzustellende Tendenz hin zur Stärkung und Ef-

---

973 BT Drs. 16/13433 S. 12; eingehend hierzu auch *Verse*, NZG 2013, 921; *Meyer*, Vorstandsvergütung, S. 164 f.; *Kubis*, in: MünchKomm-AktG, § 120 Rn. 45.

974 Hierzu auch *Fleischer*, NZG 2009, 801, 802.

975 Vgl. insoweit auch Erwägungsgrund 29 der Aktionärsrechte-Richtlinie (siehe oben Fn. 648).

976 Zum Nachhaltigkeitsbegriff siehe *Fleischer*, NZG 2009, 801, 802 f.

977 *Spindler*, in: MünchKomm-AktG, § 87 Rn. 2.

978 Siehe auch *Bassler*, Institutionelle Anleger, S. 465.

979 Vgl. auch *Dauner-Lieb u.a.*, NZG 2011, 975, 979.

fektivierung von Aktionärsrechten.[980] Auch in seiner bisherigen noch unverbindlichen Ausgestaltung zeigt die Einführung des § 120 Abs. 4 AktG, dass die Kontrollmöglichkeiten der Aktionäre stetig ausgebaut werden und ein wichtiges Anliegen des deutschen Gesetzgebers darstellen. Trotz nicht bestehender Rechtspflicht wird der Beschluss nach § 120 Abs. 4 AktG vom Großteil der börsennotierten Gesellschaften bereits auf die Tagesordnung gesetzt.[981] Damit steigen auch die Einflussmöglichkeiten der Aktionäre auf das Verhalten der Vorstandsmitglieder, die ihre Vergütung zunehmend vor der Aktionärsgesamtheit rechtfertigen müssen.

Keineswegs ausgeschlossen erscheint zudem eine künftige Verschärfung der Regelung von einem unverbindlichen Votum hin zu einem zwingend zu beachtenden Beschluss. Zwar wurde ein dahingehender vom Bundestag bereits beschlossener Erweiterungsvorschlag nach Anrufung des Vermittlungsausschusses und dem darauf folgenden Ende der Legislaturperiode bislang nicht realisiert.[982] Dennoch befindet sich diese ursprünglich geplante Verschärfung der Mitspracherechte weiterhin auf der politischen Agenda.[983] Im Zuge der Umsetzung der Aktionärsrechte-Richtlinie könnte die Diskussion um die Verbindlichkeit der Vergütungsmitsprache zudem erneut an Fahrt gewinnen.[984] Eine verbindliche Mitsprache der Aktionäre bei der Ausgestaltung der Vorstandsvergütung würde die Einflussmöglichkeiten auf das Vorstandsverhalten erheblich verstärken.

---

980 Etwa die Aktionärsrechte-Richtlinie (siehe oben Fn. 648).

981 *Wettich*, NZG 2011, 721, 726.

982 *Koch*, in: Hüffer/Koch, AktG, § 120 Rn. 20; *Kubis*, in: MünchKomm-AktG, § 120 Rn. 47; zum noch weitergehenden verbindlichen Aktionärsvotum über die konkrete Höhe der Vorstandsvergütung im schweizerischen Aktienrecht siehe *Hoffmann*, in: Spindler/Stilz, AktG, § 120 Rn. 57 ff.

983 Siehe hierzu Handelsblatt v. 9.1.2017, abrufbar unter: http://www.handelsblatt.com/my/politik/deutschland/wahlkampf-munition-fuer-gabriel-spd-plan-gegen-boni-exzesse/19230188.html?ticket=ST-11186987-s7kGaywmRqcQnupoXEdS-ap2 (zuletzt besucht am 31.5.2020).; sympathisierend auch *Kubis*, in: MünchKomm-AktG, § 120 Rn. 45.

984 Siehe hierzu auch *Inci*, NZG 2017, 579; siehe auch *Kubis*, in: MünchKomm-AktG, § 120 Rn. 45 mit Verweis auf den zwischenzeitlichen Richtlinienvorschlag 2014/0121 (COD), der in Art. 9a eine verbindliche Mitspracheregelung vorsah. Die verabschiedete Fassung der Richtlinie lässt in Art 9a dagegen auch eine Hauptversammlungsabstimmung mit lediglich empfehlendem Charakter zu (s. oben Fn. 648).

(3) Bußgelderstattung

Bereits angesprochen wurde die fehlerhafte Anreizwirkung einer in der Praxis nicht selten vorkommenden nachträglichen Erstattung von Geldstrafen oder Geldbußen durch die Gesellschaft, die gegen Vorstandsmitglieder wegen sanktionsbewehrter Gesetzesverstöße bei der Unternehmensführung verhängt wurden.[985]

Die Verweigerung solcher Erstattungsverlangen trüge umgekehrt dazu bei, dass die Einhaltung von Rechtsnormen gefördert würde, da die Leitungsebene die finanzielle Belastung drohender Sanktionen nicht auf die Gesellschaft abwälzen könnte. Nach einer Grundsatzentscheidung des BGH bedarf auch bei der Aktiengesellschaft eine Straf- oder Bußgelderstattung gegenüber dem Vorstand, sofern die zugrundeliegende Tat zugleich eine Pflichtverletzung gegenüber der Gesellschaft darstellt, stets der Zustimmung der Aktionäre.[986] Mit dieser zustimmungswürdigen Entscheidung hat der BGH den Einfluss und damit auch die Kontrollmöglichkeiten der Aktionäre deutlich gestärkt. Erstattungsentscheidungen des Aufsichtsrats an der Hauptversammlung vorbei könnten nun als strafbare Untreuehandlungen qualifiziert werden und dürften damit wesentlich seltener vorkommen.[987]

(4) Satzungsregelungen

Die präventiv-verhaltenssteuernde Wirkung der verschiedenen Maßnahmen im Hinblick auf den Vorstand könnte eine maßgebliche Effektivierung erfahren, wenn dem Vorstand die entsprechende Ausübung bereits im Vorfeld in grundsätzlicher Hinsicht eindeutig kommuniziert würde und man damit nicht allein auf eine konsequente Praxis der Aktionäre angewiesen wäre. Wenngleich in der Unternehmenspraxis soweit ersichtlich bislang nicht verbreitet, käme insofern die Aufnahme bestimmter Regelungen in die Unternehmenssatzung in Betracht. Zu denken wäre beispielsweise an einen satzungsmäßigen Ausschluss von Bußgelderstattungen

---

985 Zur abweichenden Bewertung von bereits im Vorfeld erteilter Erstattungszusagen siehe bereits oben, D.V.3.c).

986 BGH, Urt. v. 8.7.2014 – II ZR 174/13, BGHZ 202, 26, 29 = NZG 2014, 1058, Rn. 11.

987 *Küpper*, NZWiSt 2015, 315, 319; *Mohamed*, CCZ 2015, 111, 113.

oder auch an Regelungen zum Schicksal variabler Vergütungsbestandteile bei Aufdeckung von Gesetzesverstößen.

Änderungen der Satzung fallen gem. § 179 AktG grundsätzlich in den Kompetenzbereich der die Satzungshoheit innehabenden Hauptversammlung.[988] Allerdings sind nach dem in § 23 Abs. 5 AktG verankerten Prinzip der Satzungsstrenge vom Aktienrecht abweichende Regelungen in der Satzung nur zulässig, sofern das Gesetz sie ausdrücklich gestattet. Das Gesetz ergänzende Bestimmungen sind im Übrigen möglich, soweit das Gesetz keine abschließende Regelung enthält.

Ein satzungsmäßiger Ausschluss von Bußgelderstattungen wäre hiernach möglich. Das Aktienrecht enthält keine Regelungen, die eine Erstattung individueller Sanktionen vorschreiben. Vielmehr unterliegt die Sanktionserstattung, die der BGH zutreffend einem Verzicht auf Schadenersatzansprüche gegenüber dem Vorstand gleichstellt,[989] besonderen Voraussetzungen. Ein grundsätzlicher Ausschluss von Erstattungszahlungen ist damit aktienrechtlich nicht problematisch.

Schwieriger gestaltet sich die Beurteilung einer satzungsmäßigen Regelung zum Schicksal von Vorstandsboni bei rechtswidrigem Verhalten. Eine solche Regelung könnte mit Blick auf § 87 AktG gegen die aktienrechtliche Kompetenzordnung verstoßen und insoweit mit dem Prinzip der Satzungsstrenge unvereinbar sein. Gem. § 87 Abs. 1 AktG entscheidet der Aufsichtsrat über die Festsetzung der Vorstandsvergütung und dabei ausdrücklich auch über anreizorientierte Vergütungszusagen.[990] Eine Regelung in der Satzung, mit der Bonuszahlungen an den Vorstand an die Rechtmäßigkeit seiner Unternehmensführung gekoppelt werden, wäre vor diesem Hintergrund problematisch. Jedenfalls wäre der Aufsichtsrat an solch eine Satzungsbestimmung wohl nicht gebunden.[991]

Dennoch ist eine satzungsmäßige Ermächtigung der Hauptversammlung zur Gewinnbeteiligung des Vorstands grundsätzlich nach § 58 Abs. 3 S. 2 AktG möglich.[992] Über diese Satzungsermächtigung wäre, sofern hierbei eine Kopplung der auszuschüttenden Tantieme an das Fehlen von Hinweisen auf gesetzwidriges Verhalten des Vorstands erfolgen würde, eine Anreizsetzung durch die Aktionäre selbst möglich.

---

988 *Dieling*, Kontrolle des Managements, S. 17.

989 BGH, Urt. v. 8.7.2014 – II ZR 174/13, BGHZ 202, 26, 33 = NZG 2014, 1058 Rn. 18 f.

990 *Spindler*, in: MünchKomm-AktG, § 87 Rn. 121.

991 Siehe *Spindler*, in: MünchKomm-AktG, § 87 Rn. 121.

992 *Spindler*, in: MünchKomm-AktG, § 87 Rn. 122.

Darüber hinaus ist fraglich, ob das Gebot der Satzungsstrenge auch möglichen Rückzahlungsverpflichtungen für Boni bei rechtswidrigem Verhalten entgegen stehen kann. Man könnte den Standpunkt einnehmen, solche Rückzahlungsverpflichtungen beträfen nicht die Entschließung des Aufsichtsrates, ob und in welchem Umfang dem Vorstand Gewinnbeteiligungen gewährt werden sollen, sondern nur das Schicksal der – zuvor vom Aufsichtsrat im Rahmen seiner Kompetenz festgesetzten – Vergütung bzw. deren Verbleib beim Vorstandsmitglied im Falle von Gesetzesverstößen. Als nicht unmittelbar die Vergütungsfestsetzung betreffende Regelung würde eine Rückzahlungsverpflichtung die Aufsichtsratskompetenz damit nicht unterlaufen. Ein solches Ergebnis ist gerade auch mit dem Sinn und Zweck des § 23 AktG vereinbar, der dem Schutz künftiger Aktionäre vor überraschenden nachteiligen Satzungsregelungen dient. Eine claw-back-Klausel erweitert vielmehr die Kontrollstellung der Aktionäre gegenüber dem Vorstand und ist insofern als vorteilhafte Regelung zu qualifizieren.

(5) Informeller Einfluss

Ein weiterer in der Praxis offenstehender und sehr bedeutsamer Weg der Einflussnahme liegt in der Möglichkeit der Aktionäre, über informelle Kanäle auf den Vorstand einzuwirken.[993] Großaktionäre haben in der Regel einen direkten Kontakt zu den Vorstandsmitgliedern, ohne dass es einer Zwischenschaltung des Aufsichtsrates bedürfte. Über sog. Investorenvereinbarungen lassen sich manche große Anleger sogar explizit Zugangsrechte zum Vorstand schuldrechtlich einräumen, einschließlich regelmäßiger persönlicher Treffen.[994] Sie verfügen damit über weitreichende informelle Instrumente zur Einflussnahme auf die Geschäftsleitung, wie etwa persönliche Gespräche mit Vorstandsmitgliedern oder die Inaussichtstellung eines bestimmten Abstimmungsverhaltens in der Hauptversammlung.[995] Würde die Geschäftsleitung auch über diese informellen Kanäle verstärkt zur Einhaltung der Legalitätspflicht angehalten, statt mit rein renditegesteuerten Interessen konfrontiert zu werden, könnte auch auf diesem Weg eine Rechtmäßigkeitsförderung unmittelbar durch Aktionäre erfolgen.

---

993 Siehe auch *Bassen*, Institutionelle Investoren, S. 134.

994 *Kiem*, AG 2009, 301, 303.

995 Hierzu *Bergbach*, Anteilseigentum, S. 265; *Winkler*, Institutionelle Anleger, S. 107 f.

ee) Zwischenergebnis

Trotz Zwischenschaltung des Aufsichtsrats als Auswahl- und Überwachungsorgan für die Vorstandmitglieder in der Aktiengesellschaft bestehen gewisse Einflussmöglichkeiten der Aktionäre auf den Vorstand, die auch zur Förderung der Rechtmäßigkeit des Vorstandshandelns bei der Unternehmensleitung genutzt werden könnten. Zum einen wäre es den Aktionären möglich, die Ausübung der auch präventiv wirkenden Überwachungsaufgabe des Aufsichtsrats durch die Besetzung des Aufsichtsrates sowie durch Kontroll- und Druckinstrumente gegenüber dem Aufsichtsrat zu steuern. Zum anderen stehen der Hauptversammlung eigene Instrumente zur Verfügung, die bei konsequenter Ausübung eine verhaltenssteuernde Wirkung beim Vorstand auslösen können. Auch die Aufnahme von Satzungsregelungen ist denkbar, die dem Vorstand bestimmte Folgen rechtswidrigen Verhaltens bereits im Vorfeld allgemein vor Augen führen. Hinzu kommt die bedeutsame Möglichkeit bestimmter Aktionäre, auf informeller Ebene über direkten Kontakt zu den Vorstandsmitgliedern auf deren Rechtstreue hinzuwirken.

f) Bedeutung der Beteiligungshöhe

aa) Problemstellung

Problematisch an den dargelegten Einfluss- und Steuerungsmöglichkeiten der Anteilseigner gegenüber den Leitungsorganen könnte sich indes erweisen, dass diese nicht jedem einzelnen Anteilseigner gleichermaßen offenstehen. Sowohl der Einfluss auf den Aufsichtsrat durch Mitbestimmung bei dessen Besetzung oder durch Ausübung von Repressionsinstrumenten als auch die faktische Einwirkung auf den Vorstand durch Beschlüsse der Hauptversammlung sowie über informelle Kanäle können in der Regel nur von solchen Aktionären genutzt werden, deren Beteiligungen einen gewissen Umfang erreichen.[996] Auch bei der GmbH stellt sich dieses Problem der Beteiligungshöhe, wenngleich hier ganz geringfügige Beteiligungen im Verhältnis zu den Gesamtanteilen wesentlich seltener sind. Auch der BGH geht davon aus, dass grundsätzlich nur Mehrheitsgesellschafter über realistische Einflussmöglichkeiten auf die Geschäftsleitung verfügen,

996 Zur Korrelation von Einflussmöglichkeiten und Größe des Anteilsbesitzes siehe auch *Bassen*, Institutionelle Investoren, S. 56 f.

während dies bei Minderheitsgesellschaftern nur aufgrund besonderer tatsächlicher und rechtlicher Umstände im Einzelfall in Betracht komme.[997]

Mit Verweis auf die geringe Einflussmacht besonders von Kleinaktionären möchten daher auch einige Kritiker den verbandsbezogenen Sanktionen die Berechtigung versagen. Schon aufgrund der Mehrheitserfordernisse von Hauptversammlungsbeschlüssen verfüge der Einzelaktionär einer Publikumsgesellschaft über keine realistischen Kontrollmöglichkeiten gegenüber dem Vorstand.[998] Eingewandt wird zudem, dass die Wahrnehmung der Kontrollfunktion in der Hauptversammlung Kosten beim Einzelnen verursache, während der potentielle Nutzen stets sämtlichen Aktionären zugute komme. Diese Kosten-Nutzen-Asymmetrie bewirke, dass der Einzelaktionär auf Anstrengungen zugunsten der Unternehmenscompliance in der Regel verzichte.[999] Angesichts dieses Zustands „rationaler Apathie"[1000] seien Einzelaktionäre – sofern sie überhaupt auf der Hauptversammlung erscheinen –[1001] keine ernstzunehmende Kontrollinstanz. Die Kontrolle des Managements durch die Hauptversammlung leide deshalb an einem Funktionsdefizit.[1002] Hinzu kommt, dass auch die Anreizwirkung möglicher Dividendenminderungen und Kursverluste bei geringem Aktienbesitz grundsätzlich eher schwach sein dürfte. Solche bei Aktienanlagen ohnehin stets möglichen Umstände entsprechen dem typischen Risiko eines Investments und machen darüber hinaus beim Einzelaktionär mit geringer Beteiligungsquote oft keinen erheblichen Verlust aus.[1003]

Mit diesen Erwägungen wird eine Einflussmöglichkeit der Anteilseigner auf das Geschäftsleiterverhalten und damit ein Präventionsgewinn von an

---

997 BGH, Urt. v. 13.4.1994 – II ZR 16/93, BGHZ 125, 366, 369 = NJW 1994, 1801, 1802.

998 *Dieling*, Kontrolle des Managements, S. 18; *v. Freier*, Verbandsstrafe, S. 255 f.; Kindler, Unternehmen als Täter, S. 310.

999 *Bergbach*, Anteilseigentum, S. 234 ff., *Wagner*, ZGR 2016, 112, 134; *Dieling*, Kontrolle des Managements, S. 17 f.

1000 *Bergbach*, Anteilseigentum, S. 235 f.; *Dieling*, Kontrolle des Managements, S. 18; *Spindler*, in: MünchKomm-AktG, § 87 Rn. 1.

1001 Zur sinkenden Präsenz insbesondere privater Anleger bei Hauptversammlungen siehe *Koch*, in: Hüffer/Koch, AktG, § 118 Rn. 5; *Zöllner*, Interne Corporate Governance, S. 93 f.; siehe ferner die empirischen Befunde bei *Dieling*, Kontrolle des Managements, S. 28.

1002 *Dieling*, Kontrolle des Managements, S. 46.

1003 In diese Richtung auch *Schmitt-Leonardy*, Unternehmenskriminalität, S. 442; siehe auch *Wils*, Enforcement, S. 209.

den Verband gerichteten Sanktionsandrohungen von einzelnen Stimmen in der Literatur grundsätzlich bezweifelt.[1004]

bb) Einflussmöglichkeiten von Kleinaktionären

Die kategorische Ablehnung von Einflussmöglichkeiten der Kleinaktionäre bedarf einer näheren Untersuchung. Bei weitem Streubesitz der Aktien eines Unternehmens sehen sich Einzel- oder Kleinaktionäre tatsächlich mit dem Problem konfrontiert, dass sie die stets eine Mehrheit in der Hauptversammlung erfordernden Rechte kaum eigenständig ausüben können. Dies gilt nicht nur, aber insbesondere, solange ein Mehrheitsaktionär vorhanden ist, der das Verhalten des Vorstands stützt und selbst keine präventive Rechtmäßigkeitssteuerung ausübt. Insofern stellt sich die Frage, ob eine Einflussnahmemöglichkeit auf den Vorstand allein dem Großaktionär oder institutionellen Anleger zuzusprechen ist, auf Ebene der Kleinaktionäre dagegen fehlt.[1005]

(1) Auskunftsrecht

Ein für die Mitbestimmung und Kontrollausübung elementares Instrument bildet das Auskunftsrecht nach § 131 AktG, das jedem Aktionär unabhängig von seiner Beteiligungsquote zusteht.[1006] Der Vorstand kann von einem einzelnen Aktionär mit einer einzigen Aktie zur Auskunft über Angelegenheiten der Gesellschaft verpflichtet werden.

Allerdings ist das Auskunftsrecht Korrelat zur sachgemäßen Ausübung des Stimmrechts und dient gerade in dieser Funktion der Kontrollausübung der Aktionäre.[1007] So kann es insbesondere zur Vorbereitung einer Entscheidung über die Organentlastung für das zurückliegende Geschäftsjahr dienen.[1008] Vor diesem Hintergrund könnte sich für Kleinaktionäre

---

1004 *Reuter*, BB 2016, 1283, 1299; *Wagner*, ZGR 2016, 112, 135; siehe auch *Peglau*, JA 2001, 606, 609.

1005 Siehe auch *Wiedemann*, Organverantwortung, S. 10.

1006 Zur Bedeutung des Auskunftsrechts für den Einzelaktionär siehe bereits *Kutzenberger*, Mitbestimmung, S. 125.

1007 *Siems*, in: Spindler/Stilz, AktG, § 131 Rn. 2; *Koch*, in: Hüffer/Koch, AktG, § 131 Rn. 1.

1008 Siehe hierzu BGH, Urt. v. 18.10.2004 – II ZR 250/02, BGHZ 160, 385, 389 = NZG 2005, 77, 78.

ohne Stimmgewalt in der Hauptversammlung das stimmrechtsflankierende Auskunftsrecht als gegenstandslos erweisen.

Dagegen ließe sich zwar vorbringen, dass auch das Auskunftsrecht für sich genommen bei konsequenter Ausübung eine eigenständige verhaltenssteuernde Wirkung auf den Vorstand ausüben kann, sofern dieser zu erwarten hat, sein Verhalten vor der Hauptversammlung rechtfertigen zu müssen.[1009] Mit Blick auf diese rein faktischen Wirkungen und wegen der geringen Wahrscheinlichkeit, dass Kleinaktionäre ihr Auskunftsrecht überhaupt zur Druckausübung einsetzen, kann das Auskunftsrecht des Kleinaktionärs jedenfalls isoliert betrachtet dennoch kaum als effektives Steuerungsinstrument qualifiziert werden.

(2) Entlastungsanfechtung

Ein bedeutsameres Instrument für kleine Aktionäre liegt in der Möglichkeit, auch als einzelner eine durch die Mehrheit der Hauptversammlung erteilte Entlastung des Vorstands nach § 243 AktG anzufechten und damit eine gerichtliche Überprüfung des Beschlusses sowie inzident auch des jeweiligen Vorstandsverhaltens zu erzwingen. Eine trotz bedeutsamer Gesetzesverstöße des Vorstands erteilte Entlastung ist rechtswidrig und damit anfechtbar, da ansonsten eine zur Billigung rechtswidrigen Vorstandsverhaltens entschlossene Aktionärsmehrheit unter Übergehung einer gesetzestreuen Minderheit stets eine Entlastung durchsetzen könnte.[1010] Diese Anfechtungsmöglichkeit der Entlastung durch Aktionärsminderheiten effektiviert die Steuerungsfunktion der Entlastung zusätzlich, da sich die Vorstandsmitglieder auch bei einer ihnen bzw. einer nicht rechtstreuen Unternehmensleitung wohlgesonnenen Aktionärsmehrheit nicht sicher sein können, ob Rechtsverstöße auf diesem Wege nicht doch öffentlich gemacht werden.[1011]

1009 Dahin *Kutzenberger*, Mitbestimmung, S. 126.

1010 BGH, Urt. v. 25.11.2002 – II ZR 133/01, BGHZ 153, 47, 51 = NJW 2003, 1032, 1033.

1011 Siehe auch *Bachmann*, Gutachten E zum 70. DJT, S. E 26.

(3) Koordinierte Stimmrechtsausübung

Realistische Einflussmöglichkeiten der Kleinanleger könnten zudem bei einer Ausübung ihres Stimmrechts im Kollektiv entstehen. Bei einem gemeinsamen und koordinierten Auftreten einer großen Anzahl kleinerer Anleger ist nicht von Vornherein ausgeschlossen, dass eine gewisse Stimmgewalt entstehen kann. Eine bedeutsame Entwicklung stellt in dieser Hinsicht etwa die Einführung der elektronischen Hauptversammlung dar, über die gem. § 118 Abs. 1 S. 2 AktG die Stimmrechtsausübung mittels elektronischer Kommunikation möglich ist und die einer sinkenden Beteiligung von Kleinaktionären entgegenwirken soll.[1012] Weiterhin zu nennen sind hier die Erleichterungen bei der Stimmrechtsvertretung und deren zunehmende Praktizierung auf Hauptversammlungen börsennotierter Aktiengesellschaften. Als Interessenwalter privater Kleinanleger treten zunehmend Anlegerschutzvereinigungen auf Hauptversammlungen auf. Sie sind hierbei in der Lage, durch Stimmrechtsvertretung oder Abstimmungsempfehlungen einen nicht zu unterschätzenden Druck auf Aufsichtsrat und Vorstand auszuüben.[1013] Die Stimmrechtsvertretung wurde insofern erleichtert, als dass mit Abschaffung des Schriftformerfordernisses für die Vollmachterteilung nunmehr sämtliche Rechte aus den Aktien über das Internet ausgeübt werden können.[1014]

Damit einher gehen bereits angesprochene weitere gesetzgeberische Entwicklungen zur Verbesserung der Rechtsstellung kleiner Aktionäre.[1015] Das mit Einführung des § 127a AktG geschaffene Aktionärsforum etwa soll durch Erleichterung der Aktionärskommunikation insbesondere dem Einzelaktionär ermöglichen, gewisse Schwellenwerte für an Minderheitenquoren gebundene Rechte zu erreichen und damit den Einfluss auf die Unternehmenskontrolle zu stärken. Erklärtes gesetzgeberisches Motiv für die Schaffung dieser Plattform ist gerade die Verbesserung der Eigentümerkontrolle durch die Aktionäre, deren unzureichende Ausgestaltung der Gesetzgeber als grundlegendes Defizit der Corporate Governance bemängelt.[1016] Eine Kontrollausübung gerade auch durch kleine Aktionäre wird also als eigenständige Schiene einer effizienten Corporate Governance für erforderlich erachtet.

1012 *Beck*, RNotZ 2014, 160; siehe hierzu bereits oben unter D.V.2.g)dd)(2).

1013 Siehe hierzu auch *Wettich*, NZG 2011, 721, 726.

1014 *Dieling*, Kontrolle des Managements, S. 39.

1015 Siehe oben unter D.V.2.g)dd)(2).

1016 BT-Drs. 15/5092, S. 15.

Die Möglichkeit auch von Kleinaktionären, zumindest in gewissem Maße auf ein rechtmäßiges Vorstandsverhalten Einfluss zu nehmen, scheint vor diesem Hintergrund nicht gänzlich abwegig. Zu berücksichtigen ist in die andere Richtung jedoch auch, dass bei bestimmten Arten von Aktien ein Einfluss der Aktionäre in jedem Falle vollständig ausgeschlossen ist. Dies gilt bei der Ausgabe von stimmrechtslosen Vorzugsaktien nach § 139 AktG, die nur den Anspruch auf eine Gewinnbeteiligung verbriefen. Bei solchen Aktien kommt lediglich die Ausübung stimmrechtsunabhängiger Mitgliedsrechte in Betracht, insbesondere also das Auskunftsrecht.[1017] Die Vorzugsaktie soll gerade solchen Aktionären als Beteiligungsinstrument dienen, die sich mehr als Anleger denn als Gesellschafter verstehen und die folglich wenig Wert auf eine Mitsprache über das Stimmrecht legen.[1018] Wenn der Gesetzgeber ein solches Interesse anerkennt, wäre es ein gewisser Widerspruch, wenn Inhaber solcher Aktien für eine unzureichende Mitverwaltung bei Auswahl und Überwachung der Leitungsorgane sanktioniert werden sollten.

cc) Einflussmöglichkeiten von Großaktionären

Unabhängig davon, ob auch Kleinaktionären eine tatsächliche Einflussnahmemöglichkeit auf den Vorstand zuzusprechen ist, dürfen gerade die Großaktionäre bei der Gesamtbetrachtung aber nicht unberücksichtigt bleiben. Diejenigen Stimmen, die sich generell gegen eine Kontroll- und Einflussmöglichkeit der Aktionäre auf den Vorstand aussprechen, vernachlässigen zumeist die tatsächlich anzutreffende Eigentümerstruktur von Aktiengesellschaften, die jedoch maßgebliche Auswirkungen auf die Einflussmöglichkeiten der Aktionäre hat.

Bei zahlreichen Aktiengesellschaften halten einige wenige Aktionäre den Großteil der Gesamtanteile. Dies gilt zum einen besonders für nichtbörsennotierte, sog. kleine Aktiengesellschaften. Diese Unternehmen, die zumindest quantitativ die börsennotierten Gesellschaften in Deutschland weit übertreffen, verfügen in aller Regel über einen oder mehrere „Unternehmer-Aktionäre“ mit großen Beteiligungen bei gleichzeitig keinem oder nur unwesentlichem Streubesitz.[1019]

1017 *Koch*, in: Hüffer/Koch, AktG, § 140 Rn. 3.

1018 *Arnold*, in: MünchKomm-AktG, § 139 Rn. 2; *Pellens/Hildebrandt*, AG 2001, 57, 58.

1019 *Bayer*, Gutachten E zum 67. DJT, S. E 101.

Doch auch bei börsennotierten Gesellschaften spielen große Anteilseigner eine wichtige Rolle. Speziell bei deutschen Unternehmen sind Großaktionäre, die weite Teile des Aktienkapitals halten, traditionell sehr verbreitet.[1020] Empirischen Untersuchungen zufolge verfügten etwa in den 1990er Jahren rund die Hälfte der größten deutschen Aktiengesellschaften über einen mehr als die Hälfte der Stimmrechte haltenden Mehrheitsaktionär.[1021] Bei nahezu sämtlichen börsennotierten deutschen Unternehmen gibt es zudem einzelne Großaktionäre, die je ein Viertel oder sogar mehr der Gesamtanteile halten.[1022] Ebenso verbreitet – maßgeblich verstärkt durch den steigenden Bedarf nach ergänzenden Möglichkeiten der privaten Altersvorsorge – sind professionelle Kapitalanleger wie etwa Versicherungsunternehmen, Kapitalanlagegesellschaften oder Pensionsfonds, die als institutionelle Investoren von Privatpersonen eingesammeltes Kapital in Aktienpakete anlegen.[1023] Gegenüber solchen Großaktionären oder institutionellen Investoren ist der Anteil der im Privatbesitz befindlichen Aktien bei den meisten börsennotierten Aktiengesellschaften verhältnismäßig gering. Der Anteil der Privataktionäre an den im DAX vertretenen Unternehmen beläuft sich lediglich auf elf Prozent.[1024]

Bei Beteiligungen solcher Größenordnungen kann man sowohl im Hinblick auf die Stimmrechtsausübung und die informellen Kanäle als auch auf die mittelbare Einflussmöglichkeit durch Besetzung des Aufsichtsrats von einer Kontrollmacht des Aktionärs und einer gewichtigen Steuerungsmöglichkeit auf die Leitungsebene ausgehen.[1025] Dies gilt – trotz ihrer im Verhältnis zu Großaktionären meist geringeren Beteiligungsquoten – auch

---

1020 Hierzu *Shleifer/Vishny*, (1997) 52 Journal of Finance 737, 754; siehe auch *Wackerbarth/Eisenhardt*, GesR II, S. 250.

1021 *Franks/Meyer*, (2001) 14 Rev. Financ. Stud. 943, 947; siehe auch *Ellermann*, Dividendenpolitik, S. 29; hierzu auch *Roth/Wörle*, ZGR 2004, 565, 594.

1022 *Franks/Mayer*, (2001) 14 Rev. Financ. Stud. 943, 947; *Gorton/Schmid*, NBER Working Paper 5453, S. 7; siehe auch *Ehrhardt*, Unternehmensdelinquenz, S. 212; *Ellermann*, Dividendenpolitik, S. 29.

1023 Zur wirtschaftlichen Bedeutung siehe *Bassler*, Institutionelle Anleger, S. 83 ff.; siehe auch *Schneider*, ZGR 2012, 518, 519 ff.

1024 Ernst & Young: Wem gehört der DAX? (2018), S. 9, abrufbar unter: http://www.ey.com/Publication/vwLUAssets/ey-wem-gehoert-der-dax/$FILE/ey-wem-gehoert-der-dax.pdf (zuletzt besucht am 31.5.2020).

1025 *Ellermann*, Dividendenpolitik, S. 29; *Ehrhardt*, Unternehmensdelinquenz, S. 210; *Zöllner*, Interne Corporate Governance, S. 94; *Shleifer/Vishny*, (1997) 52 Journal of Finance 737, 770; *Wackerbarth/Eisenhardt*, GesR II, S. 250; *Hauff*, Regress, S. 154; generell zum Einfluss von Großaktionären auch *Kort*, in: Hopt/Wiedemann, GroßKomm-AktG, § 76 Rn. 23.

für institutionelle Investoren, die häufig im Verbund und unter Abstimmung mit weiteren Investoren auftreten und auf diese Weise ebenfalls einen großen Einfluss auf den Vorstand erlangen können.[1026]

Diese Sichtweise findet auch in der Rechtsprechung des BGH Bestätigung.[1027] Sie kommt ferner im sog. Mitbestimmungsurteil des Bundesverfassungsgerichts deutlich zum Ausdruck. Das Anteilseigentum – so das Bundesverfassungsgericht – gewähre bei größerem Beteiligungsumfang die Chance, bestimmenden Einfluss auf die Geschäftspolitik des Vorstands auszuüben.[1028]

Auch die Regierungskommission Corporate Governance scheint bei bestimmten Gruppen von Anteilseignern eine tatsächliche Einwirkungsmöglichkeit auf die Unternehmensleitung vorauszusetzen. Die Kodex-Präambel appelliert ausdrücklich an die institutionellen Anleger, ihre Eigentumsrechte aktiv und verantwortungsvoll auszuüben. Sie bringt damit zum Ausdruck, dass großen Anteilseignern ein entscheidender Einfluss auf die Leitungsebene des Unternehmens beigemessen wird.[1029] Zwar geht es solchen Anteilseignern in erster Linie regelmäßig darum, durch Einwirkung auf den Vorstand das Renditeergebnis zu steigern und weniger darum, dass dieses angestrebte Ziel gerade durch ein rechts- und gesetzestreues Verhalten der Vorstandsmitglieder erreicht wird.[1030] Dass der Einfluss der typischerweise auf Gewinnmaximierung ausgerichteten Aktionäre bislang kaum zur Rechtmäßigkeitsförderung des Vorstandshandelns ausgenutzt wird, wirft aber lediglich die Frage auf, ob – beispielsweise durch eine Verstärkung der Anreizwirkung durch Erhöhung der Verbandssanktionen – Änderungen am geltenden Bußgeldsystem notwendig sind, damit die Einflussnahme „richtig" im Sinne der Präventivwirkung ausgeübt wird. Die für die Frage der Geeignetheit zur Zweckerreichung allein relevante Möglichkeit der Einflussnahme wird damit dennoch gerade bestätigt.

1026 Siehe *Hopt*, in: Hopt/Wohlmannstetter, Hdb. Corporate Governance Banken, S. 11.

1027 Vgl. etwa BGH, Beschl. v. 17.3.1997 – II ZB 3/96, BGHZ 135, 107, 114 f. = NJW 1997, 1855, 1856 f. (beherrschender Einfluss i.S.v. § 17 AktG bei 20 %-Beteiligung).

1028 BVerfG, Urt. v. 1.3.1979 – 1 BvR 532/77, NJW 1979, 699, 704.

1029 Siehe hierzu bereits oben, D.V.2.g)dd)(3).

1030 *V. Werder*, in: Kremer u.a., DCGK, Präambel Rn. 113e; siehe auch *Hupka*, GWR 2013, 59, 60.

dd) Aktionärseinfluss bei kleinen AGs

Auch bei nichtbörsennotierten sog. kleinen Aktiengesellschaften ist der Einfluss der Aktionäre auf den Vorstand wahrscheinlicher. Insoweit werden sogar aktienrechtliche Sonderregelungen diskutiert, wie etwa ein Weisungsrecht in Geschäftsführungsangelegenheiten nach dem Vorbild der GmbH oder der Übergang der Personalkompetenz auf die Aktionäre in Form von Entsendungsrechten in den Vorstand.[1031] Mangels Streubesitzes ähnelt die nicht börsennotierte Gesellschaft hinsichtlich der Interessenlage der Anteilseigner eher der GmbH als der börsennotierten AG. Das „mitgliedschaftliche Band" zwischen der Gesellschaft und ihren Anteilseignern erweist sich hier regelmäßig als wesentlich stärker.[1032]

g) Folgerungen für die Geeignetheit

Die vorstehenden Ausführungen machen deutlich, dass die Möglichkeiten der Anteilseigner, die Geschäftsleitung zu kontrollieren und damit deren Verhalten, insbesondere im Hinblick auf eine rechtstreue Unternehmensführung zu beeinflussen, erheblich variieren. Bei der GmbH verschafft die hierarchische Organisation den Gesellschaftern eine herausgehobene Stellung mit unmittelbaren Einflussmöglichkeiten auf die Geschäftsführer und damit gleichsam Einwirkungsmöglichkeiten zur Förderung rechtmäßigen Geschäftsführerhandelns. Bei der Aktiengesellschaft hängt eine Einflussnahmemöglichkeit der Aktionäre auf das Verhalten des Vorstands dagegen maßgeblich vom Umfang der Beteiligung ab. Während Großaktionäre ab einer gewissen Beteiligungshöhe durchaus in der Lage sind, sowohl über Stimmrechte als auch auf informellem Wege einen maßgeblichen Einfluss auf das Vorstandshandeln auszuüben, ist ein solcher Einfluss bei Kleinaktionären regelmäßig stark verringert oder scheidet, wie im Falle von stimmrechtslosen Vorzugsaktien, vollständig aus.

Daraus ergibt sich jedoch nicht notwendig, dass die auf die Anteilseigner ausgerichtete präventive Zwecksetzung der Verbandsgeldbuße nicht als geeignete Maßnahme qualifiziert werden kann.[1033] Die im Rahmen der verfassungsmäßigen Eignungsprüfung zu stellenden Anforderungen sind

1031 Hierzu *Krieger*, Referat zum 67. DJT, S. N 38; siehe auch *Bayer*, Gutachten E zum 67. DJT, S. E 110.

1032 *Krieger*, Referat zum 67. DJT, S. N 34.

1033 Anders *Reuter*, BB 2016, 1283, 1289 ff.

keineswegs besonders hoch. Bei der Frage der Geeignetheit eines eingesetzten Mittels zur Zweckerreichung kommt dem Gesetzgeber ein weiter Beurteilungsspielraum zu. Das Bundesverfassungsgericht lässt es für die Geeignetheit eines Eingriffs in ständiger Rechtsprechung genügen, wenn das Mittel aus der Perspektive des Gesetzgebers nicht schlechthin ungeeignet oder objektiv untauglich ist, das angestrebte Ziel zu erreichen.[1034] Ferner bedarf es auch keines Nachweises einer vollständigen Zweckerreichung. Auf Gesetzesebene genügt es, dass das eingesetzte Mittel die Wahrscheinlichkeit erhöht, dass der angestrebte Erfolgt zumindest teilweise eintritt, dass also die Maßnahme dem angestrebten Zweck in irgendeiner Weise förderlich sein könnte.[1035] Nur ein evidenter und zweifelsfreier Mangel der Eignung zur angestrebten Zweckerreichung ist unter dem Gesichtspunkt der objektiven Zweckuntauglichkeit verfassungsrechtlich erheblich.

Dass es der Verbandsgeldbuße zweifelsfrei und schlechthin an der Eignung mangelt, eine gewisse Rechtmäßigkeitsförderung durch Einflussnahme der Anteilseigner auf das Organwalterverhalten zumindest wahrscheinlicher werden zu lassen als ohne eine solche Sanktion, kann angesichts der dargestellten Möglichkeiten der Anteilseigner nicht angenommen werden. Insbesondere kann aus dem Umstand, dass eine dahingehende Einflussnahme in der Praxis offenbar selten erfolgt bzw. hierüber keine Erkenntnisse vorliegen, nicht auf eine fehlende Eignung im Sinne der Verhältnismäßigkeitsprüfung geschlossen werden. Denn für die Beurteilung der Eignung einer Maßnahme ist allein die Prognoseentscheidung des Gesetzgebers maßgeblich. Hat sich der Gesetzgeber aus rechtspolitischen Erwägungen zu einer präventiv steuernden Einwirkung auf ein Unternehmen und die dahinter stehenden Anteilseigner entschieden,[1036] kommt es allein darauf an, ob diese Beurteilung zum Zeitpunkt des Erlasses des Gesetzes vertretbar war.[1037]

Die gegenüber Großaktionären und institutionellen Anlegern in der Praxis reduzierten Einflussnahmemöglichkeiten von Kleinanlegern führen nicht zu einer Beurteilung der Verbandsgeldbuße als ungeeignete Maßnahme. Die Geeignetheit bleibt mit Blick auf die einflussfähigen Anteilseigner bestehen. Dass nicht sämtlichen Anteilseignern die effektive Einflussnah-

1034 BVerfG, Beschl. v. 9.3.1971 – 2 BvR 326, 327, 341–345/69, NJW 1971, 1603;

1035 BVerfG, Beschl. v. 10.4.1997 – 2 BvL 45/92, NVwZ 1997, 1109, 1111; Urt. v. 14.7.1999 – 1 BvR 2437/95, NJW 2000, 55, 61.

1036 Siehe hierzu *Schneider/Burgard*, in: FS Beusch, S. 783, 784 („ordnungspolitische Aufgabe des Gesetzgebers“).

1037 BVerfG, Beschl. v. 9.3.1971 – 2 BvR 326, 327, 341–345/69, NJW 1971, 1603.

me möglich ist, macht aus der Verbandsgeldbuße keine insgesamt ungeeignete Maßnahme. Die nicht einflussfähigen Anteilseigner stellen sich vielmehr als faktisch Mitbetroffene dar, auf die die Maßnahme zwar nicht abzielt, die aber notwendigerweise von ihr miterfasst werden, da eine Differenzierung nach Beteiligungsquoten innerhalb der juristischen Person, insbesondere bei der anonymen Aktiengesellschaft, nicht möglich ist. Die Betroffenheit dieser Anteilseigner ist in grundrechtlicher Hinsicht etwa vergleichbar mit der Stellung Dritter bei heimlich durchgeführten strafprozessualen Ermittlungsmaßnahmen. Solche Drittbetroffenen können das Eingriffsrisiko ebenfalls nicht durch ihr eigenes Verhalten steuern, ohne dass ihre Inanspruchnahme aus diesem Grund jedoch unzulässig würde, wie § 100h Abs. 3 StPO klarstellt. Die Mitbetroffenheit der Anteilseigner ohne maßgeblichen Einfluss auf die Leitungsebene betrifft daher allein eine Frage der Verhältnismäßigkeit dahingehend, ob trotz fehlenden Einflusses auch insoweit der Eingriff gerechtfertigt sein kann.

Dass eine unmittelbare Individualsanktion gegenüber den Organwaltern für sich genommen als effektiveres Präventionsinstrument aufgefasst werden kann, lässt die Geeignetheit der Verbandsgeldbuße in präventionstechnischer Hinsicht ebenfalls nicht entfallen. Soweit auf juristische Personen ausgerichtete Sanktionen mit dem Hinweis kritisiert werden, dass eine unmittelbare Einwirkung auf das für das Unternehmen nach außen handelnde Organ den effektiveren Weg zur Normdurchsetzung darstelle,[1038] lässt sich hieraus jedenfalls für das deutsche Recht keine Unzulässigkeit der Verbandsgeldbuße ableiten. Denn nach dem bereits erörterten Konzept des § 30 OWiG gibt es grundsätzlich die Möglichkeit einer kumulativen Bebußung von individuellem Organwalter und – daran anknüpfend – der Gesellschaft, für die das Leitungsorgan handelt.[1039] Solange der präventive Nutzen der Verbandsgeldbuße nicht völlig abzusprechen ist, bewegt sich die ergänzende Funktion der Geldbuße innerhalb der weiten Einschätzungsprärogative des Gesetzgebers und kann damit nicht am Geeignetheitserfordernis scheitern.[1040] Aus demselben Grund spielt es keine Rolle, ob die Präventionswirkung gegebenenfalls auch durch generelle Stärkung der privaten Rechtsdurchsetzung oder die systematische Formulierung

1038 *Wagner*, ZGR 2016, 112, 138 f.
1039 Siehe oben unter § 3 B.I.
1040 Vgl. auch *Ackermann*, ZHR 2015, 338, 553.

bzw. Ausweitung gesetzlicher Vorgaben zur Corporate Governance besser zu erreichen wäre.[1041]

5. Erforderlichkeit

Im Rahmen der Erforderlichkeitsprüfung ist sodann zu kontrollieren, ob kein milderes, gleich effektives Mittel zur Zweckerreichung in Frage kommt. Bei der Frage gleicher oder besserer Eignung ist dem Gesetzgeber eine Einschätzungsprärogative eingeräumt.[1042] Dieser Einschätzungsspielraum scheint bei einem Verständnis der Geldbuße als anteilseignerbezogenes Steuerungsinstrument noch nicht überschritten. Es wurde aufgezeigt, dass im dualen Sanktionssystem mit Verbandsgeldbuße und Individualsanktion beiden Sanktionen eine Berechtigung nicht abzusprechen ist. Der Verzicht auf eine Verbandsgelbuße unter Beibehaltung von Individualsanktionen könnte nur dann als milderes Mittel Berücksichtigung finden, wenn die Individualsanktion nicht zugleich eine Verschärfung erfahren würde. Dann wäre jedoch wiederum die Effektivität beeinträchtigt, weil ein Sanktionsszenario vollständig wegfiele.

6. Abschließende Interessenabwägung

Ob der Eingriff durch die Verbandsgeldbuße auch im Übrigen verhältnismäßig ist, lässt sich nach allgemeinen verfassungsrechtlichen Grundsätzen nur über eine Abwägung aller berührten Interessen ermitteln. Für die Verhältnismäßigkeit im engeren Sinne kommt es darauf an, ob die Schwere des Eingriffs in einem angemessenen Verhältnis zur Bedeutung der durch die Maßnahme geförderten Belange des Gemeinwohls steht. Die Nachteile des Eingriffs für den Betroffenen sind hierbei gegen die Vorteile für das Gemeinwohl abzuwägen.[1043] Bei der hier vorzunehmenden Prüfung der Zumutbarkeit kommt es nicht nur auf eine abstrakte Gewichtung der be-

1041 Siehe hierzu *Ackermann*, ZHR 179 (2015), 538, 543 f. und 546 f.; zu Letzterem siehe *Weber-Rey*, AG 2012, 365, 370.

1042 BVerfG, Urt. v. 27.2.2008 – 1 BvR 370/07, NJW 2008, 822, 827.

1043 *Sommermann*, in: v. Mangoldt/Klein/Starck, GG, Art. 20 Rn. 314; *Robbers*, in: Bonner Kommentar GG, Art. 20 Rn. 1901.

troffenen Belange an, sondern insbesondere auch auf den Grad der konkreten Beeinträchtigung.[1044]

Die präventive Wirkrichtung dient der Rechtsdurchsetzung. Sie liegt damit im Interesse der Allgemeinheit an der Aufrechterhaltung der Rechtsordnung und der Vermeidung von sozialschädlichen Folgen aus Verstößen gegen wirtschaftsrechtliche Normen. Insbesondere bei Verstößen im Sinne des § 30 OWiG, die bußgeld- oder strafbewehrt sind, kommt die Sozialschädlichkeit zum Ausdruck. Somit erfüllt die auf die Anteilseigner ausgerichtete und zur Förderung der Gesetzestreue der Leitungsorgane motivierende Verbandsgeldbuße in besonderem Maße Zwecke, die sich innerhalb der verfassungsrechtlich hervorgehobenen Sozialpflichtigkeit des Eigentums bewegen. Die auch der Förderung aktiver Corporate Governance durch die Anteilseigner dienende Verbandsgeldbuße liegt im Interesse des Gemeinwohls.[1045] Das Eigentum ist nicht nur gekennzeichnet durch seine Privatnützigkeit zugunsten des Rechtsträgers. Sein Gebrauch soll nach Art. 14 Abs. 2 S. 2 GG ebenso dem Wohle der Allgemeinheit dienen.

Bei Gesellschaftern einer GmbH oder bei Aktionären, die über große Beteiligungsquoten und damit über umfangreiche, realistische Möglichkeiten einer Rechtmäßigkeitssteuerung der Leitungsorgane verfügen, stellt die Verbandsgeldbuße im Ergebnis daher keine unzumutbare Belastung dar. Diese Anteilseigner können zwar von der Geldbuße erheblich getroffen werden. Sie sind andererseits aber auch in der Lage, durch eine sorgfältige eigene Auswahlentscheidung bzw. das Hinwirken auf eine sorgfältige Personalauswahl, insbesondere aber auch durch den Einsatz präventiv wirkender Überwachungsinstrumente sowie der Etablierung entsprechender Anreizstrukturen für die Leitungsebene, unternehmensbezogenen Gesetzesverstößen der Geschäftsleitung auch effektiv entgegenzuwirken. Dagegen würde ohne eine Verbandsgeldbuße die potentielle Anreizwirkung auf die Anteilseigner, das Verhalten der Leitungsorgane zu beeinflussen, weitgehend entfallen.

Von Gewinnsteigerungen beim Unternehmen, die der maßgebliche Hintergrund für aus Unternehmen heraus begangene Rechtsverstöße sind, profitieren letztendlich primär die Unternehmenseigentümer. Wenngleich einigen Rechtsverstößen von Managern auch die Aussicht auf eine persönliche Besserstellung (z.B. in Form von höheren Boni etc.) zugrunde liegen

---

1044 BVerfG, Urt. v. 14.7.1999 – 1 BvR 2437/95, NJW 2000, 55, 61, Beschl. v. 4.4.2006 – 1 BvR 518/02, NJW 2006, 1939, 1942; *Hillgruber*, in: Isensee/Kirchhof, Hdb. Staatsrecht, § 200 Rn. 95.

1045 Siehe auch *Hirt*, ZGR 2012, 280, 284 u. 290.

dürfte, steht im Vordergrund von Wirtschaftskriminalität meist der Vorteil für das Unternehmen, an den der persönliche Vorteil dann lediglich reflexartig anknüpft.[1046] Die Anreizwirkung der Verbandsgeldbuße kann auch nicht mit der Begründung für überflüssig erachtet werden, dass bereits die selbstregulierenden Effekte des Marktes ökonomische Einbußen bei Rechtsverstößen erwarten lassen und Unternehmenseigentümer allein schon aus diesem Grund auf rechtstreues Organwalterverhalten hinwirken würden.[1047]

Müssten die Anteilseigner als Folge von Rechtsverstößen der Leitungsorgane nicht mit Verbandsgeldbußen rechnen, die sich auf ihre Gewinnbeteiligung sowie gegebenenfalls den Marktwert ihres Unternehmensanteils auswirken, wäre ihr Interesse an einer gesetzestreuen Unternehmensleitung anstelle einer rechtswidrigen, aber gewinnbringenden Leitung von Vornherein verringert.[1048] Wie bereits ausgeführt, können drohende Reputationsbeeinträchtigungen dies nicht ausgleichen, da insoweit Strategien zur Abwälzung des Vorwurfs auf die handelnden Personen denkbar sind.[1049] Soll eine steuernde Beeinflussung der Organe stattfinden, ginge dieser nicht unwichtige Aspekt verloren. Da Gesetzesverstöße im wirtschaftlichen Bereich grundsätzliche das Ziel einer Umsatzsteigerung verfolgen, stünde im Gegenteil sogar zu befürchten, dass die Leitungsorgane zu rechtswidrigem, umsatzsteigerndem Verhalten angehalten werden, zumindest aber, dass von der Eigentümerseite keinerlei Bemühungen für eine gesetzestreue Unternehmensleitung zu erwarten wären.[1050] Dies liefe den zunehmenden Bemühungen des Gesetzgebers zuwider, die Eigentümer eines Unternehmens als Mittel effektiver Corporate Governance einzubeziehen.

In Bezug auf Kleinanleger in Aktiengesellschaften, denen sowohl rechtlich als auch tatsächlich eine sehr geringe Einflussnahmemöglichkeit auf die Leitungsebene zukommt, ist wiederum zu berücksichtigen, dass auch die Eingriffsintensität, die eine Verbandsgeldbuße auf sie ausübt, ganz er-

1046 *Kudlich*, in: Kuhlen/Kudlich/Ortiz de Urbina, Compliance und Strafrecht, S. 209, 213; siehe auch BT-Drs. V/1269, S. 59.

1047 So aber BRAK, Stelln. 15/2014 (s. oben Fn. 504), S. 8.

1048 Dahingehend auch *Lotze/Smolinski*, NZKart 2015, 254, 256; siehe auch *Posner*, Economic Analysis of Law, S. 578.

1049 Siehe oben, D.V.3.d).

1050 So bereits *Posner*, Economic Analysis of Law, S. 578; siehe auch *Geradin/Malamataris/Wileur*, in: Lianos/Geradin, Handbook on European Competition Law, S. 328, 341; *Labusga*, VersR 2017, 394 400; vgl. auch *Ehrhardt*, Unternehmensdelinquenz, S. 161 (generell zur Anreizwirkung).

heblich abgeschwächt ist. Ein Kleinanleger mit geringer Beteiligung wird die negativen Auswirkungen einer Verbandsgeldbuße meist kaum spürbar empfinden. Die verringerte Einflussmöglichkeit korreliert also mit der ebenfalls stark verringerten Betroffenheit durch die Maßnahme, was für die verfassungsrechtliche Abwägung von Bedeutung ist.

Selbst wenn dieser Aspekt für sich genommen nicht für eine Rechtfertigung der mit der Sanktion bei solchen einflusslosen Anlegern herbeigeführten Nachteile ausreichen sollte, hat jedoch noch ein weiterer Umstand in die Abwägung einzufließen. Die Mitbetroffenheit der einflusslosen Anteilseigner lässt sich auch vor dem Hintergrund rechtfertigen, dass der fehlende Einfluss auf einer bewussten Anlageentscheidung beruht. Kleinanleger, die nicht an einer aktiven Mitverwaltung interessiert sind, überlassen ihr Anlagekapital zur Vermögensbildung ganz bewusst dem investierten Unternehmen und damit den Leitungsorganen der unternehmenstragenden Gesellschaft. Diesen Umstand hebt auch das BVerfG im sog. Mitbestimmungsurteil hervor, wenn es ausführt, das Anteilseigentum sei gesellschaftsrechtlich vermitteltes Eigentum, das dem Eigner keine unmittelbare Nutzung und Wahrnehmung der Verfügungsbefugnisse ermöglicht, die stattdessen in der Hand der Organwalter liegt.[1051] Der Grundsatz der Fremdorganschaft lege – dies gilt zumindest für Anteilseigner mit geringen Beteiligungen – fest, dass die eigenverantwortliche Nutzung des von den Anteilseignern zur Verfügung gestellten Kapitals dem Leitungsorgan übertragen ist, dem dabei die Wahrung von Interessen aufgegeben ist, die nicht notwendig denjenigen der Anteilseigner entsprechen.[1052] Der Gebrauch des Eigentums und die Verantwortung für diesen Gebrauch fallen in der für Kapitalgesellschaften typischen Weise auseinander.[1053]

Kommt es nun im Zuge der wirtschaftlichen Verwendung dieses der Gesellschaft überlassenen Kapitals zu Gesetzesverstößen durch ein Leitungsorgan, die sich in sozialschädlicher Weise auf die Allgemeinheit auswirken – so wie dies bei sanktionsbewehrten, insbesondere bei Kartellverstößen oder Korruptionstaten der Fall ist – dann erscheint es gerechtfertigt, dass auch diejenigen Anteilseigner, die auf die Leitungsebene keinen effektiven Einfluss haben, hierfür anteilig herangezogen werden, gerade weil sie sich dieses Einflusses eigenständig begeben haben. Besonders deutlich wird dies bei den Inhabern von stimmrechtslosen Vorzugsaktien. Wer

1051 BVerfG, Urt. v. 1.3.1979 – 1 BvR 532, 533/77, NJW 1979, 699, 703; siehe auch *Kimminich*, in: Bonner Kommentar GG, Art. 14 Rn. 38.

1052 BVerfG, Urt. v. 1.3.1979 – 1 BvR 532, 533/77, NJW 1979, 699, 703.

1053 BVerfG, Urt. v. 1.3.1979 – 1 BvR 532, 533/77, NJW 1979, 699, 703.

sich seines Einflusses auf die Verwendung auch seines Kapitals begibt und dabei in Kauf nimmt, dass auch rechtswidriges, sozialschädliches Verhalten der Leitungsorgane beim Wirtschaften unter Verwendung des eigenen Kapitals möglich ist, der muss akzeptieren, als Nebenfolge von einer Verbandsgeldbuße ebenfalls geringfügig tangiert zu werden. Das Eigentumsobjekt des Anteilseigners steht also in einem besonderen sozialen Bezug, wohingegen der personale Bezug wesentlich weniger ausgeprägt ist.[1054] Dieser soziale Bezug wird gerade durch die verhängten Verbandsgeldbußen, die eine soziale Funktion erfüllen, evident. Denn die Verhinderung von sanktionsbewehrten Verstößen dient sozialen Belangen. Insofern liegt bei den Auswirkungen auf die Anteilseigner keine ungerechtfertigte Sozialisierung eines Schadens vor. Im Ergebnis dürfte sich die Beschränkung, die das Anteilseigentum durch die Verbandsgeldbuße erfährt, somit im Rahmen der verfassungsrechtlich zulässigen Sozialbindung des Eigentums bewegen.[1055]

Ein weiterer Rechtfertigungsansatz könnte darin liegen, dass die faktische Mitbetroffenheit kleiner Anteilseigner schlichtweg zwingend ist, wenn man mit der Verbandsgeldbuße GmbH-Gesellschafter oder einflussreiche Aktionäre treffen möchte, um sie zur Ausübung ihrer Einflussmöglichkeiten zu motivieren. Eine Maßnahme, bei der die maßgeblichen Anteilseigner isoliert getroffen würden, ohne als Nebenfolge auch gewisse Auswirkungen auf kleine Anteilseigner zu erzeugen, ist nicht denkbar. Dies gilt insbesondere vor dem Hintergrund, dass die Einflussmöglichkeit nicht allein an der Höhe der Beteiligung festzumachen ist, sondern von diversen weiteren Faktoren wie beispielsweise der konkreten Zusammensetzung der Aktionäre und dem Vorhandensein weiterer großer Anteilseigner abhängt, die von Unternehmen zu Unternehmen variieren.

7. Zwischenergebnis

Der Ansatz einer Steuerungsausrichtung der Verbandsgeldbuße auf die Anteilseigner hält im Ergebnis auch einer verfassungsrechtlichen Überprüfung stand. Zwar ist der Einfluss der Anteilseigner auf die Leitungsorgane bei der Aktiengesellschaft durch Zwischenschaltung des Aufsichtsrates eingeschränkt. Dennoch haben insbesondere Großaktionäre und institutionelle Investoren zahlreiche Möglichkeiten, das Verhalten des Vorstands zu

---

1054 *Raiser/Veil*, KapGesR, § 9 Rn. 49.
1055 So wohl auch *Vogel*, StV 2012, 427, 429.

steuern und damit auf eine rechtmäßige Unternehmensleitung hinzuwirken. Gleiches gilt jedenfalls auch für die Mehrheitsgesellschafter einer GmbH, denen die Weisungsrechte gegenüber der Geschäftsleitung ohnehin weitgehenden Einfluss verleihen. Soweit Kleinaktionären und gegebenenfalls auch Minderheitsgesellschaftern einer GmbH ein derartiger Einfluss nicht zukommt, folgt daraus nicht die Ungeeignetheit der präventiven Zwecksetzung insgesamt. Der Eingriff in die Rechtsposition der Anteilseigner erweist sich im Ergebnis mit Blick auf die Sozialpflichtigkeit des Eigentums und der Möglichkeit zur Einflussnahme bei Großaktionären bzw. des bewussten Verzichts auf Einflussnahme bei Kleinaktionären auch nicht als unangemessen. Einer Einschränkung der gesellschaftsrechtlichen Organhaftung bei Verbandsgeldbußen stehen damit verfassungsrechtliche Bedenken zur Rechtmäßigkeit der Verbandsgeldbuße nicht entgegen.

VII. Innenregress und Gleichstellungszweck

1. Funktionsweise des Gleichstellungszwecks

Völlig unabhängig von der verfassungsrechtlichen Bewertung des Präventionszwecks könnte sich ein Regressausschluss aber möglicherweise auch auf den weitergehenden Gleichstellungszweck stützen lassen. Die sanktionsmäßige Gleichstellung der juristischen Person mit Einzelunternehmern ist ein erklärtes Ziel des Gesetzgebers, das er mit der Verbandsgeldbuße verfolgt. Auch dieser Zweck könnte durch einen Innenregress gefährdet sein.

Soweit vereinzelt vertreten wird, der Gleichstellungszweck des historischen Gesetzgebers sei bereits durch tatsächliche Entwicklungen überholt, da die Zahl der Einzelunternehmer im Vergleich zu juristischen Personen laufend zurückgehe, geht dieser Einwand fehl.[1056] Wenngleich die tatsächliche Entwicklung zutreffen dürfte, so entfällt damit nicht die Grundlage für die Zwecksetzung der Gleichstellung. Solange die Möglichkeit besteht, unternehmerische Betätigung als Einzelkaufmann vorzunehmen, hat auch der Gleichstellungszweck seine Existenzberechtigung.

Die Gleichstellung ist ein spezifischer Sanktionszweck der Verbandsgeldbuße, der über die herkömmlichen Zwecksetzungen der straf- und bußgeldrechtlichen Individualsanktionen hinausgeht. Erreicht werden soll

1056 So aber *Reuter*, BB 2016,1283, 1293 f.

das Gleichstellungsziel schlicht durch die finanzielle Belastung der juristischen Person, die sich an deren wirtschaftlichen Verhältnissen orientiert. Es geht bei der Gleichstellung damit allein um die Zufügung eines wirtschaftlichen Nachteils. Darüber hinausgehende sozialethische Elemente, die Geldsanktionen im Rahmen des Repressionszwecks typischerweise zugeordnet werden, erfordert der Gleichstellungszweck nicht. Isoliert betrachtet ähnelt der Gleichstellungszweck damit dem Ziel einer bloßen Haftungsnorm, bei der es allein um ein Verpflichtetsein ohne darüber hinausgehenden kommunikativen Gehalt im Sinne einer Bewertung vorangegangener Vorgänge geht.[1057] In diesem Sinne könnte auch die Entscheidung des BGH zur Rechtsnachfolge in die Bußgeldhaftung gedeutet werden, die ausdrücklich darauf abstellt, dass § 30 OWiG das rechtlich selbständige, in erster Linie zu bestimmten wirtschaftlichen Zwecken eingesetzte und auch gegenüber den Mitgliedern der juristischen Person verselbständigte Vermögen treffen und gegebenenfalls die durch eine Ordnungswidrigkeit erlangten Vorteile ausgleichen soll.[1058] Zwar lässt diese Entscheidung den präventiven Charakter der Verbandsgeldbuße außer Acht.[1059] Dagegen scheint die als Ziel qualifizierte Beeinträchtigung des Vermögens der juristischen Person gerade auf den Gleichstellungszweck zurückführbar.

2. Auswirkungen eines Innenregresses auf den Gleichstellungszweck

Hinsichtlich der Auswirkungen einer zulässigen Regresshaftung der Leitungsorgane auf den Gleichstellungszweck stellen sich ganz ähnliche Fragen, wie sie schon bei den Auswirkungen auf den Präventionszweck relevant wurden. Auch hierbei geht es darum, ob die angestrebte Gleichstellung tatsächlich bereits erfüllt sein kann, wenn die Gesellschaft die festgesetzte Geldbuße aus ihrem eigenen Vermögen beglichen hat, unabhängig von der anschließend möglichen Erstattung im Wege der Innenhaftung. Für die Regressbefürworter, die meist nicht zwischen den einzelnen Zwecksetzungen der Verbandsgeldbuße differenzieren und stattdessen all-

1057 Zu diesem Verständnis von Haftung *Achenbach*, ZIS 2012, 178 f. Soweit dort die Verbandsgeldbuße als Ahndungs- in Abgrenzung zu einem Haftungsinstrument qualifiziert wird (S. 180), beruht dies in erster Linie auf dem Versuch einer dogmatisch stringenten Einordnung der Vorschrift, vernachlässigt jedoch die ausdrückliche Zwecksetzung in der Gesetzesbegründung.

1058 BGH, Beschl. v. 11.3.1986 – KRB 8/85, wistra 1986, 221, 222.

1059 Siehe hierzu bereits oben, D.V.2.c).

gemein auf den „Sanktionszweck" abstellen, soll allein entscheidend sein, dass trotz Regressierbarkeit die juristische Person Schuldnerin der Bußgeldforderung bleibe, sodass der Sanktionszweck spätestens mit der eigenständigen Begleichung der Forderung aus dem Verbandsvermögen endgültig verwirklicht sei.[1060]

Allerdings spricht auch hinsichtlich des Gleichstellungszwecks vieles dafür, dass der mit der Geldbuße zugefügte finanzielle Nachteil langfristig beim Unternehmen verbleiben muss. Bei zulässiger Abwälzung der Geldbuße verbliebe allein der Akt der Festsetzung und die kurzzeitige Belastung des eigenen Vermögens mit der vollen Bußgeldsumme zwischen eigenständiger Begleichung und Eintreibung des Schadenersatzes. Zur Erreichung des Gleichstellungszwecks wäre dies jedoch nicht ausreichend. Ein Einzelunternehmer hätte nämlich gerade keine Möglichkeit, den Bußgeldbetrag nachträglich erstattet zu bekommen. Die Erstattung liefe dem Gleichstellungszweck damit diametral zuwider.[1061] Dies gilt auch bei nur teilweiser Eintreibbarkeit der Bußgeldsumme, da auch bei einer nicht in voller Höhe möglichen Regressnahme eine Besserstellung der juristischen Person verbliebe, die § 30 OWiG gerade verhindern möchte. Das Erfordernis einer nachhaltigen Beeinträchtigung des Gesellschaftsvermögens findet ferner Bestätigung in der steuerrechtlichen Behandlung von Verbandsgeldbußen, die einen Abzug des Ahndungsanteils als Betriebsausgabe verwehrt.[1062]

E. Konsequenzen für den zivilrechtlichen Ersatzanspruch

Die festgestellte Gefährdung der Sanktionszweckerreichung sowie die Unstimmigkeiten hinsichtlich der Bußgeldzumessung lassen für sich allein betrachtet noch nicht die Schlussfolgerung zu, dass der haftungsrechtliche Rückgriff auf das Leitungsorgan unzulässig ist.[1063] Eine derartige Einschränkung der gesellschaftsrechtlichen Innenhaftung setzt vielmehr vor-

---

1060 *Kredel/Kresken*, KSzW 2015, 276, 277; *Pant*, CCZ 2014, 224, 226; *Thole*, ZHR 173 (2009), 504, 532 f.; *Kaulich*, Haftung, S. 28.

1061 A.A. *Hauff*, Regress, S. 149, die jedoch nur auf die Bemessungsgrundlage der Verbandsgeldbuße abstellt.

1062 Siehe oben, D.V.3.e).

1063 Siehe auch *Hack*, Vorstandsverantwortlichkeit, S. 80, der stattdessen die Trennung zwischen der sanktionsrechtlichen Ebene und dem Zivilrecht für unüberwindbar und den Regress daher de lege lata für zwingend hält.

aus, dass diese Befunde der sanktionsrechtlichen Ebene überhaupt auf die haftungsrechtliche Ebene durchschlagen können.

I. Normzielkonflikt zwischen Sanktionsrecht und Innenhaftung

Die den beiden Regelungsbereichen zugrunde liegenden Zwecksetzungen befinden sich in einem scheinbar unauflösbaren Zielkonflikt. Könnte sich die Gesellschaft im Falle einer Verbandsgeldbuße über einen Regressanspruch bei den Leitungsorganen schadlos halten, würde der Zweck der Sanktion, der Gesellschaft und damit auch den Anteilseignern ein finanzielles Übel aufzuerlegen und dadurch eine sanktionsmäßige Gleichstellung mit Einzelunternehmen sowie eine Verhaltenssteuerung zu bewirken, unterwandert. Auf der anderen Seite würde bei einem generellen Ausschluss der Innenhaftung für Vermögensbeeinträchtigungen durch Verbandsgeldbußen die Zwecksetzung der Innenhaftung für diesen Schadensfall ausgehebelt.[1064] Insoweit wurde im Zuge der Untersuchung bereits darauf hingewiesen, dass die überwiegende gesellschaftsrechtliche Literatur der Organhaftung grundsätzlich sowohl eine Ausgleichs- als auch eine außerkompensatorische Präventionsfunktion beimisst.[1065]

Zwar scheint es im Hinblick auf die Präventionskomponente fraglich, ob eine solche Funktion beim speziellen Anwendungsfall der Regresshaftung für Verbandsgeldbußen überhaupt anzuerkennen ist. Sinnvollerweise ist die Frage nach einer Präventionsfunktion von Haftungstatbeständen nicht abstrakt zu beantworten, sondern stets unter Einbeziehung des jeweiligen Anwendungskontextes.[1066] Ob eine Norm gerade verhaltenssteuernd wirken soll, muss für jeden Anwendungsfall individuell durch eine Analyse der weiteren typischen Folgen einer Haftung festgestellt werden. Unterliegt ein bestimmtes haftungsbegründendes Verhalten bereits anderweitig verhaltenssteuernden Regelungen, ist die verhaltenssteuernde Komponente der Schadenersatzhaftung aus diesem Verhalten als starkt verringert zu beurteilen. Dies führt dazu, dass haftungsbegründenden Pflichtverletzungen, die zugleich eine sanktionierbare Außenverantwortung des Leitungsorgans begründen, zumindest eine verringerte verhaltenssteuernde Bedeutung zuzumessen ist im Vergleich zu solchen Pflichtverletzungen, für die der Gesetzgeber das „scharfe Schwert“ einer hoheitlichen Sanktion nicht

1064 Siehe auch *Hack*, Vorstandsverantwortlichkeit, S. 78.
1065 Siehe hierzu oben, § 2 A.III.
1066 *Thomas*, Haftungsfreistellung, S. 145.

vorsieht und deshalb eine Verhaltenssteuerung über Haftungsrisiken sinnvoll erscheint.[1067] Im Übrigen könnte man der Tragweite einer Präventionswirkung der Schadenersatzhaftung jedenfalls im Bereich der Geschäftsleiterhaftung entgegensetzen, dass die de lege lata zulässige Versicherbarkeit des Haftungsrisikos diese Wirkung ohnehin relativiert.[1068] Dies gilt trotz obligatorischen Selbstbehalts gem. § 93 Abs. 2 S. 3 AktG, da dieser in der Regel wiederum durch eine Einzelpolice abgesichert wird.[1069]

Nichtsdestotrotz wird aber auch bei Zurückstellung der Präventionsfunktion im Kontext der Bußgeldregresshaftung in jedem Fall die Ausgleichsfunktion, die den primären Zweck der Haftung bildet, bei einem Regressausschluss ausgehebelt.

II. Abstraktes Rangverhältnis

Das Sanktionsrecht und die privatrechtliche Haftungsebene bilden grundsätzlich gleichrangige und voneinander unabhängige Regelungsbereiche im Normgefüge. Sofern manche Stimmen mit Verweis auf den angeblich abschließenden Charakter des Sanktionsrechts einen grundsätzlichen Vorrang der Sanktionsnormen anzunehmen scheinen, kann dem nicht zugestimmt werden.[1070] Ein allgemeiner Rechtsgrundsatz, der strafrechtlichen oder ordnungsrechtlichen Wertungen oder Zielsetzungen einen grundsätzlichen Vorrang vor solchen des Zivilrechts einräumt, existiert nicht.[1071] Ebenso kann kein genereller Vorrang des Zivilrechts vor strafrechtlichen oder sonstigen öffentlich-rechtlichen Regelungen angenommen wer-

---

1067 *Thomas*, Haftungsfreistellung, S. 141 ff.; *Kaulich*, Haftung, S. 283 und S. 297 f.; siehe auch *Wacker*, Persönliche Schadensersatzhaftung, S. 112; dagegen die Präventivfunktion der Innenhaftung trotz Regressausschluss bereits durch Nebenfolgen wie Amts- und Reputationsverlust als erreicht ansehend *Bachmann*, BB 2015, 907, 911; hiergegen bereits oben, D.V.3.d).

1068 *Koch*, in: Hüffer/Koch, AktG, § 93 Rn. 49; Spindler, in: MünchKomm-AktG, § 93 Rn. 223.

1069 *Lange*, r+s 2010, 92, 93 ff.Näher zu den Auswirkungen der Selbstbehaltsversicherung auf die Präventionswirkung siehe oben unter D.V.3.c).

1070 In diese Richtung wohl *Ihlas*, in: MünchKomm-VVG, D&O, Rn. 805; kritisch auch *Casper*, ZHR 176 (2012), 617, 626; dagegen auch *Labusga*, VersR 2017, 394, 398; Scheuch, JZ 2018, 1001, 1003.

1071 *Krieger*, in: FS Bezzenberger, S. 211, 214; siehe auch *Hack*, Vorstandsverantwortlichkeit, S. 78 (speziell zum Kartellrecht); vgl. BFH, Urt. v. 21.7.1955 – IV 373/54 U, NJW 1956, 79, 80 (zum Verhältnis des Sanktionsrechts zum Steuerrecht); dazu auch *Mattern*, BB 1969, 1049, 1054.

den.[1072] Bei einer rein formalen Betrachtung ist die staatlich verhängte Sanktion in Gestalt der Verbandsgeldbuße von der Folgefrage nach zivilrechtlicher Letztverantwortlichkeit im Innenverhältnis klar trennbar. Während Erstere sich aus dem Über-Unterordnungsverhältnis zwischen dem Staat und dem Unternehmen als ordnungsrechtlich Verpflichtetem ergibt, betrifft Letztere die rein privatrechtliche Beziehung im Innenverhältnis zwischen der Gesellschaft und deren Organwalter.[1073] In dieser Hinsicht ist dem regressbefürwortenden Schrifttum durchaus zuzugeben, dass der Sanktionszweck der Geldbuße dem Rückgriff nicht a priori entgegen steht und die ordnungsrechtliche Entscheidung daher nicht präjudiziell auf die Haftungsebene wirkt. Ein genereller Vorrang des Sanktionsrechts besteht also nicht. Nur dann aber ließe sich ein Regressausschluss ohne Weiteres mit einer Beeinträchtigung der haftungsrechtlichen Zwecksetzung begründen. In diesem Sinne berufen sich auch die Gegner eines Regressausschlusses meist auf die strikte Trennung beider Regelungsbereiche.[1074]

Ein bloßer Verweis auf die Gefährdung der sanktionsrechtlichen Zwecksetzung reicht also für einen Regressausschluss nicht aus. Dieses Argument könnte man nämlich ebenso für die Gegenposition verwenden und anführen, dass ein Regress aus diesem Grund möglich sein müsse, da anderenfalls die haftungsrechtliche Zwecksetzung unterlaufen werde. Dies gilt auch für die Entscheidung des LAG Düsseldorf, die sich maßgeblich darauf stützt, die zivilrechtliche Innenhaftung würde dazu führen, dass die gesetzgeberische Entscheidung einer Heranziehung des Unternehmens ins Leere liefe.[1075] Ebenso könnte man für die Gegenposition hervorbringen, ein Regressausschluss aus sanktionsrechtlichen Erwägungen führte dazu, dass die gesetzgeberische Entscheidung, der Gesellschaft einen Ausgleich für Vermögensschäden aus pflichtwidrigem Geschäftsleiterhandeln zu ermöglichen, leerliefe. Mit diesem Hinweis ist also wenig gewonnen. Hierin liegt gerade die Schwäche der überwiegenden Stimmen, die für einen Regressausschluss plädieren. Es fehlt häufig an einer detaillierten Auseinan-

1072 *Labusga*, VersR 2017, 394, 398; vgl. auch *Tipke*, in: FS Friauf, S. 741, 742.

1073 *Meyer-Lindemann*, in: Loewenheim u.a., Kartellrecht, § 81 GWB Rn. 54.

1074 *Fleischer*, BB 2008, 1070, 1073; *ders.*, DB 2014, 345, 347; *Werner*, CCZ 2010, 143, 146; *Eufinger*, WM 2015, 1265, 1270; *Kersting*, ZIP 2016, 1266, 1267; *Suchy*, NZG 2015, 591, 592; *Kapp/Gärtner*, CCZ 2009, 168, 170; *Zimmermann*, WM 2008, 434, 437; *Glöckner/Müller-Tautphaeus*, AG 2001, 344, 345 f.; siehe auch Petry, Risikomanagement, S. 282.

1075 LAG Düsseldorf, Urt. v. 20.1.2015 – 16 Sa 459/14, juris Rn. 279.

dersetzung mit der Frage, warum die Sanktionszweckgefährdung im konkreten Fall die haftungsrechtlichen Erwägungen überlagert.

III. Vermeidung widersprüchlicher Entscheidungen

Für die – vom Spezialfall der Verbandsgeldbuße losgelöste – allgemeine Frage, ob bei staatlich verhängten Sanktionen in Gestalt von Geldstrafen oder Bußgeldern grundsätzlich eine schadensrechtliche Abwälzung auf Dritte ausgeschlossen sein soll, hat *Bastuck* einen Ansatz entwickelt, der den Vorrang des Sanktionsrechts für solche Konstellationen zu begründen versucht.

Anknüpfungspunkt bildet die eine solche zivilrechtliche Weitergabe der Sanktion mit sich bringende Doppelprüfung bestimmter Umstände, die die Gefahr abweichender Bewertungen auf den verschiedenen Ebenen begründe. In einem zivilrechtlichen Haftungsprozess wären einige die Strafbarkeit begründende Fragen in anderem Zusammenhang erneut zu prüfen. Das im Strafverfahren festzustellende Verschulden des Täters etwa werde im Schadenersatzprozess unter dem Gesichtspunkt des Mitverschuldens erneut relevant.[1076] Auch die vom BGH in den Berater-Fällen bemühte Pflicht aus dem Beratungsvertrag, den anderen Teil vor einer Strafe zu bewahren, müsse bereits in die strafrechtliche Bewertung eingeflossen sein und bei der Strafzumessung Berücksichtigung gefunden haben.[1077] Bei einer Abwälzungsmöglichkeit würden also dieselben Tatsachen sowohl im Strafverfahren als auch im Zivilprozess bei unterschiedlichen Anknüpfungspunkten geprüft und könnten gegebenenfalls unterschiedlich bewertet werden. Um dies zu vermeiden, müsse eine „zivilrechtliche Nachbereitung“ des Strafprozesses ausgeschlossen sein.[1078]

Die vorgebrachten Argumente erscheinen nachvollziehbar für die Konstellation, in der ein Beratungsfehler des Dritten die abzuwälzende Sanktion kausal verursacht hat. Dieser Umstand findet richtigerweise bereits Einzug in die strafrechtliche Betrachtung, nämlich insoweit, als dass ein solcher Aspekt Einfluss auf die Strafzumessung beim Täter haben muss. Dennoch fehlt es auch diesem Ansatz an einem überzeugenden Argument, warum die aufgezeigte Problematik letztendlich zugunsten der sanktions-

---

1076 *Bastuck*, Enthaftung, S. 129.
1077 *Bastuck*, Enthaftung, S. 130.
1078 *Bastuck*, Enthaftung, S. 130.

rechtlichen Ebene aufgelöst werden soll. Stattdessen geht er ebenfalls schlicht von einem Vorrang des Strafrechts vor dem Haftungsrecht aus.

Für die Frage des haftungsrechtlichen Rückgriffs bei Verbandsgeldbußen lässt sich aus dem Ansatz mangels analoger Ausgangslage ohnehin nichts ableiten. In dieser Konstellation besteht die beschriebene Gefahr einer auseinanderfallenden Bewertung nicht. Die haftungsbegründende Pflichtverletzung des Organwalters findet gerade keine (sanktionsmindernde) Berücksichtigung im Bußgeldverfahren gegen das Unternehmen. Die Verbandsgeldbuße knüpft stattdessen gerade an die Legalitätspflichtverletzung des Leitungsorgans an, wird durch diese also gerade begründet. Es fehlt damit von vornherein an einer vergleichbaren Situation. Anhaltspunkte für die Bewertung des Bußgeldregresses bei Verbandsgeldbußen bietet der beschriebene Ansatz somit nicht.

IV. Spezifika der Verbandsgeldbuße

Die Notwendigkeit für einen Regressausschluss bei Verbandsgeldbußen könnte stattdessen gerade in der spezifischen gesetzlichen Konstruktion der Verbandsgeldbuße nach § 30 OWiG zu finden sein. Hierzu ist nochmals der normtechnische Aufbau der gesellschaftlichen Bußgeldhaftung in Erinnerung zu rufen: § 30 OWiG sieht die Festsetzung einer Geldbuße gegen die juristischen Person vor, wenn jemand als Mitglied eines vertretungsberechtigten Organs eine Straftat oder Ordnungswidrigkeit begangen hat, wodurch die juristische Person treffende Pflichten verletzt wurden. Die Verbandsgeldbuße knüpft an die individuelle Tat des Leitungsorgans an und macht diese zur Voraussetzung für eine Sanktion gegenüber der Gesellschaft.

Da diese individuelle Anknüpfungstat wegen der in § 93 Abs. 1 S. 1 AktG bzw. § 43 Abs. 1 GmbHG zum Ausdruck kommenden Legalitätspflicht jedoch grundsätzlich zugleich eine haftungsbegründende Pflichtverletzung im Innenverhältnis darstellt, ist die Verbandsgeldbuße bereits originär unmittelbar mit der Haftungsebene verbunden. Indem der Gesetzgeber die Anknüpfungstat – und somit gleichermaßen die damit einhergehende Pflichtverletzung – zur Voraussetzung für die Festsetzung einer Verbandsgeldbuße macht, schafft er selbst – gewollt oder ungewollt – die Voraussetzungen für eine Regresshaftung. Dem steht auch die vorgesehene Möglichkeit einer anonymen Geldbuße nach § 30 Abs. 4 S. 1 nicht entgegen, da auch insoweit stets das Vorliegen einer schuldhaft begangenen, rechtswidrigen Anknüpfungstat einer – in diesem Fall lediglich nicht zwingend zu identifizierenden – Leitungsperson nachzuweisen ist, sodass die Verhängung einer solchen anonymen Verbandsgeldbuße kaum praxisrelevant ist.[1079]

Die Sanktionszweckgefährdung, die durch die Regresshaftung entsteht, wäre damit bereits im Aufbau der Bußgeldvorschrift von Vornherein angelegt. Ohne Einschränkung der Innenhaftung für diesen Bereich wären die angestrebte Sanktionierung der Gesellschaft und die damit verfolgten Zwecksetzungen also von Vornherein latent eingeschränkt.

Dieser Befund ist wiederum mit Blick auf die verfassungsrechtliche Legitimation der Verbandsgeldbuße problematisch. Wie jede andere hoheitliche Sanktion stellt auch die Verbandsgeldbuße einen staatlichen Eingriff dar, der einer Rechtfertigung bedarf.[1080] Der Eingriff betrifft sowohl die Rechtspositionen des Verbands, jedenfalls aus Art. 2 GG,[1081] als auch die der Anteilseigner. Die Rechtfertigung dieses Eingriffs kann sich nur aus dem mit der Regelung verfolgten Ziel ergeben, vorliegend also aus der sanktionsrechtlichen Zwecksetzung. Die mit der Verbandsgeldbuße verfolgten Sanktionszwecke legitimieren den hoheitlichen Eingriff.[1082] Ist diese Zwecksetzung, die sanktionsrechtliche Gleichstellung der juristischen Person mit Einzelunternehmern und die Steigerung der Präventionseffizienz durch Aktivierung der Anteilseigner, wegen des normtechnisch angelegten Haftungsautomatismus[1083] nun von vornherein eingeschränkt, läge darin ein der Rechtsordnung immanenter eklatanter Widerspruch.[1084] Einen solchen Widerspruch kann der Gesetzgeber bei unterstellter Kenntnis der Tragweite der Problematik nicht bewusst in Kauf genommen haben. Der Gesetzgeber ist vielmehr verfassungsrechtlich gehalten, Widersprüche innerhalb der Rechtsordnung zu vermeiden. Hierbei handelt es sich um einen ungeschriebenen verfassungsrechtlichen Grundsatz, der ins-

---

1079 *Heile*, WiJ 2014, 228, 240 f.

1080 *Ackermann*, ZHR 179 (2015), 538, 553; *Brettel/Thomas*, Compliance, S. 53; siehe auch BT-Drs. 18/10207, S. 87; allgemein zur Geldbuße siehe *Mitsch*, in: KarlsKomm-OWiG, Einl Rn. 124, vgl. auch *Dannecker/Dannecker*, NZWiSt 2016, 162, 174 f. (zur Verbandsstrafe).

1081 Siehe auch BT-Drs. 18/10207, S. 87.

1082 *Thomas*, NZG 2015, 1409, 1411; siehe auch *Ackermann*, ZHR 179 (2015), 538, 553; vgl. auch *Dannecker/Dannecker*, NZWiSt 2016, 162, 175 (zur Verbandsstrafe).

1083 Siehe auch *Thomas*, NZG 2015, 1409, 1411 („Regressreflex").

1084 Siehe hierzu bereits oben unter D.V.3.e)bb).

besondere dazu dient, das Vertrauen in die Rechtsordnung und die der Rechtsordnung zukommende Ordnungsfunktion aufrechtzuerhalten.[1085]

Dies gilt insbesondere vor dem Hintergrund, dass die Rechtsprechung den Sanktionszwecken eine besondere verfassungsrechtliche Bedeutung beimisst. Der Bundesfinanzhof hat in seiner bereits thematisierten Rechtsprechung zur steuerlichen Abzugsfähigkeit von Geldstrafen und Geldbußen diese Bedeutung ausdrücklich hervorgehoben. Die Wirkung der staatlichen Sanktion sei ein rechtsstaatlicher Grundsatz von wesentlicher Bedeutung.[1086] Mit dem Verweis auf das Rechtsstaatsprinzip nimmt der Bundesfinanzhof einen verfassungsrechtlichen Grundsatz in Bezug, um die Bedeutung der Sanktionszwecke hervorzuheben.

Hierin unterscheidet sich der Innenregress für Verbandsgeldbußen von allen übrigen Konstellationen, in denen der Adressat einer Geldsanktion die finanzielle Einbuße im Wege eines Schadenersatzanspruchs auf andere Personen abzuwälzen sucht. In solchen Fällen, beispielsweise bei einer Individualsanktion wegen Steuerhinterziehung, ist der Rückgriff nicht bereits in der Sanktionsnorm selbst angelegt, sondern wird erst und allein durch die Verletzung einer Pflicht aus einer vertraglichen Sonderbeziehung begründet. Insofern kann auch nicht von einer willkürlichen oder ungerechtfertigten Privilegierung von Organwaltern die Rede sein.[1087] Dies gilt erst recht mit Blick darauf, dass anders als bei der Weitergabe von Individualsanktionen das Leitungsorgan trotz Regressausschlusses eine Verantwortlichkeit trifft, da es für die Anknüpfungstat eine eigene Sanktion zu befürchten hat.

Die häufig postulierte Trennung der sanktionsrechtlichen Ebene von der Haftungsebene trifft für den Sonderfall des § 30 OWiG mit Blick auf die spezielle Normkonstruktion also nicht zu. Die normative Verquickung der Sanktion mit der Haftungsebene, die nur bei Ausschluss eines Regresses ein in sich widerspruchsfreies Konzept bilden kann, spricht damit für eine Einschränkung der Innenhaftung im Bereich von Verbandsgeldbußen. Gleichzeitig ist zu berücksichtigen, dass eine vergleichbare spezifische Wertung auf der zivilrechtlichen Ebene, die für eine Aushebelung der sanktionsrechtlichen Wertungen zugunsten des Schadensausgleichs sprechen könnte, gerade nicht existiert.[1088] Auf der schadensrechtlichen Ebene

---

1085 *Mayr*, Der verwerflich handelnde Geschädigte, S. 287; *Felix*, Einheit der Rechtsordnung, S. 163 f.

1086 BFH, Urt. v. 21.7.1955 – IV 373/54 U, NJW 1956, 79, 80.

1087 So aber *Pant*, CCZ 2015, 224, 227.

1088 *Baur/Holle*, ZIP 2018, 459, 464.

käme es beim Regressausschluss vielmehr nur zu einer partiellen Aushebelung des Ausgleichsgedankens der Innenhaftung, nämlich allein für die Vermögenseinbußen durch Verbandsgeldbußen, während der übrige Anwendungsbereich der Innenhaftung unberührt bliebe.

V. Methodische Verortung des Regressausschlusses

1. Normative Korrektur der Differenzhypothese

In methodischer Hinsicht hilft der bloße Verweis auf die unauflösbare innere Widersprüchlichkeit der Rechtsordnung, die der Verbandsgeldbuße ohne Einschränkung der Innenhaftung innewohnen würde, nicht weiter. Die Einschränkung einer zivilrechtlichen Anspruchsnorm entgegen ihrer Zwecksetzung bedarf vielmehr besonderer Voraussetzungen, um nicht dem Vorwurf einer Gesetzesanwendung contra legem ausgesetzt zu sein.

Trotz der mittlerweile zahlreichen Beiträge zum Bußgeldregress und der Diskussion um eine Einschränkung der Haftung besteht keine Einigkeit, auf welchem methodischen Wege ein Regressausschluss umzusetzen wäre. Zahlreiche Stimmen äußern sich gar nicht zu dieser Problematik.[1089] Auch das LAG Düsseldorf lässt die Frage unbeantwortet. Abschließend stellt es lediglich fest, es mache keinen Unterschied, ob der Regressausschluss über den höchstpersönlichen Charakter einer Geldbuße oder eine normative Einschränkung der zuzurechnenden Schadensfolgen hergeleitet werde.[1090]

Mit seinem Hinweis auf eine mögliche normative Einschränkung der zurechenbaren Schadensfolgen deutet das Gericht jedoch zumindest eine methodische Anknüpfungsmöglichkeit an. Wie bereits im Rahmen der allgemeinen Anspruchsvoraussetzungen zur Innenhaftung erörtert, ist der Begriff des Schadens als Tatbestandsmerkmal eines jeden Schadenersatzanspruchs normgeprägt und daher wertungsabhängig zu bestimmen. Schaden im Rechtssinn ist jeder Nachteil, der von der Rechtsordnung als ausgleichswürdige Einbuße gewertet wird.[1091] Der Schadensbegriff fungiert

---

1089 Kritisch insofern auch *Bayer/Scholz*, GmbHR 2015, 449, 451 (Fn. 20); vgl. auch *Stoll*, Haftungsfolgen, S. 208 (generell zu diesem Problem der Abwälzbarkeit von Strafen).

1090 LAG Düsseldorf, Urt. v. 20.1.2015 – 16 Sa 459/14, juris Rn. 290; hierzu auch *Suchy*, NZG 2015, 591, 593; kritisch *Pant*, CCZ 2015, 224, 226 („methodische Nachlässigkeit").

1091 *Oetker*, in: MünchKomm-BGB, § 249 Rn. 17; *Stoll*, Haftungsfolgen, S. 239.

damit Einfallstor für Wertungen der Gesamtrechtsordnung.[1092] Auch im Schrifttum verorten daher einige Stimmen den Regressausschluss als Fall einer normativen Korrektur der Differenzhypothese.[1093]

2. Einbeziehung außerschadensrechtlicher Wertungen

Für eine normative Korrektur der Differenzhypothese ist es unerheblich, aus welchem Bereich der Rechtsordnung die zu berücksichtigenden Wertungen stammen. Es existiert kein Grundsatz dahingehend, dass allein der Zweck des Schadenersatzes bzw. der haftungsbegründenden Norm selbst eine Abweichung vom Ergebnis der Differenzhypothese rechtfertigen könnte. Zwar liegen den meisten anerkannten Fallgruppen für eine normative Korrektur der Differenzhypothese gerade solche Konstellationen zugrunde.[1094] Eine Beschränkung hierauf würde jedoch bedeuten, dass es sich bei der normativen Korrektur der Differenzhypothese zur Einschränkung des ersatzfähigen Schadens streng genommen nur um eine Ausprägung der Schutzzwecklehre handelte.[1095]

Die Häufigkeit der Fälle, bei denen eine wertungsmäßige Korrektur der Differenzhypothese aus Erwägungen der Haftungsnorm vorgenommen wird, dürfte allerdings in erster Linie darauf zurückzuführen sein, dass gerade die Schutzzwecke des verletzten Rechtsguts und die Funktionen des Schadenersatzes den Begriff des ersatzfähigen Schadens in besonderem Maße normativ prägen.[1096] Dennoch spricht nichts dagegen, eine normative Korrektur der Differenzhypothese auch für solche Fälle vorzunehmen, in

1092 Fragwürdig insofern *Hölters*, in: ders., AktG, § 93 Rn. 255, der einen auf die Sanktionszwecke gestützten Regressausschluss mit der Begründung ablehnt, dabei werde eine „dem deutschen Schadensrecht fremde wertende Betrachtung vorgenommen".

1093 *Binder/Kraayvanger*, BB 2015, 1219, 1225; *Suchy*, NZG 2015, 591, 592; *Wilsing*, in: Krieger/Schneider, Hdb. Managerhaftung, § 31 Rn. 30; *Labusga*, VersR 2015, 629, 635; dies., VersR 2017, 394, 398; vgl. auch *Stoll*, Haftungsfolgen, S. 244; *Mayr*, Der verwerflich handelnde Geschädigte, S. 186 (jeweils zur schadensrechtlichen Abwälzung von Geldstrafen); vgl. ferner auch LAG Rheinland-Pfalz, Urt. v. 26.1.2010 – 3 Sa 497/09, juris Rn. 17 (zur Abwälzung einer Individualgeldbuße auf den Arbeitgeber).

1094 Siehe auch *Oetker*, in: MünchKomm-BGB, § 249 Rn. 22; *Schlechtriem*, ZEuP 1997, 232, 248.

1095 Für solch ein Verständnis aber wohl *Maier-Reimer*, Referat zum 66. DJT, S. E 36.

1096 Hierzu *Stoll*, Haftungsfolgen, S. 241.

denen die einer anderen Norm zugrunde liegenden Zielsetzungen oder Wertungen einem Schadenersatzanspruch entgegenstehen.

Die Behandlung als normatives Tatbestandsmerkmal kann nichts anderes bedeuten, als dass sämtliche Erwägungen und Wertungen aus der Gesamtrechtsordnung in die Subsumtion einzufließen haben und nicht lediglich der Zweck der Haftungsnorm selbst Beachtung finden darf. In diesem Sinne ist auch die Rechtsprechung des BGH zu verstehen, wonach die Wertungsmaßstäbe für eine normative Korrektur der Differenzrechnung in erster Linie dem Sinn und Zweck *aller* in Betracht kommenden Rechtsnormen zu entnehmen sind.[1097] Es erschiene daher verfehlt, die Frage der Ersatzfähigkeit eines Schadens ausschließlich nach dem Zivilrecht bzw. noch enger nach dem Schutzzweck der Haftungsnorm bestimmen zu wollen und damit außerzivilrechtliche Wertungen von Vornherein von der Betrachtung auszuschließen.[1098] Wenn die Widerspruchsfreiheit der Rechtsordnung als übergeordnetes Leitprinzip in die Betrachtung einfließen soll, ist der normative Schadensbegriff hierfür also ein geeigneter dogmatischer Ansatz.[1099]

3. Vorrang gegenüber teleologischer Reduktion

Die Lösung über den normativen Schadensbegriff geht im vorliegenden Fall auch einer teleologischen Reduktion der Innenhaftungsnormen vor.[1100] Die teleologische Reduktion ist immer dann methodisches Mittel der Wahl, wenn eine nach dem Wortsinn zu weit gefasste gesetzliche Regelung auf einen nach der ratio legis erforderlichen Anwendungsbereich eingeschränkt wird.[1101] Eine solche über die Grenzen des Wortlauts hinausgehende Einschränkung einer Rechtsnorm durch Hinzufügung einer Aus-

1097 BGH, Urt. v. 7.11.2000 – VI ZR 400/99, NJW 2001, 1274, 1275; Urt. v. 30.11.1979 – V ZR 214/77, NJW 1980, 775, 776.

1098 So aber *Zimmermann*, WM 2008, 433, 437; ähnlich auch *Hölters*, in: ders., AktG, § 93 Rn. 255.

1099 *Felix*, Einheit der Rechtsordnung, S. 362; *Mayr*, Der verwerflich handelnde Geschädigte, S. 204, 208; siehe auch LAG Rheinland-Pfalz, Urt. v. 26.1.2010 – 3 Sa 497/09, juris Rn. 17.

1100 Für eine telelogische Reduktion *Thomas*, NZG 2015, 409, 1416; *Bayer/Scholz*, GmbHR 2015, 449, 451; *J. Koch*, LA Winter, S. 327, 334; *Spindler*, in: MünchKomm-AktG, § 93 Rn. 172; *Kredel/Kresken*, KSzW 2015, 276; *Baur/Holle*, ZIP 2018, 459, 462 f.

1101 *Larenz*, Methodenlehre, S. 391.

nahmeregelung ist zwar nicht lediglich dann möglich, wenn der Sinn und Zweck der anzuwendenden Norm selbst dies erfordert.[1102] Auch die Zweckerreichung anderer, insoweit vorrangiger Rechtsnormen[1103] oder die Durchsetzung eines vorrangigen Rechtsprinzips[1104] können eine solche teleologische Reduktion legitimieren. Das Rangverhältnis verschiedener miteinander in Konflikt stehender Rechtsnormen bestimmt sich dabei stets anhand einer Abwägung der berührten Interessen im Einzelfall. Ein zwingender Grund kann auch die Vermeidung oder Beseitigung bestehender Wertungswidersprüche innerhalb der Rechtsordnung darstellen.[1105]

Auch für den auf die Sanktionszweckgefährdung gestützten Ausschluss der Innenhaftung bei Verbandsgeldbußen wäre insofern also der Weg über eine teleologische Reduktion grundsätzlich denkbar und würde zu gleichen Ergebnissen führen wie eine Korrektur der Differenzhypothese. Dennoch spricht vieles dafür, im Verhältnis der beiden Ansätze zueinander nach den allgemeinen Grundsätzen juristischer Methodenlehre einer Anknüpfung am Tatbestandsmerkmal des Schadens in dessen normativer Ausgestaltung den Vorrang einzuräumen. Die teleologische Reduktion einer Norm kommt erst in Betracht, wenn der Wortlaut bei der äußersten Grenze der zulässigen Auslegung keine Subsumtion des zu beurteilenden Sachverhalts zulässt. Als Instrument der Rechtsfortbildung ist die teleologische Reduktion ultima ratio und daher nachrangig anzuwenden gegenüber einer Lösung, die sich noch im Rahmen des Wortlauts der Norm bewegt.[1106] Eine normative Korrektur der Differenzhypothese erfolgt indes gerade zur näheren Bestimmung des Schadensbegriffs als Tatbestandsmerkmal. Es handelt sich dabei im Ergebnis also um eine Art der Auslegung des wertungsoffenen Schadensbegriffs, genauer gesagt um eine normative Auslegung, die einer teleologischen Reduktion vorgehen sollte.

1102 Etwa bei der Einschränkung des § 181 BGB für bestimmte Insichgeschäfte, hierzu BGH, Urt. v. 25.4.1985 – IX ZR 141/84, BGHZ 94, 232, 235 f. = NJW 1985, 2407, 2408.

1103 Die langjährige Entscheidungspraxis des BFH zum Ausschluss des Steuerabzugs bei Geldbußen dürfte als teleologische Reduktion der einkommensteuerrechtlichen Normen aufgrund der Wertungen des Strafrechts einzustufen sein, hierzu *Felix*, Einheit der Rechtsordnung, S. 393.

1104 *Larenz*, Methodenlehre, S. 392; *Brandenburg*, Teleologische Reduktion, S. 30.

1105 *Bydlinski*, in: FS Deutsch, 63, 77.

1106 Grundlegend *Larenz*, Methodenlehre, S. 210 ff.

VI. Gerichtliche Kompetenz für einen Regressausschluss

Nach hier vertretener Ansicht stellt die Geldbuße gegen juristische Personen nach § 30 OWiG aufgrund der drohenden Beeinträchtigung der bußgeldrechtlichen Sanktionszwecke keinen ersatzfähigen Schaden im Sinne des normativen Schadensbegriffs der §§ 249 ff. BGB dar. Insbesondere mit Blick auf die Debatte zur steuerrechtlichen Abzugsfähigkeit von Geldstrafen und Geldbußen stellt sich hierbei allerdings die Frage, ob ein Gericht, das über eine Schadenersatzklage gegen ein Organmitglied zu befinden hat, einen Regressausschluss überhaupt aussprechen darf, ohne dabei verfassungsrechtlich gezogene Grenzen zu missachten.

Das Urteil des LAG Düsseldorf setzt sich mit dieser Frage nicht auseinander, sondern geht von einer gerichtlichen Kompetenz offensichtlich aus. In der steuerrechtlichen Diskussion zur Abzugsfähigkeit von Geldsanktionen nahm der Bundesfinanzhof in seiner Entscheidung gegen das Abzugsverbot dagegen den Standpunkt ein, dass die im dortigen Kontext vorzunehmende Abwägung zwischen steuerrechtlichen und strafrechtlichen Zwecksetzungen gerade nicht Sache des Gerichts sei, sondern vom Gesetzgeber vorgenommen werden müsse.[1107] Auf diese Entscheidung reagierte der Gesetzgeber mit einer entsprechenden Änderung des Steuerrechts.[1108]

Auf dieser Linie wurde auch in der Literatur vertreten, dass die langjährige Entscheidungspraxis der Finanzgerichte, eine steuerliche Abzugsfähigkeit von Geldsanktionen mit sanktionsrechtlichen Erwägungen zu versagen, wegen des im Grundgesetz verankerten Gesetzesvorbehalts problematisch sei. Die steuerrechtlichen Normen enthielten einen abschließenden Katalog von Fällen, in denen eine Abzugsmöglichkeit ausgeschlossen sein soll. Die Aussprache eines weiteren Abzugsverbots könne daher nur durch den Gesetzgeber selbst, nicht aber durch die Rechtsprechung erfolgen.[1109]

Aufgeworfen ist damit die Frage der Zulässigkeit und Reichweite richterlicher Rechtsfortbildung.[1110] Eine richterliche Rechtsfortbildung liegt immer dann vor, wenn das Gericht auf dem Wege der Rechts- und Entscheidungsfindung vom positiven Gesetzesrecht abweicht. Diese als Methode der Rechtsfindung grundsätzlich anerkannte Rechtsfortbildung

---

1107 BFH, Beschl. v. 21.11.1983 – GrS 2/82, NJW 1984, 1054, 1055; anders dagegen noch BFH, Urt. v. 21.7.1955 – IV 373/54 U, NJW 1956, 79, 80; Urt. v. 10.9.1957 – I 322/56 S, NJW 1958, 119, 120 (hierzu oben Fn. 1103).

1108 Siehe oben, D.V.3.e)aa).

1109 *Kley*, FR 1981, 81; siehe hierzu auch *Felix*, Einheit der Rechtsordnung, S. 390.

1110 Hierzu ausführlich *Wiedemann*, NJW 2014, 2407 ff.

durch die Gerichte ist in ihren Grenzen jedoch umstritten. Überwiegend wird darauf hingewiesen, die Grenze der zulässigen Rechtsfortbildung liege in einer Gesetzesauslegung contra legem.[1111] Auch bei einer richterlichen Rechtsfindung, die im Ergebnis den Wertvorstellungen der Verfassung zur Geltung verhilft, kann ein Verstoß gegen die Verfassung vorliegen, da das Gericht stets an die methodischen Wege gebunden, die sich innerhalb des verfassungsrechtlich Zulässigen bewegen.[1112]

Ob diese Grenze aber stets im geschriebenen Gesetz zu suchen ist oder insoweit auch Wertvorstellungen berücksichtigt werden können, die im Gesetzestext nur unzureichend zum Ausdruck kommen, ist umstritten. Für die Versagung der steuerlichen Abzugsfähigkeit von Geldbußen wurde insoweit vertreten, dass es sich hierbei um eine gesetzesübersteigende Rechtsfortbildung handele, die sich statt an der ratio legis der Norm an übergeordneten Prinzipen orientiere und damit den Boden des verfassungsrechtlich Zulässigen verlassen habe.[1113]

Mit Blick auf die Rechtsprechung des Bundesverfassungsgerichts, die verfassungsmäßige Wertvorstellungen beim Umgang mit einer Norm auch dann berücksichtigt wissen will, wenn diese in der Norm selbst nicht zum Ausdruck kommen, scheint diese Auffassung nicht zwingend.[1114] Legt man die Maßstäbe des Bundesverfassungsgerichts an, dürfte sich auch die finanzgerichtliche Rechtsprechung noch im Rahmen einer zulässigen Fortbildung des Rechts durch die Gerichte bewegt haben. Andererseits liegt der Hauptkritikpunkt an der Rechtsprechung darin, dass die Ausweitung eines Steuertatbestands zu lasten des Steuerpflichtigen mit Blick auf das Rechtsstaatsprinzip problematisch sei.[1115]

Auch bei der Frage des Innenregresses für Verbandsgeldbußen wird vereinzelt – trotz Annahme einer Sanktionszweckgefährdung – vertreten, ein Regress sei nach geltendem Recht möglich, da die Trennung zwischen der sanktionsrechtlichen Ebene und dem Zivilrecht unüberwindbar sei.[1116] Allerdings muss hierbei berücksichtigt werden, dass die Konstellation anders liegt als bei der steuerrechtlichen Problematik. Die Normen des Einkommensteuergesetzes zur Abzugsfähigkeit unterliegen eindeutigen Wortlautgrenzen. Erachtet man diese Wortlautgrenzen als zwingend, ohne dabei

1111 *Jachmann*, in: Maunz/Dürig, GG, Art. 95 Rn. 16.
1112 BVerfG, Beschl. v. 14.2.1973 – 1 BvR 112/65, NJW 1973, 1121, 1223.
1113 *Felix*, Einheit der Rechtsordnung, S. 393 ff.
1114 BVerfG, Beschl. v. 14.2.1973 – 1 BvR 112/65, NJW 1973, 1121, 1225.
1115 BFH, Beschl. v. 28.4.1982 – I R 89/77, juris Rn. 24.
1116 *Hack*, Vorstandsverantwortlichkeit, S. 80.

eine Berücksichtigung anderer gesetzlicher Wertentscheidungen zu erlauben, stellt sich das Problem einer Gesetzesauslegung contra legem. Hinzu kommt, dass gerade im Steuerrecht die Besteuerung bestimmter Sachverhalte aus einer primären Entscheidung des Gesetzgebers folgt. Dem Vorbehalt des Gesetzes kommt damit besondere Relevanz bei der Frage zu, ob die Schließung einer Gesetzeslücke zu Lasten des Steuerpflichtigen durch die Gerichte erfolgen kann.[1117]

Bei der Frage der Zulässigkeit des Bußgeldregresses lässt sich die Problematik jedoch stattdessen innerhalb des normativen Schadensbegriffs verorten. Die notwendige Ausfüllung dieses normativen Schadensbegriffs mit gesetzgeberischen Wertungen aller Art unterliegt gerade keinen starren Wortlautgrenzen. Normative, der Rechtsordnung immanente Kriterien sind hier gerade Teil des Tatbestands und sind vom Gericht zwingend zu berücksichtigen. In Konsequenz kann einem Gericht, das zur Ausfüllung des Schadensbegriffs Wertungen und Zwecksetzungen anderer Rechtsbereiche heranzieht und über eine Abwägung der kollidierenden Interessen zu dem Ergebnis gelangt, dass kein ersatzfähiger Schaden vorliegt, weil der Ersatz der Beeinträchtigung nicht als von der Gesamtrechtsordnung schützenswert anzuerkennen ist, nicht der Vorwurf einer Rechtsfortbildung contra legem gemacht werden. Eine richterliche Kompetenz zum Ausspruch eines Innenregressausschlusses für Verbandsgeldbußen ist somit gegeben.

VII. Zwischenergebnis

Die spezifische gesetzliche Konstruktion der Verbandsgeldbuße nach § 30 OWiG macht einen Ausschluss des Innenregresses erforderlich, um einen der Rechtsnorm anderenfalls immanenten Widerspruch zu vermeiden. Methodisch lässt sich ein Regressausschluss vorzugsweise über eine Korrektur der Differenzhypothese im Rahmen des normativen Schadensbegriffes erreichen. Zur Berücksichtigung auch außerschadensrechtlicher Kriterien im Rahmen des normativen Schadensbegriffs sind die Gerichte berufen. Auch ohne ausdrückliche gesetzliche Regelung besteht somit eine richterliche Kompetenz zum Ausspruch eines Innenregressausschlusses für Verbandsgeldbußen.

1117 BFH, Beschl. v. 28.4.1982 – I R 89/77, juris Rn. 24.

F. Übertragbarkeit auf unionsrechtliche Unternehmensgeldbußen

I. Problemstellung

Geldbußen gegen Unternehmen können auf Grundlage unionsrechtlicher Vorschriften auch unmittelbar von der EU-Kommission verhängt werden. Auch für solche Sanktionen stellt sich – insbesondere für den Aufsichtsrat einer Aktiengesellschaft – die Frage der Regressierbarkeit nach den gesellschaftsrechtlichen Innenhaftungsregelungen.[1118] Die für die Verbandsgeldbuße nach § 30 OWiG gewonnenen Erkenntnisse können dabei nicht ohne Weiteres auf solche unionsrechtlichen Unternehmensgeldbußen übertragen werden, da das unionsrechtliche Bußgeldregime einer eigenen Dogmatik folgt und den Regelungen zudem möglicherweise eigenständige Erwägungen zugrunde liegen, die für die Regressproblematik von Bedeutung sind. Mit Blick auf die Untersuchung zu § 30 OWiG stellt sich auch für die unionsrechtliche Unternehmensgeldbuße insbesondere die Frage der Sanktionszwecke sowie der Sanktionsrichtung. Darüber hinaus ist im unionsrechtlichen Kontext stets der in Art. 4 Abs. 3 EUV niedergelegte Effektivitätsgrundsatz zu beachten. Hiernach darf die Anwendung nationalen Rechts die Wirksamkeit des Unionsrechts nicht beeinträchtigen, sondern hat eine größtmögliche Wirksamkeit sicherzustellen.[1119]

Im Anschluss an einen Überblick zum Bereich der unionsrechtlich geregelten Verwaltungssanktionen gegenüber Privatrechtssubjekten und speziell zu Geldbußen des EU-Kartellrechts sollen nachfolgend daher die Sanktionsziele solcher von der Kommission zu verhängender Unternehmensgeldbußen untersucht werden. Darauf aufbauend ist zu bestimmen, ob ein Regressausschluss auch für unionsrechtliche Geldbußen in Betracht kommt.

1118 *Schütz*, in: KölnKomm-KartR, VO 1/2003, Art. 23 Rn. 7.

1119 EuGH, Urt. v. 15.4.2008 – C-268/06, Slg. 2008, I-2533 Rn. 45 ff; *v. Bogdany/Schill*, in: Grabitz/Hilf/Nettesheim, EU-Recht, Art. 4 EUV Rn. 85; kritisch zu der vom EuGH teilweise praktizierten weiten Auslegung des Grundsatzes *Potacs*, EuR 2009, 465, 481 ff.

II. Verwaltungssanktionsrecht der Union

1. Überblick

Regelungen zu Sanktionen gegenüber Privatrechtssubjekten finden sich auf verschiedenen Ebenen des Unionsrechts und sind unterschiedlich ausgestaltet. Eine erste Einteilung scheint dahingehend möglich, ob es sich um Regelungen handelt, mit denen die Mitgliedstaaten zur Schaffung eigener Sanktionsnormen und der Verfolgung von Verstößen angewiesen werden (sog. Anweisungsmechanismen[1120]), oder ob EU-Institutionen Kompetenzen zur eigenständigen und unmittelbaren Sanktionierung von Privatrechtssubjekten übertragen werden.

In die erste Kategorie fallen Normen, mit denen die Mitgliedstaaten angewiesen werden, die entweder im betreffenden Rechtsakt bereits bezeichnete[1121] oder vom Mitgliedstaat frei zu wählende[1122] Sanktion im nationalen Recht zu implementieren und deren Festsetzung durch die mitgliedstaatlichen Behörden im Wege des nationalen Rechts zu regeln. Die zweite Kategorie von Sanktionsregelungen bilden unionsrechtliche Kompetenznormen, die EU-Institutionen zur selbständigen Verhängung supranationaler[1123] Verwaltungssanktionen gegen Privatrechtssubjekte im Wege eines von der jeweiligen Institution selbst durchzuführenden Verwaltungsverfahrens ermächtigen.

Das am weitesten verbreitete Sanktionsmittel bildet dabei die Geldbuße.[1124] Zu unterscheiden ist wiederum zwischen expliziten primärrechtlich geregelten Kompetenzen und solchen, bei denen sich die supranationalen Sanktionsbefugnisse lediglich aus sekundärrechtlichen Vorschriften ergeben.[1125] Lediglich sekundärrechtlich verankerte unmittelbare Sanktionsbefugnisse der Kommission finden sich beispielsweise im Bereich der zivilen

---

1120 Hierzu *Brodowski*, in: Tiedemann u.a., Strafrechtspflege, S. 139, 144.

1121 Siehe hierfür beispielhaft Art. 83 Abs. 4 DSGVO (oben Fn. 212).

1122 Siehe etwa Art. 36 der Verordnung über Ratingagenturen (EG) Nr. 1060/2009.

1123 Zum Begriff supranationaler Sanktionen siehe *Vogel/Brodowski*, in: Sieber/Satzger/v. Heintschel-Heinegg, Europäisches Strafrecht, § 5 Rn. 7; *Brodowski*, in: Tiedemann u.a., Strafrechtspflege, S. 139, 143 f.

1124 Zu weiteren supranationalen Sanktionsinstrumenten im Unionsrecht siehe *Vogel/Brodowski*, in: Sieber/Satzger/v. Heintschel-Heinegg, Europäisches Strafrecht, § 5 Rn. 9 ff.

1125 Zur Frage der Rechtssetzungskompetenz bei solchen nicht primärrechtlich geregelten supranationalen Sanktionsnormen siehe *Vogel/Brodowski*, in: Sieber/Satzger/v. Heintschel-Heinegg, Europäisches Strafrecht, § 5 Rn. 30 ff.

Luftfahrt, des Schiffsverkehrs oder der Arzneimittelaufsicht.[1126] Die primärrechtlichen Kompetenznormen zur supranationalen Sanktionierung privater Rechtssubjekte beschränken sich dagegen auf die in Art. 132 Abs. 3 AEUV geregelte Befugnis der Europäischen Zentralbank zur Verhängung von Geldbußen im Bereich der Bankenaufsicht[1127] sowie die Vorschrift des Art. 103 Abs. 1 AEUV (vormals Art. 82 EGV) für den Bereich des EU-Kartellrechts, die über Art. 23 Kartellverfahrensverordnung konkretisiert wird.[1128] Die zuletzt genannten kartellrechtlichen Vorschriften sollen aufgrund ihrer besonderen Bedeutung im Folgenden als Anschauungsbeispiel für die weitere Untersuchung zu supranationalen Geldbußen des Unionsrechts dienen.

2. Geldbuße gegen Unternehmen im EU-Kartellrecht

Den branchenübergreifend praxisrelevantesten Fall supranationaler Geldbußen bildet Art. 103 Abs. 1 AEUV und die auf dessen Grundlage erlassene Kartellverfahrensverordnung. Art. 23 Abs. 2 der Kartellverfahrensverordnung ermächtigt die EU-Kommission zur Verhängung von Geldbußen gegen Unternehmen oder Unternehmensvereinigungen, die gegen die Normen des EU-Wettbewerbsrechts verstoßen, sofern die erfasste Verhaltensweise den Handel zwischen den Mitgliedstaaten zu beeinträchtigen geeignet ist.[1129] Nach ständiger Entscheidungspraxis des EuGH knüpft die Vorschrift nicht an die Rechtspersönlichkeit nach nationalem Recht an, sondern versteht den Unternehmensbegriff unabhängig von der Rechtsform als wirtschaftlich tätige Einheit materieller und personeller Mittel.[1130]

1126 Siehe etwa Bußgeldvorschriften in Art. 25 Verordnung (EG) 216/2008, Art. 6 Verordnung (EG) 391/2009, und Art. 16 sowie Art. 19 Verordnung (EG) 658/2007.

1127 Siehe hierzu auch Verordnung (EG) Nr. 2532/98.

1128 Ergänzend zu nennen ist die in Art. 27 EuGH-Satzung i.V.m. Art. 69 EuGH-Verfahrensordnung geregelte Befugnis des Europäischen Gerichtshofs, gegenüber ausgebliebenen Zeugen Geldbußen zu verhängen; siehe hierzu auch *Vogel/Brodowski*, in: Sieber/Satzger/v. Heintschel-Heinegg, Europäisches Strafrecht, § 5 Rn. 13.

1129 Eine entsprechende Regelung enthält Art. 14 der Fusionskontrollverordnung VO 139/2004 für den Bereich der Unternehmenszusammenschlüsse.

1130 EuGH, Urt. v. 23.4.1991 – C-41/90, Slg. 1991, I-1979 Rn. 21; Urt. v. 25.10.2001 – C-475/99, Slg. 2001, I-8089 Rn. 19; siehe auch *Wessely*, in: FrankfKomm-KartellR, Art. 102 AEUV Kap. B Rn. 5; *Hellmann*, in: Wiedemann, Hdb. Kartellrecht, § 46 Rn. 6.

Wenngleich aus Durchsetzungs- und Vollstreckungsgründen auch die Kommission ihre Entscheidungen an Einheiten mit Rechtspersönlichkeit adressiert,[1131] Normadressat und Adressat des Bußgelds also auseinanderfallen können, unterscheidet sich damit das EU-Kartellrecht vom deutschen Recht mit dessen expliziter Anknüpfung an das Rechtsträgerprinzip.

Ein weiterer wesentlicher Unterschied liegt in den Bußgeldadressaten. Eine Sanktionierung von natürlichen Personen ist dem EU-Kartellrecht grundsätzlich fremd.[1132] Zwar wäre eine solche denkbar, soweit eine natürliche Person selbst die Voraussetzungen der obigen Definition erfüllt und damit als Unternehmen im Sinne des funktionalen Unternehmensbegriffs anzusehen ist.[1133] In der Entscheidungspraxis der Kommission tauchen derartigen Fälle jedoch nicht auf.[1134] Jedenfalls eine Bebußung natürlicher Personen als Organmitglieder ist ausgeschlossen.[1135]

Damit unterscheidet sich die Unternehmensgeldbuße nach EU-Kartellrecht auch konstruktiv erheblich von der an eine Individualtat anknüpfenden Verbandsgeldbuße nach § 30 OWiG. Die unionsrechtliche Unternehmensbuße knüpft nicht an die Verwirklichung einer Individualtat eines Repräsentanten an, sondern existiert als originäre Sanktion unabhängig von der Verwirklichung einer individuellen Tat. Für die Zurechnung zum Unternehmen ist es ausreichend, dass auf irgendeiner Unternehmensebene, die nicht die Geschäftsleitungsebene sein muss, eine rechtswidrige Handlung durch eine nicht weiter zu individualisierende natürliche Person begangen wurde.[1136]

1131 *Kienapfel*, in: von der Groeben/Schwarze/Hatje, Europäisches Unionsrecht, Art. 23 VO 1/2003, Rn. 20; hierzu auch *Wils*, Enforcement, S. 248.

1132 *Niggemann*, in: Streinz, EUV/AEUV, EU-Kartellverfahren, Rn. 50; *Kienapfel*, in: von der Groeben/Schwarze/Hatje, Europäisches Unionsrecht, Art. 23 VO 1/2003, Rn. 1; *Dannecker/Biermann*, in: Immenga/Mestmäcker, WettbR, Vor Art. 23 VO 1/2003 Rn. 74; *Kindhäuser/Meyer*, in: FK-KartellR, Bd. III., Art. 23 VO 1/2003 Rn. 2; *Hellmann*, in: Wiedemann, Hdb. Kartellrecht, § 46 Rn. 4; *Glöckner*, Kartellrecht, S. 75; siehe auch *Wils*, Enforcement, S. 210.

1133 *Schütz*, in: KölnKomm-KartR, VO 1/2003 Art. 23, Rn. 7; *Dannecker/Biermann*, in: Immenga/Mestmäcker, WettbR, Vor Art. 23 VO 1/2003 Rn. 74; *Kindhäuser/Meyer*, in: FK-KartellR, Bd. III., Art. 23 VO 1/2003 Rn. 2.

1134 Siehe hierzu *Wils*, Enforcement, S. 190.

1135 *Nowak*, in: Loewenheim u.a., KartellR, Art. 23 VO 1/2003, Rn. 17.

1136 *Bürger*, NZKart 2017, 424, 426; *Kindhäuser/Meyer*, in: FK-KartellR, Bd. III., Art. 23 VO 1/2003 Rn. 8 f.

III. Sanktionszweck der unionsrechtlichen Unternehmenskartellbuße

Die Erwägungsgründe der Kartellverfahrensverordnung stellen das Ziel einer wirksamen Durchsetzung der gemeinschaftlichen Wettbewerbsordnung deutlich heraus.[1137] Die effektive Durchsetzung der unionsrechtlichen Wettbewerbsregeln ist damit, wie im deutschen Bußgeldrecht auch, übergeordnetes Ziel der europäischen Regelungen.[1138] Der Schutz und die Durchsetzung des EU-Wettbewerbsrechts sollen – insofern ebenso entsprechend dem deutschen Recht – durch Abschreckung mittels Sanktionsandrohung verwirklicht werden. Nachrangig soll die präventive Wirkung zudem über die Veröffentlichung der Entscheidungen unter Angabe von Beteiligten und Vorwürfen gem. Art. 30 Abs. 1 Kartellverfahrensverordnung und die damit einhergehende öffentliche Stigmatisierung eintreten.[1139] Insgesamt steht nach der Entscheidungspraxis der Kommission und der Europäischen Gerichte auch im Unionsrecht der präventive Aspekt der Unternehmensgeldbuße im Vordergrund der Regelungen.[1140] Auch die Bußgeldleitlinien der Kommission heben die spezial- und generalpräventive Zwecksetzung der Kartellgeldbuße hervor.[1141] Den spezifischen Gleichstellungszweck der Verbandgeldbuße nach § 30 OWiG verfolgt der europäische Normgeber dagegen nicht.

1137 Siehe Erwägungsgründe 1, 5, 6, 8, 25, 28 sowie 34 der Kartellverfahrensverordnung (oben Fn. 168).

1138 *Kienapfel*, in: von der Groeben/Schwarze/Hatje, Europäisches Unionsrecht, Art. 23 VO 1/2003, Rn. 3; siehe auch *Kröger*, Korruptionsschäden, S. 248; *Bayer/Scholz*, GmbHR 2015, 449, 453.

1139 Hierzu *Kindhäuser/Meyer*, in: FK-KartellR, Bd. III., Art. 23 VO 1/2003 Rn. 6.

1140 EU-Kommission, Entscheidung Nr. 1999/60/EG v. 21.10.1998; Abl. EG 1999, L 24/1, Rn. 166; EuG, Urt. v. 14.5.1998 – T-338/94, Slg. 1998, II-1617 Rn. 301; siehe auch *Kienapfel*, in: von der Groeben/Schwarze/Hatje, Europäisches Unionsrecht, Art. 23 VO 1/2003, Rn. 3; *Niggemann*, in: Streinz, EUV/AEUV, EU-Kartellverfahren, Rn. 50; *Dannecker/Biermann*, in: Immenga/Mestmäcker, WettbR, Vor Art. 23 VO 1/2003 Rn. 25; *Nowak*, in: Loewenheim u.a., KartellR, Art. 23 VO 1/2003, Rn. 4.

1141 Siehe Ziff. 4 EU-Bußgeldleitlinen (s. oben Fn. 212).

IV. Sanktionsrichtung der unionsrechtlichen Kartellbuße

1. Problemstellung

Fraglich ist jedoch – ebenso wie im deutschen Recht – die Sanktionsrichtung dieses präventiven Elements der unionsrechtlichen Kartellgeldbuße. Es gilt zu klären, ob der europäische Normgeber dadurch, dass er explizit nur Unternehmen als Sanktionsadressaten definiert, gleichzeitig auch abschließend entschieden hat, dass diese Unternehmen bzw. deren Rechtsträger, gegen die eine Bußgeldentscheidung letztendlich vollstreckt wird, auch das alleinige Objekt der Steuerungsfunktion der Sanktion sein sollen.[1142]

Die Adressierung allein an das Unternehmen könnte zu solch einer Schlussfolgerung verleiten.[1143] Dieser Schluss würde allerdings auf einer Betrachtungsweise beruhen, die zu stark an die rechtstechnische Konzeption der Verbandsgeldbuße nach § 30 OWiG anknüpft. Im deutschen Recht lässt sich die klare sanktionsrechtliche Ausrichtung der Verbandsgeldbuße auf die juristische Person bzw. deren Anteilseigner unter anderem damit begründen, dass parallel eine Individualsanktion existiert, die auf die Organwalter ausgerichtet ist und an die die Verbandsgeldbuße notwendigerweise anknüpft.[1144] Existiert eine Individualsanktion aber nicht, kann diese Bewertung nicht ohne Weiteres übernommen werden. Es müsste vielmehr nachzuweisen sein, dass der europäische Normgeber bewusst und zielgerichtet das Unternehmen als Sanktionsadressaten abschließend festgelegt hat, um die Zweckerreichung durch eine Verhaltenssteuerung beim Unternehmen bzw. den Anteilseignern des Unternehmensträgers sicherzustellen, und dabei gleichzeitig eine bewusste Entscheidung gegen eine Steuerungswirkung auf die Leitungsorgane getroffen hat.[1145]

1142 Zu dieser Frage vgl. auch *Strasser*, VersR 2017, 65, 70 (zum österreichischen Kartellrecht).

1143 Dahingehend wohl *Friedl/Titze*, ZWeR 2015, 318, 330 f., *Dreher*, in: FS Konzen, S. 83, 103 ff.; siehe auch *Wacker*, Persönliche Schadensersatzhaftung, S. 122 f.; ablehnend *Binder/Kraayvanger*, BB 2015, 1219, 1227

1144 Ausführlich hierzu oben, D.V.2.e)bb)(2).

1145 *Kröger*, Korruptionsschäden, S. 247; vgl. auch *Strasser*, VersR 2017, 65, 70 (zur österreichischen Kartellbuße).

2. Meinungsstand

Im Schrifttum wird ein dahingehender mutmaßlicher Wille des europäischen Normgebers zu einer abschließenden Regelung vereinzelt offenbar unterstellt. Die klare Zuweisung der Sanktion an das Unternehmen würde mit einem Regress aufgebrochen.[1146] Darüber hinaus wird angeführt, der Wille zur Sanktionierung gerade des Unternehmens sei insbesondere auch vor dem Hintergrund anzunehmen, dass lediglich die Hälfte der Mitgliedstaaten Sanktionen gegen natürliche Personen bei Wettbewerbsverstößen vorsähen – wohingegen Unternehmensgeldbußen in jedem Mitgliedstaat möglich seien. Auch würden nur in einem kleinen Teil dieser Staaten tatsächlich Individualsanktionen verhängt. Es sei daher zu bezweifeln, dass mit den EU-Sanktionen auch natürliche Leitungspersonen getroffen werden sollten.[1147]

Die mehrheitlichen Stimmen im Schrifttum bezweifeln dagegen, dass den Regelungen des EU-Kartellrechts eine solche Intention zugrunde liegt. Dabei wird einerseits argumentiert, aus Erwägungsgrund Nr. 29 der Kartellverfahrensverordnung ergebe sich, dass die präventive Zwecksetzung der Kartellbußen darauf beschränkt sei, sanktioniertes Verhalten für die Zukunft zu unterbinden. In dem Erwägungsgrund heiße es schlicht, die Beachtung der kartellrechtlichen Vorschriften sei durch Geldbußen oder Zwangsgelder sicherzustellen. Die Anknüpfung an das Unternehmen erfolge dabei lediglich aus Effektivitätsgründen und sei nicht Ausdruck eines selbständigen teleologischen Gehalts.[1148]

Zudem wird argumentiert, das Unionsrecht sehe für den Fall einer Geldbuße gegen eine Unternehmensvereinigung selbst vor, dass zwischen den Mitgliedern dieser Unternehmensvereinigung ein Innenregress stattfinden soll.[1149] Gemäß Erwägungsgrund Nr. 30 der Kartellverfahrensverordnung soll die Zahlung einer solchen Geldbuße durch ein Mitglied der Unternehmensvereinigung unbeschadet der einzelstaatlichen Rechtsvorschriften erfolgen, die einen Rückgriff auf andere Mitglieder zur Erstattung des Bußgeldbetrags ermöglichen.[1150] Eine zahlungsunfähige Unter-

---

1146 *Dreher*, in: FS Konzen, S. 83, 104 f.; siehe auch *Friedl/Titze*, ZWeR 2015, 318, 330 f.

1147 *Kröger*, Korruptionsschäden, S. 248.

1148 *Bayer/Scholz*, GmbHR 2015, 449, 453; siehe auch *Petry*, Risikomanagement, S. 281.

1149 *Fabisch*, ZWeR 2013, 91, 104.

1150 Siehe hierzu OLG München, Urt. v. 9.2.2012 – U 328311/Kart, WRP 2012, 882.

nehmensvereinigung ist darüber hinaus nach Art. 23 Abs. 4 Kartellverfahrensverordnung verpflichtet, von ihren Mitgliedern Beiträge zur Deckung der Geldbuße zu fordern. Aus diesen Regelungen zum Innenregress zwischen Gesellschaften einer Unternehmensvereinigung sei zu folgern, dass das Unionsrecht generell einem Regress nicht entgegenstehe und damit auch ein haftungsrechtlicher Rückgriff gegenüber den Organwaltern möglich sein müsse.[1151]

Gegen eine abschließende steuernde Ausrichtung der EU-Kartellbußen auf das Unternehmen wird zudem vorgebracht, das Unionsrecht enthalte keinerlei Anhaltspunkte dafür, dass Organwalter bewusst privilegiert werden sollen.[1152] Dem Unionsrecht sei keine abschließende Regelung dahingehend zu entnehmen, dass die Sanktionswirkung ausschließlich beim Unternehmen eintreten müsse und die individuellen Organwalter von vornherein von jeder Sanktionswirkung freigestellt seien. Das Fehlen einer originären Sanktionsmöglichkeit gegenüber Organmitgliedern stehe dem nicht entgegen, sondern sei lediglich kompetenzrechtlichen Erwägungen geschuldet.[1153] Da die unionsrechtliche Kartellbuße insbesondere wegen des hohen Bußgeldrahmens[1154] zum Teil als Sanktion strafrechtlicher Natur angesehen wird,[1155] für deren Anordnung es nach verbreiteter Ansicht

---

1151 *Fabisch*, ZWeR 2013, 91, 104; siehe auch *Binder/Kraayvanger*, BB 2015, 1219, 1227.

1152 *Glöckner/Müller-Tautphaeus*, AG 2001, 344, 345; *Fabisch*, ZWeR 2013, 91, 104; *Petry*, Risikomanagement, S. 281; *Scholz*, Existenzvernichtende Haftung, S. 47.

1153 *J. Koch*, in: LA Winter, S. 327, 335 (Fn. 45).

1154 Hierzu etwa *Lohse*, in: FK-KartR, Art 103 AEUV Rn 23 (Fn. 2). Allerdings vermagt das Argument, die Geldbußen seien aufgrund ihrer Höhe bereits jetzt quasi-strafrechtliche Konsequenzen, nicht zu überzeugen. Die Höhe der Geldbußen ergibt sich aus dem anerkannten Präventionsgedanken, der bei zu niedrigen Beträgen nicht erreichbar wäre. Der hohe Bußgeldrahmen kann also nicht als Auferlegung eines repressiven, missbilligenden Elements – welches nach herkömmlichem Verständnis die Abgrenzung der Geldbuße darstellt – verstanden werden, sondern erklärt sich durch die Abschreckungswirkung (ähnlich *Winkler*, Rechtsnatur, S. 39, 50, 61).

1155 *Kindhäuser/Meyer*, in: FK-KartellR, Bd. III., Art. 23 VO 1/2003 Rn. 7; *Thomas*, NZG 2015, 1409, 1411; siehe auch *Dannecker/Biermann*, in: Immenga/Mestmäcker, WettbR, Art. 23 VO 1/2003 Rn. 330 ff (m.w.N. zu Stellungnahmen der Generalanwälte und zum Meinungsstand in anderen europäischen Jurisdiktionen); vgl. auch *Strasser*, VersR 2017, 65, 67 (zum Rechtslage in Österreich).

an einer unionsrechtlichen Kompetenz fehlt,[1156] bestünden auch insoweit Zweifel an der Regelungsbefugnis der Union.[1157]

3. Stellungnahme

Die Argumentation mit Verweis auf die Regelungen der Kartellverfahrensverordnung zum schadensrechtlichen Innenausgleich zwischen Gesellschaften als Mitglieder einer Unternehmensvereinigung, die Adressat einer Geldbuße nach Art. 101 oder Art. 102 AEUV ist, verfängt nicht. Eine Intention des Normgebers dahingehend, dass ein Regress grundsätzlich möglich sein soll und damit keine abschließende Sanktionierung des Unternehmens gewollt ist, lässt sich hieraus nicht ableiten. Der vom EU-Normgeber vorgesehene Innenregress innerhalb der Gesellschaften der bebußten Unternehmensvereinigung scheint vielmehr auf den speziellen Fall der Bußgeldadressierung an eine Unternehmensvereinigung zugeschnitten.[1158] Lediglich für diesen speziellen Fall soll damit sichergestellt werden, dass der Sanktionsadressat Unternehmensvereinigung und damit alle seine Mitglieder das finanzielle Übel der Geldbuße zu tragen haben. Die Regelung lässt dagegen keinen Rückschluss zu, dass eine Regressnahme bei einem Dritten grundsätzlich immer möglich sein soll, auch wenn dadurch eine nicht zum Kreis der Sanktionsadressaten gehörende Person die finanzielle Belastung der Geldbuße im Ergebnis zu tragen hätten. Im Übrigen könnte aus der Regelung auch der Gegenschluss gezogen werden, dass eine ausdrückliche Aufnahme des Innenausgleichs zwischen Mitgesellschaften dafür spricht, dass der nicht erwähnte Innenregress gegen Leitungsorgane gerade nicht möglich sein soll.

1156 *Klees*, in: KölnKomm-KartR, Art. 103 AEUV Rn. 42; *Lohse*, in FK-KartR, Art. 103 AEUV Rn. 23; *Dannecker/Biermann*, in: Immenga/Mestmäcker, WettbR, Vor Art. 23 VO 1/2003 Rn. 22; *Ritter*, in: Immenga/Mestmäcker, WettbR, Art. 103 AEUV Rn. 13; die Frage hinsichtlich einer kriminalstrafrechtlichen Kompetenz offen lassend EuGH, Urt. v. 27.10.1992 – Rs C-240/90, NJW 1993, 47, 48.

1157 *J. Koch*, in: LA Winter, S. 327, 335 (Fn. 45).

1158 Siehe auch *Wacker*, Persönliche Schadensersatzhaftung, S. 122, mit dem Hinweis, aus dem Fehlen einer Regelung zum Innenregress gegenüber Leitungsorganen – im Gegensatz zum explizit geregelten Regress zwischen mehreren Gesellschaften ließe sich ebenso ableiten, dass der europäische Normgeber diesen Fall möglicherweise bewusst ausschließen wollte.

Ebenso wenig überzeugt der Verweis auf die verbreitet bezweifelte Regelungskompetenz der Union für den Bereich des Strafrechts, wenn damit das Absehen des Normgebers von einer Individualsanktion begründet wird. Solche kompetenzrechtlichen Zweifel betreffen die Geldbuße als solche, sind also nicht auf die persönliche Geldbuße beschränkt. Hätten beim EU-Normgeber derartige Zweifel bestanden, ist nicht ersichtlich, weshalb er von einer Individualsanktion abgesehen haben sollte, gleichzeitig aber eine Unternehmensgeldbuße eingeführt wurde.

Dennoch ist im Ergebnis denjenigen Stimmen zu folgen, die eine abschließende Regelung des Unionsrechts zum Eintritt der Sanktionswirkung ausschließlich beim Unternehmen verneinen. Die Kartellverfahrensverordnung überlässt es ausweislich Erwägungsgrund Nr. 8 ausdrücklich den Mitgliedstaaten, nach den jeweiligen nationalen Rechtsordnungen auch natürlichen Personen Sanktionen aufzuerlegen.[1159] Dies spricht dagegen, dass der Normgeber in Bezug auf das EU-Sanktionsregime einen Zugriff auf natürliche Personen im Wege des Regresses unter allen Umständen ausschließen möchte und nur eine Steuerungswirkung beim Unternehmen selbst zum effektiven Schutz des Wettbewerbs in der Lage erachtet. Zwar ist die Verhaltenssteuerung bei den Anteilseignern nach Aussage der Generalanwältin beim EuGH ebenfalls erklärtes Ziel der Unternehmenssanktion.[1160] Eine intendierte alleinige Steuerungswirkung auf diesen Adressatenkreis kann dem Normgeber aber nicht unterstellt werden. Vielmehr erscheint es so, als beziehe der Normgeber die Möglichkeit, dass nach den nationalen Rechtsordnungen eine zivilrechtliche Regressnahme beim verantwortlichen Organwalter erfolgen kann, als effektivitätssteigernde Flankierung der Unternehmensgeldbuße mit ein. Dies wäre vergleichbar mit der an anderer Stelle vorgestellten Sanktionierung von Fußballvereinen nach den DFB-Regelwerken, die ebenfalls insbesondere eine Präventionswirkung bei den Zuschauern bezweckt.[1161]

Dem Unionsrecht kann folglich nicht die Intention entnommen werden, dass die Sanktionswirkung der Unternehmensgeldbuße abschließend beim Unternehmen selbst bzw. bei den Anteilseignern des Unternehmensträgers eintreten muss, um die Zwecksetzung des effektiven Schutzes des Wettbewerbs und die Einhaltung der wettbewerbsschützenden Vorschriften zu erreichen.

1159 Siehe auch *J. Koch*, in: LA Winter, S. 327, 336.

1160 Schlussanträge der Generalanwältin Sharpston v. 30.5.2013, Rs. C-50/12, Tz. 80.

1161 Hierzu oben, D.V.3.b)dd)(3).

V. Konsequenzen für den Innenregress

1. Bedeutung des Effektivitätsgrundsatzes

Verfolgt das Unionsrecht keine ausschließliche Steuerungswirkung auf das Unternehmen oder die Anteilseigner, kann einer Regressnahme beim Leitungsorgan nicht der unionsrechtliche Effektivitätsgrundsatz mit dem Argument entgegengehalten werden, die unionsrechtlichen Wettbewerbsregeln würden durch einen zulässigen Innenregress in ihrer Wirksamkeit beeinträchtigt, da die Steuerungswirkung in Richtung des Unternehmens unterwandert werde.[1162] Dies verkennen *Friedl/Titze*, die im Ausgangspunkt zunächst zu Recht davon ausgehen, dass die volle Wirksamkeit der unionsrechtlichen Wettbewerbsvorschriften nur gewährleistet ist, wenn eine hinreichend effektive Bebußung zur Verfügung steht.[1163] Die Schlussfolgerung, dass die Effektivität der Bebußung leide, wenn die Unternehmen als Sanktionsadressaten beim Organmitglied Rückgriff nehmen könnten, ist aber verfehlt.

Der Effektivitätsgrundsatz kann vielmehr für die gegenteilige Argumentation herangezogen werden. Zielsetzung des EU-Bußgeldrechts ist allein die effektive Rechtsdurchsetzung der wettbewerbsschützenden Normen, ohne dass diese Zwecksetzung nach Intention des Normgebers jedoch ausschließlich über eine präventive Steuerungswirkung beim Unternehmensträger selbst zu erreichen wäre. Eine derartige ausschließliche Steuerungsausrichtung auf das Unternehmen oder die Anteilseigner wäre unter Präventionsgesichtspunkten auch nicht zielführend.

Die Steuerungswirkung gerade auf die Leitungsorgane ist ein maßgeblicher Faktor für die Befolgung von Rechtsnormen in der unternehmerischen Betätigung und damit für eine effektive Rechtsdurchsetzung unerlässlich. Die Sanktionsandrohung gegen Leitungsorgane wirkt unmittelbarer als die gegen das Unternehmen gerichtete Bußgeldnorm, da hiervon gerade diejenigen natürlichen Personen betroffen sind, die die Rechtsverletzung selbst zu verantworten haben.[1164] Ist eine persönliche Sanktion – anders als im deutschen Bußgeldrecht – nicht vorgesehen, kann eine ähnli-

---

1162 Den Regressausschluss ausdrücklich auf den Effektivitätsgrundsatz stützend aber *Friedl/Titze*, ZWeR 2015, 318, 331.

1163 *Friedl/Titze*, ZWeR 2015, 318, 331.

1164 *Dannecker/Biermann*, in: Immenga/Mestmäcker, WettbR, Vor Art. 23 f. VO 1/2003 Rn. 19, 21; siehe auch *J. Koch*, LA Winter, S. 327, 335 (Fn. 42); zur großen Abschreckungswirkung persönlicher Sanktionen auch *Bechtold*, in: Schwarze, Rechtsschutz und Wettbewerb, S. 97, 101.

che Wirkung von der Regressmöglichkeit über die Innenhaftung ausgehen.[1165] Der privaten Rechtsdurchsetzung kommt in diesem Fall eine erhöhte Bedeutung für die Steuerungs- bzw. Präventivfunktion zu.

Ohne Regressmöglichkeit bei gleichzeitig fehlender Individualsanktion entfällt die Steuerungswirkung auf die Geschäftsleiter dagegen vollständig.[1166] Im System des deutschen Bußgeldrechts mit der kumulativen Sanktionierung von Individualpersonen und juristischer Person ist der bei einem Regressausschluss eintretende Wegfall der Steuerungswirkung auf die Organwalter allein mit Blick darauf unproblematisch, dass bereits der Androhung der Individualsanktion eine abschreckende Wirkung beizumessen ist. Der Abschreckungswirkung durch ein Regressszenario bedarf es deshalb nicht. Existiert eine individuelle Sanktion jedoch wie im Recht der EU-Kartellbußen nicht, ist die Präventionswirkung akut gefährdet, wenn auch ein Innenregress von Vornherein ausgeschlossen ist.[1167] Für den speziellen Fall von supranationalen Kartellgeldbußen der Kommission auf Grundlage des Unionsrechts ließe sich ein Regressausschluss daher nicht auf den Sanktionszweck stützen. Ein Innenregress schiene unter Effektivitätsgesichtspunkten vielmehr sogar notwendig.

2. Probleme bei uneinheitlicher Beurteilung

Dieser Befund löst allerdings wiederum die Folgefrage aus, ob eine solche auseinanderfallende Bewertung der Regressfähigkeit für Verbandsgeldbußen nach deutschem Recht einerseits, für die eine Vereitelung des Sanktionszwecks und darauf aufbauend ein Regressausschluss herausgearbeitet wurde, und supranationale Unternehmensgeldbußen der Kommission nach Unionsrecht andererseits, ein tragfähiges Ergebnis darstellen kann. Da der Haftungstatbestand stets den Normen der gesellschaftsrechtlichen Innenhaftung zu entnehmen ist, könnte eine Differenzierung danach, von welcher Institution die Unternehmensgeldbuße ausgesprochen wurde, aus Sicht des Regressschuldners willkürlich anmuten. Aus seiner Perspektive

1165 *Kröger*, Korruptionsschäden, S. 252; *Kaulich*, Haftung, S. 298; siehe auch *Fabisch*, ZWeR 2013, 91, 94. Dies steht nicht im Widerspruch zum Befund dieser Untersuchung für das deutsche Recht, da hier ja gerade eine Individualsanktion vorhanden ist.

1166 *Thole*, ZHR 173 (2009), 504, 533; vgl. auch *Strasser*, VersR 2017, 65, 70 (zu Österreich).

1167 *Baur/Holle*, ZIP 2018, 459, 466 („Präventionslücke"); siehe auch *Ackermann*, NZKart 2018, 1, 2.

handelt es sich sowohl bei nationalen als auch bei EU-Kartellbußen um hoheitliche Sanktionen wegen Verletzungen kartellrechtlicher Vorschriften.

Besonders deutlich wird dies mit Blick auf die Rechtsanwendungskonkurrenz beim EU-Kartellrecht. Mit der Kartellverfahrensverordnung wurde unter anderem das System einer dezentralen Anwendung des europäischen Kartellrechts eingeführt.[1168] Art. 5 der Kartellverfahrensverordnung legt vor diesem Hintergrund fest, dass die Wettbewerbsbehörden der Mitgliedstaaten für die Anwendung der unionsrechtlichen Kartellrechtsnormen der Art. 102 und 103 AEUV in Einzelfällen zuständig sind und hierzu unter anderem Geldbußen verhängen können, sofern das nationale Recht eine entsprechende Ermächtigungsgrundlage vorsieht. Zur Umsetzung dieser Regelung hat der deutsche Gesetzgeber im Zuge der 7. GWB-Novelle mit § 81 Abs. 1 GWB die Rechtsgrundlage für die Ahndung von Verstößen gegen Art. 101 und Art. 102 AEUV geschaffen.[1169] Um eine Verfahrensüberschneidung zu vermeiden, erlegt Art. 11 Abs. 3 der Kartellverfahrensverordnung den mitgliedstaatlichen Behörden eine Unterrichtungspflicht bei Einleitung eines Verfahrens wegen Verstoßes gegen EU-Kartellnormen auf. Für den Fall, dass die Kommission selbst ein Verfahren einleitet, entfällt die Zuständigkeit der Mitgliedstaaten gem. Art. 11 Abs. 6 der Kartellverfahrensverordnung.[1170]

Nationale Wettbewerbsbehörden und Kommission sind also grundsätzlich nebeneinander für die Anwendung und Durchsetzung des EU-Kartellrechts zuständig.[1171] Wegen der großzügigen Auslegung der Zwischenstaatlichkeitsklausel steht in der Bußgeldpraxis des Bundeskartellamts der Vollzug des EU-Kartellrechts sogar klar im Vordergrund.[1172] Derzeit noch ungeklärt ist insofern zwar, ob damit auch die Kompetenzen der Kommission nach Art. 23 der Kartellverfahrensverordnung zur Ahndung von Kartellverstößen auf die mitgliedstaatlichen Behörden übertragen werden, ob also nationale Behörden Sanktionen auch auf Grundlage von Art. 23 verhängen können, ohne dass es einer entsprechenden Sanktion im nationa-

---

1168 Siehe hierzu auch Erwägungsgrund 6 der Kartellverfahrensverordnung.

1169 *Raum*, in: Langen/Bunte, KartellR, Bd. 1, § 81 GWB Rn. 2; *Dannecker/Biermann*, in: Immenga/Mestmäcker, WettbR, § 81 GWB Rn. 17.

1170 Hierzu *Achenbach*, in: Ders./Ransiek/Rönnau, Hdb. Wirtschaftsstrafrecht, S. 448.

1171 *Puffer-Mariette*, in: Von der Groeben/Schwarze/Hatje, Europäisches Unionsrecht, VO 1/2003 Art. 5 Rn. 1.

1172 *Ost/Kallfaß/Roesen*, NZKart 2016, 447, 450.

len Recht bedarf.[1173] Unstreitig ist in die andere Richtung indes, dass die nationalen Verfolgungsbehörden bei der Durchsetzung des materiellen EU-Kartellrechts jedenfalls nicht auf die für die Kommission vorgesehenen Sanktionen beschränkt sind. Art. 5 der Kartellverfahrensverordnung schreibt mit Rücksicht auf die erheblichen Unterschiede zwischen den Mitgliedstaaten bei der Ausgestaltung der Sanktionen ausdrücklich fest, dass Geldbußen, Zwangsgelder oder sonstige im innerstaatlichen Recht vorgesehenen Sanktionen verhängt werden können.[1174] Es bleibt also bei den Ahnungsmöglichkeiten, die das jeweilige nationale Kartellrecht vorsieht. Sanktionen, die eine nationale Kartellbehörde wegen Verstößen gegen Art. 101 und Art. 102 AEUV verhängt, ergehen somit stets auf Grundlage der nationalen Sanktions- und Verfahrensvorschriften.[1175] Das Bundeskartellamt wendet also auch im Anwendungsbereich von Art. 101 und Art. 102 AEUV zwecks Festsetzung von Geldbußen ausschließlich § 30 OWiG an.[1176] Dementsprechend kann das Bundeskartellamt bei einem Verstoß gegen EU-Kartellrecht neben einer Verbandsgeldbuße nach § 30 OWiG auch Individualbußen verhängen.[1177]

Mit einer Sanktionierung in Form einer persönlichen Geldbuße muss der handelnde Organwalter bei Berührung des deutschen Marktes stets rechnen. Ob eine Kartellbuße wegen Verstoßes gegen Art. 101 oder Art. 102 AEUV entweder von der Kommission auf Grundlage von Art. 23

1173 Siehe hierzu *Dannecker/Biermann*, in: Immenga/Mestmäcker, WettbR, Vor § 81 GWB Rn. 19 ff. und § 81 GWB Rn. 21, mit Verweis auf die Entscheidungen des EuGH Rs C-375/09 („Tele2Polska") sowie Rs C-681/11 („Schenker"); dagegen OLG Düsseldorf, Urt. v. 17.12.2012 – V-1 Kart 7/12 (OWi), NZKart 2013, 166, 167 ff., bestätigt durch BGH, Beschl. v. 16.4.2014 – KRB 47/13, BGHt 60, 121, 129 = NZKart 2015, 272 Rn. 24 (zur Haftung des Rechtsnachfolgers für eine Unternehmensgeldbuße); siehe auch *Sura*, in: Langen/Bunte, Kartellrecht, Bd. 2, VO 1/2003 Art. 5 Rn. 9; *Zuber*, in: Loewenheim u.a., KartellR, VerfVO Art. 5 Rn. 3.

1174 *Puffer-Mariette*, in: Von der Groeben/Schwarze/Hatje, Europäisches Unionsrecht, VO 1/2003 Art. 5 Rn. 16.

1175 *Dannecker/Biermann*, in: Immenga/Mestmäcker, WettbR, Vor Art. 23 VO 1/2003, Rn. 9.

1176 *Dannecker/Biermann*, in: Immenga/Mestmäcker, WettbR, § 81 GWB Rn. 17, 20; OLG Düsseldorf, Urt. v. 17.12.2012 – V-1 Kart 7/12 (OWi), NZKart 2013, 166, 167; siehe auch *Dalheimer*, in: Grabitz/Hilf/Nettesheimer, EU-Recht, VO 1/2003 Art. 5 Rn. 7; *Puffer-Mariette*, in: Von der Groeben/Schwarze/Hatje, Europäisches Unionsrecht, VO 1/2003 Art. 5 Rn. 10.

1177 *Sura*, in: Langen/Bunte, Kartellrecht, Bd. 2, VO 1/2003 Art. 5 Rn. 10; *Dannecker/Biermann*, in: Immenga/Mestmäcker, WettbR, § 81 GWB Rn. 20; *Hauger/Palzer*, ZGR 2015, 33, 39; *Friedl/Titze*, ZWeR 2015, 318, 330.

Kartellverfahrensverordnung oder vom Bundeskartellamt auf Grundlage von § 81 GWB und § 30 OWiG verhängt wird, ist aus Perspektive eines Unternehmens zum Zeitpunkt der Begehung einer Rechtsverletzung mit potentiell zwischenstaatlichen Auswirkungen dagegen nicht immer von Vornherein klar. Für Unternehmensgeldbußen der Kommission eine Regressmöglichkeit anzunehmen, während dies bei einer Verbandsgeldbuße auf Grundlage von § 30 OWiG nicht möglich ist, würde daher zu zufälligen Ergebnissen führen, die aus Sicht der sanktionierten Verbände und der in Anspruch genommenen Geschäftsleiter in der Sache nicht gerechtfertig wären. Ein gespaltenes Regressregime, bei dem es allein auf die Unterscheidung zwischen einer Festsetzung durch deutsche Behörden einerseits oder durch die Kommission andererseits ankäme, wäre schon unter dem Gesichtspunkt der Rechtssicherheit nicht hinnehmbar.

3. Unionskompetenz für Individualsanktionen

Zu erörtern ist jedoch, ob der unionsrechtliche Effektivitätsgrundsatz im vorliegenden Fall tatsächlich herangezogen werden darf, um einen Regressausschluss für EU-Geldbußen zu verhindern. Ausgangspunkt hierbei ist die Frage, ob es Aufgabe des mitgliedstaatlichen Rechts sein kann, mögliche Unzulänglichkeiten von EU-Rechtsnormen zulasten einer einheitlichen Rechtsanwendung der nationalen Innenhaftungsregeln zu korrigieren. Eine solche Unzulänglichkeit des Unionsrechts könnte nämlich gerade darin gesehen werden, dass die europäischen Wettbewerbsregeln mangels Individualgeldbuße selbst keine primäre Steuerungswirkung auf die Leitungsorgane von Unternehmen erzeugen, sofern dem Normgeber diese Möglichkeit offengestanden hätte.

Entscheidend dürfte es daher darauf ankommen, ob dem EU-Normgeber auch eine Ermächtigung der Kommission zur Sanktionierung der Leitungsorgane durch Androhung von Individualgeldbußen möglich gewesen wäre, statt eine rein unternehmensbezogene Sanktion zu schaffen. Sollte dies der Fall sein, könnte man von einer Unzulänglichkeit bei der Normkonzeption sprechen, deren Korrektur über eine auf den Effektivitätsgrundsatz gestützte Einschränkung der nationalen Rechtsanwendung problematisch wäre.

Die Frage einer unionsrechtlichen Rechtssetzungskompetenz zur Schaffung einer supranationalen Bußgeldsanktion gegenüber Individuen wird im Schrifttum kaum thematisiert. Im Fokus der aktuellen sanktionsrechtlichen Debatte steht vielmehr die Frage, ob die Schaffung kriminalstrafrechtlicher Sanktionen im Sinne eines gemeinschaftsrechtlichen Kartellstrafrechts möglich wäre. Auf diesen Punkt, der weitreichende Fragen einer kriminalstrafrechtlichen Regelungskompetenz der EU aufwirft, kommt es im vorliegenden Kontext jedoch nicht an, da die Individualgeldbuße von ihrer Qualität her der Unternehmensgeldbuße entspräche.

Das Primärrecht selbst sieht keine von der Kommission zu verhängenden Individualgeldbußen gegen natürliche Personen vor. Auf Primärrecht beruhende EU-Sekundärrechtsakte dagegen enthalten bereits jetzt zum Teil Bußgeldandrohungen gegenüber natürlichen Personen.[1178] Zwar gilt dies nicht für die Fusionskontrollverordnung, die ihre Bußgeldandrohung auch an „Personen“ richtet, damit aber – ebenso wie Art. 23 VO 1/2003 – natürliche Personen nur insofern anspricht, als sie aufgrund ihrer Kontrolle über ein Unternehmen den funktionalen kartellrechtlichen Unternehmensbegriff selbst erfüllen.[1179] Ein Beispiel für supranationale Individualsanktionen bildet jedoch die Vorschrift des Art. 25 VO (EG) 216/2008 im Zivilluftverkehr.[1180] Darüber hinaus gibt es auch eine Reihe nicht bußgeldbezogener Individualsanktionen.[1181]

Eine generell fehlende Kompetenz der EU für supranationale Individualsanktionen scheidet also aus. Auch im speziellen Bereich des EU-Wettbewerbsrechts, für den Art. 23 Kartellverfahrensverordnung lediglich eine Unternehmensgeldbuße geschaffen hat, spricht vieles dafür, dass eine Kompetenz des Rates zur Schaffung auch von Individualgeldbußen gegeben ist.[1182] Gemäß Art. 103 AEUV beschließt der Rat zweckdienliche Rechtsakte, mittels derer die Beachtung der in Art. 101 und Art. 102 AEUV genannten Verbote unter anderem durch die Einführung von Geldbußen gewährleistet werden sollen. Die Regelungskompetenz des Art. 103 AEUV beschränkt sich also schon dem Wortlaut nach nicht auf bloße Unternehmensgeldbußen. Es sind keine Gründe ersichtlich, warum die Norm nicht auch zur Einführung einer Individualsanktion gegen die verantwortlichen

1178 *Brodowski*, in: Tiedemann u.a., Strafrechtspflege, S. 139, 147, sieht die „klare Tendenz“ eines vermehrt auch gegen Individuen gerichteten supranationalen Verwaltungssanktionenrechts.

1179 *Körber*, in: Immenga/Mestmäcker, WettbR, Art. 14 FKVO, Rn. 5; siehe auch *Theurer*, Geldbußen, S. 83.

1180 Siehe hierzu auch *Brodowski*, in: Tiedemann u.a., Strafrechtspflege, S. 139, 147.

1181 Siehe die Auflistung bei *Brodowski*, in: Tiedemann u.a., Strafrechtspflege, S. 139, 148.

1182 Siehe auch *Wils*, Enforcement, S. 233 ff., der sogar für eine Regelungskompetenz für Kriminalstrafen argumentiert, sodass als „Minus“ auch Individualgeldbußen von dieser Argumentation erfasst sein müssten.

Leitungsorgane hätte dienen können.[1183] Aus dem Umstand, dass sich die Verbotsnormen der Art. 101 und Art. 102 AEUV nur gegen Unternehmen richten, kann eine solche Beschränkung der Sanktionskompetenz jedenfalls nicht abgeleitet werden.[1184] Bereits die Entscheidungspraxis der Kommission, Bußgeldentscheidungen aus Gründen der Vollstreckbarkeit stets an Personen mit Rechtspersönlichkeit zu richten, zeigt, dass Adressat der Verbotsnormen der Art. 101 und Art. 102 AEUV und der Bußgeldadressat nicht deckungsgleich sein müssen.[1185] Die primärrechtlichen Verbotsnormen geben daher den Adressaten der Bußgeldentscheidung nicht vor, sondern überlassen die zweckdienliche Bestimmung dem EU-Normgeber. Dieser hat sich für die Einführung lediglich einer Unternehmensgeldbuße entschieden, obwohl ihm die Möglichkeit zur Sanktionsandrohung auch gegenüber natürlichen Personen offen gestanden hätte.

4. Konzeptionsschwäche des EU-Kartellsanktionsrechts

Erachtet der EU-Normgeber eine Sanktionierung lediglich der Unternehmen bzw. der Unternehmensträger als ausreichend effektiv, erscheint es sehr problematisch, die Mitgliedstaaten gestützt auf Effektivitätsgesichtspunkte zu einem Innenregress zu verpflichten, der bei einer Verbandsgeldbuße nach nationalem Recht nach hier vertretener Ansicht ausgeschlossen wäre. Die Heranziehung des Effektivitätsgrundsatzes widerspräche in solch einem Fall dem – auch im Unionsrecht anerkannten –[1186] Rechtsgedanken des venire contra factum proprium. Es ginge nicht darum, dass eine nationale Vollzugsnorm die praktische Wirksamkeit der unionsrechtlichen Wettbewerbsregeln gefährdet. Der Zusammenhang ergäbe sich vielmehr nur mittelbar über den Innenregress. Der Vollzug der primärrechtlichen Wettbewerbsregeln würde von einem Regressausschluss weder unmöglich

1183 Von einer aus Art. 103 AEUV folgenden Kompetenz zur Schaffung einer Individualgeldbuße ausgehend auch Gauer, Panel Two, ECLA 2002, 155, 157; siehe auch Glöckner/Müller-Tautphaeus, AG 2001, 344 345.

1184 So aber *Ritter*, in: Immenga/Mestmäcker, WettbR, Art. 103 AEUV Rn. 12: vgl. auch *Dannecker/Biermann*, in: Immenga/Mestmäcker, WettbR, Vor Art. 23 VO 1/2003, Rn. 22 (zur persönlichen Kartellstrafe), die sich indes aus Effektivitätsgründen für die Einführung einer Individualgeldbuße auf europäischer Ebene aussprechen (Rn. 21).

1185 Siehe auch *Kienapfel*, in: von der Groeben/Schwarze/Hatje, Europäisches Unionsrecht, Art. 23 VO 1/2003, Rn. 20.

1186 *Koenig/Hellstern*, EuZW 2011, 702, 704; *Kreße*, EuZW 2008, 394, 396.

gemacht noch übermäßig erschwert, sondern gar nicht berührt. Beim nationalen Vollzug des Unions(wettbewerbs-)rechts wäre im Gegenteil die Effektivität durch die dann anzuwendende Individualsanktion sogar besser gewährleistet, als beim unmittelbaren Vollzug durch die Kommission selbst. Der deutsche Gesetzgeber hat die Einbeziehung natürlicher Personen als Bußgeldadressaten gerade mit Blick auf Effektivitätsgesichtspunkte vorgenommen.[1187]

Dass ein Regressausschluss in rein praktischer Hinsicht dazu führen würde, dass die Effektivität der EU-Geldbußen beeinträchtigt würde, weil es der Normgeber selbst versäumt hat, diese Effektivität durch ein kumulatives Sanktionssystem mit ergänzenden Individualgeldbußen sicherzustellen, lässt sich nicht über den Effektivitätsgrundsatz lösen. Wie es der EuGH im Hinblick auf den Effektivitätsgrundsatz fordert,[1188] hält das nationale Recht wirksame und hinreichend abschreckende Sanktionen bereit. Damit geht die Pflicht der mitgliedstaatlichen Gerichte einher, das nationale Recht möglichst so auszulegen, dass bei einer Zuwiderhandlung gegen die Wettbewerbsregeln effektive Sanktionen verhängt werden können.[1189] Es geht vorliegend aber gar nicht um einen Vollzug von Unionsrecht durch die Mitgliedstaaten, sondern nur um die Konstellation supranationaler Geldbußen der Kommission in eigenen Verwaltungsverfahren. Diese sind aufgrund einer Konzeptionsschwäche mangels Zugriffs auf die Geschäftsleiter nicht effektiv.

Nimmt man nämlich mit den vorstehenden Erwägungen eine Regelungskompetenz des Rates zur Schaffung auch einer Individualgeldbuße an, stellt sich die Problematik einer fehlenden Effektivität der Kartellgeldbuße mangels Zugriffs auf die Leitungsorgane als eine „hausgemachte" konzeptionelle Schwäche der unionsrechtlichen Regelung dar.[1190] Zu deren Ausgleich erscheint ein auf den Effektivitätsgrundsatz gestützter Eingriff in die Rechtsordnungen der Mitgliedstaaten, der aus Sicht der Rechtsunterworfenen zu einem zufälligen Ergebnis bei der Regressierbarkeit führt, aber nicht statthaft.

Zu beachten ist in diesem Zusammenhang nämlich auch, dass auch eine Berufung auf den Effektivitätsgrundsatz die verfassungsrechtlichen Gren-

1187 *Wacker*, Persönliche Schadensersatzhaftung, S. 125; siehe hierzu bereits oben unter § 3 B.I.

1188 EuGH, Urt. v. 18.6.2013 – C-681/11, NJW 2013, 3083, 3084.

1189 Siehe BGH, Beschl. v. 16.12.2014 – KRB 47/13, NZKart 2015, 272, 274.

1190 In diese Richtung auch *Baur/Holle*, ZIP 2018, 459, 466; *Glöckner*, Kartellrecht, S. 75; kritisch auch *Dannecker/Biermann*, in: Immenga/Mestmäcker, WettbR, Vor Art. 23 VO 1/2003, Rn. 21.

zen der mitgliedstaatlichen Rechtsordnung im Auge behalten muss. Die Pflicht zur unionsrechtskonformen Auslegung des nationalen Rechts findet ihre Schranken in den allgemeinen Rechtsgrundsätzen – insbesondere im Grundsatz der Rechtssicherheit – insofern, als dass die Heranziehung des Grundsatzes nicht zu einer Auslegung contra legem führen darf.[1191] Die Rechtssicherheit wäre aber bei einer – nicht immer vorhersehbaren – Unterscheidung hinsichtlich der Regressfähigkeit von Geldbußen je nach dem, ob sie von der Kommission oder vom Kartellamt auf Grundlage von Art. 101 AEUV verhängt werden, schwerwiegend beeinträchtigt. Es obliegt damit dem Normgeber, durch legislative Maßnahmen die mangels individueller Sanktionsmöglichkeit auftretende Präventionslücke zu schließen.[1192]

VI. Schlussfolgerung für einen Regress bei unionsrechtlichen Geldbußen

Die gesellschaftsrechtliche Innenhaftung der Leitungsorgane muss bei Annahme eines Regressausschlusses für Verbandsgeldbußen nach § 30 OWiG auch bei Unternehmensgeldbußen auf Grundlage des unionsrechtlichen Kartellrechts ausgeschlossen sein. Ein gespaltenes Haftungsregime wäre aus Gründen der Rechtssicherheit und -klarheit nicht hinnehmbar. Dies gilt insbesondere mit Blick auf die Rechtsanwendungskonkurrenz für das Unionskartellrecht. Der Effektivitätsgrundsatz kann einem Regressausschluss nicht entgegengehalten werden. Der europäische Normgeber hätte durch Einführung einer Individualsanktion für Kartellverstöße selbst die Möglichkeit, zu einer Effektivierung der Rechtsdurchsetzung beizutragen.

1191 BGH, Beschl. v. 16.12.2014 – KRB 47/13, BGHt 60, 121, 127 = NZKart 2015, 272 Rn. 19.

1192 *Baur/Holle*, ZIP 2018, 459, 466.

§ 5 Zusammenfassung der wesentlichen Ergebnisse der Untersuchung

1. Die Frage einer haftungsrechtlichen Inanspruchnahme von Leitungsorganen für Geldbußen, die gegen juristische Personen verhängt werden, hat große praktische Bedeutung. Die Verschärfung zahlreicher Bußgeldvorschriften sowie insbesondere die häufig hohen Bußgeldsummen gegen Unternehmen wecken ein Bedürfnis nach finanzieller Entlastung im Innenverhältnis. Bei der Aktiengesellschaft folgt die Relevanz des Themas zudem aus der Verfolgungspflicht des Aufsichtsrats gegenüber haftungsbegründenden Pflichtverletzungen der Vorstandsmitglieder.
2. Im Schrifttum ist die Thematik hoch umstritten. Während die noch überwiegende Meinung für einen zulässigen Innenregress plädiert und insofern lediglich eine höhenmäßige Haftungsbegrenzung mit unterschiedlichen Erwägungen befürwortet, spricht sich ein mittlerweile großer Teil der Stimmen für einen vollständigen Regressausschluss aus. In der ersten gerichtlichen Entscheidung zum gesellschaftsrechtlichen Bußgeldregress hat sich das LAG Düsseldorf dieser Bewertung angeschlossen und einen Regressausschluss bereits dem Grunde nach angenommen. Nachdem das BAG in der Revisionsinstanz mit Blick auf Zuständigkeitserwägungen den Rechtsstreit zurückverwiesen hat, erfolgte eine Verweisung an die ordentlichen Gerichte, wo der Prozess von neuem begonnen hat. Höchstrichterliche Rechtsprechung zur Thematik existiert somit bislang nicht. Für einen praktisch bedeutsamen Teilbereich der Innenhaftung herrscht damit nach wie vor große Rechtsunsicherheit.
3. Die Geldbuße gegen juristische Personen nach § 30 OWiG bildet die einzige hoheitliche Sanktionsnorm gegenüber juristischen Personen im deutschen Recht. Ein wichtiges Ziel dieser monetären Sanktion ist die Abschöpfung rechtswidrig erzielter Gewinne. Die Geldbuße soll dem Unternehmen die aus einem Rechtsverstoß resultierenden wirtschaftlichen Vorteile entziehen und damit auch für eine Gleichstellung juristischer Personen mit Einzelunternehmern sorgen, bei denen eine Abschöpfung der wirtschaftlichen Vorteile ihres Unternehmens bereits über die Individualsanktionsnorm des § 17 OWiG möglich ist. Da Gesetzesverstöße im unternehmerischen Bereich überwiegend zur

Gewinnsteigerung erfolgen, kommt der Abschöpfungskomponente bei der Verbandsgeldbuße eine wesentlich größerer Bedeutung zu als bei der Geldbuße gegen natürliche Personen.

4. Über die Abschöpfungsfunktion hinaus misst der Gesetzgeber der Verbandsgeldbuße den spezifischen Zweck zu, eine sanktionsmäßige Gleichstellung von juristischen Personen und unternehmerisch tätigen natürlichen Personen, sog. Einzelunternehmern, zu verwirklichen. Ohne die Möglichkeit einer verbandsbezogenen Sanktion wäre die juristische Person nicht den Nachteilen ausgesetzt, die bei rechtswidrigem Verhalten für den Einzelunternehmer folgen. Die juristische Person soll deshalb mit einer finanziellen Sanktion belegt werden können, die an ihren wirtschaftlichen Verhältnissen orientiert ist.
5. Ein weiteres Ziel der Verbandsgeldbuße liegt in der Förderung der Rechtsdurchsetzung durch Abschreckung. Der Verbandsgeldbuße liegt insofern auch eine präventiv-verhaltenssteuernde Zwecksetzung zugrunde. Zielobjekt dieser verhaltenssteuernden Komponente kann jedoch nicht das individuelle Leitungsorgan sein. Die Verbandsgeldbuße trifft das Leitungsorgan nicht in seinem eigenen Vermögen und ist damit nicht zur Individualsteuerung geeignet. Zudem besteht mit der persönlichen Geldbuße oder Geldstrafe für die Bezugstat, an welche die Verbandsgeldbuße anknüpft, ein strukturell vorrangiges Instrument zur Abschreckung der Leitungsorgane. Auch ein vom Gesetzgeber beabsichtigtes Steuerungsszenario über den Umweg des Innenregresses kann nicht angenommen werden. Ohnehin ist mit Blick auf die zahlreichen weiteren Nachteile, die einem Leitungsorgan bei rechtswidrigem Verhalten drohen (persönliche Sanktion, Innenregress für Haftungsschäden der Gesellschaft, gewerbe- und anstellungsrechtliche Konsequenzen) zweifelhaft, ob ausgerechnet das hinzutretende Regressrisiko eine entscheidende Verhaltenssteuerung bewirken könnte.
6. Trotz der formellen Adressatenstellung nach § 30 OWiG scheidet auch die juristische Person als solche bzw. der Verband als „soziales Subjekt" als Objekt der Steuerungswirkung aus. Mangels normativer Ansprechbarkeit des überpersonellen Rechtskonstrukts kann eine dahingehende Abschreckungswirkung nicht angenommen werden. Eine derartige Konzeption der Verbandsgeldbuße müsste mangels hinreichender empirischer Nachweisbarkeit als eine die Einschätzungsprärogative des Gesetzgebers überschreitende Maßnahme qualifiziert werden.
7. Unter Berücksichtigung der gesetzestechnischen Konzeption können nur die Anteilseigner der sanktionierten Gesellschaft die Adressaten

der Steuerungswirkung der Verbandsgeldbuße sein. Der Vermögensnachteil bei der Gesellschaft bedeutet auch für die Anteilseigner finanzielle Einbußen. Um diese zu vermeiden, sollen die Anteilseigner angehalten werden, Einfluss auf die Leitungsorgane auszuüben, um deren Rechtstreue zu fördern.

8. Die Förderung einer rechtmäßigen Unternehmensleitung durch die Anteilseigner kann durch das Setzen gezielter Anreize für die Leitungsorgane erreicht werden. Ein Fokus sollte dabei in der Inaussichtstellung finanzieller Auswirkungen liegen. Insbesondere in negativer Hinsicht sind den Leitungsorganen finanzielle Einbußen für rechtswidriges Handeln anzukündigen, wie etwa die Rückforderung von Vergütungsbestandteilen über sog. claw back-Regelungen. Auch personelle Konsequenzen bis hin zur Abberufung aus der Organstellung sind anzudrohen. Anreizstrukturen mit finanzieller Belohnung einer rechtmäßigen Unternehmensführung durch Bonuszahlungen sind dagegen mit großer Zurückhaltung einzusetzen. Ein solches System würde die Legalitätspflicht als gesetzliche Mindestanforderung der Leitungsaufgabe unterwandern.
9. Die anteilseignerbezogene Zielsetzung droht bei Anerkennung des Innenregresses unterwandert zu werden. Besteht die Aussicht auf eine auch nur teilweise Entlastung bei den Leitungsorganen, verringert sich der Anreiz zur Förderung rechtmäßigen Organwalterverhaltens bei der Unternehmensleitung. Stattdessen wird ein Hinwirken auf Profitsteigerungen durch rechtswidriges Verhalten oder zumindest ein bewusstes Geschehenlassen wahrscheinlicher, was dem Ziel der effektiven Rechtsdurchsetzung diametral zuwiderliefe. Die Präventionszweckunterlaufung bei voraussehbarer Weitergabemöglichkeit der finanziellen Belastung an einen Dritten bildet auch die Grundlage für die arbeitsgerichtliche Rechtsprechung, die eine schadensrechtliche Abwälzung von dienstlich veranlassten Individualsanktionen versagt. Dasselbe gilt für die Bewertung privatrechtlicher Erstattungszusagen für staatliche Geldsanktionen.
10. Die Rechtsprechung des BGH und zahlreicher Instanzgerichte zur Abwälzbarkeit finanzieller Verbandssanktionen gegen Sportvereine auf deren Zuschauer bildet kein Präjudiz für den Innenregress bei Verbandsgeldbußen. Die Regelwerke des DFB, die den verhängten Verbandssanktionen in den Entscheidungen zugrunde liegen, bezwecken ausdrücklich eine Abschreckung der handelnden Zuschauer. Mangels effektiver eigener Zugriffsmöglichkeiten des Verbands auf diese Akteure soll dieses Ziel über einen haftungsrechtlichen Rückgriff erreicht

werden. Aufgrund der unterschiedlichen Ausgangslage lässt diese Konstellation keine Rückschlüsse auf den gesellschaftsrechtlichen Bußgeldregress zu.

11. Das Konzept einer Anteilseignersteuerung durch Verbandsgeldbußen erweist sich im Ergebnis auch unter verfassungsrechtlichen Gesichtspunkten als tragfähig. Zwar hängen die tatsächlichen und rechtlichen Möglichkeiten der Anteilseigner für eine steuernde Einwirkung auf die Leitungsorgane von der Organisationsform der juristischen Person und der Höhe des Anteilsbesitzes ab. Bei GmbH-Gesellschaftern mit großen Anteilen sowie bei Großaktionären einer Aktiengesellschaft ist eine Einwirkung auf das Rechtmäßigkeitsverhalten der Leitungsorgane aber nicht ausgeschlossen, sodass eine angestrebte Aktivierung der Anteilseigner nicht als ungeeignet zu qualifizieren ist. Die verringerte oder ganz fehlende Einflussmöglichkeit von Anteilseignern mit geringen Beteiligungen führt in der Gesamtabwägung nicht zur Unverhältnismäßigkeit der Sanktion.
12. Auch der Gleichstellungszweck der Verbandsgeldbuße droht bei einem Innenregress unterlaufen zu werden. Die Erreichung der Gleichstellung erfordert allein die Zufügung des finanziellen, an den wirtschaftlichen Verhältnissen der juristischen Person orientierten Übels. Verbleibt der finanzielle Nachteil nur kurzfristig beim Unternehmen, wird die sanktionsmäßige Gleichstellung mit Einzelunternehmern verfehlt.
13. Bestätigung findet dieses Ergebnis einer Sanktionszweckunterlaufung bei Weiterreichung des finanziellen Übels im Steuerrecht. Das Steuerrecht untersagt einen Abzug der Verbandsgeldbuße als Betriebskosten gerade mit der Begründung, dass die Sanktionszwecke unterlaufen würden, wenn die Gesellschaft das Übel der Sanktion durch eine Berücksichtigung als Betriebsausgabe nicht vollständig zu spüren bekomme. Auch hierdurch kommt der Gedanke des Gesetzgebers zum Ausdruck, dass die finanzielle Sanktion zur Zweckerreichung vollständig und längerfristig bei der Gesellschaft verbleiben muss.
14. Aus der strafrechtlichen Behandlung von Drittzahlungen auf fremde Geldstrafen lässt sich hingegen nicht ableiten, dass die Sanktionszwecke bereits mit der eigenständigen Begleichung der Geldbuße endgültig erreicht wären und durch einen nachträglichen Ausgleich nicht beeinträchtigt würden. Die Rechtsprechung zur strafrechtlichen Zulässigkeit von Drittzahlungen bringt vielmehr gerade das Gegenteil zum Ausdruck und beruht in erster Linie auf der rein pragmatischen Erwä-

gung, dass zahlreiche faktisch unkontrollierbare Möglichkeiten zur Umgehung einer Strafbarkeit denkbar sind.

15. Die sog. „Berater-Rechtsprechung“ des BGH, die eine Weitergabe von persönlichen Geldsanktionen im Wege des Schadenersatzes unter der Voraussetzung zulässt, dass ein besonderer Rechtsgrund in Gestalt einer vertraglichen Verpflichtung zur Vermeidung der Sanktionierung vorliegt, ist für die Frage des Innenregresses für Verbandsgeldbußen nicht präjudiziell. Die spezifische Normkonzeption des § 30 OWiG erfordert für die Verbandsgeldbuße eigenständige Erwägungen.
16. Die Gefährdung des Präventions- und des Gleichstellungszwecks macht im Ergebnis einen vollständigen Regressausschluss notwendig. Zwischen der sanktionsrechtlichen Ebene und der zivilrechtlichen Haftungsebene, die an sich voneinander unabhängig sind, kommt es aufgrund der spezifischen Regelungstechnik der Verbandsgeldbuße zu einer Verquickung. Die Normkonzeption des § 30 OWiG mit einer Anknüpfung der Verbandsgeldbuße an eine Bezugstat des Leitungsorgans, die zugleich eine Pflichtverletzung im Innenverhältnis begründet, führt dazu, dass die Voraussetzungen des Rückgriffs unmittelbar durch die Verhängung der Geldbuße gegen die juristische Person ausgelöst würden und die Verbandsgeldbuße sich bei Zulässigkeit eines Rückgriffs daher selbst die Grundlage entzöge.
17. Methodisch vorzugswürdiger Anknüpfungspunkt für den Ausschluss der Innenhaftung ist der normative Schadensbegriff, der eine Korrektur der Differenzhypothese unter Wertungsgesichtspunkten ermöglicht. Die Verortung beim normativen Schadensbegriff macht zugleich deutlich, dass der Regressausschluss nicht zwingend eines Tätigwerdens des Gesetzgebers bedarf, sondern sich im Rahmen der richterlichen Kompetenz zur Ausfüllung des normativen Schadensbegriffs bewegt. Ein Gericht kann damit einen Innenregress versagen, ohne sich dem Vorwurf einer Rechtsfindung contra legem auszusetzen.
18. Auf unionsrechtliche Kartellbußen ist die Argumentation zum Regressausschluss nicht übertragbar, da diesen eigenständige Erwägungen zugrunde liegen. Die unionsrechtliche Unternehmensgeldbuße bezweckt eine Abschreckungswirkung, die jedoch anders als die Verbandsgeldbuße nach deutschem Recht nur unter Einbeziehung der Leitungsorgane erreicht werden kann, da eine persönliche Sanktionsmöglichkeit gegen natürliche Personen fehlt. Ein Ausschluss des Innenregresses für deutschem Gesellschaftsrecht unterliegende juristische Personen würde deshalb die Effektivität europäischer Kartellbußen beeinträchtigen. Ein nur partieller Regressausschluss unter Aus-

nahme europäischer Kartellbußen stellt jedoch gerade mit Blick auf die Rechtsanwendungskonkurrenz im europäischen Kartellrecht keinen tragfähigen Lösungsansatz dar, da die Rechtssicherheit hierdurch gefährdet wäre. Zu berücksichtigen ist stattdessen, dass die alleinige Ausrichtung der unionsrechtlichen Kartellbuße auf das Unternehmen ohne Möglichkeit der Individualsanktion gegen die für das Unternehmen Handelnden eine grundlegende Konzeptionsschwäche darstellt, die dem nationalen Gesetzgeber nicht anzulasten ist. Aus diesem Grund erscheint ein vollständiger, auch unionsrechtliche Kartellbußen einschließender Regressausschluss vorzugswürdig.

§ 6 Vorschläge und Ausblick

Im Rahmen der Untersuchung wurde aufgezeigt, dass der gesellschaftsrechtliche Innenregress für Verbandsgeldbußen ausgeschlossen sein muss, um elementare Wertungen der sanktionsrechtlichen Ebene nicht zu unterlaufen. Zur Absicherung dieses Ergebnisses und einer weiteren Steigerung der Effektivität hoheitlicher Sanktionierung im unternehmerischen Bereich ist über weitere Schritte nachzudenken.

1. Gesetzgeberische Klarstellung

Die in der Normkonstruktion des § 30 OWiG angelegte Regresshaftung macht eine normative Korrektur des Schadensbegriffs im Rahmen der gesellschaftsrechtlichen Innenhaftung von Leitungsorganen notwendig, die zu einem Ausschluss der Innenhaftung bei Verbandsgeldbußen führt. Wenngleich ein mit der Problematik befasstes Gericht diese Korrektur vornehmen kann, empfiehlt sich angesichts der gespaltenen Meinungslage im Schrifttum eine gesetzliche Klarstellung zum Regressausschluss.[1193] Insbesondere mit Blick auf die fehlende höchstrichterliche Klärung der Frage erscheint eine solche Klarstellung auch zur Vermeidung gegenläufiger Entscheidungen von Instanzgerichten sinnvoll. Als Vorbild könnte das österreichische Verbandsverantwortlichkeitsgesetz dienen, das einen haftungsrechtlichen Rückgriff auf Einzelpersonen explizit ausschließt. Das gleiche gilt für den in die Diskussion um ein Verbandsstrafrecht eingebrachten Kölner Entwurf eines Verbandssanktionengesetzes und den jüngeren Münchener Entwurf. Diesen Regelungen folgend empfiehlt sich eine Aufnahme des Regressausschlusses unmittelbar im Kontext der Bußgeldnorm des § 30 OWiG, welche die Grundlage für sämtliche Verbandsgeldbußen nach deutschem Recht bildet. Der jüngste Referentenentwurf für eine Neuregelung der Verbandssanktion lässt diese Möglichkeit jedoch verstreichen.[1194]

1193 *Baur/Holle*, ZIP 2018, 459, 467; *Ackermann*, NZKArt 2018, 1, 2.
1194 Siehe oben Fn. 121.

2. Stärkung der Präventionseffizienz

Die Zielsetzung einer Verhaltenssteuerung bei den Anteilseignern ist durch das geltende Sanktionsregime nicht immer sichergestellt. Wirksame Anreize zur Kontrollausübung und Einwirkung auf die Leitungsorgane hin zu rechtschaffenem Handeln kann eine Sanktion nur dann erzeugen, wenn sie den Steuerungsadressaten ein spürbares und nachhaltiges Übel zufügt und sich nicht in geringfügigen Einbußen erschöpft.

Mit dieser Erkenntnis steht das geltende Bußgeldregime nicht vollständig in Einklang. Die starren Sanktionsobergrenzen des Ahndungsanteils einer Verbandsgeldbuße nach § 30 OWiG lassen keine Berücksichtigung der individuellen Umsatzsituation eines Unternehmens zu. Dies kann dazu führen, dass eine Verbandsgeldbuße gegenüber einem sehr umsatzstarken Unternehmen bilanziell nur unwesentlich ins Gewicht fällt und damit auch auf Ebene der Anteilseigner keine maßgeblichen Bemühungen zur Verhinderung einer solchen Sanktion zu erwarten sind. Die Sanktion stellt sich dann vielmehr als ein kalkulierbares Risiko dar.[1195] Dass die Höchstgrenzen des Ahndungsanteils für Abschöpfungszwecke überschritten werden können, ist insoweit unerheblich, da die Abschöpfung jedenfalls nicht in gleichem Maße der Abschreckung dient wie der Ahndungsanteil.

Auf der anderen Seite können insbesondere kleinere Unternehmen mit geringen Gewinnen durch starre Bußgeldrahmen unverhältnismäßig stark getroffen werden, was zwar unter dem Aspekt der Steuerungswirkung positiv ist, unter Übermaßgesichtspunkten gleichwohl problematisch erscheint.[1196]

Zur Beseitigung dieser Problemstellung ist der Gesetzgeber gefragt. Es empfiehlt sich die Einführung einer umsatzbezogenen Bußgeldbemessung für sämtliche Geldbußen nach § 30 OWiG, wie sie bereits durch Sondervorschriften im Kartellrecht sowie in vereinzelten weiteren Bereichen praktiziert wird. Zweck einer solchen umsatzbezogenen Bemessung ist es, bei finanziell gut ausgestatteten und leistungsfähigen juristischen Personen eine Ahndungsempfindlichkeit und damit eine Abschreckungswir-

1195 Hierzu auch *Heile*, WiJ 2014, 228, 241.

1196 Zur Kritik an den starren Obergrenzen des § 30 OWiG siehe auch *Kubiciel/Gräbener*, ZRP 2016, 137; BGH, Beschl. v. 26.2.2013 – KRB 20/12, BGHt 58, 158, 177 f. = NJW 2013, 1972 Rn. 61 ff.; siehe auch Kölner Entwurf (oben Fn. 119), S. 13; Entwurf-NRW (oben Fn. 118), S. 28; *Beisheim/Jung*, CCZ 2018, 63, 66; *Kayadibi*, in: Henssler u.a., Grundfragen, S. 171 f.

kung sicherzustellen.[1197] Zwar wird die verfassungsrechtliche Zulässigkeit einer umsatzbezogenen Bußgeldbemessung von Teilen des Schrifttums noch immer angezweifelt.[1198] Der BGH hat in seiner Entscheidung zum Grauzementkartell indes die Verfassungsmäßigkeit dieser Bemessungsart für die Regelung des § 81 Abs. 4 GWB bestätigt.[1199] Zu beachten ist insofern, dass der verfassungsrechtliche Bestimmtheitsgrundsatz nicht nur für den Tatbestand, sondern auch für die Rechtsfolgenandrohung einer Sanktionsnorm gilt.[1200] Bei dem vom BGH zugrunde gelegten Verständnis einer umsatzbezogenen Begrenzung der Geldbuße als absolute Obergrenze im Sinne eines Höchstmaßes für die schwerwiegendsten Verstöße im Gegensatz zu einer bloßen Kappungsgrenze, dürfte eine solche Regelung mit dem BGH aber dem Bestimmtheitsgrundsatz genügen. Sie gibt den Kartellverfolgungsbehörden einen ähnlichen klar definierten Bußgeldrahmen wie eine fixe summenmäßige Obergrenze vor, in dessen Grenzen die Zumessung zu erfolgen hat.

Ergänzend zur umsatzbezogenen Bußgeldbemessung ließe sich für eine Verstärkung der Abschreckungswirkung von Verbandsgeldbußen eine Einbeziehung reputationsbeeinträchtigender Maßnahmen andenken. Auch ein negativer Einfluss auf die Unternehmensreputation kann geeignet sein, die einflussfähigen Anteilseigner zu gesteigerter Kontrollausübung zu veranlassen. Aktuell ist diese Konsequenz nicht gewährleistet, weil die Verbandsgeldbuße im Ordnungswidrigkeitenverfahren grundsätzlich ohne öffentliche Verhandlung festgesetzt wird.[1201] Durch das standardmäßige Veröffentlichen von Verbandssanktionen etwa, die sich wiederum nachteilig auf die Umsatzzahlen auswirken und damit zu einer weiteren finanziellen Beeinträchtigung führen können, könnten die Anteilseigner ergänzend zur verstärkten Hinwirkung auf eine rechtstreue Unternehmensführung motiviert werden. Vorschläge in diese Richtung wurden bereits unterbrei-

---

1197 *Meyer-Lindemann*, in: Loewenheim u.a., KartellR, § 81 Rn. 93; BGH, Beschl. v. 26.2.2013 – KRB 20/12, BGHt 58, 158, 179 = NJW 2013, 1972 Rn. 70.

1198 *Bechtold/Buntscheck*, NJW 2005, 2966, 2969 f.; *Thiele*, WRP 2006, 999, 1000 ff.; *Meyer-Lindemann*, in: Loewenheim u.a., KartellR, § 81 Rn. 91; a.A. *Fuchs*, WRP 2005, 1384, 1391 (dort Fn. 85); *Mundt*, WuW 2007, 458, 464 ff.

1199 BGH, Beschl. v. 26.2.2013 – KRB 20/12, BGHt 58, 158, 177 f. = NJW 2013, 1972 Rn. 51 ff.

1200 BVerfG, Urt. v. 20.3.2002 – 2 BvR 794/95, BVerfGE 105, 135 Rn. 69 = NJW 2002, 1779, 1780.

1201 Kritisch hierzu auch *Heile*, WiJ 2014, 228, 241.

tet.[1202] In vereinzelten Bereichen sind derartige Regelungen sogar bereits in Kraft.[1203] Die Weiterverfolgung dieser Ansätze und ihre Ausweitung auf andere Bereiche erscheint sinnvoll.[1204]

Weitergehende Änderungen, wie etwa die vereinzelt befürwortete Einführung einer für das deutsche Recht systemfremden Sanktion in Gestalt sog. equity fines,[1205] bei denen durch Zwangsemission von Anteilen eine Anteilsverwässerung herbeigeführt werden soll, was wiederum eigenständige Problemkreise aufwirft, bedarf es dann nicht.

3. Effektivierung der Individualsanktion

Bei Ausschluss der Regressmöglichkeit im Falle einer Verbandsgeldbuße fällt die potentielle Abschreckungswirkung des Regressszenarios auf den Geschäftsleiter aus. Insoweit wurde bereits dargelegt, dass der Ausfall dieses zusätzlichen Übels, das den Organwalter hinzutretend zu der in erster Linie möglichen Individualsanktion treffen kann, sich nicht zwingend auf das Verhalten des Organwalters auswirken muss. Vielmehr ist davon auszugehen, dass die persönliche Sanktionsandrohung, gepaart mit weiteren zu erwartenden negativen Konsequenzen einer Aufdeckung rechtswidriger Aktivitäten, an sich eine ausreichende Abschreckungswirkung erzeugen dürfte.

Wesentlich wichtiger erscheint es stattdessen, die vorhandenen individuellen Sanktionsmöglichkeiten in der Praxis konsequent anzuwenden. Persönliche Bußgeldverfahren gegen Leitungsorgane dürfen nicht vorschnell eingestellt werden, sondern sind konsequent zu Ende zu bringen.[1206] Die

1202 Vgl. hierzu auch *Bachmann/Prüfer*, ZRP 2005, 109, 113 (Vorschlag zu Korruptionstaten). In eine ähnliche Richtung, wenngleich nicht weit genug, da nur von öffentlichen Auftraggebern beim Vergabeverfahren einsehbar, geht das kürzlich eingeführte Wettbewerbsregister.

1203 Siehe etwa § 319a VAG zur Bekanntmachung von Sanktionen durch die Bafin bei festgelegten Verstößen von Versicherungsunternehmen.

1204 Vgl. hierzu auch *Bachmann/Prüfer*, ZRP 2005, 109, 113 (Vorschlag zu Korruptionstaten). In eine ähnliche Richtung, wenngleich nicht weit genug, da nur von öffentlichen Auftraggebern beim Vergabeverfahren einsehbar, geht das kürzlich eingeführte Wettbewerbsregister.

1205 Siehe hierzu *Coffee*, (1981) 79 Mich. L. Rev. 386, 416; befürwortend auch *Lütolf*, Strafbarkeit, S. 269 f. und S. 396 f. kritisch etwa *Kirch-Heim*, Sanktionen, S. 222.

1206 *Ackermann*, NZKart 2018, 1, 2 f.

bereits erörterte[1207] Möglichkeit der Einführung des Legalitätsprinzips auch für Geldbußen, die politisch diskutiert wird, könnte hier Abhilfe schaffen.

Trotz konsequenter Verfolgung der verantwortlichen Leitungsorgane könnte zudem auch eine Erhöhung bzw. Intensivierung der persönlichen Sanktionsandrohungen unter Effektivitätsaspekten zielführend sein. Insbesondere für das Kartellrecht wird in diese Richtung die Einführung von kriminalstrafrechtlichen Individualstrafen für die handelnden Repräsentanten diskutiert.[1208] Wenngleich wegen der ultima ratio-Funktion des Strafrechts bei der Einführung neuer Straftatbestände, die bislang im Ordnungswidrigkeitenrecht verortet waren, Zurückhaltung geboten ist, sprechen unter präventiven Aspekten gute Gründe für einen solchen Schritt. Auf rechtspolitischer Ebene scheint diese Diskussion über eine Stärkung der präventiven Funktion durch eine weitergehende Kriminalisierung von Kartellverstößen indes vorerst vom Tisch zu sein.[1209]

4. Individualsanktion auf unionsrechtlicher Ebene

Auf unionsrechtlicher Ebene schließlich bedarf es einer Effektivierung der Kartellrechtsdurchsetzung im Hinblick auf die für ein Unternehmen handelnden Individuen. Zu beachten ist in diesem Zusammenhang, dass das Unionsrecht offenbar eine Steuerung der Leitungsorgane auf der privatrechtlichen Ebene verfolgt, was sich anhand anhaltender Tendenzen zur Stärkung der privaten Rechtsdurchsetzung im Kartellrecht ablesen lässt. Die persönliche Schadenersatzhaftung von Leitungsorganen im Außenverhältnis, kumuliert mit dem Innenhaftungsrisiko aus einer Regressnahme für Haftungsschäden des Unternehmens, die mangels Sanktionszweckes ohne Weiteres regressierbar sind, könnte das Fehlen von Individualsanktionen in gewissem Maße ausgleichen.[1210]

1207 Siehe hierzu oben unter § 4 D.V.2.e)cc)(2)(c).

1208 Siehe hierzu die Nachweise in Fn. 363

1209 Siehe hierzu Justizministerkonferenz 2016, Beschluss zu TOP II.3: Strafbarkeit von Kartellverstößen, abrufbar unter: https://mdjev.brandenburg.de/media_fast/6228/top_ii.3_-_strafbarkeit_von_kartellverstoessen_herbstkonferenz.pdf (zuletzt besucht am 31.5.2020); dazu auch *Hombrecher*, NZKart 2017, 143, 149.

1210 *Feddersen*, in: Grabitz/Hilf, Das Recht der Europäischen Union, Art. 23 VO 1/2003, Rn. 13; zur Präventionswirkung eines drohenden Regresses für Haftungsschäden der Gesellschaft und einer persönlichen Außenhaftung der Organwalter siehe bereits oben, § 4 D.V.2.e)cc)(3).

Ob dahingehende Maßnahmen ausreichen, ist jedoch zweifelhaft. Damit könnte sich die Einführung persönlicher Sanktionen gegen die handelnden Unternehmensrepräsentanten in Ergänzung zur Unternehmensgeldbuße empfehlen.[1211] Kompetenzrechtliche Erwägungen stehen einer persönlichen Geldbuße auf europarechtlicher Ebene nicht entgegen. Konkrete Entwicklungen oder Tendenzen in diese Richtung sind derzeit zwar nicht ersichtlich. Mit einer höchstrichterlichen Absage an den gesellschaftsrechtlichen Innenregress in Deutschland oder gar mit einer gesetzgeberischen Klarstellung könnte sich dies jedoch ändern und die Diskussion zur Thematik auch auf europäischer Ebene angestoßen werden.

1211 *Dannecker/Biermann*, in: Immenga/Mestmäcker, WettbR, Vor Art. 23 VO 1/2003, Rn. 21.

Literaturverzeichnis

Achenbach, Hans: Haftung und Ahndung, ZIS 2012, 178–182

Ders.: Haftung und Ahndung – Wider die Vertauschung zweier disparater Rechtsfolgemodelle, in: Festschrift für Imme Roxin, München 2012, S. 3–12

Ders.: Verbandsgeldbuße und Aufsichtspflichtverletzung (§§ 30 und 130 OWiG) – Grundlagen und aktuelle Probleme, NZWiSt 2012, 321–328

Ders.: Das Kartell-Bußgeldrecht der Europäischen Union, in: Ders./Ransiek, Andreas/Rönnau, Thomas, Handbuch Wirtschaftsstrafrecht, 4. Aufl., Heidelberg 2015, S. 445–460 (zit.: Achenbach, in: Ders./Ransiek/Rönnau, Hdb. Wirtschaftsstrafrecht)

Ackermann, Thomas: Prävention als Paradigma: Zur Verteidigung eines effektiven kartellrechtlichen Sanktionssystems, ZWeR 2010, 329–352

Ders.: Unternehmenssteuerung durch finanzielle Sanktionen; ZHR 179 (2015), 538–562

Ders.: Organhaftung für Kartellgeldbußen – Gedanken zum Zeitvertreib, NZKart 2018, 1–3

Ackermann, Bruni: Die Strafbarkeit juristischer Personen im deutschen Recht und in ausländischen Rechtsordnungen, Berlin 1984 (zit.: B. Ackermann, Strafbarkeit juristischer Personen)

Adams, Richard: Managementkontrolle, Hamburg 2016 (zit.: Adams, Managementkontrolle)

Alexander, Christian: Schadensersatz und Abschöpfung im Lauterkeits- und Kartellrecht – Privatrechtliche Sanktionsinstrumente zum Schutz individueller und überindividueller Interessen im Wettbewerb, Tübingen 2010 (zit.: Alexander, Schadensersatz und Abschöpfung)

Altemeier, Christina: Verantwortlichkeit des Vorstands für Kartellrechtsverstöße – Ein Beitrag zu Organhaftung und zu Organuntreue, Frankfurt a.M. 2013 (zit.: Altemeier, Verantwortlichkeit)

Altmeppen, Holger/Roth, Günter H.: Gesetz betreffend die Gesellschaften mit beschränkter Haftung, Kommentar, 8. Auflage, München 2015 (zit.: Bearbeiter, in: Roth/Altmeppen, GmbHG)

Appel, Ivo: Verfassung und Strafe – Zu den verfassungsrechtlichen Grenzen staatlichen Strafens, Berlin 1998 (zit.: Appel, Verfassung und Strafe)

Armbrüster, Christian: Auswirkungen von Versicherungsschutz auf die Haftung: NJW 2009, 189–193.

Armbrüster, Christian/Schilbach, Dan: Nichtigkeit von VersVerträgen wegen Verbots- oder Sittenverstoßes, r+s 2016, 109–117

Auer-Reinsdorff, Astrid/Conrad, Isabell: Handbuch IT- und Datenschutzrecht, 2. Aufl., München 2016 (zit.: Bearbeiter, in: Auer-Reinsdorff/Conrad, Hdb. IT/DS)

Bachmann, Gregor: Reform der Organhaftung? Materielles Haftungsrecht und seine Durchsetzung in privaten und öffentlichen Unternehmen, Gutachten E zum 70. Deutschen Juristentag, in: Verhandlungen des 70. Deutschen Juristentags, Band 1, München 2014 (zit.: Bachmann, Gutachten E zum 70. DJT)

Ders.: Die Geschäftsleiterhaftung im Fokus von Rechtsprechung und Rechtspolitik, BB 2015, 771–777

Ders.: Die Beschränkung der Organhaftung nach den Grundsätzen des Arbeitsrechts, ZIP 2017, 841–851

Bachmann, Gregor/Prüfer, Geralf: Korruptionsprävention und Corporate Governance, ZRP 2005, 109–113

Bagger, Tim/Kober, Sebastian: Feuerwerkskörper im Fußballstadion – zivilrechtliche Haftung "zündelnder" Fans (Teil 2), jM 2015, 360–364

Bamberger, Georg/Roth, Herbert/Hau Wolfgang/Poseck, Roman: Beck'scher Onlinekommentar BGB, 53. Edition, München 2020 (zit.: Bearbeiter, in: BeckOK-BGB)

Bassen, Alexander: Institutionelle Investoren und Corporate Governance – Analyse der Einflussnahme unter besonderer Berücksichtigung börsennotierter Wachstumsunternehmen, Wiesbaden 2002 (zit.: Bassen, Institutionelle Investoren)

Bassler, Moritz: Die Bedeutung von institutionellen Anlegern für die interne Corporate Governance ihrer Beteiligungsunternehmen, Baden-Baden 2015 (zit.: Bassler, Institutionelle Anleger)

Bastuck, Burkhard: Enthaftung des Managements – Corporate Indemnification im amerikanischen und deutschen Recht, Köln 1986 (zit.: Bastuck, Enthaftung)

Baur, Jobst-Hubertus: Anmerkung zu BAG 8 AZR 189/15, FD-ArbR 2017, 393433

Baumbach, Adolf/Hueck, Alfred: Gesetz betreffend die Gesellschaften mit beschränkter Haftung, Kommentar, 21. Aufl., München 2017 (zit.: *Bearbeiter*, in: Baumbach/Hueck, GmbHG)

Baumbach, Adolf/Hopt, Klaus: Handelsgesetzbuch, Kommentar, 38. Aufl., München 2018 (Bearbeiter, in: Baumbach/Hopt, HGB)

Baur, Alexander/Holle, Phillip Maximilian: Bußgeldregress im Kapitalgesellschaftsrecht nach der (Nicht-)Entscheidung des BAG, ZIP 2018, 459–467

Dies.: Compliance-Defense bei der Bußgeldbemessung und ihre Einpassung in das gesellschaftsrechtliche Pflichtenprogramm, NZG 2018, 14–19

Bayer, Walter: Empfehlen sich besondere Regelungen für börsennotierte und für geschlossene Gesellschaften – Gutachten E für den 67. Deutschen Juristentag, in: Verhandlungen des 67. Deutschen Juristentags, Band 1, München 2008 (zit.: Bayer, Gutachten E zum 67. DJT)

Ders.: Legalitätspflicht der Unternehmensleitung, nützliche Gesetzesverstöße und Regress bei verhängten Sanktionen, in: Festschrift für Karsten Schmidt, Köln 2009, S. 85–104

Ders.: Die Innenhaftung des GmbH-Geschäftsführers de lege lata und de lege ferenda, GmbHR 2014, 897–907

Bayer, Walter/Habersack, Mathias: Aktienrecht im Wandel, Band 2 Grundsatzfragen des Aktienrechts, Tübingen 2007 (zit.: Bearbeiter, in: Bayer/Habersack, Aktienrecht im Wandel)

Bayer, Walter/Scholz, Philipp: Zulässigkeit und Grenzen des Kartellbußgeldregresses – Zugleich Kommentar zu LAG Düsseldorf vom 20.1.2015 – 16 Sa 459/14, GmbHR 2015, 449–456

Bayreuther, Frank: Haftung von Organen und Arbeitnehmern für Unternehmensgeldbußen, NZA 2015, 1239–1243

Bechtold, Rainer: Die rechtsstaatliche Problematik der Bußgelder bei Verstößen gegen das europäische Wettbewerbsrecht, in: Schwarze, Jürgen, Rechtsschutz und Wettbewerb in der neueren europäischen Rechtsentwicklung, Baden-Baden 2010, S. 97–106 (zit.: Bechtold, in: Schwarze, Rechtsschutz und Wettbewerb)

Bechtold, Rainer/Buntscheck, Martin: Die 7. GWB-Novelle und die Entwicklung des deutschen Kartellrechts 2003 bis 2005, NJW 2005, 2966–1973

Beck, Lukas: Aktuelles zur elektronischen Hauptversammlung, RNotZ 2014, 160–168

Beckemper, Katharina: Unternehmensstrafrecht auch in Deutschland? in: Kempf, Eberhard/Lüderssen, Klaus/Volk, Klaus, Unternehmensstrafrecht, Berlin 2012, S. 277–284 (zit.: Beckemper, in: Kempf/Lüderssen/Volk, Unternehmensstrafrecht)

Beckmann, Roland/Matusche-Beckmann, Annemarie: Versicherungsrechtshandbuch, 3. Aufl., München 2015 (zit.: Bearbeiter, in: Beckmann/Matusche-Beckmann, VersR-Hdb.)

Behrendt, Markulf/Pretzel, Severin: Präventiver Schutz vor Compliance-Verstößen im Rahmen von Bonusvereinbarungen, CB 2017, 454–459

Beisheim, Carsten/Jung, Laura: Unternehmensstrafrecht: Der neue Kölner Entwurf eines Verbandssanktionengesetzes (VerbSG-E), CCZ 2018, 63–67

Bergbach, Holger: Anteilseigentum – Betrachtungen zur Stellung von Gesellschaftern, insbesondere Aktionären, unter der Eigentumsgarantie des Grundgesetzes, Jena 2009 (zit.: Bergbach, Anteilseigentum)

Bernard, Christine: Nochmals: Haftung eines Störers für das Abbrennen von Bengalos im Fußballstadion, SpuRt 2013, 8–11

Bettermann, Peter/Heneric, Oliver: Corporate Governance in börsenfernen Familiengesellschaften, in: Hommelhoff, Peter/Hopt, Klaus/v. Werder, Axel, Handbuch Corporate Governance, 2. Aufl. Köln 2010, 849–882 (zit.: Bettermann/Heneric, in: Hommelhoff/Hopt/v. Werder: Hdb. Corporate Governance)

Beulke, Werner/Moosmayer, Klaus: Der Reformvorschlag des Bundesverbandes der Unternehmensjuristen zu den §§ 30, 130 OWiG, CCZ 2014, 146–152

Berg, Cai: Korruption in Unternehmen und Risikomanagement nach § 91 Abs 2 AktG, AG 2007, 271–278

Berg, Werner/Mäsch, Gerald: Deutsches und Europäisches Kartellrecht, Kommentar, 3. Aufl., Berlin 2018 (zit.: Bearbeiter, in: Berg/Mäsch, KartellR)

Bertossa, Carlo Antonio: Unternehmensstrafrecht – Strafprozess und Sanktionen, Bern 2003 (zit.: Bertossa, Unternehmensstrafrecht)

Bickenbach, Christian: Die Einschätzungsprärogative des Gesetzgebers, Tübingen 2014 (zit.: Bickenbach, Einschätzungsprärogative)

Bicker, Eike: Legalitätspflicht des Vorstands – ohne Wenn und Aber?, AG 2014, 8–14

Biermann, Jörg: Neubestimmung des deutschen und europäischen Kartellsanktionenrechts – Reformüberlegungen, Determinanten und Perspektiven einer Kriminalisierung von Verstößen gegen das Kartellrecht, ZWeR 2007, 1–48

Bihr, Dietrich/Blättchen, Wolfgang: Aufsichtsräte in der Kritik – Ziele und Grenzen einer ordnungsgemäßen Aufsichtsratstätigkeit – Ein Plädoyer für den 'Profi-Aufsichtsrat', BB 2007, 1285–1291

Binder, Sabrina: Grenzen der Vorstandshaftung, Berlin 2016 (zit.: Binder, Vorstandshaftung)

Binder, Ulrike/Kraayvanger, Jan: Regress der Kapitalgesellschaft bei der Geschäftsleitung für gegen das Unternehmen verhängte Geldbußen, BB 2015, 1219–1230

Blassl, Johannes: Compliance-Fragen in M&A-Prozessen, CCZ 2017, 37–43

Boers, Klaus: Wirtschaftkriminologie: Vom Versuch, mit einem blinden Fleck umzugehen, MschrKrim 2001, 335–356

Bohnert, Joachim/Krenberger, Benjamin/Krumm, Carsten: Ordnungswidrigkeitengesetz, Kommentar, 4. Aufl., München 2016 (zit.: Bohnert/Krenberger/Krumm, OWiG)

Bosch, Nikolaus: Organisationsverschulden in Unternehmen, Augsburg 2002 (zit.: Bosch, Organisationsverschulden)

Brandenburg, Hans-Friedrich: Die teleologische Reduktion – Grundlagen und Erscheinungsformen der auslegungsunterschreitenden Gesetzeseinschränkung im Privatrecht, Göttingen 1983 (zit.: Brandenburg, Teleologische Reduktion)

Bräunig, Alexander: Wider die Strafbarkeit von "Hardcore-Kartellen" de lege ferenda, HRRS 2011, 425–434

Brettel, Hauke/Thomas, Stefan: Compliance und Unternehmensverantwortlichkeit im Kartellrecht, Tübingen 2016 (zit.: Brettel/Thomas, Compliance)

Van Brevern, Daniel: Managerhaftung bei Unternehmenskartellbußen, DB 2017, 2999

Brodowski, Dominik: Supranationale europäische Verwaltungssanktionen: Entwicklungslinien – Dimensionen des Strafrechts – Legitimität, in: Tiedemann, Klaus/ Sieber, Ulrich /Satzger, Helmut/Burchard, Christoph/Brodowski, Dominik, Die Verfassung moderner Strafrechtspflege, Baden-Baden 2016, S. 141–180 (zit.: Brodowski, in: Tiedemann u.a., Strafrechtspflege)

Brömmelmeyer, Christoph: Corporate Compliance im Kartellrecht – Besteht Regelungsbedarf?, NZKart 2014, 478–485

Bruck, Ernst/Möller, Hans: Versicherungsvertragsgesetz, Großkommentar, Band 4 §§ 100–124, 9. Aufl.Berlin 2010 (zit.: Bearbeiter, in: Bruck/Möller, VVG)

Brüggemann, Dieter: Abwälzung und Rückwälzung von Geldstrafen und Geldbußen mit den Mitteln des bürgerlichen Rechts?, GA 1968, 161–176

Brender, Markus: Die Neuregelung der Verbandstäterschaft im Ordnungswidrigkeitenrecht, Rheinfelden 1989 (zit.: Brender, Verbandstäterschaft)

Buck-Heeb, Petra: Die Haftung von Mitgliedern des Leitungsorgans bei unklarer Rechtslage, BB 2013, 2247–2257

Bunte, Hermann-Josef: Regress gegen Mitarbeiter bei kartellrechtlichen Unternehmensgeldbußen, NJW 2018, 123–126

Bunz, Thomas: Der Schutz unternehmerischer Entscheidungen durch das Geschäftsleiterermessen: Ein Beitrag zu mehr Rechtssicherheit im Umgang mit der Business Judgment Rule, Köln 2011 (zit.: Bunz, Geschäftsleiterermessen)

Bürger, Sebastian: Geldbußen gegen Unternehmen im deutschen Kartellrecht – quo vadis? NZKart 2017, 624–630

Bürkle, Jürgen: Europarechtliche Vorgaben für die interne Governance im Versicherungssektor, WM 2012, 878–886

Ders: Aufsichtsrechtliches Legal Judgment: Sachlicher Anwendungsbereich und prozedurale Voraussetzungen, VersR 2013, 792–802

Ders.: Die Bußgeldrelevanz des Compliance-Managements, BB 2018, 525–529

Busch, Richard: Grundfragen der strafrechtlichen Verantwortlichkeit der Verbände, Leipzig 1932 (zit.: Busch, Grundfragen)

Busche, Jan/Röhling, Andreas: Kölner Kommentar zum Kartellrecht, Bd. 4, Europäisches Kartellrecht, Köln 2013 (zit.: Bearbeiter, in: KölnKomm-KartR)

Bussmann, Kai/Salvenmoser, Steffen: Der Wert von Compliance und Unternehmenskultur – Ergebnisse der aktuellen Studie von Pricewaterhouse Coopers zur Wirtschaftskriminalität, CCZ 2008, 192–196

Bydlinksi, Franz: Unerlaubte Vorteile als Schaden, in: Festschrift für Erwin Deutsch, Köln 1999, S. 63–84

Cahn, Andreas/Müchler, Henny: Produktinterventionen nach MiFID II, BKR 2013, 45–55

Casper, Matthias: Hat die grundsätzliche Verfolgungspflicht des Aufsichtsrats im Sinne der ARAG/Garmenbeck-Urteils ausgedient?, ZHR 176 (2012), 617–651

Cichy, Patrick/Cziupka, Johannes: Compliance-Verantwortung der Geschäftsleiter bei Unternehmenstätigkeit mit Auslandsbezug, BB 2014, 1482–1486

Coffee, John C.: „No soul to damn no body to kick“ – An unscandalized inquiry into the problem of corporate punishment, (1981) 79 Mich. L. Rev. 386–459

Cordes, Malte/Reichling, Tilman: Verbandsgeldbuße trotz Verfahrenseinstellung gegenüber Leitungspersonen, NJW 2016, 3209–3212

Cyrus, Rolf: Neue Entwicklungen in der D&O-Versicherung: NZG 2018, 7–14

Dannecker, Gerhard: Zur Notwendigkeit der Einführung kriminalrechtlicher Sanktionen gegen Verbände, GA 2001, 101–130

Ders.: Zur Ausgestaltung der Verbandsverantwortlichkeit als straf- oder verwaltungsrechtliches Sanktionssystem, in: Henssler, Martin/Hoven, Elisa/Kubiciel, Michael/Weigend, Thomas, Grundfragen eines modernen Verbandsstrafrechts, Baden-Baden 2017, S. 17–70

Dannecker, Gerhard/Dannecker, Christoph: Europäische und verfassungsrechtliche Vorgaben für das materielle und formelle Unternehmensstrafrecht, NZWiSt 2016, 162–177

Handelsrechtsausschuss des Deutschen Anwaltsverein: Stellungnahme zu den Vorschlägen der Regierungskommission Deutscher Corporate Governance Kodex zu Kodexanpassungen und Änderungen für 2017, NZG 2017, 57–60

Dieling, Gunnar: Der Wechsel aus dem Vorstand in den Aufsichtsrat; in: Bayer, Walter (Hrsg.), Die Aktiengesellschaft im Spiegel der Rechtstatsachenforschung, Jena 2007, S. 111–128 (zit.: Dieling, in: Bayer, Die Aktiengesellschaft im Spiegel der Rechtstatsachenforschung)

Ders.: Die Kontrolle des Managements in den großen börsennotierten Aktiengesellschaften – Eine rechtstatsächliche Untersuchung der DAX-Gesellschaften, Jena 2011 (zit.: Dieling, Kontrolle des Managements)

Dierlamm, Alfred: Compliance-Anreiz-Gesetz (CompAG) – Ein Vorschlag des Deutschen Instituts für Compliance – DICO e.V. für den Entwurf eines Gesetzes zur Schaffung von Anreizen für Compliance-Maßnahmen in Betrieben und Unternehmen (Compliance-Anreiz-Gesetz, CompAG), CCZ 2014, 194–198

Dörr, Felix: Die Haftung von Unternehmen nach dem Gesetz über Ordnungswidrigkeiten, in: Kempf, Eberhard/Lüderssen, Klaus/Volk, Klaus, Unternehmensstrafrecht, Berlin 2012, S. 23–36 (zit.: Dörr, in: Kempf/Lüderssen/Volk, Unternehmensstrafrecht)

Dreher, Meinrad: Die kartellrechtliche Bußgeldverantwortlichkeit von Vorstandsmitgliedern: Vorstandshandeln zwischen aktienrechtlichem Legalitätsprinzip und kartellrechtlicher Unsicherheit, in: Festschrift für Horst Konzen, Tübingen 2008, S. 85–108

Ders.: Kartellrechtscompliance, ZWeR 2004, 75–106

Ders.: Die persönliche Außenhaftung von Geschäftsleitern auf Schadensersatz bei Kartellrechtsverstößen, WuW 2009, 133–143

Ders.: Versicherungsschutz für die Verletzung von Kartellrecht oder von Unternehmensinnenrecht in der D&O-Versicherung und Ausschluss vorsätzlicher oder wissentlicher Pflichtverletzungen, VersR 2015, 781–794

Dreher, Meinrad/Kulka, Michael: Wettbewerbs- und Kartellrecht – Eine systematische Darstellung des deutschen und europäischen Rechts, 9. Aufl., Heidelberg 2016

Dreier, Thomas: Kompensation und Prävention – Rechtsfolgen unerlaubter Handlung im Bürgerlichen Immaterialgüter- und Wettbewerbsrecht, Tübingen 2002 (zit.: Dreier, Kompensation und Prävention)

Ebert, Sabine: Folgepflicht und Haftung des GmbH-Geschäftsführers beim Erhalt und bei der Ausführung von Weisungen, GmbHR 2003, 444–449

Eden, Eike, Persönliche Schadensersatzhaftung von Managern gegenüber Kartellgeschädigten, Baden-Baden 2013 (zit.: Eden, Persönliche Schadensersatzhaftung)

Eidam, Gerd: Unternehmen und Strafe, Köln 1993

Ellermann, Hans-Heinrich: Dividendenpolitik und Long-Run-Performance in Deutschland, Berlin 2003 (zit.: Ellermann, Dividendenpolitik)

Engelhart, Marc: Sanktionierung von Unternehmen und Compliance – Eine rechtsvergleichende Analyse des Straf- und Ordnungswidrigkeitenrechts in Deutschland und den USA, Berlin 2010 (zit.: Engelhart, Sanktionierung)

Ehrhardt, Anne: Unternehmensdelinquenz und Unternehmensstrafe – Sanktionen gegen juristische Personen nach deutschem und US-amerikanischem Recht, Berlin 1994 (zit.: Ehrhardt, Unternehmensdelinquenz)

Eisenberg, Ulrich/Kölbel, Ralf: Kriminologie, 7. Auflage, Tübingen 2017 (zit.: Eisenberg/Kölbel, Kriminologie)

Esser, Josef/Schmidt, Eike: Schuldrecht, Band 1 Allgemeiner Teil, Teilband 2, 8. Aufl., Heidelberg 2000 (zit.: Esser/Schmidt, Schuldrecht)

Eufinger, Alexander, Die Regresshaftung von Vorstand und Geschäftsführer für Kartellverstöße der Gesellschaft, WM 2015, 1265–1271

Fabisch, Artur Robert: Managerhaftung für Kartellrechtsverstöße, ZWeR 2013, 91–119

v. Falkenhausen, Joachim: Die Haftung außerhalb der Business Judgment Rule – Ist die Business Judgment Rule ein Haftungsprivileg für Vorstände? NZG 2012, 644–651

Faust, Sebastian/Spittka, Jan/Wybitul, Tim: Milliardenbußgelder nach der DS-GVO? Ein Überblick über die neuen Sanktionen bei Verstößen gegen den Datenschutz, ZD 2016, 120–125

Felix, Dagmar: Einheit der Rechtsordnung – Zur verfassungsrechtlichen Relevanz einer juristischen Argumentationsfigur, Tübingen 1998 (Felix, Einheit der Rechtsordnung)

Fisch, Jill: Criminalization of Corporate Law – The Impact on Shareholders and Other Constituents, (2007) J. Bus. & Tech. L., 91–95

Fleischer, Holger: Handbuch des Vorstandsrechts, München 2006 (zit.: Fleischer, Hdb. Vorstandsrecht)

Ders.: Aktienrechtliche Legalitätspflicht und „nützliche“ Pflichtverletzungen von Vorstandsmitgliedern, ZIP 2004, 141–152

Ders.: Erweiterte Außenhaftung der Organmitglieder im Europäischen Gesellschafts- und Kapitalmarktrecht, ZGR 2004, 437–479

Ders.: Kartellrechtsverstöße und Vorstandsrecht, BB 2008, 1070–1076

Ders.: Das Gesetz zur Angemessenheit der Vorstandsvergütung (VorstAG), NZG 2009, 801–806

Ders.: Regresshaftung von Geschäftsleitern wegen Verbandsgeldbußen, DB 2014, 345–352

Fleischer, Holger/Goette, Wulf (Hrsg.): Münchener Kommentar zum GmbHG, Band 2 §§ 35–52, 2. Auflage, München 2016 (zit.: Bearbeiter, in: MünchKomm-GmbHG)

Förster, Max: Beweislastverteilung und Einsichtsrecht bei Inanspruchnahme ausgeschiedener Organmitglieder, ZHR 176 (2012), 221–249

Franks, Julian/ Meyer, Colin: Ownership and Control of German Corporations, The Review of Financial Studies, Volume 14, Issue 4, 1 October 2001, p. 943–977

v. Freier, Friedrich: Kritik der Verbandsstrafe, Berlin 1998 (zit.: v. Freier, Verbandsstrafe)

Freund, Stefan: Brennpunkte der Organhaftung, NZG 2015, 1419–1424

Friedl, Markus/Titze, Laura: Der Sanktionszweck heiligt den Regressausschluss – Zur Haftung von Vorstandsmitgliedern für Verbandsgeldbußen, ZWeR 2015, 318–332

Fuchs, Andreas: Die 7. GWB-Novelle – Grundkonzeption und praktische Konsequenzen, WRP 2005, 1384–1396

Gädtke, Thomas: Implizites Verbot der D&O-Selbstbehaltsversicherung?, VersR 2009, 1565–1572

Gädtke, Thomas/Ruttmann, Peter: Regressfähigkeit von Verbandsgeldstrafen nach dem geplanten Unternehmensstrafrecht? VP 2015, 30–32

Gädtke, Thomas/Wax, Thomas: Konzepte zur Versicherung des D&O-Selbstbehalts, AG 2010, 851–864.

Ganter, Hans Gerhard: Schadensberechnung und Vorteilsausgleichung in der Haftung der rechtsberatenden Berufe, NJW 2012, 801–806

Gauer, Celine: Panel Two – Broad Systemic Issues, ECLA 2002, 155–157

Gaul, Felix: Regressansprüche bei Kartellbußen im Lichte der Rechtsprechung und der aktuellen Debatte über die Reform der Organhaftung, AG 2015, 109–118

Geigel, Reinhart (Begr.): Der Haftpflichtprozess, 27. Aufl., München 2015

Geiler, Karl: Anmerkung zu OLG Dresden, JW 1919, 837

Geradin, Damien/Malamataris, Christos/Wileur, John: The EU competition law fining system, in: Lianos, Ioannis/Geradin, Damien (Hrsg.), Handbook on European Competition Law, Cheltenham Glos 2013, S. 328–361 (zit.: Geradin/ Malamataris/Wileur, in: Lianos/Geradin, Hdb European Competition Law)

Glöckner, Jochen: Kartellrecht – Recht gegen Wettbewerbsbeschränkungen, 2. Aufl., Stuttgart 2017 (zit.: Glöckner, Kartellrecht)

Glöckner, Jochen/Müller-Tautphaeus, Ken: Rückgriffshaftung von Organmitgliedern bei Kartellrechtsverstößen, AG 2001, 344–349

Göhler, Erich (Begr.): Gesetz über Ordnungswidrigkeiten, 17. Aufl., München 2017 (zit.: Bearbeiter, in: Göhler, OWiG)

Goette, Wulf: Grundsätzliche Verfolgungspflicht des Aufsichtsrats bei sorgfaltswidrig schädigendem Verhalten im AG-Vorstand?, ZHR 176, 588–616 (2012)

Ders.: Zu den vom Aufsichtsrat zu beachtenden Abwägungskriterien im Rahmen seiner Entscheidung nach den ARAG/GARMENBECK Kriterien – dargestellt am Beispiel des Kartellrechts, in: Festschrift für Michael Hoffmann-Becking, München 2013, S. 377–394

Goette, Wulf/Habersack, Mathias: Münchener Kommentar zum Aktiengesetz, Band 1 §§ 1–75, 4. Aufl., München 2016, Band 2 §§ 76–117, MitbestG, DrittelbG, 4. Aufl., München 2014 (zit.: Bearbeiter, in: MünchKomm-AktG)

Gorton/Schmid, NBER Working Paper 5453 (1996), S. 7 (abrufbar über http://www.nber.org/papers/w5453.pdf, zuletzt besucht am 23.9.2018

Goudkamp, James: The Role of the Illegality Defence, (2006) 14 Torts Law Journal, p. 20–47

Ders.: The Defence of Joint Illegal Enterprise, (2010) 34 Melb. U. L. Rev., p. 425–451

Grabitz, Eberhard/Hilf, Meinhard/Nettesheim, Martin: Das Recht der Europäischen Union, Bd. 1 EUV, AEUV, München, Loseblatt, Stand: Dezember 2017 (zit.: Bearbeiter, in: Grabitz/Hilf/Nettesheim, EU-Recht)

Graf, Jürgen-Peter: Beck'scher Onlinekommentar OWiG, 18. Edition, München 2018 (zit.: Bearbeiter, in: BeckOK-OWiG)

Graf, Jürgen Peter/Jäger, Markus/Wittig, Petra: Wirtschafts- und Steuerstrafrecht, 2. Aufl., München 2017 (zit.: Bearbeiter, in Graf/Jäger/Wittig, Wirtschafts- und Steuerstrafrecht)

Grigoleit, Hans Christoph: Aktiengesetz, Kommentar, München 2013 (zit.: Bearbeiter, in: Grigoleit, AktG)

Gruber, Michael/Mitterlechner, Hermann/Wax, Thomas: D&O-Versicherung, München 2012 (zit.: Gruber/Mitterlechner/Wax, D&O)

Grunewald, Barbara: Die Abwälzung von Bußgeldern, Verbands- und Vertragsstrafen im Wege des Regresses, NZG 2016, 1121–1124

Grützner, Thomas: Unternehmensstrafrecht vs. Ordnungswidrigkeitenrecht, CCZ 2015, 56–62

Hack, Frank Sebastian: Vorstandsverantwortlichkeit bei Kartellverstößen, Frankfurt a.M. 2012 (zit.: Hack, Vorstandsverantwortlichkeit)

Habersack, Mathias: Managerhaftung, in: Karlsruher Forum 2009: Managerhaftung, Karlsruhe 2010, S. 5–40 (zit.: Habersack, in: Karlsruher Forum)

Ders.: Die Legalitätspflicht des Vorstands der AG, in: Festschrift für Uwe H. Schneider, München 2011, S. 429–442

Ders.: Perspektiven der aktienrechtlichen Organhaftung, ZHR 177 (2013), 782–806

Ders.: Vorstands- und Aufsichtsratsvergütung – Grundsatz- und Anwendungsfragen im Lichte der Aktionärsrichtlinie, NZG 2018, 127–134

Harel, Alon/Hylton, Keith N.: Research Handbook of the Economics of Criminal Law, Cheltenham 2012 (zit.: Bearbeiter, in: Harel/Hylton, Economics of Criminal Law)

Harnos, Rafael: Geschäftsleiterhaftung bei unklarer Rechtslage: Eine Untersuchung am Beispiel des Kartellrechts, Berlin 2013 (zit.: Harnos, Geschäftsleiterhaftung)

Hasselbach, Kai/Ebbinghaus, Felix: Anwendung der Business Judgement Rule bei unklarer Rechtslage, AG 2014, 873–883

Hasselbach, Kai/Seibel, Markus: Die Freistellung des GmbH-Geschäftsführers von der Haftung für Kartellrechtsverstöße, GmbHR 2009, 354–362

Hauff, Rebecca: Der Regress von Verbandsgeldbußen im Kapitalgesellschaftsrecht, Berlin 2019 (zit.: Hauff, Regress)

Hauger, Nils/Palzer, Christoph: Kartellbußen und gesellschaftsrechtlicher Innenregress, ZGR 2015, 33–83

Hauschka, Christoph E./Moosmayer, Klaus/Lösler, Thomas: Corporate Compliance – Handbuch der Haftungsvermeidung im Unternehmen, 3. Aufl., München 2016 (zit.: Bearbeiter, in: Hauschka/Moosmayer/Lösler, Corporate Compliance)

Heile, Moritz: Societas delinquere non potest: Mit dem Latein am Ende, WiJ 2014, 228–242

Heine, Günter: Die strafrechtliche Verantwortlichkeit von Unternehmen: Von individuellem Fehlverhalten zu kollektiven Fehlentwicklungen, insbesondere bei Großrisiken, Basel 1994 (zit.: Heine, Strafrechtliche Verantwortlichkeit)

Hempel, Rolf: Privater Rechtsschutz im Kartellrecht – Eine rechtsvergleichende Analyse, Baden-Baden 2002 (zit.: Hempel, Rechtsschutz)

Henssler, Martin/Strohn, Lutz: Gesellschaftsrecht, 3. Aufl., München 2016 (zit.: Bearbeiter, in: Henssler/Strohn, GesR)

Hetzer, Wolfgang: Verbandsstrafe in Europa – Wettbewerbsverzerrung durch Korruption, EuZW 2007, 75–80

Hillenkamp, Thomas: Zur Höchstpersönlichkeit der Geldstrafe, in: Festschrift für Karl Lackner, Berlin 1987, S. 455–470

Ders.: Zur Frage, ob die Bezahlung einer fremden Geldstrafe den Tatbestand der Strafvollstreckungsvereitelung nach StGB § 258 Abs 2 erfüllt, JR 1992, 74–76

Hirsch, Hans Joachim: Die Frage der Straffähigkeit von Personenverbänden, Wiesbaden 1993 (zit.: Hirsch, Straffähigkeit)

Ders.: Strafrechtliche Verantwortlichkeit von Unternehmen, ZStW 1995, 285–23

Hirt, Hans-Christoph: Perspektive aus der Praxis – Das Verhältnis zwischen institutionellen Anlegern und Vermögensverwaltern als Ansatzpunkt zur Weiterentwicklung der Corporate Governance, ZGR 2012, 280–290

Hoffmann-Becking, Michael: Münchener Handbuch des Gesellschaftsrechts, Band 4 Aktiengesellschaft, 4. Aufl., München 2015 (zit.: Bearbeiter, in: Münch.Hdb.GesR)

Ders.: Sinn und Unsinn der D&O-Versicherung, ZHR 2017, 373–345

Holle, Philipp Maximilian: Legalitätskontrolle im Kapitalgesellschafts- und Konzernrecht, Tübingen 2014 (zit.: Holle, Legalitätskontrolle)

Holly, Hans/Friedhofen, Peter: Die Abwälzung von Geldstrafen auf den Arbeitgeber, NZA 1992, 145–153

Hölters, Wolfgang: Aktiengesetz, Kommentar, 3. Aufl., München 2017 (zit.: Bearbeiter, in: Hölters, AktG)

Hombrecher, Lars: Strafbarkeit von Hardcore-Kartellen?, NZKart 2017, 143–14

Hömig, Carsten/Meixner, Rafael: Anmerkung zu BGH IX ZR 122/04, DStR 2007, 739

Hopt, Klaus/Wiedemann, Herbert: Großkommentar zum Aktiengesetz, Bd. 3 §§ 76–94, 4. Aufl., Berlin 2003 (zit.: Bearbeiter, in: Hopt/Wiedemann, AktG)

Ders.: Corporate Governance – Zur nationalen und internationalen Diskussion, in: Hopt, Klaus/Wohlmannstetter, Gottfried, Handbuch Corporate Governance von Banken, München 2011 (zit.: Hopt, in: Hopt/Wohlmannstetter, Hdb. Corporate Governance Banken)

Horn, Norbert: Die Haftung des Vorstands der AG nach § 93 AktG und die Pflichten des Aufsichtsrats, ZIP 1997, 1129–1139

Horrer, Philipp/Patzschke, Andrew: Strafrechtlicher Umgang mit Fremdzahlungen von Geldbußen, -strafen und -auflagen durch Unternehmen für ihre Mitarbeiter, CCZ 2013, 94–99

Hufen, Friedhelm: Staatsrecht II – Grundrechte, 6. Aufl., München 2017

Hüffer, Uwe (Begr.)/Koch, Jens: Aktiengesetz, 13. Aufl., München 2018 (zit.: *Bearbeiter*, in: Hüffer/Koch, AktG)

Hüffer, Uwe: Zur Wahl von Beratern des Großaktionärs in den Aufsichtsrat der Gesellschaft, ZIP 2010, 1979–1984

Hupka, Jan: Der Aktionsplan der EU-Kommission „Europäisches Gesellschaftsrecht und Corporate Governance“, GWR 2013, 59–61

Ihlas, Horst: Directors & Officers Liability, 2. Aufl., Berlin 2009 (zit.: Ihlas, D&O)

Immenga, Ulrich/Mestmäcker, Ernst-Joachim/Körber, Torsten: Wettbewerbsrecht, Band 1 EU, 5. Aufl., München 2012, Band 2 GWB, 5. Aufl., München 2014 (zit.: Bearbeiter, in: Immenga/Mestmäcker, WettbR)

Inci, Serdar: Diskussionsbericht zum Berliner Kreis für Gesellschaftsrecht: Die reformierte Aktionärsrechte-Richtlinie und ihre Umsetzbarkeit ins deutsche Recht, NZG 2017, 579–580

Dauer-Lieb, Barbara; Grunewald, Barbara; Hennrichs, Joachim; Henssler, Martin; Dubovitskaya, Elena; Pöschke, Moritz; Glindemann, Jan; Gibermann, Ilja; Zane, Klavina: Stellungnahme des Instituts für Gesellschaftsrecht der Universität Köln zum Grünbuch der EU-Kommission Europäischer Corporate Governance-Rahmen, NZG 2011, 975–981

Isensee, Josef/Kirchhof, Paul (Hrsg.): Handbuch des Staatsrechts, Bd. IX, Allgemeine Grundrechtslehren, Heidelberg 2010 (zit.: Bearbeiter, in: Ihesesee/Kirchhof, Hdb. Staatsrecht)

Jaeger, Wolfgang/Kokott, Juliane/Pohlmann, Petra/Schroeder, Dirk (Hrsg.): Frankfurter Kommentar zum Kartellrecht, Band 3 EU-Kartellrecht, Band 4 EU-Kartellrecht u. §§ 1–19 GWB, Köln, Loseblatt, Stand: September 2015 (zit.: Bearbeiter, in: FK-KartellR)

Jauernig, Othmar: Bürgerliches Gesetzbuch, Kommentar, 17. Aufl., München 2018 (zit.: Bearbeiter, in: Jauernig, BGB)

Jedamzik, Alfred: Zivilrechtliche Haftung der Vereine/Veranstalter und Regressansprüche gegenüber „Störern“, in: Kauerhof, Rico/Nagel, Sven/Zebisch, Mirko (Hrsg.), Zuschauer als Störer, Leipzig 2010, S. 105–128 (zit.: Jedamzik, in: Kauerhof/Nagel/Zebisch, Zuschauer als Störer)

van Jeger, Thorsten: Geldbuße gegen juristische Personen und Personenvereinigungen, Frankfurt a.M. 2002 (zit.: v. Jeger, Geldbuße)

Jescheck, Hans Heinrich: Die strafrechtliche Verantwortlichkeit der Personenverbände, ZStW 1953, 210–229

Joecks, Wolfgang/Miebach, Klaus: Münchener Kommentar zum StGB, Bd. 2 §§ 38–79b, 3. Aufl., München 2016; Bd. 4 §§ 185–262, 3.Aufl., München 2017 (zit.: Bearbeiter, in: MünchKomm-StGB)

Jungbluth, Armin: Berücksichtigung von Compliance bei Kartellverstößen, NZ-Kart 2015, 43–44

Wolfgang, Kahl/Waldhoff, Christian/Walter, Christian (Hrsg.): Bonner Kommentar zum Grundgesetz, Heidelberg, Loseblatt, Stand: September 2018 (zit.: *Bearbeiter*, in: Bonner Kommentar, GG)

Kapp, Thomas: Dürfen Unternehmen ihren (geschäftsleitenden) Mitarbeitern Geldstrafen bzw. -bußen erstatten?, NJW 1992, 2796–2800

Kapp, Thomas/Gärtner, Daniel: Die Haftung von Vorstand und Aufsichtsrat bei Verstößen gegen das Kartellrecht, CCZ 2009, 168–174

Kapp, Thomas/Hummel, Karin, Haftung von Managern und Mitarbeitern für Unternehmensbußgelder, ZWeR 2011, 349–360

Kaulich, Matthias: Die Haftung von Vorstandsmitgliedern einer Aktiengesellschaft für Rechtsanwendungsfehler, Berlin 2012 (zit.: Kaulich, Haftung)

Kayadibi, Özlem: Folgen eines Verbandsstrafrechts für das Gesellschaftsrecht und die Wirtschaft – Die Diskussion, in: Henssler, Martin/Hoven, Elisa/Kubiciel, Michael/Weigend, Thomas, Grundfragen eines modernen Verbandsstrafrechts, Baden-Baden 2017, S. 171–176 (zit.: Kayadibi, in: Henssler u.a.; Grundfragen)

Kersting, Christian: Organhaftung für Kartellbußgelder, ZIP 2016, 1266–1275

Kennedy, Christopher: Criminal Sentences for Corporations – Alternative Fining Mechanisms, (1985) 73 Cal. L. Rev., 443–482

Khanna, Vikramaditya: Corporate Criminal Liability – What Purpose does it serve?, (1996) 109 Harv. L. Rev. 1477, 1494–1533

Kiem, Roger: Investorenvereinbarung im Lichte des Aktien- und Übernahmerechts, AG 2009, 301–312

Kiethe, Kurt: Anfechtbarer Beschluss über die Entlastung des Aufsichtsrats der AG durch unzureichende Berichterstattung, NZG 2006, 888–892

Kindler, Peter: Vorstands- und Geschäftsführerhaftung mit Augenmaß – Über einige neuere Grundsatzentscheidungen des II. Zivilsenats des BGH zu §§ 93 AktG und 43 GmbHG, in: Festschrift für Wulf Goette, München 2011, S. 231–238

Kindler, Steffi: Das Unternehmen als haftender Täter – Ein Beitrag zur Frage der Verbandsstrafe im deutschen Strafrechtssystem, Baden-Baden 2008 (zit.: Kindler, Unternehmen als Täter)

Kirch-Heim, Claudio: Sanktionen gegen Unternehmen, Berlin 2007 (zit.: Kirch-Heim, Sanktionen)

Kleinheisterkamp, Daniela: Kreditwesengesetz und Strafverfahren, Tübingen 2010

Klesczewski, Diethelm: Gewinnabschöpfung mit Säumniszuschlag – Versuch über die Rechtsnatur der Verbandsgeldbuße (§ 30 OWiG), in: Festschrift für Manfred Seebode, Berlin 2008, S. 179–196

Kley, Max Dietrich: Der Bundesfinanzhof, die „Einheit der Rechtsordnung" und die Schatten der Vergangenheit, FR 1981, 81

Koch, Jens: Beschränkungen des gesellschaftsrechtlichen Innenregresses bei Bußgeldzahlungen, in: Liber amicorum für Martin Winter, Köln 2011 S. 327–350

Koch, Robert: Ersatzfähigkeit von Kartellbußen, VersR 2015, 655–661

Ders.: Beschränkung der Regressfolgen im Kapitalgesellschaftsrecht, AG 2012, 429–440

Kocher, Dirk: Zur Reichweite der Business Judgment Rule, CCZ 2009, 215–221

Ders.: Strategien im Umgang mit aktivistischen Aktionären und Investoren in Deutschland, DB 2016, 2887–2892

Köhler, Michael: Strafrecht Allgemeiner Teil, Berlin 1997 (zit.: Köhler, Strafrecht AT)

Kolb, Stefan: Anmerkung zu LAG Düsseldorf 16 Sa 459/14, GWR 2015, 169

Kollmann, Anni/Aufdermauer, Christian; Anmerkung zu LAG Düsseldorf 16 Sa 459/14, BB 2015, 1018–1024

Köllner, Rolf/Mück, Jörg: Praxiskommentar zum Kölner Entwurf eines Verbandssanktionengesetzes, NZI 2018, 311–316

König, Peter: Zur Einführung strafrechtlicher Verantwortlichkeit für juristische Personen und Personenverbände, in: Hettinger, Wolfgang: Reform des Sanktionenrechts, Band 3 Verbandsstrafe, Baden-Baden 2002, S. 39–70 (zit.: König, in: Hettinger, Reform des Sanktionenrechts)

Koenig, Christian/Hellstern, Mara: Der EU-beihilferechtliche Effektivitätsgrundsatz im nationalen Prozessrecht, EuZW 2011, 702–707

Konrads, Sebastian: Entschärfung des Haftungsrisikos des verantwortlichen Vorstands einer Aktiengesellschaft zum Zwecke der Inanspruchnahme einer kartellrechtlichen Kronzeugenregelung, München 2012 (zit.: Konrads, Entschärfung des Haftungsrisikos)

Kranz, Meik: Bezahlung von Geldstrafen durch das Unternehmen – § 258 StGB oder § 266 StGB?, ZJS 2008, 471–476

Kraska, Sebastian: Auswirkungen der EU-Datenschutzgrundverordnung, ZD-Aktuell 2016, 04173

Krause, Daniel: Die zivilrechtliche Haftung des Strafverteidigers, NStZ 2000, 225–234

Krebs, Peter/Eufinger, Alexander/Jung, Stefanie: Bußgeldminderung durch Compliance-Programme im deutschen Kartellbußgeldverfahren?, CCZ 2011, 213–217

Kredel, Nicolas/Kresken, Jan: Die Inregressnahme von Organvertretern in Bezug auf Kartellbußgelder, KSzW 2015, 276–280

Kremer, Thomas/Bachmann, Gregor/Lutter, Marcus/v. Werder, Axel: Deutscher Corporate Governance Kodex, Kodex-Kommentar, 7. Aufl., München 2018 (zit.: Bearbeiter, in: Kremer u.a., DCGK)

Kreße, Bernhard, Das Verbot des venire contra factum proprium bei vertraglichen Beihilfen, EuZW 2008, 394–399

Krieger, Gerd: Zahlungen der Aktiengesellschaft im Strafverfahren gegen Vorstandsmitglieder, in: Festschrift für Gerold Bezzenberger, Berlin 2000, S. 211–232

Ders.: Referat zum 67. Deutschen Juristentag, in: Verhandlungen des 67. Deutschen Juristentags, Band II/1 (Sitzungsberichte – Referate und Beschlüsse), S. N 25–45

Krieger, Gerd/Schneider, Uwe H.: Handbuch Managerhaftung – Vorstand, Geschäftsführer, Aufsichtsrat, 3. Aufl., Köln 2017 (zit.: Bearbeiter, in: Krieger/Schneider, Hdb. Managerhaftung)

Kremer, Thomas: Kooperation des Unternehmens mit der Staatsanwaltschaft im Compliance Bereich, in: Festschrift für Uwe H. Schneider, Köln 2011, S. 701–716

Krems, Karl-Heinz: Der NRW-Entwurf für ein Verbandsstrafgesetzbuch, ZIS 2015, 5–10

Kröger, Jens: Korruptionsschäden, Unternehmensgeldbußen und Imageschäden – Haftungs- und schadensrechtliche Fragen der Organmitgliederhaftung, Baden-Baden 2013 (zit.: Kröger, Korruptionsschäden)

Krumm, Carsten: Gewinnabschöpfung durch Geldbuße, NJW 2011, 196–197

Kubiciel, Michael: Verbandsstrafe – Verfassungskonformität und Systemkompatibilität, ZRP 2014, 133–137

Kudlich, Hans: Compliance durch Verbandsstrafbarkeit?, in: Kuhlen, Lothar/Kudlich, Hans/Ortiz de Orbina, Inigo (Hrsg.): Compliance und Strafrecht, Heidelberg 2013, S. 209–226 (zit.: Kudlich, in Kuhlen/Kudllich/Ortiz de Orbina, Compliance und Strafrecht)

Kühl, Kristian: Zum Missbilligungscharakter der Strafe, in: Festschrift für Albin Eser, München 2005, S. 149–162

Ders.: Besonders hohe Grenzen für den Strafgesetzgeber, in: Festschrift für Heinz Stöckel, Berlin 2010, S. 117–134

Küpper, Gregor: Anmerkung zum Urteil des BGH vom 8.7.2014 (II ZR 174/13) – Zum Zustimmungserfordernis des Aufsichtsrates bei vom Arbeitgeber übernommenen Geldsanktionen des Vorstandes, NZWiSt 2015, 319–320

Kutzenberger, Gerhard: Mitbestimmung der Aktionäre – ein wirtschaftswissenschaftlicher Beitrag zur Aktienrechtsreform, Berlin 1964 (zit.: Kutzenberger, Mitbestimmung)

Labusga, Katja: Anmerkung zu ArbG Düsseldorf – 16 Sa 459/14, VersR 2015, 629–635

Dies.: Die Ersatzfähigkeit von Unternehmensgeldbußen im Innenregress gegen verantwortliche Vorstandsmitglieder, VersR 2017, 394–402

Lackner, Karl/Kühl, Kristian: Strafgesetzbuch, Kommentar, 29. Aufl., München 2018 (zit.: Bearbeiter, in: Lackner/Kühl, StGB)

Lange, Hermann/ Schiemann, Gottfried: Handbuch des Schuldrechts – Schadensersatz, 3.Aufl., Tübingen 2003 (zit.: Lange/Schiemann, Schadensersatz)

Lange, Oliver: Die Serienschadensklausel in der D&O-Versicherung, VersR 2004, 563–570

Ders.: Die D&O-Selbstbehalts-Versicherung, r+s 2010, 92–100

Lange, Richard: Ist die Bezahlung fremder Prozessstrafen gemäß § 888 oder § 892 ZPO Begünstigung?, in: Festschrift für Karl Engisch, S. 621–635

Langen, Eugen/Bunte, Herrmann-Josef: Kartellrecht, Bd. 1 Deutsches Kartellrecht, Bd. 2 Europäisches Kartellrecht, 12. Aufl., Köln 2014 (zit.: Bearbeiter, in: Langen/Bunte, KartellR)

Langenbucher, Günther/Blaum, Ulf: Die Aufdeckung von Fehlern, dolosen Handlungen und sonstigen Gesetzesverstößen im Rahmen der Abschlussprüfung, DB 1997, 437–443

Langheid, Theo/Wandt, Manfred: Münchener Kommentar zum Versicherungsvertragsgesetz, Band 3 Nebengesetze, Systematische Darstellungen, 2. Auf., München 2017 (zit.: Bearbeiter, in: MünchKomm-VVG)

Larenz, Karl: Lehrbuch des Schuldrechts, Band 1 Allgemeiner Teil, 14. Aufl., München 1987 (zit.: Larenz, Schuldrecht AT)

Ders.: Methodenlehre der Rechtswissenschaft, 6. Aufl., Berlin 1991 (zit.: Larenz, Methodenlehre)

Laue, Christian: Die strafrechtliche Verantwortlichkeit von Verbänden, Jura 2010, 339–346

Laufhütte, Wilhelm/Rissing-van Saan, Ruth/Tiedemann, Klaus: Leipziger Kommentar zum StGB, Bd. 2, §§ 32–55, 12. Auflage, Berlin 2011, Bd. 8, §§ 242–262, 12. Aufl., Berlin 2010 (zit.: Bearbeiter, in: LK-StGB)

Lemke, Michael/Mosbacher, Andreas: Ordnungswidrigkeitengesetz, Kommentar, 2. Aufl., Heidelberg 2005 (zit.: Lemke/Moosbacher, OWiG)

Letzien, Claudia: Internationale Korruption und Jurisdiktionskonflikte – Die Sanktionierung von Unternehmen im Fall der Bestechung ausländischer Amtsträger, Wiesbaden 2018 (zit.: Letzien, Korruption)

Loewenheim, Ulrich/Meessen, Karl M./Riesenkampff, Alexander/Kersting, Christian/Meyer-Lindemann, Hans Jürgen: Kartellrecht, Kommentar, 3. Aufl., München 2016 (zit.: Bearbeiter, in: Loewenheim u.a., KartellR)

Lohse, Andrea: Schmiergelder als Schaden? Zur Vorteilsausgleichung im Gesellschaftsrecht, in: Festschrift für Uwe Hüffer, München 2010, S. 581–602

Loritz, Karl-Georg/Wagner, Klaus-R.: Haftung von Vorständen und Aufsichtsräten, DStR 2012, 2189–2195

Lotze, Andreas: Haftung von Vorständen und Geschäftsführern für gegen Unternehmen verhängte Kartellbußgelder, NZKart 2014, 162, 170

Lotze, Andreas/Smolinski, Sebastian: Entschärfung der Organhaftung für kartellrechtliche Unternehmensgeldbußen, NZKart 2015, 254–258

Lotze, Andreas/Heyers, Johannes: Der Bußgeld-Innenregress als kartellrechtliche Vorfrage?, NZKart 2018, 29–33

Lütolf, Sandra: Strafbarkeit der juristischen Person, Zürich 1997 (zit.: Lütolf, Strafbarkeit)

Lüderssen, Klaus: The aggregative Model: Jenseits von Fiktionen und Surrogaten, in: Kempf, Eberhard/Lüderssen, Klaus/Volk, Klaus: Unternehmensstrafrecht, Berlin 2012, S. 79–110 (zit.: Lüderssen, in: Kempf/Lüderssen/Volk, Unternehmensstrafrecht)

Lutter, Marcus: Die Business Judgment Rule und ihre praktische Anwendung, ZIP 2007, 841–848

Lutter, Marcus/Hommelhoff, Peter: GmbH-Gesetz, Kommentar, 19. Aufl., Köln 2016 (zit.: Bearbeiter, in: Lutter/Hommelhoff, GmbHG)

Maak, Thomas/Pless, Nikola: Responsible Leadership, New York 2012

v. Mangoldt, Hermann/Klein, Friedrich/Starck, Christian, Kommentar zum Grundgesetz, Bd. 2 Art. 20–82, 6. Aufl., München 2010 (zit.: Bearbeiter, in: v. Mangoldt/Klein/Starck, GG)

Marsch-Barner, Reinhard: Vorteilsausgleichung bei der Schadensersatzhaftung nach § 93 AktG, ZHR 173 (2009), 723–734

Martens, Sebastian: Verbandsstrafen für Fußballfans, NJW 2016, 3691–3694

Maunz, Theodor/Dürig, Günter: Grundgesetz, Kommentar, Band 1 Art. 1–5; Band 4 Art. 86–106b, München, Loseblatt, Stand: September 2017 (zit.: Bearbeiter, in: Maunz/Dürig, GG)

Mayr, Lorenz: Der verwerflich handelnde Geschädigte – Rechtsschutzversagung wegen rechts- oder sittenwidrigen Verhaltens im deutschen und englischen Deliktsrecht, Tübingen 2015 (zit.: Mayr, Der verwerflich handelnde Geschädigte)

Meckbach, Anne: Organhaftung und Beweisrisiken, NZG 2015, 580–586

Mense, Christian/Klie, Marcus: Geplante Kodex-Änderungen für 2017 – Investorengespräche des Aufsichtsratsvorsitzenden und Compliance im Fokus der Kodex-Kommission, GWR 2017, 1–5

Meier, Bernd-Dieter: Strafrechtliche Sanktionen, 4. Aufl., Berlin 2015

Meier-Reimer, Georg: Neue Perspektiven im Schadensersatzrecht, Kommerzialisierung, Strafschadenersatz, Kollektivschaden, Referat zum 66. Deutschen Juristentag, in: Verhandlungen des 66. Deutschen Juristentages, Band II/1 (Sitzungsberichte – Referate und Beschlüsse), München 2006 (zit.: Meier-Reimer, Referat zum 66. DJT)

Melcher, Thorsten: Aufdeckung wirtschaftskrimineller Handlungen durch den Abschlussprüfer, Lohmar 2009 (zit.: Melcher, Abschlussprüfer)

Merten, Detlef/Papier, Hans-Jürgen: Handbuch der Grundrechte in Deutschland und Europa, Bd. III, Grundrechte in Deutschland – Allgemeine Lehren II, Heidelberg 2009 (zit.: Bearbeiter, in Merten/Papier, Hdb. Grundrechte)

Meyer, Elske: Vorstandsvergütung – eine rechtsökonomische Analyse zur Angemessenheit der Vorstandsvergütung, Baden-Baden 2013 (zit.: Meyer, Vorstandsvergütung)

Michalski, Lutz/Heidinger, Andreas/Leible, Stefan/Schmidt, Jessica, Kommentar zum Gesetz betreffend die Gesellschaften mit beschränkter Haftung, Band 2 §§ 35–88 GmbHG, EGGmbhG, 3. Aufl., München 2017 (zit.: Bearbeiter, in: Michalski, GmbHG)

Miehe, Olaf: Die Schutzfunktion der Strafdrohungen gegen Begünstigung und Hehlerei, in: Festschrift für Richard Honig, Göttingen 1970, S. 91–132

Miska, Christof/Hilge, Christian/Mayer, Susanne: Reconciling Different Views on Responsible Leadership: A Rationality-Based Approach, Journal of Business Ethics (2014) 125, 349–360

Mitsch, Wolfgang: Die Geldstrafe, JA 1993, 304–310

Ders.: Recht der Ordnungswidrigkeiten, 2. Aufl., Berlin 2005 (zit.: Mitsch, Ordnungswidrigkeiten)

Mohamed, Jean: Übernahme der einem Vorstandsmitglied auferlegten Geldsanktion durch die Gesellschaft – Wenn Gesellschaftsrecht auf Strafrecht trifft, CCZ 2015, 111–120

Ders.: Compliance im Konzern, Jura 2016, 1037–1044

Möller, Jochen: Vorteilsanrechnung bei nützlichen Pflichtverletzungen im Kapitalgesellschafts- und Kartellrecht, Frankfurt a.M. 2012 (zit.: Möller, Vorteilsanrechnung)

Moosmayer, Klaus: Compliance – Praxisleitfaden für Unternehmen, 3. Auflage, München 2015 (zit.: Moosmayer, Compliance)

Mueller, Gerhard: Mens Rea and the Corporation – A Study of the Model Penal Code Position on Corporate Liability, (1957) 19 Pitt. L. Rev. 21–46

Müller, Ekkehard: Die Stellung der juristischen Person im Ordnungswidrigkeitenrecht, Köln 1985 (zit.: Müller, Juristische Person)

Müller, Hans-Friedrich: Geschäftsleiterhaftung und Vertrauen auf fachkundigen Rat, DB 2014, 1301–1307.

Müller-Christmann: Die Bezahlung einer Geldstrafe durch Dritte – BGHSt 37, 226, JuS 1992, 379–382

Mundt, Andreas: Die Bußgeldleitlinien des Bundeskartellamts, WuW 2007, 458–470

Naucke, Wolfgang: Die Wechselwirkung zwischen Strafziel und Verbrechensbegriff, Stuttgart 1985 (zit.: Naucke, Wechselwirkung)

Neuberger, Julius: Der wettbewerbsrechtliche Gewinnabschöpfungsanspruch im europäischen Rechtsvergleich, Tübingen 2006 (zit.: Neuberger, Gewinnabschöpfungsanspruch)

Nikoleyzik, Tobias/Graßl, Bernd: Überarbeitung des Deutschen Corporate Governance Kodex (DCGK) – Die Änderungsvorschläge der Regierungskommission aus der Plenarsitzung vom 13.10.2016, NZG 2017, 161–169

Oberholz, Stephan: Verbandsstrafen bei Zuschauerausschreitungen am Beispiel des Fußballs, in: Kauerhof, Rico/Nagel, Sven/Zebisch, Mirko, Zuschauer als Störer, Leipzig 2010, S. 85–104 (zit.: Oberholz, in: Kauerhof/Nagel/Zebisch, Zuschauer als Störer)

Oetker, Hartmut: Handelsgesetzbuch, Kommentar, 5. Aufl., München 2017 (zit.: Bearbeiter, in: Oetker, HGB)

Ders.: Vorstand, Aufsichtsrat und ihr Zusammenwirken aus rechtlicher Sicht, in: Hommelhoff, Peter/Hopt, Klaus/v. Werder, Axel (Hrsg.): Handbuch Corporate Governance, 2. Aufl. Köln 2010, 277–302

Olbrich, Carola: Die D&O-Versicherung, 2. Aufl., Karlsruhe 2007 (zit.: Olbrich, D&O)

Orth, Jan: Gefährdungshaftung für Anhänger? Kritik an der CAS/TAS-Entscheidung Feyenoord Rotterdam N.V. vs. UEFA, SpuRt 2009, 10–13

Ost, Konrad/Kallfaß, Gunnar/Roesen, Katrin: Einführung einer Unternehmensverantwortlichkeit im deutschen Kartellsanktionenrecht – Anmerkungen zum Entwurf der 9. GWB-Novelle, NZKart 2016, 447–458

Ostendorf, Heribert: Strafvereitelung durch Strafverteidigung, NJW 1978, 1345–1350

Otto, Harro: Die Haftung für kriminelle Handlungen in Unternehmen, Jura 1998, 409–418

Paefgen, Walter: Organhaftung: Bestandsaufnahme und Zukunftsperspektiven, AG 2014, 554–584

Palandt, Otto: Bürgerliches Gesetzbuch, 78. Aufl., München 2019 (zit.: Bearbeiter, in: Palandt, BGB)

Pampel, Gunnar: Die Bedeutung von Compliance-Programmen im Kartellordnungswidrigkeitenrecht, BB 2007, 1636–1640

Pant, Michael: Ein gefährliches Urteil, CCZ 2015, 224–228

Park, Tido: Kapitalmarktstrafrecht, Handkommentar, 4. Aufl., Baden-Baden 2017 (zit.: Bearbeiter, in: Park, Kapitalmarktstrafrecht)

Peglau, Jens: Strafbarkeit von Personenverbänden, JA 2001, 606–610

Ders.: Unbeantwortete Fragen der Strafbarkeit von Personenverbänden, ZRP 2001, 406–409

Pellens, Bernhard/Hillebrandt, Franca: Vorzugsaktien vor dem Hintergrund der Corporate Governance-Diskussion, AG 2001, 57–67

Peltzer, Martin: Mehr Ausgewogenheit bei der Vorstandshaftung, in: Festschrift für Michael Hoffmann-Becking, München 2013, S. 861–870

Petry, Jan: Kartellrechtliches Risikomanagement im System der Legalausnahme; Baden-Baden 2008 (zit.: Petry, Risikomanagement)

Pfister, Bernhard: Kein Regress des Vereins gegen Fans wegen einer Verbandsstrafe! SpuRt 2014, 10–14

Plagemann, Nikolaus/Rahlmeyer, Niklas: Vier Corporate Governnance Trends für 2015, NZG 2015, 895–899

Pohl-Sichtermann, Rotraut: Geldbuße gegen Verbände, Bochum 1974 (zit.: Pohl-Sichtermann, Geldbuße)

Pommerening, Patrick: Teures "Vergnügen"? – Der Regress des Vereins beim Stadionbesucher nach Verhängung einer Verbandsstrafe, SpuRt 2012, 187–191

Pontell, Henry/Geis, Gilbert: International Handbook of White-Collar and Corporate Crime, New York 2007 (zit.: Bearbeiter, in: Pontell/Geis, Intl. Handbook Corporate Crime)

Posner, Richard: Economic analysis of law, 7. Aufl., New York 2007

Potacs, Michael: Effet utile als Auslegungsgrundsatz, EuR 2009, 465–487

Prüfer, Geralf: Korruptionssanktionen gegen Unternehmen, Berlin 2004 (zit.: Prüfer, Korruptionssanktionen)

Prütting, Jens/Kniepert, Cornelius: Transformation einer Verbandsstrafe in einen Schadensersatz – Unzulässige Verbindung zweier Haftungssysteme, ZfPW 2017, 458–474

van Raay, Anne: Gewinnabschöpfung als Präventionsinstrument im Lauterkeitsrecht – Möglichkeiten und Grenzen effektiver Verhaltenssteuerung durch den Verbandsanspruch nach § 10 UWG, Karlsruhe 2012 (zit.: v. Raay, Gewinnabschöpfung)

Rack, Manfred: Compliance: Kosten, Aufwand, Messbarkeit und Effizienz, CB 2014, 1–7

Ders.: Die Verantwortung des Aufsichtsrats für das Compliance-Management-System im Unternehmen – Teil II, CB 2017, 59–63

Ders.: Die Verantwortung des Aufsichtsrats für das Compliance-Management-System im Unternehmen – Teil II, CB 2017, 105–111.

Rahlmeyer, Niklas/von Eiff, Christoph: Anmerkung zur Entscheidung des BGH vom 8.7.2014 (II ZR 174/13) – Zur Frage des Zustimmungserfordernisses der Hauptversammlung zur Übernahme einer Geldsanktion für Vorstandsmitglieder, CCZ 2015, 91–94

Raiser, Thomas/Veil, Rüdiger: Recht der Kapitalgesellschaften, 6. Auflage, München 2015 (zit.: Raiser/Veil, KapGesR)

Ramm, Joachim: Der Fall Sehlbach und die Folgen, GWR 2018, 64–65

Ransiek, Andreas: Zur strafrechtlichen Verantwortung von Unternehmen, NZWiSt 2012, 45–51

Ders.: Überlegungen zur strafrechtlichen Verantwortung des Unternehmensträgers, in: Kempf, Eberhard/Lüderssen, Klaus/Volk, Klaus, Unternehmensstrafrecht, Berlin 2012, S. 285–310 (zit.: Ransiek, in: Kempf/Lüderssen/Volk, Unternehmensstrafrecht)

Rebmann, Kurt/Roth, Werner/Herrmann, Siegfried: Gesetz über Ordnungswidrigkeiten, Kommentar, Band 1 §§ 1–83, 3.Aufl., Stuttgart, Loseblatt, Stand: Januar 2018 (zit.: Rebmann/Roth/Herrmann, OWiG)

Rehbinder, Eckard: Rechtliche Schranken der Erstattung von Bußgeldern an Organmitglieder und Angestellte, ZHR 148, 555–578 (1984)

Reuter, Alexander: Schadensersatz und Bußgelder zu Lasten des Unternehmens bei Ad hoc-Pflichtverstößen: Ein Verstoß gegen die Grundrechte und die Treuepflicht der Aktionäre? NZG 2019, 321–335

Ders.: Unternehmensbußen – Ein verfassungsrechtlicher Holzweg, ZIP 2018, 2298–305

Ders.: Rückbau oder Ausbau der Managerhaftung? Eine Befundung im Licht der neueren Rechtsprechung und der Unternehmenspraxis, ZIP 2016, 597–607

Ders.: Unternehmensgeldbußen, Organregress, Grenzen der Versicherbarkeit und Gesellschaftsrecht: Eine systemische Verletzung der Grundrechte der Anteilseigner?, BB 2016, 1283–1294

v. Rosen, Rüdiger: Zielkonflikt – Unerwünschte Nebenfolgen eines Unternehmensstrafrechts, in: Kempf, Eberhard/Lüderssen, Klaus/Volk, Klaus, Unternehmensstrafrecht, Berlin 2012, S. 263–270 (zit.: v. Rosen, in: Kempf/Lüderssen/Volk, Unternehmensstrafrecht)

Roth, Günter/Wörle, Ulrike: Die Unabhängigkeit des Aufsichtsrats – Recht und Wirklichkeit, ZGR 2004, 565–630

Roth, Markus: Unternehmerisches Ermessen und Haftung des Vorstands, München 2001 (zit.: Roth, Unternehmerisches Ermessen)

Roxin, Claus: Strafrecht Allgemeiner Teil, Band 1 Grundlagen, Der Aufbau der Verbrechenslehre, 4. Aufl., München 2006 (zit.: Roxin, Strafrecht AT)

Ders.: Strafe und Strafzwecke in der Rechtsprechung des Bundesverfassungsgerichts, in: Festschrift für Klaus Volk, München 2009, S. 601–616

Ruchatz, Ulrich: Auskunftspflichten der Aktiengesellschaft bei Organhaftungsverfahren im Verhältnis zum Anspruchsgegner und gegenüber der D&O-Versicherung, AG 2015, 1–10

Rust, Ulrich: Innenregress und Haftung der Unternehmensleitung bei Kartellverstößen, ZWeR 2015, 299–317

Ruttmann, Peter, Die Versicherbarkeit von Geldstrafen, Geldbußen, Strafschadenersatz und Regressansprüchen in der D&O-Versicherung, Hamburg 2014 (zit.: Ruttmann, Versicherbarkeit)

Sachs, Michael: Ziele eines Unternehmensstrafrechts und die Frage seiner Vereinbarkeit mit dem Verfassungsrecht, in: Kempf, Eberhard/Lüderssen, Klaus/Volk, Klaus, Unternehmensstrafrecht, Berlin 2012, S. 195–204 (zit.: Sachs, in: Kempf/Lüderssen/Volk, Unternehmensstrafrecht)

Säcker, Franz Jürgen: Gesellschafts- und dienstvertragsrechtliche Fragen bei der Inanspruchnahme der Kronzeugenregelung, WUW 2009, 362–373

Säcker, Franz Jürgen/Rixecker, Roland/Oetker, Hartmut/ Limperg, Bettina: Münchener Kommentar zum Bürgerlichen Gesetzbuch, Band 1 §§ 1–240, 8. Aufl., München 2018 (zit.: Bearbeiter, in: MünchKomm-BGB)

Saliger, Frank/Tsambikakis, Michael/Mückenberger, Ole/Huber, Hans-Peter: Münchener Entwurf eines Verbandssanktionengesetzes, Baden-Baden 2019 (zit.: Münchener Entwurf)

v. Schenck, Kersten: Handlungsbedarf bei der D&O-Versicherung, NZG 2015, 494–501

Scheuch, Alexander: Anmerkung zu BGH, Urt. v. 15.5.2018 – X ZR 79/17, JZ 2018, 1001–1004

Schlechtriem, Peter: Schadenersatz und Schadensbegriff, ZEuP 1997, 232–254

Schmidt, Karsten: Gesellschaftsrecht, 4. Aufl., München 2002 (zit.: K. Schmidt, GesR)

Ders.: Münchener Kommentar zum Handelsgesetzbuch, Band 2 §§ 105–160, 4. Aufl., München 2016 (zit.: Bearbeiter, in: MünchKomm-HGB)

Schmidt, Karsten/Lutter, Marcus: Aktiengesetz, Kommentar, Band 1 §§ 1–149, 3. Aufl., Köln 2015 (zit.: Bearbeiter, in: K. Schmidt/Lutter, AktG)

Schmitt, Rudolf: Strafrechtliche Maßnahmen gegen Verbände – Gleichzeitig ein Beitrag zur Lehre von den strafrechtlichen Unrechtsfolgen, Stuttgart 1958 (zit.: Schmitt, Strafrechtliche Maßnahmen)

Schmitt-Leonardy, Charlotte: Unternehmenskriminalität ohne Strafrecht? Heidelberg 2013 (zit.: Schmitt-Leonardy, Unternehmenskriminalität)

Schneider, Uwe H.: Die Haftung von Mitgliedern des Vorstands und der Geschäftsführer bei Vertragsverletzungen der Gesellschaft, in: Festschrift für Uwe Hüffer, München 2010, S. 705–716

Ders.: Abgestimmtes Verhalten durch institutionelle Anleger: Gute Corporate Governance oder rechtspolitische Herausforderung? ZGR 2012, 518–534

Schneider, Uwe H./Burgard, Ulrich: Maßnahmen zur Verbesserung der Präsenz auf der Hauptversammlung einer Aktiengesellschaft – Überlegungen auf dem Weg in den Pensionskassenkorporatismus, in: Festschrift für Karl Beusch, Berlin 1993, S. 783–804

Scheuch, Alexander: Verbandsstrafenregress gegen störende Stadionbesucher vor dem Aus? SpuRt 2016, 58–61

Scholl, Amand: Die Bezahlung einer Geldstrafe durch Dritte – Ein altes Thema und noch immer ein Problem, NStZ 1999, 599–605

Scholz, Franz: Kommentar zum GmbH-Gesetz, Band 2 §§ 35–52, 12. Aufl., Köln 2018 (zit.: Bearbeiter, in: Scholz, GmbHG)

Scholz, Philipp: Die existenzvernichtende Haftung von Vorstandsmitgliedern in der Aktiengesellschaft, Jena 2014 (zit.: Scholz, Existenzvernichtende Haftung)

Schöne, Torsten/Petersen, Sabrina: Rergressansprüche gegen (ehemalige) Vorstandsmitglieder – quo vadis?, AG 2012, 700–706

Schönke, Adolf/Schröder, Horst (Hrsg.), Strafgesetzbuch, Kommentar, 29. Aufl., München 2014 (zit.: Bearbeiter, in: Schönke/Schröder, StGB)

Schrader, Peter: Anmerkung zu ArbG Essen – 1 Ca 658/13, GWR 2014, 287

Schroth, Hans-Jürgen: Der Regelungsgehalt des 2. Gesetzes zur Bekämpfung der Wirtschaftskriminalität im Bereich des Ordnungswidrigkeitenrechts, wistra 1986, 158-Unternehmen als Normadressaten und Sanktionssubjekte, Gießen 1993 (Schroth, Unternehmen)

Ders.: Unternehmen als Normadressaten und Sanktionssubjekte, Gießen 1993 (Schroth, Unternehmen)

Schumacher, Florian: Organhaftung und D&O-Versicherung im Schiedsverfahren, NZG 2016, 969, 975

Schünemann, Bernd: Unternehmenskriminalität und Strafrecht – Eine Untersuchung der Verantwortlichkeit der Unternehmen und ihrer Führungskräfte nach geltendem und geplantem Straf- und Ordnungswidrigkeitenrech, Köln 1979 (zit.: Schünemann, Unternehmenskriminalität)

Ders.: Die aktuelle Forderung eines Verbandsstrafrechts – Ein kriminalpolitischer Zombie, ZIS 2014, 1–18

Schürnbrand, Jan: Organschaft im Recht der privaten Verbände, Tübingen 2007 (zit.: Schürnbrand, Organschaft)

Schuster, Doris-Maria: Clawback-Klauseln – probates Mittel zukunftsgerechter Gestaltung von Bonus-Vereinbarungen?, in: Festschrift für Jobst-Hubertus Bauer, München 2010, S. 973–988

Schwarz, Volker: Anmerkung LAG Düsseldorf 16 Sa 459/14), CCZ 2015, 189–190

Seibt, Christoph H.: 20 Thesen zur Binnenverantwortung im Unternehmen im Lichte des reformierten Kapitalmarktsanktionsrechts, NZG 2015, 1097–1103

Seibt, Christoph H./Cziupka, Johannes: Rechtspflichten und Best Practices für Vorstands- und Aufsichtsratshandeln bei der Kapitalmarktrecht-Compliance, AG 2015, 93–109

Seibt, Christoph H./Wollenschläger, Bernward: Revision des Europäischen Transparenzregimes – Regelungsinhalte der TRL 2013 und Umsetzungsbedarf, ZIP 2014, 545–554

Seiler, Walter: Strafrechtliche Maßnahmen als Unrechtsfolgen gegen Personenverbände, Freiburg (Schweiz), 1967 (zit.: Seiler, Strafrechtliche Maßnahmen)

v. Selle, Dirk: Gerechte Geldstrafe – Eine Konkretisierung des Grundsatzes der Opfergleichheit, Köln 2016 (zit.: v. Selle, Gerechte Geldstrafe)

Sethe, Rolf: Zivilrechtliche Rechtsfolgen der Korruption am Beispiel von Bankgeschäften, WM 1998, 2309–2326

Shleifer, Andrei/Vishny, Robert: A survey of corporate governance, (1997) 52 Journal of Finance, p. 737–783

Sieber, Ulrich /Satzger, Helmut/v. Heintschel-Heinegg, Bernd: Europäisches Strafrecht, 2. Aufl., Baden-Baden 2014 (zit.: Bearbeiter, in: Sieber/Satzger/v. Heintschel-Heinegg, Europäisches Strafrecht)

Sieme, Stefan: Der Gewinnabschöpfungsanspruch nach § 10 UWG und die Vorteilsabschöpfung gem. §§ 34, 34a GWB, Berlin 2009 (zit.: Sieme, Gewinnabschöpfung)

v. Spiegel, Hans-Ulrich: Drittwirkung der Geldstrafe, Bonn 1979

Spindler, Gerald: Organhaftung in der AG – Reformbedarf aus wissenschaftlicher Perspektive, AG 2013, 889–904

Spindler, Gerald/Stilz, Eberhard: Kommentar zum Aktiengesetz, Band 1 §§ 1–149, 3. Auflage, München 2015 (zit.: Bearbeiter, in: Spindler/Stilz, AktG)

Steber, Tobias: Die Weiterentwicklung der Rechtsprechung zur Enthaftung von Vorstandsmitgliedern bei Einholung von Rechtsrat, DStR 2015, 2391–2395

Stein, Friedrich/Jonas, Martin: Kommentar zur Zivilprozessordnung, Band 4 §§ 271–327, Tübingen 2018

Stoll, Hans: Haftungsfolgen im bürgerlichen Recht – eine Darstellung auf rechtsvergleichender Grundlage, Heidelberg 1993 (zit.: Stoll, Haftungsfolgen)

Stöber, Michael: Schadensersatzhaftung für Preisschirmeffekte bei Verstößen gegen deutsches und europäisches Kartellrecht, EuZW 2014, 257–261

Stockmann, Kurt: Zur neueren Bußgeldpraxis bei Kartellverstößen, ZWeR 2012, 20–47

Strafrechtsausschuss des Deutschen Anwaltsvereins e.V.: Stellungnahme 75/2012 zum Entwurf eines Gesetzes zur Änderung des Gesetzes über Ordnungswidrigkeiten, abrufbar unter: https://anwaltverein.de/de/newsroom/id-2012-75, zuletzt besucht am 10.9.2018 (zit.: DAV-Strafrechtsausschuss, Stelln. 75/2012)

Ders.: Stellungnahme 54/2013 zum Entwurf eines Gesetzes zur Einführung der strafrechtlichen Verantwortlichkeit von Unternehmen und sonstigen Verbänden des Landes Nordrhein-Westfalen, abrufbar unter: https://anwaltverein.de/de/newsroom/id-2013-54, zuletzt besucht am 10.9.2018 (zit.: DAV-Strafrechtsausschuss, Stelln. 54/2013)

Strasser, Philipp: Die Deckung von Schäden aus Kartellgeldbußen in der D&O-Versicherung, VersR 2017, 65–72

Stree, Walter: Anmerkung zu BGH II ZR 11/62, JZ 1964, 588–590

Streinz, Rudolf: EUV/AEUV, Kommentar, 3. Aufl., München 2018 (zit.: Bearbeiter, in: Streinz, EUV/AEUV)

Streng, Franz: Strafrechtliche Sanktionen – die Strafzumessung und ihre Grundlagen. 3. Aufl., Stuttgart 2012 (zit.: Streng, Strafrechtliche Sanktionen)

Suchy, Oliver: Schadensumfang bei Haftung von Vorständen und Geschäftsführern wegen Unternehmensgeldbußen für kartellrechtliche Verstöße, NZG 2015, 591–593

Süße, Sascha: Anmerkung zu BGH 3 StR 103/17, ND-Compliance, 2017, 21015

Ders.: Anmerkung zu BGH 1 StR 265/16, ND-Compliance, 2017, 21012

Tettinger, Peter/Wank, Rolf/Ennuschat, Jörg (Hrsg.): Gewerbeordnung, Kommentar, 8. Aufl., München 2011 (zit.: Bearbeiter, in: Tettinger/Wank/Ennuschat, GewO)

Theile, Hans: Wirtschaftskriminalität und Strafverfahren – Systemtheoretische Überlegungen zum Regulierungspotential des Strafrechts, Tübingen 2009 (zit.: Theile, Wirtschaftskriminalität)

Theile, Hans/Petermann, Stefan: Die Sanktionierung von Unternehmen nach dem OWiG, JuS 2011, 496–501

Theurer, Fabian: Geldbußen im EU-Wettbewerbsrecht, Frankfurt a.M. 2009 (zit.: Theurer, Geldbußen)

Thiele, Dominic: Zur Verfassungswidrigkeit des § 81 Abs. 4 GWB, WRP 2006, 999–1007

Thole, Christoph: Managerhaftung für Gesetzesverstöße, ZHR 173 (2009), 504–535

Thomas, Stefan: Die Haftungsfreistellung von Organmitgliedern, Tübingen 2010 (zit.: Thomas, Haftungsfreistellung)

Ders.: Bußgeldregress, Übelszufügung und D&O-Versicherung, NZG 2015, 1409–419

Ders.: Haftungs- und Versicherungsrecht bei Kartellverstößen, VersR 2017, 596–601

Thümmel, Roderich: Persönliche Haftung von Managern und Aufsichtsräten, 5. Aufl., Stuttgart 2016 (zit.: Thümmel, Persönliche Haftung)

Tiedemann, Klaus: Die "Bebußung" von Unternehmen nach dem zweiten Gesetz zur Bekämpfung der Wirtschaftskriminalität, NJW 1988, 1169–1174

Ders.: Wirtschaftsstrafrecht in Europa – Eine wertende Bestandsaufnahme aus Anlass der spanischen Teilreform 2010, in: Festschrift für Hans Achenbach, Heidelberg 2011, S. 563–578

Ders.: Anmerkung Haftung für Kartellbußen – Rechtsweg bei kartellrechtlicher Vorfrage ("Schienenkartell"), jurisPR-Compl 1/2018 Anmerkung 1

Tipke, Klaus: Über die Einheit der Steuerrechtsordnung, in: Festschrift für Heinrich Friauf, Heidelberg 1996, S. 741–758

Többens, Hans: Die Bekämpfung der Wirtschaftskriminalität durch die Troika der §§ 9, 130 und 30 des Gesetzes über Ordnungswidrigkeiten, NStZ 1999, 1–8

Trüg, Gerson: Sozialkontrolle durch Strafrecht – Unternehmensstrafrecht, StraFo 2011, 471–485

Twele, Markus: Die Haftung des Vorstands für Kartellrechtsverstöße, Baden-Baden 2013 (zit.: Twele, Haftung)

Ulmer, Peter: Strikte aktienrechtliche Organhaftung und D&O-Versicherung – zwei getrennte Welten?, in: Festschrift für Claus-Wilhelm Canaris, München 2007, S. 451–472

Ulmer, Peter/Habersack, Mathias/Löbbe, Marc: GmbHG Großkommentar, Band 2 §§ 29–52, 2. Aufl., Tübingen 2013 (zit.: Ulmer/Habersack/Löbbe, GmbHG)

Verse, Dirk: Regulierung der Vorstandsvergütung – mehr Macht für die Aktionäre? Überlegungen zur geplanten Reform des say on pay, NZG 2013, 921–930

Ders.: Organhaftung bei unklarer Rechtslage – Raum für eine Legal Judgment Rule?, ZGR 2017, 174–195

Veith, Jürgen/Gräfe, Jürgen/Gebert, Ivonne: Der Versicherungsprozess, Praxishandbuch, 3. Aufl., Baden-Baden 2016 (zit.: Bearbeiter, in: Veith/Gräfe/Gebert, Versicherungsprozess)

Vetter, Eberhard: Aktienrechtliche Probleme der D&O-Versicherung, AG 2000, 453–458

Ders.: Aktienrechtliche Organhaftung und Satzungsautonomie – Überlegungen de lege ferenda, NZG 2014, 921–926

Vogel, Joachim: Unrecht und Schuld in einem Unternehmensstrafrecht, StV 2012, 427–432

Volk, Klaus: Zur Bestrafung von Unternehmen, JZ 1993, 429–435

Von der Groeben, Hans/Schwarze, Jürgen/Hatje, Armin: Europäisches Unionsrecht, 7. Aufl., Baden-Baden 2015 (zit.: Bearbeiter, in: von der Groeben/Schwarze/Hatje, Europäisches Unionsrecht)

Vorrath, Brigitte: Industrieversicherung D&O – Welche Risiken bergen Selbstbehaltsversicherungen, VW 2010, 1196

Wacker, Julian: Persönliche Schadensersatzhaftung von Vorstandsmitgliedern einer Aktiengesellschaft für Kartellverstöße, Frankfurt a.M. 2017 (zit.: Wacker, Persönliche Schadensersatzhaftung)

Wackerbarth, Ulrich/Eisenhardt, Ulrich: Gesellschaftsrecht, Teil 2, Recht der Kapitalgesellschaften, Heidelberg 2013 (zit.: Wackerbarth/Eisenhardt, GesR II)

Wagner, Gerhard: Neue Perspektiven im Schadensersatzrecht – Kommerzialisierung, Strafschadenersatz, Kollektivschaden, Gutachten A zum 66. Deutschen Juristentag, Verhandlungen des 66. Deutschen Juristentags, Band 1 Gutachten, München 2006 (zit.: Wagner, Gutachten A zum 66. DJT)

Ders.: Prävention und Verhaltenssteuerung durch Privatrecht – Anmaßung oder legitime Aufgabe?, AcP 206, 352–476

Ders.: Sinn und Unsinn der Unternehmensstrafe, ZGR 2016, 112–152

Wagner, Johannes: Der gutgläubige Erwerb von Geschäftsanteilen im Recht der GmbH, Berlin 2010 (zit.: Wagner, Gutgläubiger Erwerb von Geschäftsanteilen)

Walker, Wolf-Dietrich: Zur Regressfähigkeit von Verbandsstrafen wegen Zuschauerausschreitungen, in: Festschrift für Dieter Rössner, Baden-Baden 2015, S. 701–714,

Weber-Rey, Daniela: Festung Unternehmen oder System von Schlüsselfunktionen – Ein Diskussionsbeitrag zum Thema Risiko, Haftung und Unternehmensstrafrecht, AG 2012, 365–370

Wegner, Carsten: Die Systematik der Zumessung unternehmensbezogener Geldbußen, Berlin 2000 (zit.: Wegner, Systematik)

Ders.: Anmerkung zu BGH, Beschl. v. 8.12.2016 – 5 StR 424/15, wistra 2017, 243–244

Wettich, Carsten: Aktuelle Entwicklungen in der Hauptversammlungssaison 2011 und Ausblick auf 2012, NZG 2011, 721–727

Wicke, Hartmut: Gesetz betreffend die Gesellschaften mit beschränkter Haftung (GmbHG), Kommentar, 3. Aufl., München 2016

Wiedemann, Gerhard: Handbuch des Kartellrechts, 3. Aufl., München 2016 (zit.: Bearbeiter, in: Wiedemann, Hdb. KartellR)

Wiedemann, Herbert: Gesellschaftsrecht, Band 1 Grundlagen, München 1980 (zitiert: Wiedemann, GesR)

Ders.: Organverantwortung und Gesellschafterklagen in der Aktiengesellschaft, Wiesbaden 1989 (zit.: Wiedemann, Organverantwortung)

Ders.: Richterliche Rechtsfortbildung, NJW 2014, 2407–2412

Wienbracke, Mike, Der Verhältnismäßigkeitsgrundsatz, ZJS 2013, 148–155

Wilhelmi, Rüdiger: Beschränkung der Organhaftung und innerbetrieblicher Schadensausgleich, NZG 2017, 681–690

Wils, Wouter: The optimal enforcement of EC antitrust law, Den Haag 2002 (zit.: Wils, Enforcement)

Ders.: Is Criminalization of EU Competition Law the Answer?, World Competition 28 (2005), 117–159

Winkler, Rolf: Die Rechtsnatur der Geldbuße im Wettbewerbsrecht der Europäischen Wirtschaftsgemeinschaft, Tübingen 1971 (zit.: Winkler, Rechtsnatur)

Winkler, Sylko: Die Verantwortung institutioneller Anleger als Aktionäre in Publikumsgesellschaften in Deutschland und den USA, Jena 2008 (zit.: Winkler, Verantwortung institutioneller Anleger)

Wodicka, Josef: Strafvereitelung durch Bezahlung der einem anderen auferlegten Geldstrafe? NStZ 1991, 487–488

Wohlers, Wolfgang: Strafzwecke und Sanktionsarten in einem Unternehmensstrafrecht, in: Kempf, Eberhard/Lüderssen, Klaus/Volk, Klaus, Unternehmensstrafrecht, Berlin 2012, S. 231–252 (zit.: Wohlers, in: Kempf/Lüderssen/Volk, Unternehmensstrafrecht)

Ziegelmeier, Christian: Unternehmensgeldbuße bei Nichtabführung von Sozialversicherungsbeiträgen, NJW 2016, 2163–2165

Ziemons, Hildegard/Jaeger, Carsten: Beck'scher Online-Kommentar GmbHG, 21. Edition, München 2014 (zit.: Bearbeiter, in: BeckOK-GmbHG)

Zimmer, Mark/Walther, Michael, Kartellanten und Böllerwerfer – Bußgeldregress beim Verursacher, BB 2017, 629–632

Zimmermann, Martin: Kartellrechtliche Bußgelder gegen Aktiengesellschaft und Vorstand: Rückgriffsmöglichkeiten, Schadensumfang und Verjährung, WM 2008, 433–442

Zöllner, Christine: Interne Corporate Governance – Entwicklung einer Typologie, Wiesbaden 2007

Zöllner, Wolfgang/Noack, Ulrich: Kölner Kommentar zum Aktiengesetz, Band 2 Teil 1 §§ 76–94 AktG, 3. Aufl., Köln 2004 (zit.: Bearbeiter, in: KölnKomm-AktG)

Kolibri 360 GmbH
Ferdinand-Jühlke-Straße 7
99095 Erfurt, Deutschland
produktsicherheit@kolibri360.de